U0744937

▶ **主编简介**

马德才，1965 年 10 月生，湖北天门人，法学博士、江西财经大学法学院教授、国际法研究所所长，硕士生导师、国际法学导师组组长，中国国际私法学会常务理事，司法部 2009 年国家法治与法学理论研究项目立项评审专家，《武大国际法评论》学术顾问，武汉仲裁委员会仲裁员、南昌仲裁委员会仲裁员。在《中国法学》(英文版)、《法学评论》、《现代法学》、《法学杂志》、《法令月刊》(台湾)等刊物上发表学术论文近 100 篇，其中有 6 篇在人大复印资料上全文转载；主持完成省部级等研究课题 10 多项；出版著作、教材 10 余部，其主要著作有《国际私法中的公共秩序研究》、《国际民商事诉讼程序法》、《国际私法》、《仲裁法》等。

江西省法学教材系列

仲裁法

主　编　马德才

副主编　黄洪强　彭丽明

▶ 撰稿人（按撰稿章节顺序）：

马德才　李叶欣　栗　明
黄洪强　彭丽明　邱润根

厦门大学出版社　国家一级出版社
XIAMEN UNIVERSITY PRESS　全国百佳图书出版单位

图书在版编目(CIP)数据

仲裁法/马德才主编. —厦门:厦门大学出版社,2014.5
(江西省法学教材系列)
ISBN 978-7-5615-5068-7

Ⅰ.①仲… Ⅱ.①马… Ⅲ.①仲裁法－中国－高等学校－教材 Ⅳ.①D925.7

中国版本图书馆 CIP 数据核字(2014)第 091647 号

厦门大学出版社出版发行

(地址:厦门市软件园二期望海路 39 号 邮编:361008)

http://www.xmupress.com

xmup @ xmupress.com

南平市武夷美彩印中心

2014 年 8 月第 1 版 2014 年 8 月第 1 次印刷

开本:787×1092 1/16 印张:15.5 插页:2

字数:377 千字 印数:1～3 000 册

定价:30.00 元

如有印装质量问题请寄本社营销中心调换

总　序

　　党的十八大根据全面建成小康社会的新形势和新要求,作出了"全面推进依法治国"的重大决策和战略部署。习近平同志在中央政治局就全面推进依法治国进行集体学习时强调,要坚持依法治国、依法执政、依法行政共同推进,坚持法治国家、法治政府、法治社会一体建设。江西省第十三次党代会根据建设富裕和谐秀美江西的发展战略,提出了加快推进依法治省进程的明确要求。党中央、江西省委为新时期法学研究和法学教育事业发展提出了新的要求并指明了方向。

　　法律的进步和法治的完善,是一项综合性、系统性的社会工程。全民法律意识、法律素质的提高,是实现全面推进依法治国战略关键的、决定性的因素。在推进法律进步和法治完善进程中,法学教育无疑处于基础地位。江西省的法学教育自20世纪70年代末恢复开展以来,取得了长足的进步。时至今日,开设法学本科教育的大专院校就有二十余所,培养了大批优秀的法律专业人才。随着国家的发展、社会的进步和法治建设的深入推进,高等法学教育日益面临新的任务。这就需要全省高校各法学院(系)加强合作与交流,共同推进我省高等法学教育事业发展,以适应全社会对法律专业人才的多样化需求。要搞好法学教育,自然离不开一套好的法学教材。为了适应新形势下我省高等法学教育和民主法治实践发展的需要,提升法学本科教学和研究水平,江西省法学会组织全省高校各法学院(系)联合编写了这套适应法学本科教育,具有江西特色,符合社会主义法治理念要求的法学系列教材。

　　本套教材以我省高校主要法学院(系)的师资力量为依托,由具有丰富教学经验和科研能力的资深教授领衔主编,约请全省二十余所高校法学专业骨干教师联袂参编,作者权威,阵容强大。在内容和体例上,教材特别强调以学生为本,从法学本科生的知识需要出发,既注重保留传统教材的精华,又力求有所突破和创新。首先,各册教材根据巩固基础、够用好学的要求,对相应领域的法律知识进行了高度整合,形成一个逻辑严密、便以理解掌握的知识体系,帮助学生打下扎实的法律专业基础。其次,突出理论与实践的结合,在各章之前增设了"引例",通过案例激发学生的学习动力和兴趣,切入相关知识体系,从而进一步理解抽象的法律专业知识。同时,根据当前法科学生必须通过司法考试方能取得司法从业资格的实际需要,注意理论教育与职业教育之间的衔接,在各章之后增加了"司法考试真题链接",帮助学生将理论知识与司法考试有机结合起来。在学术观点上,为了避免给学生学习上带来过多困惑,通篇采用了我国法学界公认的理论观点,对存有争议的部分不作深入探讨。

　　本套教材既是江西省各高校法学院(系)通力协作、共同努力的结果,集中体现了我省法学教学与科研的最新成果,凝聚了广大教师的心血和智慧,也是一套面向新时期、反映我省当今高等法学教育最新状况的法学教材。相信本套教材的出版,一定能够为新时期我省高等法学教育的繁荣发展发挥应有的作用。

　　本套教材的编写,由厦门大学出版社策划并提供大力支持,得到了中共江西省委政法委的指导。在此,谨致深切的谢意。由于水平和经验有限,错误和不当之处在所难免,敬请读者批评指正,以助日后不断修改完善。

江西省法学教材系列编委会

2013 年 3 月

前言

　　作为解决民商事争议的方式之一，仲裁可谓是历史悠久，源远流长。早在人类社会的原始阶段，就出现了仲裁的雏形和萌芽。而法律意义上的仲裁则起源于奴隶制社会的古希腊和古罗马时代，著名的古罗马《十二铜表法》中就有多处关于仲裁的记载。从 14 世纪开始，世界各国逐渐对仲裁进行立法，赋予仲裁以一种法律制度的性质。亦是从此时起，仲裁作为一种社会的调整器在其发展的历程中，进入了一个全新的阶段，即现代仲裁制度时期。现代仲裁制度进入 19 世纪末、20 世纪初之后，仲裁制度本身又发生了新的飞跃性发展和创新，即现代仲裁的成熟和完善阶段。在此阶段，各国逐渐开始修改和制定仲裁法，专门规定国际商事仲裁中的有关问题，设立常设性仲裁机构，并且为了适应国际商事仲裁实践的需要，缓和各国仲裁立法的冲突，国际社会开始了统一各国仲裁立法的国际仲裁立法工作。此后，对国际商事仲裁进行国际立法的国际条约逐渐增多。此外，一些重要国际组织的示范法在统一和协调各国国际商事仲裁立法方面也起到了关键的作用。综上所述，仲裁的历史发展大致经历了三个阶段，即 14 世纪之前的早期仲裁阶段、14 世纪至 19 世纪的现代仲裁制度时期和 19 世纪末、20 世纪初之后现代仲裁的成熟与完善阶段。在现代仲裁的成熟与完善阶段，仲裁表现出十分明显的自愿性和国际性。

　　我国仲裁制度的正式建立始于 20 世纪初。新中国成立以后，我国分别建立了国内仲裁制度和涉外仲裁制度。其中，涉外仲裁制度基本上是按照国际惯例设立和运行的，但国内仲裁制度经历了一个较为曲折的发展过程。具体而言，大体经历了如下四个阶段：只裁不审阶段、先裁后审阶段、可裁可审阶段与或裁或审和一裁终局阶段。其中，第四个阶段以 1991 年《民事诉讼法》和 1994 年《仲裁法》的颁布施行尤其是《仲裁法》的颁布施行为标志，表明我国的仲裁制度由此才真正地和国际接轨。当然，相比仲裁制度较发达国家或地区的仲裁法而言，我国的《仲裁法》尚存在一定差距，需要加以弥补。本书沿着仲裁法的上述发展脉络，恰当地阐述了包括我国在内的仲裁法的理论发展和立法进程以及司法实践的情景。

　　本书在编排体系上分为十章,涵盖了仲裁法的各个领域。各章采取传统兼创新的形式编写:各章前使用"引例"部分,通过简单的案例及其解答和说明吸引学生的注意力,引导学生进入本章主要知识点的学习。全书采用法学理论与司法实务相结合的模式,紧密结合司法考试的要求,较为全面、系统、准确地阐述了仲裁法的基本理论、基础知识、基本规则和有关司法实践,适合高等学校法学本科教学,也可作为法学专业研究生、国内和涉外法律工作者的参考书。该书的编辑出版,将会使我国仲裁法教科书的整体水平得以进一步提升,同时将为培养既具有仲裁法基本理论素养,又具备一定司法实践操作能力的仲裁法学型人才提供有益的帮助。

　　本书由马德才教授任主编,并负责全书的最后统稿和定稿;由黄洪强、彭丽明任副主编。具体撰写分工如下(以撰写章节先后为序):

　　马德才(江西财经大学法学院教授,法学博士):第1章、第2章、第5章。

　　李叶欣(江西理工大学文法学院讲师,法学硕士):第3章。

　　栗　明(东华理工大学文法学院讲师,法学硕士):第4章。

　　黄洪强(赣南医学院人文社科学院讲师,法学硕士):第6章、第10章。

　　彭丽明(江西科技师范大学法学院讲师,法学硕士):第7章、第8章、第9章。

　　邱润根(南昌大学法学院教授,法学博士):第10章。

　　本教材得以出版,承蒙江西省法学会、厦门大学出版社及责任编辑的大力支持,在此表示感谢。

　　尽管各位撰写者作出了很大的努力,但不完善之处仍在所难免,尚祈读者批评指正。

马德才

2014 年 1 月于江西财经大学法学院

目 录

第一章　仲裁概论

【引例】

2011年8月22日傍晚,刘某驾驶轻型厢式货车途经某加油站附近路段,与对面来车会车时因视线不好,将前方从左向右横过道路的行人李某撞倒,造成李某受伤经抢救无效死亡的道路交通事故。经县公安局交通警察大队认定,刘某负该事故的主要责任,李某负事故的次要责任。由于刘某的轻型厢式货车在某保险公司处投保了机动车交通事故责任强制保险和机动车第三者责任商业保险,保险期限为2011年5月5日0时起至2012年5月4日24时止。上述事故发生在保险期限内。事故发生后,刘某积极进行了赔偿,并与李某家属暂时达成谅解协议,同时,及时向该保险公司报了案。之后,刘某根据保险合同多次要求保险公司赔偿未果,于是他想到通过仲裁的方式来解决他与保险公司之间的争议,但是他并不知道仲裁有何优点以及仲裁和诉讼有何区别,所以他带着这两个问题找到某律师事务所李律师进行咨询。

本案涉及两个主要问题:一是相比诉讼和其他争议解决方式,仲裁有哪些优点?二是仲裁和诉讼的主要区别表现在哪些方面? 对于第一个问题,李律师给出的咨询意见是:民商事争议的解决方式主要有协商、调解、仲裁和诉讼等,但与诉讼和其他争议解决方式特别是诉讼相比,仲裁具有独特的优势,具体为:(1)自愿性;(2)专业性;(3)保密性;(4)独立性;(5)灵活性;(6)快捷性;(7)经济性;(8)民间性。正是因为仲裁所具有的这些独特的优势,仲裁遂成了一种非常普遍且行之有效的争议解决方式。而对于第二个问题即仲裁和诉讼的主要区别,李律师又给出了如下的咨询意见:(1)性质不同;(2)仲裁机构和法院的性质不同;(3)受案范围不同;(4)受案方式不同;(5)案件管辖不同;(6)审级制度不同;(7)审判庭组成不同;(8)审理方式不同;(9)监督方式不同。刘某对李律师提供的咨询意见非常满意,当场表示选择仲裁方式,准备和保险公司签订仲裁协议,将其争议提交本市仲裁委员会。

仲裁的特点或优势及仲裁和诉讼的区别是仲裁法学的初学者首先需要了解的基本仲裁知识,对此本章将详细说明,在引例中不予赘述。另外,本章还将对仲裁的性质和分类、仲裁和诉讼的相同点和联系、仲裁的历史沿革等内容作详细的叙述。

第一节　仲裁的概念和特征

一、仲裁的概念

在人类社会各个不同的历史发展时期,人们都要基于这样或那样的原因进行交往,在进行交往的过程中,不可避免地会产生这种或那种争议,而争议的存在自然会妨碍人们彼此之间的交往,甚至可能会危及整个社会生活与秩序,因此争议必须得到解决。这样,争议的解决方式就显得至关重要。而争议不同,其解决的方式也各异。例如,关于国家分歧的国际公法争议自然要通过国际公法有关和平解决国际争端的规则来解决,其方式包括谈判、调查、调停、和解、公断、司法解决、区域办法等等;①WTO 成员之间的争议解决方式包括磋商、专家组、上诉机构、仲裁程序等等。② 其中,民商事争议的解决方式主要有协商、调解、仲裁和诉讼等等。而仲裁③又以其独有的特点或优势④成为一种非常普遍且行之有效的争议解决方式。

何谓仲裁? 这是我们首先要明了的一个最基本的问题。从字面上看,汉语的"仲裁"包含"仲"和"裁"两层意思。其中,"仲"是"居中"的意思;"裁"是"衡量、裁判"的意思。故此,《现代汉语词典》对"仲裁"解释为:"争执双方同意的第三者对争执事项作出决定。"⑤在英语中,"仲裁"是"arbitration",其汉语意思是"居中裁决"。所以,综合仲裁的汉语和英语字面上的意思,仲裁又称公断。从法律专业名词的角度来讲,所谓仲裁一般是指争议当事人在争议发生前或争议发生后自愿达成协议,将争议提交非司法机关的第三者审理,由第三者居中裁断,并作出对争议当事人具有约束力的裁决,以解决当事人之间争议的方式或方法。

可见,相对于协商而言,仲裁是由第三者参与解决争议的方式,而协商是由当事人自己解决争议的方式,无需第三者参与;相对于调解和诉讼而言,仲裁和它们均是由第三者参与解决争议的方式,只不过第三者有所不同罢了;相对于协商和调解而言,仲裁裁决的结果对双方当事人均具有拘束力,而协商的结果对双方当事人无拘束力,调解的结果对双方当事人一般也无拘束力。

▌ 二、仲裁的特征

与其他民商事争议解决方式相比,特别是诉讼方式,仲裁有其独特之处,这也正是仲裁所具有的优势之所在。

(一)自愿性

争议发生前或者发生后,当事人完全可以协商决定是否将争议提交仲裁、提交给哪个仲裁机构仲裁、仲裁庭如何组成、仲裁适用何种程序规则以及实体法等。所以,与其他争议解决方式相比,仲裁充分体现了当事人的意思自治,具有自愿性。《中华人民共和国仲

---

① 见《联合国宪章》第 33 条。

② 见《WTO 关于争议解决规则与程序的谅解》第 4 条、第 17 条、第 21 条、第 22 条、第 25 条。

③ 仲裁有广、狭两义之分。广义的仲裁包括国际仲裁、劳动争议仲裁、人事争议仲裁、农业承包合同纠纷仲裁和民商事仲裁等;狭义的仲裁仅限于民商事仲裁。本书取其狭义,并为简便起见,将"民商事仲裁"简称为"仲裁"。

④ 关于仲裁的特点或优势见本章本节"仲裁的特征"部分。

⑤ 中国社会科学院语言研究所词典编辑室:《现代汉语词典》(增补本),商务印书馆 2002 年修订第 3 版。

裁法》(以下简称《仲裁法》)有关条款规定体现了仲裁的自愿性特点。例如,《仲裁法》第4条规定:当事人采用仲裁方式解决纠纷,应当双方自愿,达成仲裁协议。《仲裁法》第6条规定:仲裁委员会应当由当事人协议选定。当然,实践中经常有强制仲裁的做法,例如我国的劳动争议仲裁就属强制仲裁,但是它的存在并不能因此而否定仲裁的自愿性,因为强制仲裁一般不存在于民商事领域而存在于其他领域。

(二)专业性

以仲裁方式解决的争议,常常涉及复杂的法律、经济贸易和技术性问题,而这些问题只有有关领域的专家才能处理好,因此各个仲裁机构均备有专业的仲裁员名册,以供当事人根据自己的需要选择作为某一领域专家的仲裁员。即使是有些仲裁机构不设仲裁员名册或进行临时仲裁时,当事人也会从所涉领域的专家中选定仲裁员。唯有如此,才能保证仲裁的专业性权威性。一些国家的仲裁法对仲裁员的资格条件的规定也体现了仲裁的专业性。[1] 例如,《仲裁法》第13条[2]的规定就是如此。

(三)保密性

诉讼以公开审理为原则,而仲裁则正好相反,以不公开审理为原则,案情不公开,裁决不公开,这是仲裁保密性的表现之一。《仲裁法》第40条对此作了规定,即"仲裁不公开进行。当事人协议公开的,可以公开进行,但涉及国家秘密的除外。"此外,仲裁的保密性还表现在各国仲裁法律和仲裁规则都规定了仲裁员及仲裁秘书人员的保密义务。例如,2012年《中国国际经济贸易仲裁委员会仲裁规则》(以下简称2012年《贸仲规则》或《贸仲规则》)第36条第2款规定:"不公开审理的案件,双方当事人及其仲裁代理人、仲裁员、证人、翻译、仲裁庭咨询的专家和指定的鉴定人,以及其他有关人员,均不得对外界透露案件实体和程序的有关情况。"因而,当事人的商业秘密和经贸活动一般不会因仲裁活动而泄露。正是因为如此,所以商人多乐于采用仲裁方式。不过,仲裁的保密性并非绝对,存在例外情况,这些例外情况包括:双方同意、法院指令、法院批准披露、合理地有需要、公正利益、仲裁法容许的情况。[3]

[案例]申请人张某与被申请人湖北某公司签订了技术合作合同。在履行合同的过程中,双方产生纠纷。经双方协商达成仲裁协议将该纠纷于2011年9月12日提请武汉仲裁委员会仲裁,并且共同选定独任仲裁员王某。在仲裁的过程中,双方在独任仲裁员的主持下达成了调解协议,一致要求不写明争议事实及裁决理由依调解协议内容制作

---

[1] 黄进等:《仲裁法学》,中国政法大学出版社2008年版,第51~52页。

[2] 《仲裁法》第13条规定:仲裁员应当符合下列条件之一:(1)从事仲裁工作满8年的;(2)从事律师工作满8年的;(3)曾任审判员满8年的;(4)从事法律研究、教学工作并具有高级职称的;(5)具有法律知识、从事经济贸易等专业工作并具有高级职称或者具有同等专业水平的。仲裁委员会按照不同专业设仲裁员名册。

[3] 杨良宜等:《仲裁法——从1996年英国仲裁法到国际商务仲裁》,法律出版社2006年版,第1083~1095页。

裁决书。独任仲裁员依据《仲裁法》第51条、第54条和《武汉仲裁委员会仲裁规则》的相关规定以及双方的调解协议作出了裁决:(1)申请人与被申请人于2010年6月19日签订的技术合同及2011年6月1日签订的补充协议至2011年9月30日终止履行;(2)申请人与被申请人就本案均不再追究对方的赔偿责任;(3)被申请人自愿补偿申请人差旅费1500元,该补偿应于2011年9月30日前履行完毕。本案仲裁费400元,申请人承担300元,被申请人承担100元。请问本案体现了哪一仲裁特征?

[**解答**]仲裁具有保密性,本案当事人正是利用了仲裁的这一特点。仲裁庭依据《仲裁法》第54条的规定:"当事人协议不愿写明争议事实和裁决理由的,可以不写。"依调解协议内容制作的裁决书没有写明争议事实及裁决理由,这是仲裁保密性的具体体现,从而实现了仲裁保护商业信誉和商业秘密的目的。

(四)独立性

诉讼具有独立性,但相比之下,仲裁显示出更大的独立性。对此,各国有关仲裁的法律均规定,仲裁机构独立于行政机关,各种仲裁机构之间也没有隶属关系;仲裁可以独立进行,不受其他机关、团体和个人的干涉,具有完全的独立性;甚至在机构仲裁的情况下,仲裁庭审理和裁决案件时也不受仲裁机构的干涉。例如,我国《仲裁法》第8条规定:"仲裁依法独立进行,不受行政机关、社会团体和个人的干涉。"该法第14条规定:"仲裁委员会独立于行政机关,与行政机关没有隶属关系。仲裁委员会之间也没有隶属关系。"此种规定体现了仲裁的独立性。

(五)灵活性

诉讼程序法定,具有较严格的程式,灵活性不足,而仲裁的灵活性则较强,程序较民事诉讼简单,当事人享有较大的自主权,可以协商选择仲裁规则,即使在机构仲裁的情形下也是如此,例如2012年《贸仲规则》第4条第3款规定:"当事人约定将争议提交仲裁委员会仲裁但对本规则有关内容进行变更或约定适用其他仲裁规则的,从其约定,但其约定无法实施或与仲裁程序适用法强制性规定相抵触者除外。当事人约定适用其他仲裁规则的,由仲裁委员会履行相应的管理职责。"当事人甚至还可以自定程序,同时当事人委托的代理人可以不必具有本国律师的身份,而且在管辖上也不实行级别管辖和地域管辖,对此我国《仲裁法》第6条规定:仲裁不实行级别管辖和地域管辖。

(六)快捷性

诉讼实行两审终审甚或三审终审,而仲裁则实行一裁终局,当事人不得对仲裁裁决上诉,因此仲裁较之诉讼更为快捷、高效,有利于当事人迅速、及时地解决争议。我国《仲裁法》第9条的规定就体现了这一特点。该法第9条第1款规定:"仲裁实行一裁终局的制度。裁决作出后,当事人就同一纠纷再申请仲裁或者向人民法院起诉的,仲裁委员会或者人民法院不予受理。"

(七)经济性

仲裁的经济性主要表现在以下三个方面:(1)仲裁方式解决争议的快捷性使得各项费用相应减少;(2)仲裁的收费标准一般低于民事诉讼;(3)由于仲裁具有自愿性和保密性的特点,因此当事人之间通常没有像诉讼那样激烈对抗的态度,而且商业秘密不必公之于众,对当事人之间今后的商业机会影响较小。[①] 所以,采用仲裁方式解决争议更符合经济原则。

[案例]2010 年 12 月 24 日,中国工商银行海南省信托投资公司驻 A 市的办事处签订了一份《委托流动资金借款合同》。合同规定工行海南省信托投资公司 A 市办事处贷款 60 万元人民币给 A 市高新技术开发区东方机车配件公司,贷款期限为 3 个月。上述贷款本金由 A 市电力机车厂提供担保。借款人一直未归还该笔贷款,且借款人已被吊销营业执照,债权债务依法由其主管单位 A 市高新技术开发区东方实业总公司承接。另查明,该笔贷款的债权已由原贷款人依法移交给工行 A 市分行营业部,工行 A 市分行营业部根据国家规定将该笔贷款的债权转让给中国 H 资产管理公司海口办事处。申请人中国 H 资产管理公司海口办事处与被申请人 A 市电力机车厂于 2012 年 6 月 19 日就该笔贷款的担保事项的处理达成协议,含有仲裁条款。双方当事人同意将他们之间的贷款担保纠纷提交海口仲裁委员会对本案实行独任仲裁。独任仲裁员于受理案件后当天根据《仲裁法》第 21 条、第 51 条的规定以及双方当事人达成的仲裁条款作了如下仲裁:(1)被申请人代借款人归还本息 60 万元。归还后,本申请人的担保责任承担完毕。(2)被申请人代还期限为裁决书生效之日起一个季度内,被申请人代为归还后有权向借款人的债务承接人追偿。本案仲裁受理费 10000 元,处理费 1000 元,申请人与被申请人各承担 5500 元。请问仲裁庭裁决本案体现了仲裁的哪一个特征?

[解答]仲裁具有快捷性和经济性,本案仲裁庭充分利用了仲裁的这一特点,从受理案件到作出裁决仅用了一天的时间,为申请人和被申请人节省了时间和金钱,完完全全体现了仲裁的快捷性和经济性,有利于保护当事人的利益。

(八)民间性

法院在性质上属于国家机关,而仲裁机构在性质上则属于民间组织,它不受国家机关的行政干预,也不是代表国家解决争议,因而仲裁具有民间性。

第二节　仲裁的性质和分类

一、仲裁的性质

仲裁的性质既是仲裁理论中不能回避且较复杂的问题,又是和仲裁实务直接相关联

[①]　黄进等:《仲裁法学》,中国政法大学出版社 2008 年版,第 13 页。

的问题,因此长期以来一直受到国内外学者的关注,并进行过广泛的研究,但是却众说纷纭,无法形成共识。概括起来,主要有四种观点,即司法权论、契约论、混合论和自治论。

(一)司法权论

司法权论认为,国家具有控制和管理发生在其管辖领域内的所有仲裁的权力。该理论一方面认为仲裁源于当事人之间的仲裁协议,但又认为,仲裁员作出裁决、仲裁协议的效力以及仲裁员的权力和裁决的执行,其权威完全有赖于执行地国的法律。除非国内法承认当事人有权提交仲裁,授权仲裁员审理和裁决争议,并使仲裁员的裁决具有强制性,否则仲裁是毫无意义也是无效的。仲裁的权限和效力是执行地国法的一种让与。① 因此,仲裁具有司法权性质。在仲裁实践中,采此观点的国家主要有德国、意大利、奥地利和埃及等。

该理论的主要根据是:裁判权是一国司法主权的一部分,一般只能由一国法院行使;没有仲裁地国法律的许可和主管机关的授权,仲裁员就没有受理争议并作出裁决的权力,否则仲裁员即使作出裁决也无法律约束力。② 因此,仲裁员与法官相似,二者都有义务依法作出裁定,都必须尊重和确认本地法的基本原则。法官和仲裁员之间的不同之处仅在于法官的任命和权力直接来自于国家主权,而仲裁员的权力虽然也来自于国家主权,但是仲裁员的任命是由当事人作出的。既然仲裁员的权力和权威与法官极为相似,仲裁庭作出的裁决就应该具有与普通法院作出的判决同样的效力。③

司法权论有两大派别。一派被称为"判决论",它认为仲裁员的任务是判案,所作出的裁决是行使司法权的产物。另一派则进一步认为仲裁员的权威来源于其履行职责地的国家,其中,一些学者认为这是仲裁员代行判案职责的必然结果,故被称为"代表论";另一些学者则认为这是因为仲裁员所享有的每一项权利或权力无疑都是由国内法赋予或来源于国内法体系,故被称为"国内法论"。④

司法权论反映了人们早期对于仲裁作为一种法律制度的本能认识,对仲裁发展过程中的最重要变化作出了积极的反应。⑤ 同时,司法权论揭示了仲裁的司法属性,这种司法属性主要体现在有关仲裁的法律制度中,因为各国在承认仲裁作为解决争议方式的时候,均以成文法的形式认可并规定仲裁权的取得、行使及其实现的保障,即仲裁权来源于国家法律授权;仲裁程序受到国家法律的约束;仲裁裁决是与法院判决具有同等效力的法律文书。⑥ 但是,司法权论的缺陷也是明显的:第一,它对仲裁协议的重视不够,过分强调仲裁地法的作用,仲裁员在适用实体法时不能比法官有更大的自由,从而对当事人和仲裁员的自主权作出了较大的限制;第二,这种理论不适当地把仲裁与司法主权连在一起,忽视了

---

① 韩健:《现代国际商事仲裁法的理论与实践》,法律出版社 2000 年修订版,第 34~35 页。
② 朱克鹏:《国际商事仲裁的法律适用》,法律出版社 2000 年版,第 2~3 页。
③ 韩健:《现代国际商事仲裁法的理论与实践》,法律出版社 2000 年修订版,第 35 页。
④ 宋连斌:《国际商事仲裁管辖权研究》,法律出版社 2000 年版,第 11~13 页。
⑤ 王生长:《仲裁与调解相结合的理论与实务》,法律出版社 2001 年版,第 64 页。
⑥ 乔欣:《比较商事仲裁》,法律出版社 2004 年版,第 14~15 页。

仲裁的民间性和它作为一种解决争议的独特性,对仲裁的国际性造成了危害。[①]

(二)契约论

契约论认为,仲裁是一种契约,具有契约的属性和特征。即仲裁是基于双方当事人之间的协议而设定的,仲裁程序也是基于当事人在协议中的约定而确定的,仲裁就是履行当事人之间所订立的关于解决争议的协议的结果。这种理论之所以强调仲裁的契约性,是认为仲裁员的权力不是来自于法律的规定,而是来自于当事人之间的协议。[②] 法国学者尼波耶(Niboyet)就持此观点。他认为:"仲裁裁决具有契约性质,这是因为仲裁员权力的取得不是来自于法律或司法机构,而是来自于当事人之间的协议。仲裁员是按照当事人在协议中的意愿去裁定争议的。当事人让仲裁员以公断人的身份仲裁裁决是一种真正的委托,由此,裁决也被注入了契约性。……如同所有协议一样,裁决必然具有法定效力,而且具有终审判决的权威。"[③]在仲裁实践中,采此观点的国家有法国、荷兰和斯堪的纳维亚半岛的各个国家等。

该理论又有传统契约论和现代契约论。前者认为仲裁裁决是仲裁员当事人的代理人或代表所订立或完成的合同,因而仲裁被看作是合同性质的关系。后者认为仲裁权利属私法或债法而非民事诉讼法的范畴,本质上仍属私权,合同性质的仲裁协议和裁决均属于合同约束力的范畴即"合同必须信守"。同时,摒弃了传统契约论的仲裁员是当事人的代理人的论调。[④]

契约论的主要根据是:(1)仲裁是基于当事人之间的协议而设定的。当事人之间如果没有仲裁协议,则无仲裁可言,任何一方当事人不能强迫另一方当事人参与仲裁。(2)仲裁的组成体系是双方当事人通过协议自己确定的。(3)当事人承认仲裁员的裁决,并自动履行裁决,乃是由于仲裁协议的约束力。[⑤]

契约论反映了仲裁的另一个深层次的本质特征,即仲裁来源于当事人之间的协议和合意;同时,仲裁作为解决争议的一种手段,也不过是当事人自由处分其民事权利的一个方面,属于当事人契约自由的范畴。因此,契约论具有它的正确性和现实意义。但是,契约论也存在其不足之处,即它忽视了国家法律对于仲裁的强大影响;即使当事人有权处分其民事权利,但当事人的处分权并不是无限延伸的,要受到法律的限制和影响,特别是不能违反法律的基本原则和公共政策;此外,仅有当事人的意思自治还不足以使得仲裁成为一种强有力的解决争议的机制,要保证裁决书的实现,由国家司法机关利用国家机器的强制手段来支持和监督是必不可少的。[⑥]

---

① 黄进等:《仲裁法学》,中国政法大学出版社 2008 年版,第 8 页。
② 乔欣:《比较商事仲裁》,法律出版社 2004 年版,第 14～15 页。
③ [法]Niboyet,Traite de Droit International Prive Francais,1950,para. 1284.
④ 宋连斌:《国际商事仲裁管辖权研究》,法律出版社 2000 年版,第 14～16 页。
⑤ 韩健:《现代国际商事仲裁法的理论与实践》,法律出版社 2000 年修订版,第 36 页。
⑥ 王生长:《仲裁与调解相结合的理论与实务》,法律出版社 2001 年版,第 65～66 页。

(三)混合论

混合论的倡导者是法国学者索瑟—霍尔(Sauser-Hall)。他认为,仲裁起源于私人契约,仲裁员的人选和支配仲裁程序的规则的确定,主要取决于当事人之间的协议。但是,仲裁却不能超越所有的法律体系,实际上总是存在着一些能够确定仲裁协议的效力和裁决可执行性的法律。因此,仲裁契约和司法因素相互关联,不可分割。他提出,仲裁是一种混合性的特殊的司法制度,它来自于当事人之间的协议,同时又从民事法律中获取司法上的效力。①

可见,混合论认为仲裁具有混合性,即具有司法权的属性,又具有契约权的属性,是当事人的意志和仲裁地法的一种协调。这是因为:一方面,仲裁庭的权限取决于当事人之间的协议;另一方面,仲裁庭在裁决争议的过程中应遵守仲裁地国家的法律。

混合论的根据是:国家司法权和当事人的契约权并不是相互对立的,而是可以调和的。亦即当事人有权在法律规定的范围内订立契约,自然也有权在法律规定的范围内构建仲裁的形式和内容,反之,当事人依法约定的仲裁形式,必然会得到法律的支持。这种互动关系保证了仲裁能够符合当事人意愿的契约性特征或体现国家意志的司法权特征,也保证了仲裁的生命力。②

混合论较有吸引力,因为从一般的国际实践来看,的确如此:没有当事人的协议就没有仲裁,但仲裁过程一旦展开,法院尤其是仲裁地法院的干预也随之而来,有时还是必不可少的,比如,没有法院强制执行仲裁裁决,仲裁所涉及的主要争议很难说已彻底解决。但是,在理论上,混合论并没有解释清楚仲裁协议与国家对合同的规制以及和仲裁中的法院干预之间的关系,仲裁中的各种因素是否等量齐观也令人怀疑,毕竟没有仲裁协议就没有仲裁存在的基础。③

(四)自治论

自治论的提出者是法国学者拉伯林·戴维丝(Rubellin Devichi)女士。她认为,仲裁制度是一种独创的制度,它摆脱了契约权和司法权的观念,因此是一种超国家的自治体系;不能把仲裁绝然分为司法的和契约的,仲裁也不是一种混合制度。"问题是,应当知道仲裁是否在这两种构成之外形成了一种自治体系。确定该体系的性质不应参照合同或司法体系,而应根据仲裁的目的以及不愿诉诸国家法院的当事人所作的保证或许诺对仲裁的法律权威进行论证。"④

可见,自治论的主要观点是:为求得仲裁应有的发展,同时对它施以必要的限制,人们应当认识到仲裁的性质既非司法性、契约性,亦非混合性,而是自治性的。仲裁是法律秩

---

① [法]Sauser-Hall,L'arbitrage en Droit International Prive,Annuaire L'institut de Droit International,1952,p. 469.

② 王生长:《仲裁与调解相结合的理论与实务》,法律出版社 2001 年版,第 67 页。

③ 黄进等:《仲裁法学》,中国政法大学出版社 2008 年版,第 11 页。

④ [法]Rubellin Devichi,L'arbitrage,Nature Juridigue,Droit Interne et droit international Prive,1965,para. 14.

序的诸多机制之一,研究的重点应当放在其目的和作用上,仲裁法应以满足当事人的愿望为目标,其功能是发展商人法;尽管还应保留最低限度的公共政策为限制,完全的当事人意思自治是仲裁充分发展所必需的。[①]

从强调仲裁的目的和功用及当事人意思自治这个角度来说,自治论有合理的元素,反映了仲裁某个方面的发展趋势;而且,自治论者强调注重仲裁的实际功能而不是其结构的性质,重视仲裁能创造商业和社会机遇的作用,值得法律界和经济界关注。但是,自治论也有其不合理的地方。具体为:它的一些看法未免过于理想化和简单化。这些看法是把商事仲裁的发展归结于商人注重实效的实践结果,是商人们首先在法律之外发展了仲裁,而后才得到法律的承认;仲裁协议和裁决之所以有拘束力,既不是因为它们是契约,也不是因为执行仲裁协议和裁决是国家的特许,而是各国商人顺利处理商事关系所必须遵守的惯例。同时,离开社会和经济制度的背景就仲裁而论仲裁,方法论上存在疑问。实际上,自治论是要求仲裁非仲裁地化,使仲裁具有超国家的特性,这或许反映了商业界的愿望和某种非仲裁地化现象,但和当前的国际实践不符。法院介入仲裁过程,有时可能会对自由而宽松的仲裁环境造成一些威胁,有时却是必要的,如法院强制执行仲裁协议、代指定仲裁员、采取保全措施、指示合并审理等,缺少这些环节,仲裁程序有时无法有效进行,或者对当事人的权益保护不够。不断改进仲裁地法使其更适合仲裁的发展是必要的,但因此全面否定仲裁地法的作用总体上尚不可行。此外,按照自治论,仲裁和其他诉讼外争议解决方式也很难区分。[②]

综上所述,各种观点的侧重点不同,既有可取之处,也不同程度地存在其片面性,所以我们认为,应当综合理解仲裁的性质,即仲裁是一种兼具司法性、契约性、自治性和民间性的争议解决方式,因为只有这样才更能符合仲裁制度的发展历史及其本身的特质。

二、仲裁的分类

根据不同的标准,仲裁可作多种分类。仲裁的分类,无论是对双方当事人正确选择仲裁机构而言,还是对仲裁机构正确运用法律和仲裁规则来讲,都至关重要。

(一)国内仲裁和国际仲裁

这是以仲裁解决的争议案件是否具有涉外因素为标准所作的分类。

国内仲裁,是指一国仲裁机构对本国当事人之间的国内民商事争议而非涉外民商事争议进行的仲裁,亦即国内仲裁解决的争议案件是不具有涉外因素的案件。例如,南昌仲裁委员会受理的双方当事人均为中国人,并发生在国内的合同纠纷即为国内仲裁。

国际仲裁,亦称涉外仲裁,是指具有涉外因素的民商事争议或国际性民商事争议的仲裁。例如,中国国际经济贸易仲裁委员会(简称CIETAC)受理的一方当事人是中国公司,另一方当事人是外国公司的仲裁即为国际仲裁。值得一提的是,国际仲裁的范围要比涉外仲裁的范围广,它包括但不限于涉外仲裁。

---

① 宋连斌:《国际商事仲裁管辖权研究》,法律出版社2000年版,第20～21页。
② 黄进等:《仲裁法学》,中国政法大学出版社2008年版,第11页。

（二）临时仲裁和机构仲裁

这是以是否有仲裁机构参与为标准所作的分类。

临时仲裁，是指没有仲裁机构的参与，双方当事人根据其达成的仲裁协议，将争议直接交给他们临时组成的仲裁庭进行审理并作出裁决的仲裁。一旦仲裁结束，仲裁庭即自行解散。它是最早的仲裁形式，机构仲裁也是从临时仲裁逐渐演化而来的。虽然现今机构仲裁占据主导地位，但是临时仲裁仍然具有相当大的影响，这是由临时仲裁具有的优势所决定的。临时仲裁具有如下优势：更充分地体现当事人的自主性；具有更多的灵活性；效率可能更高；更节省费用。[①] 正是因为如此，所以临时仲裁仍为相当多的国家所采用，但是我国却不承认临时仲裁。

机构仲裁，又称制度性仲裁、常设仲裁，是指双方当事人根据其达成的仲裁协议，将争议提交给某一常设仲裁机构所进行的仲裁。机构仲裁虽然是从临时仲裁演化而来的，但是它却能克服临时仲裁的诸多缺陷，[②]具有较大的优势，所以指定适当的仲裁机构解决商事争议是比较普遍的做法。机构仲裁具有如下优势：便于当事人进行仲裁；使仲裁程序的效率具有保障；仲裁裁决的质量更具可信性；所涉仲裁费用明确而合理；服务水平较高。[③]因此，现今，除西班牙、挪威等少数国家外，几乎所有的国家都承认这种形式的仲裁。[④]

（三）依法仲裁和友好仲裁

这是以仲裁庭是否必须严格依据法律规则作出裁决为标准所作的分类。

依法仲裁，是指仲裁庭经过庭审后，必须严格依据一定的法律规则对当事人之间的争议进行裁决。由于依法仲裁必须有明确的法律依据，必须严格遵守由法律认可的仲裁规则所确定的仲裁程序，因此，这种仲裁方式的当事人对仲裁程序和仲裁结果具有可预见性，其仲裁裁决也容易为当事人所接受并得到其自觉履行。所以，在仲裁实践中，无论是国内仲裁还是国际仲裁，无论是临时仲裁还是机构仲裁，都主要表现为依法仲裁。故而，依法仲裁为各国所普遍适用，依法仲裁也因此而成为一种最主要的仲裁类型。

友好仲裁，又称友谊仲裁、依原则仲裁，是指仲裁庭不必严格依据法律规定，而是依据当事人的授权，并按照它所认可的公允及善良原则和商业惯例对当事人之间的争议进行仲裁。由于友好仲裁制度具有诸多优点，即：友好仲裁的设立是仲裁制度意思自治原则的体现、友好仲裁克服了依法仲裁的缺陷、友好仲裁具有"友好性"，[⑤]因此，现今友好仲裁已为德国、西班牙、法国、瑞典等大陆法系国家以及英国、美国等国家的立法所明确肯定，例如，1998 年德国《民事诉讼法》（第 10 编）第 1051 条第 3 款规定，只有在当事人明确授权的情况下，仲裁庭才能按照公平合理的原则或作为友好调解人解决争议，当事人应当在仲

---

① 康明：《商事仲裁服务研究》，法律出版社 2005 年版，第 14～16 页。

② 张斌生：《仲裁法新论》，厦门大学出版社 2002 年版，第 192～193 页。

③ 江伟：《仲裁法》，中国人民大学出版社 2009 年版，第 24 页。

④ 丁建忠：《外国仲裁法实践》，中国对外经济贸易出版社 1992 年版，第 345～367 页。

⑤ 石育斌：《国际商事仲裁研究（总论篇）》，华东理工大学出版社 2004 年版，第 103～105 页；马育红：《"友好仲裁"制度在我国的借鉴与完善》，载《法学杂志》2010 年第 1 期。

裁庭作出决定之前予以授权。同时,友好仲裁也为有关国际公约和仲裁机构的仲裁规则所承认,前者如 1965 年《关于解决国家与他国国民之间的投资争端的公约》(简称《华盛顿公约》)第 42 条第 3 款之规定,仲裁庭在双方当事人同意下,有权以公平和善良的原则对争议作出决定;后者如《伦敦国际仲裁院仲裁规则》第 22 条第 4 款规定:"只有在当事各方书面明示同意的情况下,才能按'公平合理'、'友好公断人'或'善意'等原则和方式解决争议的实体问题。"可见,无论是有关仲裁的国内立法和国际公约,还是仲裁机构的仲裁规则,都确立了友好仲裁作为一种仲裁方式的合法地位。[①] 但是,相比于依法仲裁,友好仲裁有其自身的缺陷,诸如友好仲裁所作的裁决主观性较强、缺乏依法仲裁的客观性和公正性等,正是因为如此,所以包括我国在内的一些国家没有明文规定甚至排斥友好仲裁,而且即使是承认友好仲裁的国家,也都对友好仲裁的适用进行了一定程度的限制。

(四)民间仲裁和行政仲裁

这是以仲裁机构是否是民间组织为标准所作的分类。

民间仲裁,是指仲裁机构作为非官方的民间组织根据双方当事人之间的仲裁协议对争议所进行的仲裁。这种仲裁的突出优点是强调当事人的意思自治,充分尊重当事人的意愿,它遂成为一种最普遍的仲裁类型。一般而言,我们通常所说的仲裁指的就是民间仲裁。

行政仲裁,是指由行政机关或附设于行政机关的专门机构并非根据双方当事人之间的仲裁协议而是根据或主要根据其行政权力对争议所进行的仲裁。它不同于民间仲裁,其主要表现为:(1)行政仲裁不具有民间性,而是一种具有官方性质的仲裁制度;(2)行政仲裁机构属于行政机关,其仲裁管辖权并非源于当事人之间的仲裁协议而是由法律明文规定,具有完全的强制性;(3)行政争议发生后,当事人勿需签订仲裁协议,而是可以直接向法律所规定的特定的行政机构提请仲裁;(4)行政仲裁裁决不具有一裁终局性,它不能终结有关行政争议的所有程序,如果当事人对行政仲裁裁决有异议,那么他们就可以向人民法院提起行政诉讼程序,以便最终解决有关争议。我国《仲裁法》颁布以前,在各级工商行政管理机关和经济委员会设立的经济合同仲裁委员会以及在科委和房地产主管部门设立的技术合同仲裁委员会和房地产合同仲裁委员会等所进行的仲裁活动,其性质均属于行政仲裁。而《仲裁法》确定的则是民间仲裁。

第三节 仲裁和民事诉讼的关系

一、仲裁和民事诉讼的相同点

(一)所属程序体系相同

仲裁和民事诉讼都是民事程序的重要组成部分。因为,作为解决平等主体之间的民商事争议的程序、规则和方法的民事程序其体系一般由公证、民间调解、仲裁和民事诉讼

---

① 石育斌:《国际商事仲裁研究(总论篇)》,华东理工大学出版社 2004 年版,第 101～102 页。

等程序组成,所以仲裁和民事诉讼两者同属民事程序体系,所属程序体系相同。而且,仲裁和民事诉讼都必须遵循法定程序进行,同时仲裁程序和民事诉讼程序均由若干阶段组成。

(二)主管范围基本相同

仲裁和民事诉讼都是为了解决平等主体当事人之间的争议,即当事人之间发生的合同争议和其他财产权益争议,当事人既可以选择仲裁的方式加以解决,也可以选择民事诉讼的方式加以解决。对此,《仲裁法》第2条规定:"平等主体的公民、法人和其他组织之间发生的合同纠纷和其他财产权益纠纷,可以仲裁。"《中华人民共和国民事诉讼法》(以下简称《民事诉讼法》)第3条规定:"人民法院受理公民之间、法人之间、其他组织之间以及他们相互之间因财产关系和人身关系提起的民事诉讼,适用本法的规定。"可见,仲裁和民事诉讼的主管范围基本相同。不过,法院主管的范围显然比仲裁主管的范围更广泛一些,当然仲裁机构可仲裁事项的范围也在不断扩大。[①]

(三)解决争议的主体相同

仲裁和民事诉讼两者都是由第三方作为争议的公断人来解决争议的方式,只不过解决仲裁争议的第三方是仲裁庭和仲裁员,解决诉讼争议的第三方则是法院和法官。无论是仲裁庭和仲裁员,还是法院和法官,它们都是以公正解决争议为己任,其权力和职责都是由法律赋予的,都是对当事人之间的争议从事实上予以认定,并从法律上予以评判,进而明确双方当事人的权利和义务,使当事人之间的争议最终得以解决。

(四)所遵循的某些原则、规则和制度相同

无论是在仲裁程序中,还是在民事诉讼程序中,都应当遵循当事人地位平等原则,独立原则,以事实为根据、以法律为准绳原则,处分原则,辩论原则和调解原则等;都应当遵循回避制度、保全制度和时效制度等;对当事人适格标准、举证责任分担、证据的审查和判断等规则的运用亦相同。

(五)遵循"不告不理"原则相同

在法学理论上,仲裁和民事诉讼一样,两者均须遵循"不告不理"原则。即在仲裁程序中,当事人有权确定仲裁机构审理和裁决的范围;在民事诉讼程序中,当事人也有权确定法院审理和判决的范围。亦即仲裁机构审理和裁决的范围不能超过当事人仲裁请求的范围,法院审理和判决的范围也不能超过当事人诉讼请求的范围。

(六)当事人的权利大体相同

在仲裁程序中,申请人有申请仲裁、放弃和变更仲裁请求的权利,被申请人有提出反

---

① 黄进、马德才:《国际商事争议可仲裁范围的扩展趋势之探析——兼评我国有关规定》,载《法学评论》2007年第3期。

请求、放弃和变更反请求的权利；双方当事人都有申请回避的权利，提供证据的权利，申请财产保全和证据保全的权利，请求调解的权利等。在民事诉讼程序中，原告有起诉、放弃和变更诉讼请求的权利，被告有提出反诉、放弃和变更反请求的权利；双方当事人都有申请回避的权利，提供证据的权利，申请财产保全和证据保全的权利，请求调解的权利等。[1]

（七）仲裁裁决和民事诉讼判决的法律效力相同

仲裁裁决和民事诉讼中的判决一样，具有其确定性和既判力。对此，不少国家的法律都规定仲裁裁决和民事诉讼终局判决一样具有法律效力。例如，根据我国《仲裁法》[2]的规定，我国仲裁机构依据其仲裁程序作出的仲裁裁决书、仲裁调解书和人民法院依据民事诉讼程序作出的民事判决书、民事调解书具有同等的法律效力，它们都具有强制执行力，双方当事人都必须自觉履行。亦即它们对其作出机构、双方当事人、当事人以外的其他人和机构均具有约束力，一方当事人不履行仲裁裁决书、仲裁调解书和民事判决书、民事调解书时，对方当事人都可以向人民法院申请强制执行。

此外，仲裁和解、调解、财产保全、证据保全与民事诉讼和解、调解、财产保全、证据保全有相同之处，仲裁裁决和民事判决等也有相同之处。

二、仲裁和民事诉讼的不同点

（一）性质不同

仲裁属民间性的居中裁决，是私权处分权的授予，具有民间性质；而民事诉讼审判则是国家司法权的体现，具有浓郁的司法性质，故民事诉讼是具有司法性质的争议解决方式。

（二）仲裁机构和法院的性质不同

在我国，仲裁机构是仲裁委员会。根据《仲裁法》[3]的规定，仲裁委员会是民间性质的组织，它是通过行使仲裁权来解决当事人之间的经济、贸易等方面的争议。同时，仲裁员不经过国家权力机关的任命，一般可由双方当事人自己选定。而法院则是国家的审判机关，它是通过行使国家赋予的民事审判权来解决当事人之间的民事争议的。同时，审判人员是由国家权力机关任命的，当事人没有选择审判人员的权利。

（三）受案范围不同

根据《仲裁法》第 2 条和第 3 条的规定，仲裁的受案范围是平等主体之间的合同纠纷和其他财产权益纠纷，但婚姻、收养、监护、扶养、继承纠纷和由行政机关处理的行政争议则不属于仲裁的受案范围；而根据《民事诉讼法》第 3 条的规定，法院对一切因私权发生的

---

① 李政等：《仲裁法学》，中国政法大学出版社 2009 年版，第 19 页。
② 见《仲裁法》第 51 条、第 52 条、第 57 条。
③ 见《仲裁法》第 14 条、第 15 条。

纠纷均可受理。可见,仲裁的受案范围要比民事诉讼的受案范围窄一些。

(四)受案方式不同

申请仲裁必须有双方当事人事前或事后达成的仲裁协议,否则仲裁机构不予受理;①而民事诉讼只要具备起诉的条件,任何一方当事人都可以向法院起诉,无须获得另一方当事人的同意。

(五)案件管辖不同

根据《仲裁法》第 4 条和第 6 条的规定,仲裁无级别管辖、地域管辖和专属管辖的限制,实施的是协议管辖;而根据《民事诉讼法》第 2 章第 1 节和第 2 节的规定,民事诉讼有级别管辖、地域管辖和专属的强制性管辖。

(六)审级制度不同

仲裁实行一裁终局,当事人不服仲裁裁决时不能上诉,也不能请求其他仲裁机构重新仲裁,只能向法院申请撤销仲裁裁决或不予执行仲裁裁决;而民事诉讼则实行四级二审终审,一般两审终审,还可以申请再审。

(七)审判庭组成不同

仲裁中,仲裁庭的组成方式和仲裁庭组成人员由当事人选定,如果当事人没有约定仲裁庭的组成方式或者选定仲裁员的,则由仲裁委员会主任指定②;裁决权由仲裁庭行使;当仲裁庭遇到疑难案件时,可以请求仲裁委员会专家咨询机构发表咨询意见,但该咨询意见仅供仲裁庭参考,不具有约束力。而民事诉讼中,审判庭和审判庭组成人员则由法院指定;审判权由法院行使;有的案件还要交审判委员会讨论,且审判委员会的决议对合议庭有约束力,合议庭必须服从。

(八)审理方式不同

仲裁以不公开审理为原则,不允许旁听和采访,除非当事人协议公开的,可以公开进行,但却要受到保守国家秘密的限制,同时经当事人同意可以书面审理③;而民事诉讼案件则以公开审理为原则,允许旁听和采访,只有涉及国家秘密、个人隐私、当事人申请不公开审理的离婚案件和涉及商业秘密的案件除外,同时在民事诉讼中,一审人民法院适用普通程序审理案件时必须开庭审理,除非法律另有规定,只有在二审程序中,合议庭认为不需要开庭审理的,才可以实行书面审理。

(九)监督方式不同

仲裁和民事诉讼的监督方式虽然都包括内部监督和外部监督,但是两者的内部监督

---

① 见《仲裁法》第 4 条。
② 见《仲裁法》第 30 条、第 31 条、第 32 条。
③ 见《仲裁法》第 39 条、第 40 条。

和外部监督均不同。其中,仲裁内部由中国仲裁协会监督,外部由法院监督;而法院内部则由审判委员会监督和上级法院监督,外部由人大监督、检察机关监督、社会大众监督和新闻舆论监督。

此外,仲裁和解、调解、财产保全、证据保全与民事诉讼和解、调解、财产保全、证据保全有所不同,仲裁裁决和民事判决、裁定的作出等也有所不同。

三、仲裁和民事诉讼的联系

(一)法律渊源上的联系性

在一些国家,仲裁程序规定在民事诉讼法中,如德国。在我国,虽然制定了单行的《仲裁法》,但是《民事诉讼法》的有关条款对仲裁也作了规定[①];同时,《仲裁法》的有关条款对仲裁和民事诉讼的联系与衔接问题也作了规定[②]。这体现了仲裁和民事诉讼在法律渊源上的联系,而这种法律渊源上的联系反映了两种程序之间的一致性。仲裁程序的某些事项准用民事诉讼法的规定,不仅大陆法系的国家如此,英美法系的国家亦然。[③]

(二)司法对仲裁的支持

司法对仲裁的支持表现为仲裁程序中的某些事项需要由法院按照诉讼的规定协助办理。具体而言,包括:[④]

1. 仲裁员的指定。虽然仲裁员由当事人指定,但是在当事人不能指定仲裁员时,各国一般都规定可由当事人委托法院指定。例如,1999 年《瑞典仲裁法》第 14 条规定:一方当事人未在规定期限内指定仲裁员的,经另一方当事人请求,由地方法院指定仲裁员。不过,我国在此方面却有所不同,即我国基本上采取法院不干预主义,将仲裁员的指定授予仲裁委员会主任[⑤]。

2. 仲裁财产保全和仲裁证据保全。在此方面,根据《仲裁法》第 28 条、第 46 条和第 68 条及《民事诉讼法》第 272 条的规定,仲裁机构无权采取财产保全和证据保全措施,那么在仲裁程序中,当需要采取此种措施时,必须由当事人申请,仲裁机构应当将当事人的申请提交给有管辖权的人民法院,如当事人的财产保全和证据保全申请符合条件的,由人民法院裁定采取财产保全和证据保全措施。

3. 仲裁裁决的承认与执行。在此方面,根据《仲裁法》第 62 条的规定,具有给付内容的仲裁裁决生效之后,在仲裁义务人拒不履行义务时,仲裁权利人可以向有关法院申请执行仲裁裁决。

---

① 见《民事诉讼法》第 81 条、第 101 条、第 237 条、第 271~275 条、第 280 条、第 283 条等。
② 见《仲裁法》第 63 条、第 15 条第 3 款、第 73 条、第 75 条等。
③ 张斌生:《仲裁法新论》,厦门大学出版社 2002 年版,第 56 页。
④ 张斌生:《仲裁法新论》,厦门大学出版社 2002 年版,第 58~59 页。
⑤ 见《仲裁法》第 32 条。

（三）司法对仲裁的监督

所谓仲裁监督，是指相关监督主体对仲裁组织及其实施的仲裁活动以及仲裁的结果进行的监督。综观世界各国的仲裁立法，对仲裁的监督机制主要包括三种形式：仲裁内部监督、仲裁行业监督和仲裁司法监督。其中，仲裁司法监督处于最核心和最关键的地位。[①] 从仲裁的性质、仲裁的价值目标、法院的角度和历史的客观选择方面来看，司法对仲裁的监督有其必然性。[②] 在我国，仲裁监督也包括上述三种形式，司法仲裁监督同样处于核心和关键的地位。具体来说，司法对仲裁的监督主要表现在以下方面：[③]

1. 审查仲裁协议的效力。我国《仲裁法》第 20 条赋予了人民法院审查仲裁协议效力的职权，而且当双方当事人分别向仲裁委员会和人民法院提出请求时，人民法院具有最终裁定权。不过，根据《最高人民法院关于适用〈中华人民共和国仲裁法〉若干问题的解释》（以下简称《仲裁法解释》）第 13 条的规定，如果当事人在仲裁庭首次开庭前没有对仲裁协议的效力提出异议，而后向人民法院申请确认仲裁协议无效的，人民法院不予受理；仲裁机构对仲裁协议的效力作出决定后，当事人向人民法院申请确认仲裁协议效力的，人民法院也不予受理。

2. 撤销仲裁裁决。包括撤销国内仲裁裁决和撤销涉外仲裁裁决两个方面。其中，前者是当事人认为仲裁裁决具有可撤销情形的，可以向人民法院申请撤销，对此，《仲裁法》第 58 条作了规定；后者是当事人提出证据证明涉外仲裁裁决有《民事诉讼法》第 274 条第 1 款规定的情形之一的，经人民法院组成合议庭审查核实，裁定撤销，对此，《仲裁法》第 70 条作了规定。

3. 不予执行仲裁裁决。包括不予执行国内仲裁裁决和不予执行涉外仲裁裁决两个方面。其中，前者是人民法院在仲裁裁决具有不应当执行的情形下，裁定不予执行，对此，《仲裁法》第 63 条和《民事诉讼法》第 237 条作了规定；后者是被申请人提出证据证明涉外仲裁裁决有《民事诉讼法》第 274 条第 1 款规定的情形之一的，经人民法院组成合议庭审查核实，裁定不予执行，对此，《仲裁法》第 71 条作了规定。

第四节　仲裁的历史沿革

一、国外仲裁的起源和发展

仲裁作为解决民商事争议的方式之一可谓是历史悠久，源远流长。早在人类社会的原始阶段，氏族或村庄中出现争议时通常请其年长者加以裁断，这就是仲裁的雏形和萌芽。[④] 但一般认为，法律意义上的仲裁则起源于奴隶制社会的古希腊和古罗马时代，著名

[①] 谭兵：《中国仲裁制度的改革与完善》，人民出版社 2005 年版，第 380～382 页。

[②] 赵健：《国际商事仲裁的司法监督》，法律出版社 2000 年版，第 2～9 页。

[③] 关于本部分的详尽内容见本书第五章、第七章和第八章的相关部分。

[④] 黄进等：《仲裁法学》，中国政法大学出版社 2008 年版，第 13 页。

的古罗马《十二铜表法》中就有多处关于仲裁的记载,如第七表规定:土地疆界发生争执时,由长官委任仲裁员三人解决之。① 再如,罗马法《民法大全》"论告示"第二编中,有古罗马五大法学家之一保罗的论述:"为解决争议,正如可以进行诉讼一样,也可以进行仲裁。"②

1347 年英国一部年鉴中有关于仲裁的记载。14 世纪中叶瑞典的某些地方法典中已有关于仲裁的规定。16 世纪、17 世纪英国东印度公司的章程中出现了仲裁条款。1697 年英国议会正式承认仲裁,制定了第一个仲裁法案,并于 1889 年制定了《仲裁法》。瑞典于 1887 年制定了第一个仲裁法令。法国在大革命期间国民议会在 1790 年视仲裁为解决国民之间争议的最合理方法,其后在法国的 1800 年《法院组织法》第 3 条中规定:"公民有权选择将其争议交由仲裁员裁判,对此项权利不得加以限制。除另有明示规定外,仲裁员所作的决定不受任何审查。"再后来,法国在其 1809 年的《民事诉讼法典》中对仲裁作了专编规定。1879 年的德国《民事诉讼法典》对仲裁制度的具体内容作了较为全面的规定。阿根廷于 1887 年颁布了诉讼法典,其中有对仲裁的详细规定。日本在 1890 年的《民事诉讼法典》中对仲裁以专章的形式加以规定。因而,我们可以看到,从 14 世纪开始,世界各国逐渐开始对仲裁进行立法,赋予仲裁以一种法律制度的性质。亦是从这时起,仲裁作为一种社会的调节器在其发展的历程中,进入了一个全新的阶段,即现代仲裁制度时期。③

现代仲裁制度进入 19 世纪末、20 世纪初之后,仲裁制度本身又发生了新的飞跃性发展和创新,即现代仲裁的成熟和完善阶段。从这时起,各国逐渐开始修改和制定仲裁立法,专门规定国际商事仲裁中的有关问题,设立常设性仲裁机构④。例如,瑞典于 1919 年对其原仲裁法令进行了重要的修改,1929 年除了在 1919 年修改后的 1887 年法令的基础上通过了《瑞典仲裁法》以外,还同时通过了《瑞典关于外国仲裁协议和仲裁裁决的条例》,专门就国际商事仲裁中的有关问题作了规定。并且,为了适应国际商事仲裁实践的需要,缓和各国仲裁立法的冲突,国际社会开始了统一各国仲裁立法的国际仲裁立法工作。例如,1889 年南美的一些国家在乌拉圭首都蒙得维的亚签订了《蒙得维的亚国际民事诉讼程序公约》,开创了国际商事仲裁国际立法之先河,该公约规定了承认与执行外国仲裁裁决的条件和程序问题。1928 年《布斯塔曼特法典》也具有类似的规定。此后,对国际商事仲裁进行国际立法的国际条约逐渐增多,比较重要的有:1923 年《关于仲裁条款的日内瓦议定书》、1927 年《关于执行外国仲裁裁决的日内瓦公约》、1958 年《承认与执行外国仲裁裁决公约》(简称《纽约公约》)、1961 年《关于国际商事仲裁的欧洲公约》、1965 年《华盛顿公约》和 1975 年《美洲国家间关于国际商事仲裁的公约》等。此外,一些重要国际组织的示范法在统一和协调各国国际商事仲裁立法方面也起到了关键的作用,其中最为著名的

① 宋连斌:《国际商事仲裁管辖权研究》,法律出版社 2000 年版,第 1 页。
② 全国人大常委会法制工作委员会民法室、中国经济贸易仲裁委员会秘书局:《中华人民共和国仲裁法全书》,法律出版社 1995 年版,第 5 页。
③ 石育斌:《国际商事仲裁研究(总论篇)》,华东理工大学出版社 2004 年版,第 9~10 页。
④ 例如,英国于 1892 年伦敦仲裁会(伦敦国际仲裁院的前身)、瑞典于 1917 年成立了斯德哥尔摩商会仲裁院、美国于 1922 年成立了美国仲裁协会、1922 年在法国成立了国际商会仲裁院等等。黄进等:《仲裁法学》,中国政法大学出版社 2008 年版,第 14~15 页。

是 1985 年联合国国际贸易法委员会在维也纳召开的第 18 次会议主持制定的《国际商事仲裁示范法》(以下简称《示范法》)。① 该《示范法》于 2006 年修订,它已经成为各国制定或修改本国仲裁法的范本。

二、我国仲裁的起源和发展

我国仲裁制度的正式建立始于 20 世纪初。国民政府建立后,1912 年颁布了《商事公断处章程》,1913 年颁布了《商事公断处办事细则》。该章程和细则规定:商事公断处在商会内设立,"对于商人间商事之争议,立于仲裁地位,以息讼和解纷为主旨"。1921 年又颁布了《民事公断暂行条例》,并规定设立公断处。1927 年,国民党政府暂准援用北洋政府颁布的 1912 年《商事公断处章程》和 1913 年《商事公断处办事细则》,商事公断处虽然按照规定附设于其所在地的各商会,但是实际上只相当于一种调解机构。② 1933 年《中华苏维埃共和国劳动法》中也有关于仲裁的规定。1943 年,晋察冀边区颁布的《晋察冀边区租佃债息条例》及其实施条例以及晋察冀边区行政委员会颁布的《关于仲裁委员会工作指示》中,规定了仲裁委员会的性质、任务和权限及其与政府、专署等方面的关系。1949 年天津市政府公布的《天津市调解委员会暂行组织条例》、1949 年上海军管会颁布的《关于私营企业劳资争议调处暂行办法》中都有关于仲裁的规定。③

新中国成立以后,我国分别建立了国内仲裁制度和涉外仲裁制度。其中,涉外仲裁制度是在中国国际贸易促进委员会(即中国国际商会)的推动下逐渐建立和完善起来的,该会分别于 1956 年和 1959 年设立了中国国际经济贸易仲裁委员会(其前身为对外贸易仲裁委员会)和中国海事仲裁委员会。这两个涉外仲裁机构基本上是按照国际惯例设立和运行的④。

相比之下,我国国内仲裁制度经历了一个较为曲折的发展过程。具体而言,大体经历了如下四个阶段:⑤

1. 只裁不审阶段。此一阶段为新中国成立后到十一届三中全会的召开。具体情形是:社会组织之间发生经济纠纷后,只能报有关主管机关裁决,而不得向法院起诉。当事人不服仲裁裁决的,可以向上一级行政机构申请再仲裁。故这一阶段又称为"两裁终局"制。

2. 先裁后审阶段。此一阶段为十一届三中全会后到 1981 年《中华人民共和国经济合同法》(以下简称《经济合同法》)的颁布。具体情形是:经济合同纠纷发生后,当事人只能先提交仲裁,对仲裁机关的裁决不服的,才可向法院起诉。可见,仲裁是诉讼的前置程序。例如,1979 年 9 月 8 日,国家经委、工商行政管理总局、中国人民银行发布的《关于管理经济合同若干问题的联合通知》规定,一切经济争议都必须首先通过仲裁解决。仲裁当

---

① 石育斌:《国际商事仲裁研究(总论篇)》,华东理工大学出版社 2004 年版,第 12～14 页。
② 胡康生:《中华人民共和国仲裁法全书》,法律出版社 1995 年版,第 7～8 页。
③ 河山、肖水:《仲裁法概要》,中国法制出版社 1995 年版,第 6～11 页。
④ 关于涉外仲裁制度的具体内容见本书第九章。
⑤ 张斌生:《仲裁法新论》,厦门大学出版社 2002 年版,第 48～50 页;赵生祥:《海峡两岸商务仲裁制度比较研究》,法律出版社 2010 年版,第 277～279 页。

事人不服仲裁裁决的,可在规定期限内申请上一级合同管理机关复议,对复议仍不服时,才能向人民法院起诉。1980 年 5 月工商行政管理总局发布了《关于工商行政管理部门合同仲裁程序的试行办法》,它明确规定工商行政部门对经济合同实行二级仲裁制。加之我国法院实行两审终审制,故这一阶段实际上是"两裁两审"制。

3. 可裁可审阶段。此一阶段为《经济合同法》颁布后到 1991 年《民事诉讼法》颁布前。具体情形是:《经济合同法》废止了对经济合同纠纷实行仲裁前置的做法,规定经济合同纠纷发生后,任何一方当事人既可向法律规定的经济合同仲裁委员会申请仲裁,也可向法院起诉。但该法同时又规定,当事人一方或双方对仲裁裁决不服的,可在收到裁决书之日起 15 天内,向法院起诉。1983 年,国务院发布了《经济合同仲裁条例》。该条例规定经济合同仲裁机关是国家和地方各级工商行政管理局设立的经济合同仲裁委员会,对经济合同实行一次裁决,从而建立了"裁审自择,一裁两审"的制度。故这一阶段实际上是"裁审自择"或"一裁两审"制。这种制度的建立,虽然废止了仲裁是诉讼的前置程序的做法,但是却使仲裁和诉讼实行了不合理的"接轨",当事人不服仲裁裁决仍然可以向法院起诉,从而使仲裁依附于诉讼,仲裁无法做到真正的独立。不过,值得指出的是,1987 年至 1991 年期间,《中华人民共和国技术合同法》、《中华人民共和国著作权法》(以下简称《著作权法》)和《中华人民共和国铁路法》先后对技术合同纠纷、著作权合同纠纷和铁路运输合同纠纷实行了"或裁或审",即对此三类合同纠纷,当事人可以根据合同中的仲裁条款或者事后达成的仲裁协议申请仲裁,没有仲裁条款或仲裁协议的,才能向法院起诉;仲裁机关作出裁决后,当事人即使不服,也不能再提起诉讼;一方不履行裁决时,另一方可申请法院予以强制执行。

4. 或裁或审和一裁终局阶段。此一阶段为 1991 年《民事诉讼法》颁布到 1994 年《仲裁法》的颁布施行。具体情形是:1991 年《民事诉讼法》的实施,结束了经济合同纠纷"先裁后审"的格局,从而进入了"或裁或审"和"一裁终局"的新阶段。1995 年 9 月 1 日施行的 1994 年《仲裁法》则进一步明确了除劳动争议和农村集体经济组织内部的农业承包合同纠纷的仲裁外,仲裁一律实行"或裁或审"和"一裁终局";从而,进一步巩固和强化了仲裁"或裁或审"和"一裁终局"的新格局。这集中体现在《仲裁法》第 5 条和第 9 条第 1 款的规定中。《仲裁法》第 5 条规定:"当事人达成仲裁协议,一方向人民法院起诉的,人民法院不予受理,但仲裁协议无效的除外。"该法第 9 条第 1 款规定:"仲裁实行一裁终局的制度。裁决作出后,当事人就同一纠纷再申请仲裁或者向人民法院起诉的,仲裁委员会或者人民法院不予受理。"其中,在"或裁或审"制度下,当事人如果选择仲裁解决纠纷,就必须在合同中订入仲裁条款或者在纠纷发生后订立仲裁协议,将纠纷提交仲裁,仲裁机构根据仲裁协议受理案件。法院只受理当事人之间没有仲裁协议的案件。在"一裁终局"制度下,仲裁机关作出的裁决,对双方当事人均有拘束力,双方当事人必须自动履行,而不得要求该仲裁机构或其他仲裁机构再次仲裁裁决或向法院起诉。这一阶段中的"或裁或审"和"一裁终局"制度是国际上普遍实行的仲裁制度。亦即直到 1991 年《民事诉讼法》和 1994 年《仲裁法》的颁布施行,我国的仲裁制度才真正地和国际接轨。

【思考题】

1. 相比于诉讼和其他争议解决方式，仲裁有何优势？
2. 评述仲裁的性质。
3. 简述仲裁的分类。
4. 论仲裁和民事诉讼的关系。
5. 简述国外仲裁的起源和发展。
6. 简述我国仲裁的起源和发展。

【司法考试真题链接】

1. 下列有关仲裁与民事诉讼两者的关系的表述中哪些是正确的？（2002 年）

A. 各类民事纠纷既可以用仲裁的方式解决，也可以用诉讼的方式解决

B. 请求仲裁机构解决纠纷，应当以双方当事人之间有仲裁协议为条件，而进行民事诉讼则不一定要求双方当事人之间有进行民事诉讼的协议

C. 仲裁案件，通常情况下不公开审理，而法院审理民事案件通常情况下应公开审理

D. 审理案件的仲裁员可以由双方当事人选定或仲裁委员会主任指定，审理案件的法院审判员则原则上不可以由当事人选定，除非经人民法院院长同意

2. 法院对仲裁活动的支持表现在下列哪些方面？（2002 年）

A. 当事人在仲裁中申请财产保全且符合条件的，由人民法院裁定采取财产保全措施

B. 在仲裁过程中，出现妨害仲裁秩序的情形，仲裁委员会可以向法院请求排除妨碍

C. 具有给付内容的仲裁裁决生效后，在义务人拒不履行义务时，权利人可以向有关法院申请执行仲裁裁决

D. 法院可以以适当的方式对仲裁委员会的仲裁业务进行业务指导

3. 海云公司与金辰公司签订了一份装饰工程合同。合同约定：金辰公司包工包料，负责完成海云公司办公大楼的装饰工程。事后双方另行达成了补充协议，约定因该合同的履行发生纠纷，由某仲裁委员会裁决。在装饰工程竣工后，质检单位鉴定复合地板及瓷砖系不合格产品。海云公司要求金辰公司返工并赔偿损失，金辰公司不同意，引发纠纷。假设某法院受理了海云公司的起诉，金辰公司应诉答辩，海云公司在首次开庭时，向法院提交了仲裁协议，对此，该法院应如何处理？（2005 年）

A. 裁定驳回海云公司的起诉

B. 裁定不予受理，告知当事人通过仲裁方式解决

C. 裁定将案件移送仲裁机构处理

D. 继续审理本案

4. 海云公司与金辰公司签订了一份装饰工程合同。合同约定：金辰公司包工包料，负

责完成海云公司办公大楼的装饰工程。事后双方另行达成了补充协议,约定因该合同的履行发生纠纷,由某仲裁委员会裁决。在装饰工程竣工后,质检单位鉴定复合地板及瓷砖系不合格产品。海云公司要求金辰公司返工并赔偿损失,金辰公司不同意,引发纠纷。假设某法院受理本案后,金辰公司在答辩中提出双方有仲裁协议,法院应如何处理?(2005)

A. 裁定驳回起诉

B. 裁定不予受理

C. 审查仲裁协议,作出是否受理本案的决定书

D. 不审查仲裁协议,视为人民法院有管辖权

5. 下列关于民事诉讼和仲裁异同的哪一表述是正确的?(2006 年)

A. 法院调解达成协议一般不能制作判决书,而仲裁机构调解达成协议可以制作裁决书

B. 从理论上说,诉讼当事人无权确定法院审理和判决的范围,仲裁当事人有权确定仲裁机构审理和裁决的范围

C. 对法院判决不服的,当事人有权上诉或申请再审,对于仲裁机构裁决不服的可以申请重新仲裁

D. 当事人对于法院判决和仲裁裁决都有权申请法院裁定不予执行

6. 民事诉讼与民商事仲裁都是解决民事纠纷的有效方式,但两者在制度上有所区别。下列哪些选项是正确的?(2008 年)

A. 民事诉讼可以解决各类民事纠纷,仲裁不适用与身份关系有关的民事纠纷

B. 民事诉讼实行两审终审,仲裁实行一裁终局

C. 民事诉讼判决书需要审理案件的全体审判人员签署,仲裁裁决则可由部分仲裁庭成员签署

D. 民事诉讼中财产保全由法院负责执行,而仲裁机构则不介入任何财产保全活动

7. 关于法院对仲裁的司法监督的说法,下列哪一选项是错误的?(2010 年)

A. 仲裁当事人申请财产保全,应当向仲裁机构申请,由仲裁机构将该申请移交给相关法院

B. 仲裁当事人申请撤销仲裁裁决被法院驳回,此后以相同理由申请不予执行,法院不予支持

C. 仲裁当事人在仲裁程序中没有提出对仲裁协议效力的异议,此后以仲裁协议无效为由申请撤销或不予执行的,法院不予支持

D. 申请撤销仲裁裁决或申请不予执行仲裁裁决程序中,法院可通知仲裁机构在一定期限内重新仲裁

8. 关于民事仲裁与民事诉讼的区别,下列哪一选项是正确的?(2011 年)

A. 具有给付内容的生效判决书都具有执行力,具有给付内容的生效裁决书没有执行力

B. 诉讼中当事人可以申请财产保全,在仲裁中不可以申请财产保全

C. 仲裁不需对案件进行开庭审理,诉讼原则上要对案件进行开庭审理

D. 仲裁机构是民间组织,法院是国家机关

9. 关于法院与仲裁庭在审理案件有关权限的比较,下列哪些选项是正确的?(2012 年)

A. 在一定情况下,法院可以依职权收集证据,仲裁庭也可以自行收集证据

B. 对专门性问题需要鉴定的,法院可以指定鉴定部门鉴定,仲裁庭也可以指定鉴定部门鉴定

C. 当事人在诉讼中或仲裁中达成和解协议的,法院可以根据当事人的申请制作判决书,仲裁庭也可以根据当事人的申请制作裁决书

D. 当事人协议不愿写明争议事实和判(裁)决理由的,法院可以在判决书中不予写明,仲裁庭也可以在裁决书中不予写明

第二章　仲裁法概述

【引例】

　　某市刘老汉早年丧妻,有4个孩子。2010年8月15日,刘老汉因病去世。他的4个孩子因分割遗产发生争议。因为争执较大无法协商解决,于是他们想通过诉讼解决,但是又转念一想,诉讼以公开审理为原则,他们又不想将自己的家务事公之于众,所以就想到了仲裁的方式,因为仲裁以不公开审理为原则,具有为当事人保密的特点,他们遂签订了仲裁协议,准备将他们遗产分割争议交付仲裁。2010年11月20日他们向本市的仲裁委员会申请仲裁。仲裁委员会进行审查后,以该案是遗产继承案件,不属于仲裁范围为由决定不予受理。

　　本案涉及仲裁范围问题。对此,《仲裁法》第2条规定:"平等主体的公民、法人和其他组织之间发生的合同纠纷和其他财产权益纠纷,可以仲裁。"《仲裁法》第3条又规定:"下列纠纷不能仲裁:(1)婚姻、收养、监护、抚养、继承纠纷;(2)依法应当由行政机关处理的行政争议。"可见,《仲裁法》在仲裁范围上采取的立法体例是结合式,且以肯定性概括式为主,否定性列举式为辅的立法体例。其立法标准是:(1)仲裁主体的平等性;(2)仲裁事项的可处分性;(3)争议内容的财产性。基于此,只有平等主体之间的合同纠纷和其他财产权益纠纷才可仲裁,而婚姻、收养、监护、抚养、继承纠纷和行政争议不能仲裁。所以,本案仲裁委员会进行审查后,以该案是遗产继承案件,不属于仲裁范围为由决定不予受理是正确的。

第一节　仲裁法的概念

■ 一、仲裁法的定义

　　仲裁法,是指调整仲裁关系的法律规范的总称。它规定仲裁的范围,仲裁机构的地位和设立,仲裁员和仲裁庭的组成,仲裁参与人,仲裁程序的进行,仲裁参与人和仲裁员在仲裁程序中的权利和义务,仲裁裁决的效力等内容。可分为狭义的仲裁法和广义的仲裁法。

　　所谓狭义的仲裁法,是指专门调整仲裁关系的单行仲裁法或仲裁法典,如我国于1994年8月31日第八届全国人民代表大会常务委员会第九次会议通过并自1995年9月1日起施行的《仲裁法》就是狭义的仲裁法。该法共8章80条,具体章节分别为:第1章"总则";第2章"仲裁委员会和仲裁协会";第3章"仲裁协议";第4章"仲裁程序"(第1节"申请和受理",第2节"仲裁庭的组成",第3节"开庭和裁决");第5章"申请撤销裁决";第 6 章"执行";第 7 章"涉外仲裁的特别规定";第 8 章"附则"。

所谓广义的仲裁法,是指有关仲裁的法律、法规的总称。它除了包括狭义的仲裁法之外,还包括所有涉及仲裁制度的法律规范,具体包括:

1.《民事诉讼法》中有关仲裁的规范。《民事诉讼法》第 6 章"证据"、第 9 章"保全和先予执行"、第 12 章"第一审普通程序"、第 20 章"执行的申请和移送"、第 26 章"仲裁"和第 27 章"司法协助"的有关条文规定了仲裁规范。例如,《民事诉讼法》第 81 条第 2 款规定:"因情况紧急,在证据可能灭失或者以后难以取得的情况下,利害关系人可以在提起诉讼或者申请仲裁前向证据所在地、被申请人住所地或者对案件有管辖权的人民法院申请保全证据。"第 101 条规定:"利害关系人因情况紧急,不立即申请保全将会使其合法权益受到难以弥补的损害的,可以在提起诉讼或者申请仲裁前向被保全财产所在地、被申请人住所地或者对案件有管辖权的人民法院申请采取保全措施。申请人应当提供担保,不提供担保的,裁定驳回申请。人民法院接受申请后,必须在四十八小时内作出裁定;裁定采取保全措施的,应当立即开始执行。申请人在人民法院采取保全措施后三十日内不依法提起诉讼或者申请仲裁的,人民法院应当解除保全。"第 124 条第 2 项规定:"依照法律规定,双方当事人达成书面仲裁协议申请仲裁、不得向人民法院起诉的,告知原告向仲裁机构申请仲裁。"第 237 条第 1 款规定:"对依法设立的仲裁机构的裁决,一方当事人不履行的,对方当事人可以向有管辖权的人民法院申请执行。受申请的人民法院应当执行。"第 272 条规定:"当事人申请采取保全的,中华人民共和国的涉外仲裁机构应当将当事人的申请,提交被申请人住所地或者财产所在地的中级人民法院裁定。"第 283 条规定:"国外仲裁机构的裁决,需要中华人民共和国人民法院承认和执行的,应当由当事人直接向被执行人住所地或者其财产所在地的中级人民法院申请,人民法院应当依照中华人民共和国缔结或者参加的国际条约,或者按照互惠原则办理。"

2.《中华人民共和国合同法》等民商事实体法中有关仲裁的规范。《中华人民共和国合同法》(以下简称《合同法》)、《著作权法》等民商事实体法中也有关于仲裁的规范。例如,《合同法》第 57 条规定:"合同无效、被撤销或者终止的,不影响合同中独立存在的有关解决争议方法的条款的效力。"第 128 条规定:"当事人可以通过和解或者调解解决合同争议。当事人不愿和解、调解或者和解、调解不成的,可以根据仲裁协议向仲裁机构申请仲裁。涉外合同的当事人可以根据仲裁协议向中国仲裁机构或者其他仲裁机构申请仲裁。当事人没有订立仲裁协议或者仲裁协议无效的,可以向人民法院起诉。当事人应当履行发生法律效力的判决、仲裁裁决、调解书;拒不履行的,对方可以请求人民法院执行。"《著作权法》第 55 条规定:"著作权纠纷可以调解,也可以根据当事人达成的书面仲裁协议或者著作权合同中的仲裁条款,向仲裁机构申请仲裁。当事人没有书面仲裁协议,也没有在著作权合同中订立仲裁条款的,可以直接向人民法院起诉。"此外,1979 年《中华人民共和国中外合资经营企业法》(2001 年修订)第 15 条、1988 年《中华人民共和国中外合作经营企业法》(2000 年修订)第 25 条、1988 年国务院《关于鼓励台湾同胞投资的规定》第 20 条等也规定有关合营纠纷、合作纠纷和涉台地区的经济贸易纠纷可采用仲裁方式解决。

3. 我国缔结或加入的国际条约中有关仲裁的规范。我国与其他国家缔结了许多双边贸易协定、双边投资协定和双边民商事司法协助协定,这些双边国际条约大多规定了通过仲裁解决争议及相互承认与执行仲裁裁决的内容。同时,我国还加入了有关仲裁的国际公约,主要是 1958 年《纽约公约》和 1965 年《华盛顿公约》。其中,《纽约公约》是我国于 1986 年 12 月 2 日加入的,《华盛顿公约》是我国于 1992 年 7 月 11 日加入的。我国缔结或加入的国际条约中有关仲裁的规范均属于广义仲裁法的范畴。

在我国,广义的仲裁法除了包括上述仲裁规范外,亦可包括最高人民法院关于仲裁的司法解释中的仲裁规范,它们主要是:1987 年《关于执行我国加入的〈承认及执行外国仲裁裁决公约〉的通知》、1992 年《关于适用〈中华人民共和国民事诉讼法〉若干问题的意见》(以下简称《民事诉讼法意见》)和 2005 年《仲裁法解释》等司法解释中的仲裁规范。

二、仲裁法的性质

(一)属法律性质

《仲裁法》于 1994 年 8 月 31 日由第八届全国人民代表大会常务委员会第九次会议通过。而《中华人民共和国宪法》(以下简称《宪法》)第 67 条第 2 项规定:"全国人民代表大会常务委员会行使下列职权:(二)制定和修改除应当由全国人民代表大会制定的法律以外的其他法律。"同时,《中华人民共和国立法法》(以下简称《立法法》)第 8 条第 9 项规定:"下列事项只能制定法律:……(九)诉讼和仲裁制度。"所以,毫无疑问,《仲裁法》当属法律性质,而且处于我国法律渊源的第二层次,即低于宪法,高于行政法规、地方性法规等。

(二)属程序法性质

以法律所规定的内容不同为标准,法律可分为实体法和程序法。其中,实体法是指规定法律关系主体的实体权利和义务或职权和职责为主的法律;程序法是指以保证实体权利和义务得以实施或职权和职责得以履行的方式和手续为主要内容的法律。而仲裁法就是保证当事人的民事实体权利和义务得以实施的法律,且包括我国在内的许多国家在民事诉讼法中规定仲裁问题,而民事诉讼法属典型的程序法范畴,因此仲裁法当属程序法性质,并且当属民事程序法性质。

(三)属非讼程序部门法性质

部门法,亦即法律部门,是根据一定的标准和原则划分的同类法律规范的总和。我国法学界一般认为,法律部门划分的标准有两个,即法律规范的调整对象和调整方法,且以法律规范的调整对象为主要的划分标准。那么,按照法律规范的调整对象这一划分标准,仲裁法具有独特的调整对象即仲裁关系,因此仲裁法属独立的法律部门。又由于仲裁法调整对象——仲裁关系是仲裁当事人在仲裁程序中形成的,仲裁当事人在其间享有仲裁程序性权利和承担仲裁程序性义务,所以仲裁法当属程序部门法。而程序部门法因其调整的关系是诉讼关系还是非讼关系分为诉讼程序部门法和非讼程序部门法,显然仲裁关系不是诉讼关系而是非讼关系,故仲裁法当属非讼程序部门法性质。

三、仲裁法的立法体例

(一)一元立法体例

仲裁法的一元立法体例,是指不分国内仲裁和涉外仲裁而由一套仲裁法律制度来规范的仲裁法立法体例。这种立法体例的特点是:在这类国家中,只有一套仲裁法律制度,它既适用于国内仲裁又适用于涉外仲裁,而且这套仲裁法律制度比较宽松。可见,仲裁法一元立法体例的优点在于同样的法律可以很好地服务于国内仲裁和涉外仲裁,可以解决一个合同因其国内或涉外性质而适用不同的仲裁法律规则所带来的弊端。这种立法体例适用于经济发展水平较高和仲裁发展较快的国家。

仲裁法的一元立法体例因其仲裁法律制度是规定在民事诉讼法典还是仲裁法典中,又有规定在民事诉讼法典中的一元立法体例和规定在仲裁法典中的一元立法体例之分。其中,前者为具有成文法传统且现代仲裁发展较早的欧洲大陆法系的国家所采用,例如1983年《奥地利民事诉讼法》、1986年《荷兰民事诉讼法》、1998年《德国民事诉讼法》等设专编规定了仲裁制度。由于这种立法体例并非以单独的仲裁法来表现,而是使仲裁制度依附于民事诉讼法,因而又可称为依附性仲裁法立法体例,采用这种立法体例的国家如奥地利、荷兰、德国、法国、日本等国家。后者为缺乏成文法传统的普通法系国家和现代仲裁起步较晚的国家所采用,如1925年《美国联邦仲裁法》、1986年《加拿大商事仲裁法典》、1994年《匈牙利仲裁法》、1994年《埃及仲裁法》、1995年《斯里兰卡仲裁法》、1995年《危地马拉仲裁法》、1996年《英国仲裁法》、1996年《巴西仲裁法》、1997年《新西兰仲裁法》、1997年《阿曼仲裁法》、1999年《瑞典仲裁法》等专门规定了仲裁制度。由于这种立法体例是以单独的仲裁法来表现的,因而又可称为单独性仲裁法立法体例,采用这种立法体例的国家有美国、英国、巴西、加拿大、瑞典、新西兰、斯里兰卡等国家。这两种立法体例各有利弊:[①]前者的优势在于在立法程序上简便易行,仲裁和诉讼之间的联系能较好地显现,其缺陷在于将仲裁依附于民事诉讼法中,难以突出仲裁的特点,使仲裁和诉讼相混淆;后者的优点在于易于突出仲裁的特点和独立性,其缺点是不利于仲裁和诉讼的衔接,不易形成逻辑严密的法律制度,容易造成仲裁法和民事诉讼法规定的冲突。

(二)二元立法体例

仲裁法的二元立法体例,是指对国内仲裁和涉外仲裁区别对待,国内仲裁和涉外仲裁适用不同的法律规则,对涉外仲裁适用较国内仲裁较为宽松的法律规则的一种仲裁法立法体例。这种立法体例的特点是:在这类国家中,有两套仲裁法律制度,分别适用于国内仲裁和涉外仲裁,其中涉外仲裁法律制度比国内仲裁法律制度较为宽松。可见,仲裁法二元立法体例的合理性在于国内仲裁和涉外仲裁存在差异即涉外仲裁比国内仲裁更具灵活性和意思自治就需要有与之相匹配的两套不同的仲裁法律制度,可以解决不同的国内仲裁和涉外仲裁而适用相同的仲裁法律规则所带来的弊端。这种立法体例适用于经济发展

---

① 谭兵:《中国仲裁制度研究》,法律出版社1995年版,第75~79页。

水平不高和仲裁发展较慢的国家。

采用仲裁法二元立法体例的国家其情形有所不同：有的国家在民事诉讼法中对仲裁作单编规定，在仲裁编中对涉外仲裁作单章规定，如法国、意大利等国家；有的国家制定单独的仲裁法，在仲裁法中对涉外仲裁作单编规定，如尼日利亚、秘鲁、突尼斯、印度、马耳他等国家；有的国家制定单独的涉外仲裁法，如保加利亚、澳大利亚、俄罗斯、新加坡、伊朗、爱尔兰等国家；有的国家在国际私法法典中对涉外仲裁作出规定，如瑞士等国家。[①]

我国仲裁法的立法体例有其特色。从我国制定了单行的《仲裁法》的角度来看，我国采取的是单独性仲裁法立法体例，不过同时又在《民事诉讼法》、《合同法》、《著作权法》等法律中规定了有关仲裁制度；从我国《仲裁法》针对国内仲裁和涉外仲裁适用不同的仲裁制度的角度来讲，我国采取的是仲裁法二元立法体例。

第二节　仲裁法的适用范围

仲裁法的适用范围，又称仲裁法的效力，是指仲裁法对哪些人、对何种事、在什么时间和空间范围内可以发生效力。可见，仲裁法的适用范围包括对人的适用范围、对事的适用范围、时间上的适用范围和空间上的适用范围。

一、对人的适用范围

所谓仲裁法对人的适用范围，是指仲裁法对哪些人可以适用，即哪些人要受仲裁法的约束。在此方面，主要应遵循属人原则和属地原则加以确定。依照属人原则，仲裁法对本国人可以适用；依照属地原则，仲裁法对本国人和外国人都可以适用。亦即凡是在中华人民共和国领域内的仲裁机构进行仲裁活动的当事人，不管是中国人还是外国人，都必须遵守我国的《仲裁法》，而根据我国《仲裁法》第2条的规定，无论是中国人还是外国人均取其广义，即既包括公民又包括法人和其他组织。因此，我国《仲裁法》对人的适用范围非常广泛，不仅适用于中国公民、法人和其他组织，而且也适用于外国人、无国籍人、外国企业和其他组织。

二、对事的适用范围

所谓仲裁法对事的适用范围，是指仲裁法对何种事可以适用，即仲裁机构可以受理的提交仲裁解决的争议事项的范围。在此方面，各国或地区仲裁法的立法体例主要有三种：[②]

1. 概括式。即立法上并不具体列举可仲裁或不可仲裁的争议事项，只是对仲裁事项作概括性的规定。它可分为肯定性概括式和否定性概括式两种，其中前者规定的仲裁范围比后者宽泛。瑞士、韩国、泰国、比利时等国采肯定性概括式立法体例，如1987年《瑞士

---

①　于喜富：《国际商事仲裁的司法监督与协助——兼论中国的立法与司法实践》，知识产权出版社2006年版，第28～31页。

②　宋连斌：《国际商事仲裁管辖权研究》，法律出版社2000年版，第119～121页。

联邦国际私法法规》第 177 条第 2 款规定："一切具有财产性质的争议均可提交仲裁。"《韩国仲裁法》第 1 条、第 2 条规定：私法中的争议可提交仲裁。《泰国仲裁法》第 5 条规定：已发生或将要发生的民事纠纷可提交仲裁。《比利时司法法典》第 1676 条第 1 款规定：允许和解的有关特定法律关系的任何争议可成为仲裁协议的标的。阿根廷、埃及等国则采否定性概括式立法体例，如阿根廷《国家民商事诉讼法典》第 737 条规定：法律不准许和解与调解解决的争端，不能提交仲裁，否则仲裁无效。《埃及国际商事仲裁法案》第 9 条规定：不能和解的争议不允许仲裁。

2. 列举式。即立法上具体列举可仲裁或不可仲裁的争议事项，也可分为肯定性列举式和否定性列举式两种。其中，前者以加拿大不列颠哥伦比亚省 1986 年《国际商事仲裁法案》为典型代表，如该法案第 1 条第 6 款列举了 16 种可仲裁的商事争议。后者并不多见，例如 1984 年《秘鲁民法》第 1913 条将涉及个人法律能力和地位的争端、国家及其财产的某些争端、道德情感和可接受的标准的争端排除在仲裁范围之外。《意大利民事诉讼法》第 806 条规定：当事人可以将他们之间产生的法律争议提交仲裁解决，但与个人身份和分居有关的争议及不能成为调解对象的争议除外。相比于概括式，列举式较为明确具体，有利于判断一个争议有无可仲裁性，但其范围较窄，其中肯定性列举式尤其如此。这种立法体例多为仲裁业不太发达的国家或地区采用。

3. 结合式。即立法上兼采概括式和列举式来界定可仲裁或不可仲裁的争议事项。这种立法体例通常以肯定性概括式为主，否定性列举式为辅，瑞典、葡萄牙、希腊等国家的立法即是如此。亦有既作肯定性概括和否定性概括，又作肯定性列举的立法，如《荷兰民事诉讼法典》第 1020 条规定：当事人可将契约性和非契约性争议提交仲裁；仲裁协议不应用于确定当事人不能自由处分的法律后果；当事人可协议将仅确定货物的品质或状况、仅确定损害的数量或金钱债务等争议交付仲裁。当然，还有既作否定性概括，又作否定性列举的立法，如《澳门内部仲裁法》第 2 条规定：不涉及不可处分权利之任何争议均可成为仲裁标的；已经裁判或解决的争议、引致检察院参与诉讼之争议尤其不得为仲裁标的。相比概括式和列举式，结合式既反映了逐渐拓宽仲裁范围的态势，又避免了概括式的模糊，是立法技术上的进步。

对此，我国《仲裁法》采用以肯定性概括式为主，否定性列举式为辅的立法体例，它集中体现在《仲裁法》第 2 条和第 3 条的规定中。其中，《仲裁法》第 2 条属肯定性概括式规定，即"平等主体的公民、法人和其他组织之间发生的合同纠纷和其他财产权益纠纷，可以仲裁"。《仲裁法》第 3 条属否定性列举式规定，即"下列纠纷不能仲裁：(1)婚姻、收养、监护、抚养、继承纠纷；(2)依法应当由行政机关处理的行政争议"。根据《仲裁法》第 2 条的规定，在我国下述争议可以仲裁[①]：(1)合同纠纷。具体包括：①买卖合同、建设工程合同、承揽合同等合同纠纷；②技术合同纠纷；③著作权合同纠纷；④商标合同使用纠纷；⑤房地产合同纠纷；⑥涉外经济贸易合同纠纷；⑦海事、海商合同纠纷。(2)其他财产权益纠纷。主要指侵权纠纷，包括：①海事侵权纠纷；②房地产侵权纠纷；③因产品质量引发的侵权纠纷；④涉及工业产权的专利、商标侵权纠纷；⑤涉及著作权的侵权纠纷。这些纠纷之所以

---

① 赵健：《国际商事仲裁的司法监督》，法律出版社 2000 年版，第 190 页。

属可仲裁解决的争议事项,是因为争议双方当事人的地位平等以及争议内容具有财产性;《仲裁法》第 3 条中的"婚姻、收养、监护、抚养、继承纠纷"之所以不能以仲裁方式解决,是因为这些纠纷属身份关系方面的纠纷,当事人不能自由处分;《仲裁法》第 3 条中的"依法应当由行政机关处理的行政争议"之所以不能以仲裁方式解决,是因为此类争议主体之间的地位不平等。可见,我国《仲裁法》确定对事适用范围的标准为:[①](1)仲裁主体的平等性,即当事人的地位应当平等,亦即非平等主体之间的纠纷如行政争议排除在仲裁范围之外,只有平等主体之间的民商事纠纷才能仲裁;(2)仲裁事项的可处分性,即仲裁事项必须是当事人有权处分的民事实体权利,亦即双方当事人在法律规定的范围内,可以随意行使、主张、变更或者放弃自己的民事实体权利,因此,凡当事人无权自由处分的事项如《仲裁法》第 3 条第 1 款列举的婚姻、收养、监护、继承纠纷因涉及不能由当事人自由处分的身份关系而不能仲裁的方式解决;(3)争议内容的财产性,即可以提交仲裁的纠纷须为民事经济纠纷,主要是合同纠纷,也包括一些非合同财产权益纠纷,因此,凡不具备财产性的身份权纠纷或虽涉及当事人的财产权益但建立在身份关系基础上的民事纠纷不能以仲裁的方式解决。

三、时间上的适用范围

所谓时间上的适用范围,是指仲裁法何时生效以及有无追溯既往的效力。我国《仲裁法》于 1994 年 8 月 31 日,由第八届全国人民代表大会常务委员会第九次会议通过,并于 1994 年 8 月 31 日由中华人民共和国主席令第 31 号公布,且自 1995 年 9 月 1 日起施行。可见,我国《仲裁法》生效的日期是 1995 年 9 月 1 日。那么,《仲裁法》生效前制定的一切有关仲裁的规定和《仲裁法》相抵触的,均以《仲裁法》为准。显然,《仲裁法》对 1995 年 9 月 1 日以后发生的事件和行为有效。

四、空间上的适用范围

所谓空间上的适用范围,是指仲裁法在多大的地域范围内适用。根据国家主权原则,仲裁法一般在本国的领域范围内适用,即在其领陆、领水、领空及底土适用,而在本国领域之外不予适用。可见,我国《仲裁法》应在我国领域内适用,在我国领域之外则不予适用,亦即凡在我国领域内的仲裁机构进行仲裁活动,都要适用我国的《仲裁法》。不过,我国与其他国家有所不同的是,包括《仲裁法》在内的法律并不适用于作为我国领土一部分的香港、澳门和台湾地区,亦即凡在香港、澳门和台湾进行仲裁活动,并不适用《仲裁法》而是适用香港、澳门和台湾当地的仲裁法,这是因为我国实行"一国两制"原则,香港、澳门特别行政区高度自治,享有独立的立法权和司法终审权。所以,我国《仲裁法》在空间上的适用范围具体而言是:除香港、澳门和台湾地区外,凡在中华人民共和国领域内的仲裁机构进行仲裁活动,都要适用我国的《仲裁法》,而我国的《仲裁法》在我国领域之外则不发生法律效力。

---

① 黄进、马德才:《国际商事争议可仲裁范围的扩展趋势之探析——兼评我国有关规定》,载《法学评论》2007 年第 3 期。

第三节　仲裁法的基本原则

仲裁法的基本原则,是指在仲裁活动中具有普遍意义、适用于仲裁一切效力范围并构成仲裁基础的那些原则。它对仲裁程序具有较大的意义。根据我国《仲裁法》的规定,仲裁法的基本原则主要包括:当事人自愿原则;独立仲裁原则;根据事实,符合法律规定的原则;公平合理原则;遵守国际条约和尊重国际惯例原则。

▊ 一、当事人自愿原则

当事人自愿原则,又称当事人意思自治原则,是仲裁法的首要的基本原则,是整个仲裁制度赖以存在和发展的基石。《仲裁法》所规定的当事人自愿原则主要体现在以下方面:

1. 当事人是否以仲裁的方式解决纠纷,由当事人自愿决定。前已述及,民商事争议的解决方式主要有协商、调解、仲裁和诉讼等多种方式,而当事人是否决定以仲裁的方式解决纠纷则完全建立在当事人自愿的基础上,即当事人完全有权自由决定以仲裁的方式解决相互之间的争议,也完全有权自由决定不以仲裁的方式而以其他方式解决彼此之间的争议。如果当事人选择以仲裁的方式解决纠纷,他们就必须事先签订仲裁协议,亦即当事人将选择争议的仲裁方式的自由意志体现在他们所订立的仲裁协议中,而且当事人在签订仲裁协议时,任何一方当事人都不能将自己的意志强加于另一方,也不允许一方利用自己的优势地位迫使对方签订仲裁协议。一旦当事人签订了有效的仲裁协议,该仲裁协议不仅对双方当事人有效,而且对仲裁委员会和人民法院也具有拘束力。在此方面,《仲裁法》第4条和第5条作了规定。前者规定:"当事人采用仲裁方式解决纠纷,应当双方自愿,达成仲裁协议。没有仲裁协议,一方申请仲裁的,仲裁委员会不予受理。"后者规定:"当事人达成仲裁协议,一方向人民法院起诉的,人民法院不予受理,但仲裁协议无效的除外。"

2. 当事人将争议提交给哪一个仲裁委员会仲裁解决,由当事人自愿决定。仲裁不同于民事诉讼,不因当事人的住所、争议发生地不同而受到地域管辖的限制,也不因争议标的额的大小、案件的复杂程度、是否涉外、是否有很大社会影响而受到级别管辖的限制,当事人向哪一个仲裁委员会申请仲裁,在哪里仲裁,完全由当事人自愿决定,这真正体现了当事人自愿原则。对此,《仲裁法》第6条规定:"仲裁委员会应当由当事人协议选定。仲裁不实行级别管辖和地域管辖。"相比之下,民事诉讼当事人虽然也协议选择管辖法院的权利,但是要受到诸多限制,具体为:(1)在当事人的范围上作了限制。即只有涉外合同或者涉外财产权益纠纷的当事人才有协议选择管辖法院的权利。(2)在当事人选择法院的范围上作了限制。即当事人只能选择与争议有实际联系的地点的法院管辖,如被告住所地法院、合同履行地法院、合同签订地法院、原告住所地法院、标的物所在地法院等。(3)对当事人选择法院管辖权的范围作了限制。即当事人只能在法院任意管辖权的范围内进行选择,当事人选择中国法院管辖的,不能违反《民事诉讼法》有关专属管辖的规定。(4)对当事人选择中国法院时的管辖权级别作了限制。即当事人选择中国法院管辖的不能违反《民事诉讼法》关于级别管辖的规定,亦即如果有关涉外民事案件只能由基层人民法院管辖,当事人就不能选择中级人民法院或高级人民法院作为管辖法院。(5)对当事人选择法院的形式作了限制。即当事人协议选择管辖法院时只能采取书面形式。这些限制规定在《民事诉讼法》第34条中,即"合同或者其他财产权益纠纷的当事人可以书面协议选择被告住所地、合同履行地、合同签订地、原告住所地、标的物所在地等与争议有实际联系的地点的人民法院管辖,但不得违反本法对级别管辖和专属管辖的规定。"

3. 仲裁庭采取何种组成形式和仲裁庭由哪个或哪些仲裁员组成,由当事人自愿决定。《仲裁法》第30条规定:"仲裁庭可以由三名仲裁员或者一名仲裁员组成。由三名仲裁员组成的,设首席仲裁员。"采取何种形式的仲裁庭,当事人有权自愿选择。如果当事人选择仲裁庭组成形式为三名仲裁员组成的合议三名仲裁员由当事人自愿决定,对此《仲裁法》第31条第1款作了规定,即"当事人约定由三名仲裁员组成仲裁庭的,应当各自选定或者各自委托仲裁委员会主任指定一名仲裁员,第三名仲裁员由当事人共同选定或者共同委托仲裁委员会主任指定。第三名仲裁员是首席仲裁员。"如果当事人选择仲裁庭组成形式为一名仲裁员组成的独任仲裁庭,那么这一名仲裁员也由当事人自愿决定,对此《仲裁法》第31条第2款作了规定,即"当事人约定由一名仲裁员成立仲裁庭的,应当由当事人共同选定或者共同委托仲裁委员会主任指定仲裁员。"而无论是当事人自主选定仲裁员,还是委托仲裁委员会主任指定仲裁员,都体现了当事人自愿原则。

4. 当事人将何种争议提交给仲裁委员会仲裁解决,由当事人自愿决定。《仲裁法》第16条第2款规定:"仲裁协议应当具有下列内容:(一)请求仲裁的意思表示;(二)仲裁事项;(三)选定的仲裁委员会。"可见,当事人应将有关争议事项记载在仲裁协议中。而当事人在仲裁协议中约定何种争议事项,则由当事人自愿决定。不过,当事人的这种自愿权利应受《仲裁法》第2条和第3条的限制。根据《仲裁法》第2条和第3条的规定,当事人只能将合同纠纷和其他财产权益纠纷提交仲裁。一旦当事人在仲裁协议中约定提交仲裁解决的争议事项,仲裁庭只能就此争议事项进行审理并作出裁决,无权对当事人在仲裁协议中没有约定提交仲裁解决的争议事项进行审理并作出裁决,即使是作出了裁决,当事人也有权申请人民法院撤销或不予执行仲裁裁决。

5. 仲裁庭采取何种审理方式,当事人也有权决定。《仲裁法》第39条规定:"仲裁应当开庭进行。当事人协议不开庭的,仲裁庭可以根据仲裁申请书、答辩书以及其他材料作出裁决。"该法第40条又规定:"仲裁不公开进行。当事人协议公开的,可以公开进行,但涉及国家秘密的除外。"可见,当事人对仲裁案件是开庭审理还是书面审理以及仲裁是否公开进行均有权自主决定。

此外,当事人自愿原则还体现在其他方面,例如仲裁庭对专门性问题认为需要鉴定的,可以交由当事人约定的鉴定部门鉴定[1];裁决书应当写明仲裁请求、争议事实、裁决理由等,当事人协议不愿写明争议事实和裁决理由的,可以不写[2];等等。

---

[1] 见《仲裁法》第44条。
[2] 见《仲裁法》第54条。

▌二、独立仲裁原则

根据《仲裁法》第 8 条和第 14 条的规定,所谓独立仲裁原则,既指仲裁委员会在设立上的独立,不依附于任何机关和团体,又指仲裁庭在审理仲裁案件时的独立,依法独立进行审理并作出裁决,不受任何机关、团体和个人的干涉。它具体体现在以下几个方面:

1. 仲裁独立于行政。前已述及,我国国内仲裁制度经历了四个不同的历史发展阶段,其中在《仲裁法》颁布之前的几个阶段中,仲裁机构大多设置在行政机关内部,仲裁行政化倾向非常明显,仲裁机构是国家行政机构的一个职能部门,当然无法独立行使仲裁权。显然,这与仲裁民间性的性质和国际惯例相去甚远,严重影响了仲裁在我国的发展,因此,为了建立一个适应我国改革开放和社会主义市场经济体制需要的、与国际惯例接轨的仲裁法律体系,规范我国国内仲裁,同时促进我国涉外仲裁走向国际化和现代化的道路,保证公正、及时地仲裁经济纠纷,保护当事人的合法权益,保障社会主义市场经济健康发展,1994 年 8 月 31 日第八届全国人民代表大会常务委员会第九次会议颁布了《仲裁法》。根据《仲裁法》第 10 条的规定,仲裁委员会可以在直辖市和省、自治区人民政府所在地的市设立,也可以根据需要在其他设区的市设立,并由其人民政府组织有关部门和商会统一组建,不按行政区划层层设立。并且,《仲裁法》第 8 条规定:"仲裁依法独立进行,不受行政机关、社会团体和个人的干涉。"《仲裁法》第 14 条规定:仲裁委员会独立于行政机关,与行政机关没有隶属关系。可见,仲裁机构独立于行政,不再是国家行政机构的一个职能部门。那么,这是否表明《仲裁法》颁布以后仲裁行政化就不复存在了呢?当然不是,仲裁行政化倾向仍然存在,而且其种种表现已经严重威胁了仲裁民间化的发展方向,[①]所以仲裁的民间化在我国仍然任重而道远。

2. 仲裁组织系统之间相对独立。仲裁组织系统由中国仲裁协会、各仲裁委员会和仲裁庭组成。其中,中国仲裁协会是社会团体法人,仲裁委员会是中国仲裁协会的会员,中国仲裁协会是仲裁委员会的自律性组织,其职责是根据章程对仲裁委员会及其组成人员、仲裁员的违纪行为进行监督,依照本法和民事诉讼法的有关规定制定仲裁规则[②]。所以,中国仲裁协会和各仲裁委员会之间并非行政意义上的领导和被领导的关系,它不能干预或参与各仲裁委员会的仲裁活动,故他们之间是相对独立的。同时,《仲裁法》第 14 条规定,仲裁委员会之间也没有隶属关系。这表明,各仲裁委员会之间没有上下级之分,彼此相对独立。另外,仲裁委员会的主要职责是根据当事人的委托或者依法指定仲裁员;根据法律规定的条件并结合实际情况聘任仲裁员;依法对违法的仲裁员予以除名;依法决定是否受理案件;从事其他有关仲裁的管理和事务性工作。可见,仲裁委员会不得介入仲裁案件的审理和裁决工作,而对仲裁案件的审理和裁决则完全由仲裁庭独立进行,因此仲裁委员会和仲裁庭之间也是相对独立的。

3. 仲裁庭独立行使仲裁权。根据《仲裁法》的规定,在仲裁程序中,仲裁委员会受理案件后,应组建仲裁庭;一旦仲裁庭组建完毕,则由仲裁庭负责对案件进行审理并作出裁

---

① 王红松:《铸造公信力》,法律出版社 2010 年版,第 38～45 页。

② 见《仲裁法》第 15 条。

决,仲裁委员会不得干预,任何社会团体和公民个人也不得干涉。例如,《仲裁法》第53条规定:"裁决应当按照多数仲裁员的意见作出,少数仲裁员的不同意见可以记入笔录。仲裁庭不能形成多数意见时,裁决应当按照首席仲裁员的意见作出。"此外,当仲裁庭遇到疑难案件时,可以请求仲裁委员会专家咨询机构发表咨询意见,但该咨询意见仅供仲裁庭参考,不具有约束力。这表明,相较于民事诉讼,独立仲裁原则是完全独立的,因为在民事诉讼中,当合议庭对案件的处理不能形成多数意见时,判决并不按照审判长的意见作出;当合议庭遇到重大、疑难案件时,要交审判委员会讨论,且审判委员会的决议对合议庭有约束力,合议庭必须服从。

三、根据事实,符合法律规定的原则

所谓事实,是指发生纠纷的时间、地点、原因、后果、因果关系等一系列客观情况,它是进行仲裁活动的前提。如果事实不清,责任就难以分清,仲裁庭也就无法根据有关法律规定对争议作出正确的裁决;如果事实清楚,仲裁庭所作出的裁决只要符合法律规定,该裁决必然是公正的裁决。所以,不仅我国的《仲裁法》[①]对事实清楚、符合法律作为一项基本原则作出规定,而且各国的仲裁立法也均要求仲裁裁决应在事实清楚的基础上,并符合本国的法律规定作出。[②]

根据事实,是指仲裁当事人和仲裁参与人参加仲裁活动应当尊重客观事实,仲裁庭对争议作出裁决只能以查证属实的案件事实为基础。根据我国《仲裁法》的规定和仲裁实践,仲裁庭主要可通过以下途径查明事实:(1)申请人和被申请人对案件事实的书面陈述。根据《仲裁法》第23条的规定,申请人提出仲裁申请时,应当在仲裁申请书中写明仲裁请求所根据的事实、理由以及证据和证据来源、证人姓名和住所。同时,《仲裁法》第25条规定被申请人应当提交答辩书,同样地,被申请人在仲裁答辩书中也应当写明答辩所根据的事实、理由以及证据和证据来源、证人姓名和住所。这样,仲裁庭就可以依据当事人的书面陈述和证据材料来了解有关案件事实。(2)仲裁庭通过开庭审理对事实进行调查。一般而言,光靠当事人的书面陈述尚不足以查明案件事实,因为当事人可能在书面材料中没有陈述,没有陈述清楚以及双方当事人的陈述相互之间存在矛盾,因此仲裁庭必须通过开庭审理来对有关事实进行调查。在开庭审理时,仲裁庭可以要求申请人和被申请人对争议事实作出详细的口头陈述,并通过询问的方式以及申请人和被申请人之间相互质证的方式,以查明案件事实。(3)仲裁庭通过实地调查的方式查明事实。一般来说,仲裁庭通过上述两种途径就可以查明案件事实,但是对于那些案情复杂、当事人提交的证据相互矛盾或者当事人无法取证而该证据又对定案起关键作用的仲裁案件,显然仲裁庭只通过上述两种途径不可能查明案件事实,此时需要仲裁庭通过实地调查的方式来查明事实。为此,《仲裁法》第43条赋予了仲裁庭收集证据的权力,即仲裁庭认为有必要收集的证据,可以自行收集。那么,在上述情况下,仲裁庭应当到争议发生地、标的物所在地、当事人住所地以及有关部门进行查证,以查明全部案件事实,为日后作出公正裁决打下坚实的基础。

---

① 见《仲裁法》第7条。
② 宋朝武:《中国仲裁制度:问题与对策》,经济日报出版社2002年版,第40页。

　　符合法律规定,是指仲裁庭在查明案件事实的基础上,应当根据法律的规定以确认双方当事人的权利和义务。仲裁庭要想作出公正的裁决,一方面需查明案件事实,另一方面需符合法律规定,两者不能偏废,亦即仲裁庭只有在查清案件事实的基础上,根据法律规定作出的裁决才属公正裁决。为此,仲裁中的符合法律规定原则要求仲裁庭应当依据法律的规定作出裁决,以保护双方当事人的合法权益,公正合理地解决争议。当然,与民事诉讼有所不同的是,仲裁无须严格地"以法律为准绳",只要仲裁裁决公正合理,不违反法律强制性规定即可,而且对于法律没有明文规定的,仲裁庭可以参照在实践中被普遍接受的做法如行业惯例等作出裁决,此外仲裁庭还可经过双方当事人协商授权无须严格依照法律规定进行友好仲裁。

四、公平合理原则

　　公平合理原则,是指仲裁庭应在仲裁活动中保持中立,平等地对待双方当事人,依据事实公平合理地对仲裁案件作出裁决。我国《仲裁法》第 7 条对该项原则作了规定,即"仲裁应当根据事实,符合法律规定,公平合理地解决纠纷"。可见,公平合理原则与根据事实、符合法律规定的原则两者关系密切,仲裁庭只有遵循根据事实,符合法律规定的原则,其作出的裁决才能符合公平合理原则,亦即根据事实,符合法律规定的原则是前提,公平合理原则是结果。根据我国《仲裁法》的规定和仲裁实践,公平合理原则主要体现在以下几个方面。

　　1. 仲裁委员会所聘仲裁员应能保证案件的公正裁决。《仲裁法》第 13 条规定了仲裁委员会聘任仲裁员的条件是品行条件和业务条件,其中对品行条件的规定是"仲裁委员会应当从公道正派的人员中聘任仲裁员"。同时,《仲裁法》第 34 条规定:"仲裁员有下列情形之一的,必须回避,当事人也有权提出回避申请:本案当事人或者当事人、代理人的近亲属;与本案有利害关系;与本案当事人、代理人有其他关系,可能影响公正仲裁的;私自会见当事人、代理人,或者接受当事人、代理人的请客送礼的。"这些规定显然是为了维护仲裁员的公正地位,要求仲裁员在仲裁活动中保持中立,这是保证仲裁庭作出公正裁决的基础条件。

　　2. 仲裁庭对待双方当事人应当一律平等。根据当事人自愿原则,当事人有权自愿选择仲裁员,《仲裁法》第 31 条也确认了当事人的此项权利,但是仲裁员无论是哪一方当事人选定的,他都不是当事人的代理人,都不是代表任何一方当事人的利益,而应当是平等地保障双方当事人行使权利,以保护双方当事人的利益。例如,《仲裁法》规定,仲裁庭在对案件事实的陈述、提供证据、开庭辩论等方面,都要对双方当事人给予均等机会和条件,不得有所偏向。

　　3. 仲裁庭应当公正合理地作出裁决。仲裁庭应当在查明全部案件事实的基础上,正确地适用法律,公平合理地确认双方当事人之间的权利和义务关系,并作出裁决。而且,如果所应适用的法律没有明文规定的,仲裁庭可以参照在实践中被普遍接受的做法如经济贸易惯例、行业惯例等,遵循公平合理的基本理念作出裁决。

[案例]中国某公司向美国某公司出售一批重晶石,其质量要求,白度不得低于90度。中国商检局的出口检验结果是90.8度,但到岸后美国一商检机构的检验结果则为78.1度。两者相比,显然相差很远。根据合同,双方应共同推举第三家检验机构进行复查,作出权威性的结论。然而双方在复查问题上未能达成一致意见,其责任属谁,亦难以辨清。在此情况下,双方约定将争议提交给中国国际经济贸易仲裁委员会仲裁解决。中国国际经济贸易仲裁委员会经审查受理了该案,并组建了仲裁庭。请问仲裁庭会如何解决该争议?

[解答]仲裁庭经审理认为,根据公平合理原则,取上述两个商检结果的平均值作为货物质量的依据,是在目前情况下唯一合理解决问题的方法。根据这个计算方法,货物的白度推定为:$(90.8+78.1)/2=84.45$(度)。在此基础上,决定该货物的实际价值,从而使整个争议迎刃而解,争议的双方当事人也甚为满意。这表明,公平合理原则既是一个理论问题,又是一个实际问题。

五、遵守国际条约和尊重国际惯例原则

遵守国际条约和尊重国际惯例原则,是指一国在制定仲裁法律规范时,应考虑本国缔结或参加的国际条约与有关国际惯例;在处理有关仲裁案件时,应优先适用本国缔结或参加的国际条约的有关规定,如本国缔结或参加的国际条约与国内法没有规定的情况下,可以参照国际惯例对争议作出公正处理。该原则表明:一方面,一国立法机关在制定仲裁法律规范时应遵守国际条约和尊重国际惯例原则;另一方面,一国司法机关或仲裁机构在处理有关仲裁案件时也应遵守国际条约和尊重国际惯例原则。

关于一国立法机关在制定仲裁法律规范时应遵守国际条约和尊重国际惯例原则,既适用于那些现代仲裁起步较晚的国家,它们在制定仲裁法律规范时,由于有关仲裁的国际条约和国际惯例已经存在且较为成熟,因此就可参照这些国际条约和国际惯例;又适用于那些现代仲裁起步较早的国家,它们在修改仲裁法律规范时,也可以参照有关仲裁的国际条约和国际惯例。我国《仲裁法》是在仲裁日益国际化和现代化的背景下制定的,当然也参照了有关仲裁的国际条约和国际惯例。

关于一国司法机关或仲裁机构在处理有关仲裁案件时也应遵守国际条约和尊重国际惯例原则,不论是现代仲裁起步较早的国家还是现代仲裁起步较晚的国家,其司法机关或仲裁机构在处理有关仲裁案件时,如本国仲裁法与本国缔结或参加的有关仲裁国际条约相抵触时,应适用国际条约的规定;当本国仲裁法和本国缔结或参加的有关仲裁国际条约没有规定时,可以适用国际惯例。在此方面,《中华人民共和国民法通则》(以下简称《民法通则》)第142条规定:"中华人民共和国缔结或者参加的国际条约同中华人民共和国的民事法律有不同规定的,适用国际条约的规定,但中华人民共和国声明保留的条款除外。中华人民共和国法律和中华人民共和国缔结或者参加的国际条约没有规定的,可以适用国际惯例。"可见,我国人民法院或仲裁机构在处理涉外仲裁案件时,如果我国仲裁法律与我国缔结或参加的有关仲裁国际条约相抵触时,应适用国际条约的规定;当我国仲裁法律和我国缔结或参加的有关仲裁国际条约没有规定时,可以适用国际惯例。

第四节　仲裁法的基本制度

仲裁法的基本制度,是指仲裁机构、仲裁庭和仲裁参加人进行仲裁活动所应遵循的基本行为规范和操作规程,是在仲裁程序的重要环节或问题上起主要作用的制度。它直接关系到双方当事人之间的争议事项能否通过仲裁公正、及时和有效地得到解决。根据我国《仲裁法》的规定,仲裁法的基本制度主要包括:协议仲裁制度;或裁或审制度;不公开审理制度;一裁终局制度;法院监督制度。

一、协议仲裁制度

协议仲裁制度,是强制仲裁制度的对称,是指仲裁机构只受理有仲裁协议的一方当事人提交的,而不受理没有仲裁协议的当事人提交的争议案件的一项仲裁法律制度。显然,协议仲裁制度建立在当事人有仲裁协议的基础之上,而仲裁协议又是当事人意思自治的结果,因此协议仲裁制度是当事人自愿原则的具体体现,也是现代仲裁制度的基石。正是因为如此,所以协议仲裁制度是国际上的通行做法,我国《仲裁法》也顺应这种国际化潮流确立了协议仲裁制度,从此结束了我国过去强制仲裁的做法,使得我国的仲裁制度和国际仲裁制度完全接轨,从而可以更好地解决各类民商事争议。

在我国,协议仲裁制度集中体现在《仲裁法》第 4 条和第 6 条中。其中,第 4 条规定:"当事人采用仲裁方式解决纠纷,应当双方自愿,达成仲裁协议。没有仲裁协议,一方申请仲裁的,仲裁委员会不予受理。"第 6 条规定:"仲裁委员会应当由当事人协议选定。仲裁不实行级别管辖和地域管辖。"可见,仲裁协议①是仲裁制度的核心。当事人要想以仲裁的方式解决其争议,首先必须签订仲裁协议,而且是有效的仲裁协议,在仲裁协议中约定将争议提交给选定的仲裁委员会,这样选定的仲裁委员会才会受理,当事人的仲裁意愿才能得到实现,相反,如果当事人之间没有仲裁协议或者仲裁协议无效,那么当事人之间的争议也就无法通过仲裁的方式得以解决。这表明,是以仲裁的方式还是以诉讼的方式解决其争议,完全由当事人选择决定;一旦当事人选择以仲裁的方式解决其争议,当事人就应达成仲裁协议,在仲裁协议中约定将争议提交给选定的仲裁委员会,该仲裁委员会由此获得了仲裁管辖权,并非由法律规定按照当事人所在地和争议数额实行地域管辖和级别管辖,从而排除法院的管辖权。

二、或裁或审制度

或裁或审制度,是指当事人在争议发生之前或争议发生之后,有权选择以仲裁方式或诉讼的方式作为解决争议途径的仲裁法律制度。对此,我国《仲裁法》第 5 条规定:"当事人达成仲裁协议,一方向人民法院起诉的,人民法院不予受理,但仲裁协议无效的除外。"这是我国或裁或审制度的法律依据。它表明,当事人之间发生争议后,如果将争议提交仲裁解决,必须达成仲裁协议,人民法院不受理有仲裁协议的起诉;当事人如果未达成仲裁

---

①　关于仲裁协议的详细内容见本书第五章。

协议,就可以向人民法院起诉,仲裁机构也不受理没有仲裁协议的仲裁申请。《仲裁法》确定的或裁或审制度,改变了我国过去仲裁制度中实行的"先裁后审"、"一裁两审"等有缺陷的做法,使得我国的仲裁制度更加规范。或裁或审制度主要体现在以下方面:

1. 当事人达成仲裁协议的,应当向仲裁机构申请仲裁,不能向人民法院起诉。仲裁协议既然是当事人自愿达成的协议,当然对当事人具有约束力,而仲裁协议对当事人的约束力表现之一就是当事人只能通过仲裁的方式解决争议,即只能将其争议提交给仲裁协议所约定的仲裁机构加以解决,不能向人民法院起诉。如果一方不遵守仲裁协议向人民法院起诉,人民法院不应受理;即使人民法院在不知情的情况下受理了起诉,另一方当事人也可依据《仲裁法》第 26 条的规定,在首次开庭前向人民法院提交仲裁协议,人民法院应当驳回起诉。

2. 人民法院不应受理当事人之间有仲裁协议的起诉。当事人之间有效的仲裁协议不仅对当事人和仲裁机构有约束力,而且对法院也有约束力,对法院的约束力直接表现为仲裁协议可以排除法院的管辖权,所以当事人达成仲裁协议,一方向人民法院起诉的,人民法院不予受理。对此,不仅《仲裁法》第 5 条作了规定,而且《民事诉讼法》第 124 条第 2 项也作了规定,即依照法律规定,双方当事人达成书面仲裁协议的应申请仲裁,不得向人民法院起诉,并且人民法院应告知原告向仲裁机构申请仲裁。

3. 对于没有仲裁协议的争议案件,当事人既可以在争议发生后签订仲裁协议向仲裁机构申请仲裁,也可以直接向人民法院提起诉讼。

当然,仲裁和诉讼并非完全隔离,在某些情况下可以相互转化,这些情况有:(1)在仲裁协议无效或失效的情况下,根据《仲裁法》第 5 条和第 26 条的规定,可以采用诉讼的方式解决其有关争议,因为此类仲裁协议不具有排除法院管辖权的效能;(2)当事人起初签订了有效的仲裁协议,但是后来当事人又协商一致地解除了该仲裁协议,该仲裁协议也因此失效,此时可通过诉讼的方式解决其有关争议,这是当事人意思自治原则的体现;(3)当事人达成仲裁协议,一方向人民法院起诉未声明有仲裁协议,人民法院受理后,另一方在首次开庭前未对人民法院受理该案提出异议的,视为放弃仲裁协议,人民法院应当继续审理[①]。

▌三、不公开审理制度

根据《仲裁法》第 39 条的规定,仲裁审理的方式包括开庭审理和书面审理,其中开庭审理是主要的仲裁审理方式;根据《仲裁法》第 40 条的规定,开庭审理的方式包括不公开审理和公开审理,其中不公开审理是主要的仲裁审理方式。这表明,相对于《民事诉讼法》确定的公开审理制度,《仲裁法》确立了不公开审理制度。

所谓不公开审理制度,是指仲裁庭开庭审理案件时,只允许双方当事人及其仲裁代理人、证人、翻译、仲裁庭咨询的专家和指定的鉴定人以及其他有关人员参加,且既不向群众公开也不向社会公开,即对案件的审理不允许群众旁听,不允许新闻媒体对审理情况进行报道。它是仲裁保密性的体现和保障。不公开审理制度是现代国家仲裁法的重要审理制度,它的意义主要在于:(1)有利于强化仲裁员和仲裁秘书人员的保密义务,加强他们的责

---

① 见《仲裁法》第 26 条。

任感;(2)有利于维护双方当事人的利益,当事人的商业秘密和经贸活动一般不会因仲裁活动而泄露;(3)有利于缓和双方当事人之间的冲突,对维持双方当事人的长期合作关系大有裨益。

当然,不公开审理制度并非绝对,也有例外。所谓不公开审理制度的例外,是指依照法律规定对有关案件可以公开审理。根据《仲裁法》第40条的规定,只有当事人协议公开审理的案件,仲裁庭才可以公开审理,但当事人的这种协议权利也不是毫无限制的,其限制是:涉及国家秘密的案件即使当事人协议公开,仲裁庭也不能公开审理,仍然会不公开审理。

■ 四、一裁终局制度

一裁终局制度,是指仲裁裁决一经作出即发生法律效力,当事人不能就同一争议再向原仲裁委员会或其他仲裁委员会申请仲裁,也不能向人民法院起诉。我国《仲裁法》第9条第1款确立了一裁终局制度,即"仲裁实行一裁终局的制度。裁决作出后,当事人就同一纠纷再申请仲裁或者向人民法院起诉的,仲裁委员会或者人民法院不予受理。"

首先,一裁终局制度是仲裁程序简便、迅速的集中体现,它不仅排除了一裁两审的可能性,同时也否定了一裁复议和两裁终局的制度。根据《仲裁法》的规定,我国国内仲裁和涉外仲裁均实行一裁终局的制度,裁决书自作出之日起发生法律效力,当事人必须履行,一方不履行的,另一方当事人可以依照民事诉讼法的有关规定申请人民法院强制执行。其次,当事人自愿原则为一裁终局制度奠定了坚实的基础。再次,一裁终局制度也是由仲裁组织本身的性质所决定的。① 最后,一裁终局制度的确立也是缘于对仲裁裁决的公正性的信赖。

当然,由于这样或那样的原因,仲裁裁决有时也不可避免地发生错误,这时一裁终局制度的不足初显端倪,需要加以克服。对此,各国仲裁法都设置了司法对仲裁的监督制度即当事人可以向法院申请撤销或不予执行仲裁裁决来对一裁终局制度加以救济。我国《仲裁法》第5章规定了申请撤销国内仲裁裁决;《仲裁法》第63条和《民事诉讼法》第237条第2款规定了不予执行国内仲裁裁决;《仲裁法》第70条和《民事诉讼法》第274条规定了撤销涉外仲裁裁决;《仲裁法》第71条和《民事诉讼法》第274条规定了不予执行涉外仲裁裁决。

> [案例]甲公司与乙公司于2007年3月25日签订了一份购进三合板2万张每张45元的购销合同。合同中订有仲裁条款,约定由该合同引起的或与该合同有关的争议交由某仲裁委员会仲裁。在约定的交货日期临近之时,甲公司派员到乙公司看货,方知乙公司根本没有三合板。乙公司遂于当日通知甲公司无货源并要求退还甲公司其预付的30万元定金。甲公司起初拒绝接受退还30万元定金的要求,坚持要货,后又要求双倍返还定金并赔偿自己因此而遭受的经济损失。2007年4月10日甲公司依据合同中的仲裁条款向某仲裁委员会提交了仲裁申请。仲裁庭作出了对甲公司有利的裁决。乙公司不服,向人民法院提起了诉讼,人民法院以双方已经过仲裁为由不予受理。请问人民法院的做法是否正确?为什么?

---

① 杨荣新:《仲裁法学案例教程》,知识产权出版社2004年版,第40~41页。

[解答]人民法院的做法正确。因为,本案已由仲裁庭开庭审理并作出裁决,而《仲裁法》第9条第1款规定:"仲裁实行一裁终局的制度。裁决作出后,当事人就同一纠纷再申请仲裁或者向人民法院起诉的,仲裁委员会或者人民法院不予受理。"所以,人民法院以双方已经过仲裁为由不予受理有其法律根据,人民法院的做法正确无疑。

五、法院监督制度

法院监督制度,即法院对仲裁的监督制度或仲裁的司法监督制度,是指法院对仲裁组织及其实施的仲裁活动以及仲裁的结果进行的监督。它是仲裁监督制度的一种,处于最核心和最关键的地位。各国仲裁立法都确立了该项制度,我国《仲裁法》和《民事诉讼法》也不例外,确立了法院监督制度[①]。

由于仲裁组织相对独立,实行一裁终局制度,加之其他因素的影响,仲裁庭仲裁案件同样不能排除出错的可能性,影响仲裁的公正性,而法院对仲裁进行适度的监督则有助于防止和减少出现错误裁决,保障仲裁的公正性,且法院对仲裁的监督是应当事人直接或间接的申请进行的,这样一方面并不违背司法的被动性特点,另一方面也与仲裁的民间性和独立性特点相一致,[②]因此,包括我国在内的各国遂确立了法院监督制度。

法院监督制度的主要内容包括:(1)审查仲裁协议的效力;(2)撤销仲裁裁决;(3)不予执行仲裁裁决。[③]

【思考题】

1. 简述仲裁法的性质。
2. 简述我国《仲裁法》的立法体例。
3. 简述我国《仲裁法》在仲裁范围方面的立法标准。
4. 论述我国《仲裁法》的适用范围。
5. 仲裁法的基本原则有哪些?
6. 仲裁法的基本制度有哪些?

【司法考试真题链接】

1. 法院对仲裁裁决的监督主要表现在哪些方面?(2002年)

---

① 见《仲裁法》第5章、第63条、第70条、第71条;《民事诉讼法》第237条第2款、第274条。
② 杨荣新:《仲裁法学案例教程》,知识产权出版社2004年版,第29页。
③ 关于本部分的详尽内容见本书第一章"仲裁和民事诉讼的联系"、第五章、第七章及第八章的相关部分。

A. 当事人不服仲裁裁决的,可以到法院另行起诉

B. 当事人认为仲裁裁决具有可撤销情形的,可以向有关法院申请撤销仲裁裁决

C. 人民法院在仲裁裁决具有不应当执行的情形下,裁定不予执行仲裁裁决

D. 人民法院在执行仲裁裁决过程中,发现仲裁裁决有错误的,可依职权予以改变

2. 某仲裁机构对甲公司与乙公司之间的合同纠纷进行裁决后,乙公司不履行仲裁裁决。甲公司向法院申请强制执行,乙公司申请法院裁定不予执行。经审查,法院认为乙公司的申请理由成立,裁定不予执行该仲裁裁决。对此,下列哪一种说法是正确的?(2005年)

A. 甲公司可以就法院的裁定提请复议一次

B. 甲公司与乙公司可以重新达成仲裁协议申请仲裁

C. 甲公司与乙公司可以按原仲裁协议申请仲裁

D. 当事人不可以再就该纠纷重新达成仲裁协议,此案只能向法院起诉

3. 当事人在合同中约定了仲裁条款,出现下列哪些情况时,法院可以受理当事人的起诉?(2007年)

A. 双方协商拟解除合同,但因赔偿问题发生争议,一方向法院起诉的

B. 当事人申请仲裁后达成和解协议而撤回仲裁申请,因一方反悔,另一方向法院起诉的

C. 仲裁裁决被法院依法裁定不予执行后,一方向法院起诉的

D. 仲裁裁决被法院依法撤销后,一方向法院起诉的

4. 甲、乙因遗产继承发生纠纷,双方书面约定由某仲裁委员会仲裁。后甲反悔,向遗产所在地法院起诉。法院受理后,乙向法院声明双方签订了仲裁协议。关于法院的做法,下列哪一选项是正确的?(2010年)

A. 裁定驳回起诉

B. 裁定驳回诉讼请求

C. 裁定将案件移送某仲裁委员会审理

D. 法院裁定仲裁协议无效,对案件继续审理

5. 甲不履行仲裁裁决,乙向法院申请执行。甲拟提出不予执行的申请并提出下列证据证明仲裁裁决应不予执行。针对下列哪一选项,法院可裁定驳回甲的申请?(2011年)

A. 甲、乙没有订立仲裁条款或达成仲裁协议

B. 仲裁庭组成违反法定程序

C. 裁决事项超出仲裁机构权限范围

D. 仲裁裁决没有根据经当事人质证的证据认定事实

6. 甲公司因与乙公司的合同纠纷向某仲裁委员会申请仲裁,甲公司的仲裁请求得到仲裁庭的支持。裁决作出后,乙公司向法院申请撤销仲裁裁决。法院在审查过程中,甲公司向法院申请强制执行仲裁裁决。关于本案,下列哪一说法是正确的?(2011年)

A. 法院对撤销仲裁裁决申请的审查,不影响法院对该裁决的强制执行

B. 法院不应当受理甲公司的执行申请

C. 法院应当受理甲公司的执行申请,同时应当告知乙公司向法院申请裁定不予执行

仲裁裁决

　　D. 法院应当受理甲公司的执行申请,受理后应当裁定中止执行

　　7. 假设在执行过程中,郭某向法院提出异议,认为本案并非合同纠纷,不属于仲裁协议约定的纠纷范围。法院对该异议正确的处理方式是:(2013 年)

　　A. 裁定执行中止

　　B. 经过审理,裁定不予执行仲裁裁决的,同时裁定终结执行

　　C. 经过审理,可以通知仲裁委员会重新仲裁

　　D. 不予支持该异议

第三章　仲裁机构和仲裁协会

【引例】

　　兴源公司与郭某签订钢材买卖合同,并书面约定本合同一切争议由中国国际经济贸易仲裁委员会仲裁。兴源公司支付100万元预付款后,因郭某未履约依法解除了合同。郭某一直未将预付款返还,兴源公司遂提出返还货款的仲裁请求,仲裁庭适用简易程序审理,并作出裁决,支持该请求。由于郭某拒不履行裁决,兴源公司申请执行。但郭某提出以下两点异议:(1)仲裁协议未约定适用简易程序,仲裁庭不应适用简易程序审理;(2)双方选择的中国国际经济贸易仲裁委员会是涉外仲裁机构,本案不具有涉外因素,应当重新选择。那么,郭某的异议能否成立?

　　郭某的两点异议都不能成立。其中,异议(1)不能成立的理由是:《贸仲规则》第54条第(一)项规定,除非当事人另有约定,凡争议金额不超过人民币200万元,或争议金额超过人民币200万元,但经一方当事人书面申请并征得另一方当事人书面同意的,适用简易程序。本案中,争议金额为100万,没有超过200万,且当事人没有另外约定,应适用简易程序进行审理。异议(2)不能成立的理由是:一方面,当事人可以自愿选择仲裁机构,与是否具有涉外因素无关;另一方面,《贸仲规则》第3条规定的受案范围包括国内争议案件,而且《贸仲规则》第5章专章规定了"国内仲裁的特别规定"。

第一节　仲裁机构概述

　　仲裁机构是仲裁制度发展到一定阶段的产物,并随着仲裁制度的发展而不断发展。仲裁起源于民间,仲裁机构在国外通常是民间组织,如美国、英国、瑞典等国的仲裁机构均是民间组织。现代仲裁机构多为机构仲裁,因为常设仲裁机构一般具有较为完善的仲裁规则和仲裁员名册,拥有良好的设施和办公条件,能够对仲裁程序和日常工作实现完备的管理,为仲裁庭和当事人提供优质的服务,从而保障仲裁程序的顺利进行。

■ 一、仲裁机构的概念和特征

　　所谓仲裁机构,是以仲裁方式解决财产、民商事争议并作出具有法律约束力之裁决的组织。仲裁机构是各种拥有仲裁权的组织的总称,在我国仲裁机构一般称作仲裁委员会,涉外仲裁机构如中国国际经济贸易仲裁委员会又称中国国际商会仲裁院。

　　一般而言,仲裁机构具有以下几个方面的特征。

　　1. 民间性。仲裁作为一种对当事人之间的商事争议进行审理并作出裁决的争议解决方式,已经得到国际社会的广泛接受,并得到许多国家国内立法和相关国际条约的认可。虽然,仲裁被确立为一种具有法律效力的争议解决方式,而且仲裁的结果——仲裁裁决具有与法院生效判决完全相同的效力。但是,仲裁的前提是当事人的自愿,这必然决定了仲裁的本质属性是民间性。因此,作为仲裁活动的组织者,仲裁机构也只能是民间性机构,其对争议案件的管辖权完全构建在当事人双方自愿达成的仲裁协议的基础上,没有任何强制的色彩。

2. 管理性。仲裁机构作为民间性争议解决机构,虽然不直接行使仲裁权,但是,为了保证当事人所提请的争议案件能够得到顺利的解决,需要在各行各业中聘请符合仲裁法规定的仲裁员,即聘请具有法定资格的优秀专业人士担任仲裁员,并对仲裁员进行适当的管理。此外,仲裁机构还应当管理其日常事务性工作,以保证仲裁机构各项工作的顺利进行。因此,仲裁机构具有管理性。

3. 独立性。仲裁机构既是仲裁程序的管理机构,也是仲裁的服务机构。仲裁机构的独立性体现在仲裁机构在法律上是独立的,其独立行使仲裁职能,外界特别是行政机关、法院均不能干预仲裁机构的独立运作。从世界上诸多著名的商事仲裁机构来看,仲裁机构的独立性是不容置疑的。我国《仲裁法》第 14 条也明确规定:"仲裁委员会独立于行政机关,与行政机关没有隶属关系。仲裁委员会之间也没有隶属关系。"由此可见,我国法律对于仲裁机构的独立性也是予以认可的。

4. 非营利性。仲裁机构设立的目的不是为了盈利。当然,非营利性并不意味着仲裁机构没有收入或者入不敷出,而是指它的收入应当用于机构的自身发展。仲裁机构的收费主要用于给付仲裁员的报酬以及维护仲裁机构的正常运作所必需的开支。我国国务院颁布的《仲裁委员会仲裁收费办法》第 3 条规定:"案件受理费用用于给付仲裁员报酬、维持仲裁委员会正常运转的必要开支。"这表明我国的仲裁委员会属于非营利性机构。

二、仲裁机构的设立模式和程序

(一)仲裁机构的设立模式

常设仲裁机构的设置模式因各国具体国情、仲裁制度以及司法传统不同而有所区别,纵观国外及我国台湾地区,关于仲裁机构的设置模式,一般有以下几种。

1. 多数国家的仲裁机构设立于商会之内。具体又分为:

(1)只设一个全国性的仲裁机构,无分支机构。如瑞典的斯德哥尔摩商会仲裁院,瑞士的苏黎世商会仲裁院,韩国的大韩民国商事仲裁院。

(2)设有两个全国性的仲裁机构,并分别设有分支机构。如日本国际商事仲裁协会设于日本工商会议所内,总部设在东京,并在神户、名古屋、大阪设有办事处;日本海事仲裁委员会设在日本海运集会所内,并在神户设有办事处。

(3)只在一些城市的商会内设仲裁机构,没有全国性的仲裁机构。如法国只在巴黎商会、马赛商会中设有仲裁机构。

2. 少数仲裁机构独立设置。具体又分为:

(1)只设立一个全国性的仲裁机构并下设分支机构。如美国仲裁协会总会设在纽约,并在旧金山、洛杉矶、波士顿等 35 个城市设有分会。

（2）设有"全国"性的仲裁机构和地方性的仲裁机构。根据台湾"商务仲裁协会组织及仲裁费用规则"的规定，台湾设有"全国"商务仲裁协会，还可在省、市、县设立商务仲裁协会。各仲裁协会分别负责各自区域内的仲裁业务，相互之间无隶属关系，而是一种协助关系。

3. 既在行业协会内设立仲裁机构，又有独立设置的仲裁机构。英国设有伦敦国际仲裁院，同时该国的40多个专业机构、商会和贸易组织内又设有行业性的仲裁机构。如伦敦谷场商业协会以及茶叶、黄麻、可可豆、油籽、油脂、羊毛等同业公会所设立的行业性的仲裁机构。这些仲裁机构均无分支机构。

4. 设立多个仲裁机构并设立全国性的仲裁协调机构。这类国家对仲裁机构设立的要求较宽，因而形成各种常设性仲裁机构并存的局面。为了协调、管理这些仲裁机构，这些国家往往又会设置统一的仲裁协调机关。例如，德国设有德国海事仲裁协议、法兰克福仲裁协会、汉堡商会仲裁院，以及其他城市商会中的仲裁机构等十几家仲裁机构。德国在波恩设有全国性的德国仲裁委员会，是该国十几家仲裁机构的协调者，订有统一的仲裁规则。但该仲裁机构不受理具体的仲裁案件，也无分支机构。

（二）仲裁机构的设立程序

关于仲裁机构的设立程序主要有以下几种：

1. 无须政府批准或注册登记。如瑞典的斯德哥尔摩商会仲裁院是设立在商会之内的，没有向政府部门登记注册。

2. 由政府批准设立。如日本国际商事仲裁协会是由日本通商产业省批准成立的。我国台湾地区的商务仲裁协会是报经"内政部"征得"法务部"、"经济部"同意后，呈报"行政院"征得"司法院"同意后核准设立的；省、市、县商务仲裁协会须报省、市、县政府征得该地区高等或地方法院同意后核准设立。

三、仲裁机构的分类

根据不同的标准，从不同的角度，理论界对仲裁机构进行了多种分类。

（一）一般仲裁机构和特别仲裁机构

这是根据仲裁机构的不同性质为标准所作的分类。

一般仲裁机构，是指独立于行政机关，必须根据双方当事人的仲裁协议进行仲裁的仲裁机构。这种仲裁机构是一般意义上的仲裁机构，与国际通行的仲裁制度相符。

特别仲裁机构，是指隶属于行政机关，靠行政权力进行仲裁的仲裁机构。这种仲裁机构具有以下特点：隶属于行政机关，往往与之"合署办公"；无须当事人双方达成仲裁协议，只需一方当事人申请，即可启动仲裁程序；在一定范围内，享有采取强制措施的决定权。

我国在仲裁法生效实施后，上述特别仲裁机构已少而又少，目前仅存在于劳动争议仲裁、人事争议仲裁与农业承包合同纠纷仲裁等领域之中。

（二）临时仲裁机构和常设仲裁机构

这是根据仲裁机构的存在期间为标准所作的分类。

临时仲裁机构,也称专案选派之仲裁员,是为审理一个具体案件根据双方当事人的约定而特定组成以解决特定争议的临时性仲裁庭。

常设仲裁机构,是指依法组成的有固定名称、住所、财产和仲裁规则、仲裁员名册并且长期存在的仲裁机构。

(三)国家仲裁机构和国际仲裁机构

这是根据仲裁机构的隶属关系为标准所作的分类。

国家仲裁机构,是指由一个国家依据其国内仲裁立法设立的常设仲裁机构。

国际仲裁机构,是指依国际条约或国际组织决议设立的,依附于特定国际组织而不隶属于任何国家的仲裁机构。

(四)国内仲裁机构和涉外仲裁机构

这是根据仲裁机构受理的案件是否具有涉外因素为标准所作的分类。

国内仲裁机构,是指对无涉外因素的国内案件进行仲裁的仲裁机构。

涉外仲裁机构,是指对具有涉外因素的案件进行仲裁的仲裁机构。

(五)综合性仲裁机构和专门性仲裁机构

这是根据仲裁机构受理争议的范围为标准所作的分类。

综合性仲裁机构,是指对不同种类的民商事争议都有权受理的仲裁机构。

专门性仲裁机构,是指仅对某一行业范围内的争议有权受理的仲裁机构。

第二节 著名仲裁机构纵览

一、瑞典斯德哥尔摩商会仲裁院(SCC)

斯德哥尔摩商会仲裁院(The Arbitration Institute of the Stockholm Chamber of Commerce,简称SCC)成立于1917年,是附设于斯德哥尔摩商会内部的一个独立实体,是当今世界上最重要的仲裁机构之一。20世纪70年代,由于被美国和苏联共同认可为解决东西方之间的贸易争端的中立机构,斯德哥尔摩商会仲裁院的服务范围由国内仲裁拓展至国际仲裁,其国际仲裁涉及40多个国家,特别以解决远东或中国的争议而著称。

SCC的总部设在瑞典的斯德哥尔摩,其设立的目的在于解决工业、贸易和运输领域的争议。SCC包括秘书局和三名成员组成的委员会。三名委员任期三年,由商会任命。三名委员中,一名须具有解决工商争议的经验,一名须为有实践经验的律师,一名须具备与商业组织沟通的能力。SCC没有仲裁员名册,只要符合公正、独立的要求,当事人可以选择任何国家的任何人为仲裁员。仲裁庭原则上由3名仲裁员组成。

为了适应国际仲裁的需要,SCC于1976年通过了新的仲裁规则,并于1988年、1999年、2007年对其进行了修改。斯德哥尔摩商会仲裁院现在适用的仲裁规则生效于2007年1月1日,2007年规则并未对1999年规则进行根本性的修改,只是在编辑和语言风格方面有了一些变化,修改的目标是为了创制更加国际化的仲裁规则,以便于使当事人更为容易地理解与接近和全方位地满足当今国际仲裁的需要。

二、英国伦敦国际仲裁院(LCIA)

伦敦国际仲裁院(The London Court of International Arbitration,简称 LCIA)是世界上最古老的仲裁机构,成立于 1892 年。起初名为"伦敦市仲裁厅"(The City of London Chamber of Arbitration),1903 年 4 月改名为"伦敦仲裁院"(London Court of Arbitration),1981 年为反映其从事国际仲裁的特质而改用现名。

LCIA 设在伦敦,由伦敦市政府、伦敦商会和皇家特许仲裁员协会三家共同组成的联合管理委员会管理;日常事务由皇家特许仲裁员协会负责。LCIA 受案范围广泛,尤以处理国际贸易、海事争议闻名。在仲裁案件中,其主要作用是指定仲裁员和对案件进行一些辅助性的管理。

LCIA 虽然以伦敦为基地,但其是一个国际化程度极高的机构,旨在为争议的各方当事人提供高效、灵活、中立的服务。伦敦国际仲裁院目前适用的仲裁规则生效于 1998 年 1 月 1 日,该规则经广泛征求许多法域不同仲裁体制下的专业人士的意见而制定,融合了大陆法系和英美法系的最好特点。

三、美国仲裁协会(AAA)

美国仲裁协会(American Arbitration Association,简称 AAA)成立于 1926 年,由仲裁活动家 Moses H. Grossman 于 1922 年创立的美国仲裁团(Arbitration Society of American)和纽约州商会于 1925 年创立的美国仲裁基金会统一合并而成,是一个非营利性的为公众服务的独立机构。美国仲裁协会的成立是美国现代仲裁制度化的重要成果,也是美国现代化仲裁制度产生的主要标志之一,其在推动、参与美国仲裁立法和仲裁法学教育以及促进民众对仲裁的了解、认可方面发挥了十分重要的作用。美国仲裁协会以历史悠久、经验丰富、服务完备而著称,是美国国内最大、最具有影响力的非诉纠纷解决服务的提供者,旨在世界范围内提供纠纷解决服务。

美国仲裁协会的目的在于,在法律许可的范围内,通过仲裁、调解、协商、民主选择等方式解决商事争议。美国仲裁协会的受案范围十分广泛,包括国际经贸纠纷,劳动争议,消费者争议,证券纠纷,特别是在国内争议方面,涉及人身伤害、商业纠纷、劳动、承包工程合同争议、证券争议等。与此相应,美国仲裁协会有许多类型的仲裁规则,分别适用于不同类型的纠纷。

美国仲裁协会的总部设在纽约,在芝加哥、波士顿等 30 多个城市设有分会。美国仲裁协会的仲裁员也来自很多国家,已达 6 万人之多。当事人也可以在其仲裁员名册之外指定仲裁员。在没有约定的情况下,所有案件只有 1 名仲裁员,即独任仲裁员。但如仲裁协会认为该案争议复杂时,可决定由 3 名仲裁员组成仲裁庭。

从案件数量上讲,美国仲裁协会的受案量世界第一。但其中劳动争议等美国国内案件占绝大部分。20 世纪 90 年代,为了开拓亚太业务,美国仲裁协会成立亚太争议中心。近年来,美国仲裁协会又把目光投向欧洲,并在欧洲设立了分部。

四、新加坡国际仲裁中心（SIAC）

新加坡国际仲裁中心（Singapore International Arbitration Center，简称 SIAC）成立于 1990 年 3 月，成立的目的是在高速发展的亚洲为国际商业领域提供中立、高效、可信赖的纠纷解决服务。作为独立的、中立的、非营利的机构，新加坡国际仲裁中心在成立之初由新加坡政府提供资金支持，现在则已完全实现了经济自给自足。新加坡国际仲裁中心所受理案件的当事人大部分来自新加坡以外的国家，这除了因为新加坡国际仲裁中心自身具有国际代表性外，还因为新加坡被认为是拥有亚洲最佳司法体制的国家之一。经过十几年的发展，新加坡国际仲裁中心已经成为亚洲地区具有世界水平的仲裁机构。

新加坡国际仲裁中心受理国际商事及海事仲裁案件，是新加坡法定的仲裁员指定机构，也是新加坡仲裁裁决书的认证与登记服务机构，现有《新加坡国际仲裁中心仲裁规则》（自 2007 年 7 月 1 日生效）、《新加坡航运货物索赔程序》和《新加坡国际仲裁中心新加坡交易所衍生商品交易仲裁规则》。根据联合国贸法会的文件建议，新加坡国际仲裁中心的在册仲裁员由来自世界各地的行业专家组成，根据仲裁员的惯常居住地是否在东盟地区以及专业仲裁的特点，新加坡国际仲裁中心在册仲裁员可以分为本地区域仲裁员、其他区域仲裁员和衍生商品交易行业仲裁员三类，当事人也可以选择名册以外的人士作为仲裁员。新加坡国际仲裁中心秘书处的工作人员来自包括中国在内的亚洲不同国家，具有多种专业背景和行业经验，能够满足不同国家和多元商业文化的当事人的服务需要。

五、国际商会仲裁院（ICC）

国际商会仲裁院（The International Court of Arbitration of International Chamber of Commerce，简称 ICC）在国际商事仲裁领域，是最具影响力的仲裁机构，它成立于 1923 年，属于国际商会的一部分。

国际商事仲裁院总部和其秘书局设在法国巴黎，与任何国家都没有关系，是典型的国际性商事仲裁机构。ICC 由主席、副主席及委员和候补委员组成，委员来自 40 多个国家，他们都具有法律背景和国际商事法律及争议解决的专业经验。因国际商会的仲裁员来自于世界各个国家，所以其仲裁的一个主要特点是可以在世界的任何一个地方进行仲裁程序。国际商会仲裁院秘书局的工作人员也来自不同的国家，能够使用多种语言进行工作。国际商会仲裁院对根据仲裁协议提请仲裁的当事人不做限制，任何国家的当事人不论是自然人还是法人，甚至是国家、政府及其机构本身，都可以通过仲裁协议将其争议提交仲裁。

国际商会仲裁院自成立以来受理的案件总数超过了 15000 件，单就 2006 年而言，有593 件案件被受理，涉及来自 125 个国家的 1613 个当事人，国际商会仲裁院的全球化水平是所有仲裁机构中最高的，其在 2006 年仲裁的案件发生在 52 个国家，参与案件裁决的仲裁员来自 71 个不同的国家；国际商会仲裁院及其秘书处在 90 个国家设立了办事处来帮助寻找最好的仲裁员；秘书处由来自 20 多个国家的 59 名工作人员组成，他们能讲世界上的主要语言。根据国际商会仲裁院的规则，当事人可以约定仲裁员、仲裁地和适用的法律，甚至可以约定仲裁期限和仲裁费用。

总体而言,国际商会仲裁院与其他仲裁机构相比,具有以下几个方面的优势:首先,它是一个不隶属于任何国家的机构,国际性是其最重要的特点;其次,当事人可以自由选择仲裁员、仲裁地点、适用的语言以及适用的法律等;再次,国际商会仲裁院仲裁规则中规定的质量控制以及秘书处和仲裁院应用过程中的质量跟踪,保证了争议仲裁的质量。[①] 然而,不可否认的是,由于它是第一次工业革命后期欧洲国家解决商事活动的产物,因此国际商会仲裁院深受欧洲法律和文化的影响,具有浓厚的"欧洲色彩"。

六、解决投资争端国际中心(ICSID)

解决投资争端国际中心(The International Center for the Settlement of Investment Disputes,简称 ICSID)是世界银行下属的一个独立机构。它于 1965 年根据华盛顿公约成立,总部设在华盛顿特区。

解决投资争端国际中心设立的目的在于增加发达国家投资者向发展中国家进行投资的信心,并通过仲裁和调解方式来解决投资争议。它要求争议的双方须为公约的成员国,争议主体为国家或国家机构或代理机构。其解决的争议性质必须为直接由投资引起的法律争议。

ICSID 具有不同于任何其他商事仲裁机构的特殊法律地位:具有完全的国际法律人格;具有缔结契约、取得和处理动产和不动产及处理诉讼的能力;完成任务时在各缔约国领土内享有公约所规定的特权和豁免权,ICSID 及其财产和资源享有豁免一切法律诉讼的权利;ICSID 的资产、财务以及公约许可的业务活动和交易,应免除一切捐税和关税;ICSID 及其所有官员和工作人员,享有政府间国际组织及其人员所享有的特权和豁免权。

ICSID 设有一个行政理事会、一个秘书处、一个调停人小组和一个仲裁员小组。ICSID 本身并不直接承担调解和仲裁工作,而是依据华盛顿公约的规定,为各缔约国和其他缔约国国民之间发生的投资争端提供调解和仲裁的便利。

[案例]甲乙两国政府均为《解决国家和他国国民投资争端公约》缔约国。甲国政府与乙国 A 公司签订了特许权协议,允许 A 公司在甲国从事石油开发,授权期限是 10 年。该协议还规定,如果发生争议,将提交 ICSID 解决。A 公司根据甲国法律在甲国设立了独资公司。该独资公司在成立 5 年后,甲国政府取消了给予 A 公司及其独资公司的石油开发特许权。A 公司在与甲国政府协商没有结果的情况下,对甲国政府向"解决投资争议国际中心"(ICSID)提起了仲裁请求。对于上述纠纷,根据《解决国家和他国国民投资争端公约》的规定,ICSID 是否有管辖权?为什么?

[解答]有管辖权。具备了 ICSID 的管辖条件。因为,对于提交 1CSID 仲裁的投资争议,必须符合公约规定的各项条件:(1)关于当事人的资格。凡提交 ICSID 仲裁的投资争议的当事人,其中一方必须是公约缔约国或该缔约国的公共机构或实体,另一方则应是另一缔约国的国民(包括自然人、法人及其他经济实体)。(2)当事双方的同意。必

[①] 《面向全球的 ICC 国际仲裁院——访国际商会国际仲裁院主席罗伯特·布里纳》,载《法制日报》2001 年 8 月 8 日。

须有争端当事人各方的书面同意。(3)投资争议的法律性质。根据《华盛顿公约》的规定,ICSID管辖权应及于缔约国及其公共机构或实体与另一缔约国国民之间直接因投资而产生的任何法律上的争议。这就是说,ICSID对投资争议的仲裁,仅限于由于投资而产生的法律争议,而不是其他方面的争议。至于单纯的"利润冲突"问题,则不属于法律争议。

第三节 仲裁委员会

在我国,仲裁机构被称为仲裁委员会。仲裁委员会是指根据法定条件和程序组成的,依当事人之间的仲裁协议受理并裁决法定范围内的民商或经济争议的常设性仲裁机构。仲裁法生效之前,我国曾设立了经济合同仲裁委员会、技术合同仲裁委员会等30余种仲裁委员会,均隶属于行政机关,具有行政性和专门性。仲裁法生效后,我国仲裁机构发生了巨大的变化,绝大部分仲裁委员会都被统一为综合性的仲裁委员会,也和行政机关摆脱了隶属关系,成为真正民间性的仲裁机构,只有劳动争议仲裁委员会和农村承包合同仲裁委员会例外。

一、仲裁委员会的设立地点和主体

(一)仲裁委员会的设立地点

《仲裁法》第10条第1款规定:"仲裁委员会可以在直辖市和省、自治区人民政府所在地的市设立,也可以根据需要在其他设区的市设立,不按行政区划层层设立。"《仲裁法》之所以这样规定仲裁委员会的设立地点,是考虑到商业贸易对仲裁的需要。上述城市商贸活动活跃、频繁,仲裁委员会的设立有助于促进商贸纠纷的解决。也正因为如此,仲裁委员会不按行政区划层层设立,各仲裁委员会之间是平行设立的,彼此相互独立、无隶属关系。这有利于从所在地角度保障仲裁委员会的民间性,进而有利于消除仲裁的行政化色彩。

(二)仲裁委员会的设立主体

《仲裁法》第10条第2款规定:"仲裁委员会由前款规定的市的人民政府组织有关部门和商会统一组建。"该法第66条第1款规定:"涉外仲裁委员会可以由中国国际商会组织设立。"国务院法制办公室及人民政府法制部门支持承办此项工作。

由此可见,仲裁委员会由设区的市人民政府组织有关部门和商会设立。仲裁法将设立仲裁委员会的权利赋予设区的市人民政府,由市政府组织有关部门和商会统一组建。我国之所以这样规定,主要是从我国当前的实际情况考虑的。目前我国的商会组织有两个:一个是中国国际商会,即中国国际商会下设的中国国际经济贸易仲裁委员会和中国海事仲裁委员会,长期以来办理涉外经济贸易纠纷案件,一般不办理国内经济纠纷案件。仲裁法实施之前,国内经济合同纠纷仲裁主要由国家工商行政管理局下设的经济合同仲裁委员会办理。中国民间商会成立不久,根本没有仲裁方面的经验,因此,规定仲裁委员会由商会组建是不现实的。根据现有仲裁机构的设立情况,并考虑到仲裁委员会设立初期尚需要在经费等方面得到政府部门的支持,所以《仲裁法》规定仲裁委员会由市人民政府组织有关部门和商会统一组建。这里的"有关部门"是指哪些部门,全国人大法律委员会薛驹在关于《仲裁法》草案修改稿修改意见的汇报中说:这里的"有关部门"主要指已经设立仲裁机构的一些部门,由于各地设立仲裁机构的情况不同,有关部门具体指哪些部门,宜由当地的市人民政府来确定,在《仲裁法》中可以不作规定。市人民政府可以组织政府法制部门会同已有仲裁机构的工商、房地产、科委和司法行政等部门以及商会筹建仲裁委员会。各地组建仲裁委员会的情况不同,需根据当地有关部门的积极努力和市政府的确定。

值得注意的是,仲裁委员会只是由人民政府组建,组建之后,仲裁委员会独立进行仲裁工作,经济上也独立核算,人民政府不能干涉仲裁委员会的工作,二者之间不存在隶属关系。

二、仲裁委员会的设立条件和程序

(一)设立条件

我国《仲裁法》第11条规定:"仲裁委员会应当具备下列条件:有自己的名称、住所和章程;有必要的财产;有该委员会的组成人员;有聘任的仲裁员。"可见,仲裁委员会的设立应当具备下列几个方面的条件。

1. 有自己的名称、住所和章程。仲裁委员会的名称既可使此仲裁委员会与彼仲裁委员会相区别,又可便于当事人协议选定解决纠纷的仲裁委员会,但是仲裁委员会的名称应当规范。根据国务院《重新组建仲裁机构方案》的规定,新组建的仲裁委员会的名称由所在城市的地名和仲裁委员会构成,如北京仲裁委员会、石家庄仲裁委员会、邯郸仲裁委员会,仲裁委员会对其名称享有专用权。仲裁委员会作为法人,也有自己的住所。仲裁委员会以它的主要办事机构所在地为住所,一般也是进行仲裁活动的地点。

仲裁委员会的章程是规定其组成、机构且规范其行为的准则,是社会各界了解其职能的依据。国务院办公厅发布了《仲裁委员会章程示范文本》,供各种仲裁委员会设立时参考。

2. 有必要的财产。仲裁委员会作为行使仲裁权的机构,必须有运转的办公经费、办公设备、交通工具、通信设施等,这是仲裁委员会进行仲裁活动的物质前提。对此,全国人大法律委员会主任委员薛驹在关于仲裁法草案修改稿修改意见的汇报中说:一些委员提出,应当明确规定设立仲裁委员会的经费来源。设立仲裁委员会需要有经费,特别是开办和设立的初期。仲裁法已经规定仲裁委员会由市人民政府组织有关部门和商会统一组建,开办经费问题原则上应由组建单位予以解决,以后随着仲裁业务的发展,经费也不宜完全长期由政府解决。对经费来源,在仲裁法中可以不作规定。我国的仲裁委员会具有公立的性质,其开办经费由所在地的市人民政府解决,并拨付一定的办公费用,但随着仲裁事业的发展,仲裁委员会应当有较好的经济效益,积累一定的财产,并逐步纳入统一的非营利机构管理体系之中。

3. 有该委员会的组成人员。《仲裁法》第 12 条明确规定:仲裁委员会由主任 1 人、副主任 2 至 4 人、委员 7 至 11 人组成。仲裁委员会的主任、副主任和委员是该委员会的组成人员。

通常,仲裁委员会的组成人员应当符合仲裁员条件,也可以根据工作需要不是仲裁员;可以是专职的,也可以是兼职的。仲裁委员会的主任、副主任和委员由法律、经济贸易专家和有实际工作经验的人员担任。仲裁委员会的组成人员中,法律、经济贸易专家不得少于 2/3。这一规定,既符合国际通行的做法,也考虑到了我国仲裁事业发展的实际状况。我国以前的仲裁机构,基本上附设在相应的行政机关中,仲裁委员会的机构不健全,其成员大都由行政机关工作人员兼任,这种体制下的仲裁并未体现出自主性、独立性、一裁终局性,且上述人员虽然熟悉仲裁的基本过程,但是他们基本上不是法律专家或经济贸易专家。从另外一个方面看,仲裁本身也是一门学问,而且是实践性很强的学问。仲裁活动也是一种专门性的活动,有其自身的内在规律,需要在不断实践的基础上去探索和掌握。由此可见,《仲裁法》第 12 条的规定既保证了新组建的仲裁委员会的较高专业水平,又妥善处理了与原仲裁机构的衔接问题。

关于仲裁委员会组成人员的产生程序,《仲裁法》没有明文规定,但在国务院办公厅拟定的《重新组建仲裁机构方案》及其推荐的《仲裁委员会章程示范文本》中有具体的规定。按照国务院办公厅《重新组建仲裁机构方案》,仲裁委员会设立初期,其所在地的人民政府参照有关事业单位的规定,解决仲裁委员会的人员编制;第一届仲裁委员会的组成人员,由政府法制、经贸、体改、司法、工商、科技、建设等部门和贸促会、工商联等组织协商推荐,由市人民政府聘任。一般情况下,仲裁委员会实行的是一种新型的法人治理机构,即实行委员会领导下的执行人日常负责制,统筹仲裁委员会设秘书长一人,负责仲裁委员会下设办事机构的日常工作,如受理仲裁案件、送达仲裁文书、仲裁费用的收取与管理、仲裁程序的管理与协助等事务。

4. 有聘任的仲裁员。仲裁员是仲裁财产权益纠纷的裁判者。实行一裁终局制度,就要求仲裁员有良好的业务素质,我国对仲裁员的资格要求高于法官、律师,仲裁法对仲裁员资格作了较严格的规定。仲裁委员会从具备仲裁员资格的人员中聘任仲裁员,设立仲裁员名册。

(二)设立程序

《仲裁法》第 10 条第 3 款规定:"设立仲裁委员会,应当经省、自治区、直辖市的司法行政部门登记。"由此可见仲裁委员会必须经过登记才具有法律效力。仲裁委员会的登记机关是省、自治区、直辖市的司法行政部门,仲裁委员会所在市的司法行政部门不是仲裁委员会的登记机关。

根据《仲裁委员会登记暂行办法》的规定,申请设立仲裁委员会应提交如下文件:(1)设立仲裁委员会申请书;(2)组建仲裁委员会的市的人民政府设立仲裁委员会的文件;(3)仲裁委员会章程;(4)必要的经费证明;(5)仲裁委员会住所证明;(6)聘任的仲裁委员会组成人员的聘书副本;(7)拟聘任的仲裁员名册。登记机关应当在收到申请文件之日起10日内,对符合设立条件的仲裁委员会予以设立登记,并发给登记证书;对符合设立条件,但所提供的文件不符合本办法第3条第3款规定的,在要求补正后予以登记;对不符合本办法第3条第1款规定的,不予登记。

■ 三、仲裁委员会的法律地位和性质

《仲裁法》第14条规定:"仲裁委员会独立于行政机关,与行政机关没有隶属关系。仲裁委员会之间也没有隶属关系。"由此可见,我国仲裁委员会的地位是独立的、自治的。除与行政机关之间不存在隶属关系外,仲裁委员会相互之间也没有隶属关系,不按行政区划层层设立,彼此之间独立行使仲裁权。

对于仲裁委员会的性质我国仲裁法并无明文规定。但从仲裁法的相关规定看我国仲裁委员会的性质应属非官方的民间性组织。这是因为仲裁委员会不隶属于任何行政机关、社会团体,是基于当事人的共同授权行使仲裁权居中解决民商事纠纷。

■ 四、仲裁委员会的组织机构及其职权

(一)仲裁委员会会议

仲裁委员会的领导体制实行的是委员会制,这样能够集思广益,决策问题时考虑得也比较周详,能够调动有关各方的积极性,有利于协调各方面的关系。仲裁委员会会议由主任或主任委托的副主任主持,每次会议须有2/3以上的组成人员出席,方能举行。修改章程或者对仲裁委员会作出解散决议,须经全体组成人员的2/3以上通过,其他决议须经出席会议组成人员的2/3以上通过。仲裁委员会主要处理属于方针政策、规划制定以及根本性、战略性、协调性、综合平衡等类型的事项,具体而言,仲裁委员会会议的主要职责是:(1)审议仲裁委员会的工作方针、工作计划等重要事项,并作出相应的决议;(2)审议、通过仲裁委员会秘书长提出的年度工作报告和财务报告;(3)决定仲裁委员会秘书长、专家咨询机构负责人人选;(4)审议、通过仲裁委员会办事机构设置方案;(5)决定仲裁员的聘任、解聘和除名;(6)仲裁委员会主任担任仲裁员的,决定主任的回避;(7)修改仲裁委员会章程;(8)决议解散仲裁委员会;(9)仲裁法、仲裁规则和章程规定的其他职责。至于其他职责,则主要包括:(1)根据当事人请求,对仲裁协议的效力作出认定;(2)审查受理当事人的仲裁申请;(3)向申请人送达仲裁规则、仲裁收费表和仲裁员名册;(4)向被申请人送达仲裁申请书副本和仲裁规则、仲裁收费表和仲裁员名册;(5)接受被申请人答辩书,并送达给申请人;(6)将当事人财产保全、证据保全申请提交相应的人民法院;(7)接受当事人委托代理人的授权委托书;(8)仲裁委员会主任应当事人要求为其指定仲裁员;(9)按规则规定,仲裁委员会主任指定仲裁庭组成方式或仲裁员;(10)将组庭情况书面通知双方当事人;(11)仲裁委员会主任决定仲裁员的回避问题;(12)通知当事人开庭日期;(13)在调解书和裁决书上加盖仲裁委员会印章;(14)确定仲裁员的报酬;(15)主任会议决定聘用办事机构工作人员;等等。

仲裁委员会主任、副主任和秘书长组成主任会议,在仲裁委员会会议闭会期间,负责

仲裁委员会的重要日常工作。

(二)仲裁委员会的办事机构

一般情况下,仲裁委员会下设办事机构,由仲裁委员会秘书长领导并负责处理仲裁委员会的日常事务,这样可使办事机构能够权力集中,责任明确,行动迅速,效率较高。根据《重新组建仲裁机构方案》和《仲裁委员会章程示范文本》,仲裁委员会的办事机构可称为仲裁委员会秘书处(或仲裁委员会办公室)。《重新组建仲裁机构方案》还规定:仲裁委员会设秘书长1人,秘书长可以由驻会专职组成人员兼任。仲裁委员会下设办事机构,办事机构日常工作由仲裁委员会秘书长负责。《仲裁委员会章程示范文本》规定仲裁委员会会议的主要职责中包括"决定仲裁委员会秘书长人选","审议通过仲裁委员会办事机构设置方案"。《仲裁委员会章程示范文本》第13条规定:办事机构工作人员,由仲裁委员会主任会议决定聘用。因此要根据仲裁工作的需要,本着精简、高效的原则,决定办事机构的设置和工作人员的聘任。适应社会主义市场经济和我国仲裁事业的发展,需要着力探索推进仲裁委员会内部管理体制的改革,形成富有活力和效率的管理运营机制。特别是作为仲裁委员会的日常运营负责人的秘书长,应该由仲裁委员会向社会公开招聘或者竞争上岗选出,并向仲裁委员会负责。结合仲裁监管机构即中国仲裁协会制定的科学的绩效评估制度,决定执行人的更换和奖惩,从而形成中国仲裁协会、仲裁委员会和执行人相互间的有效制衡机制。按照这样的市场化的思路,办事机构工作人员应具备良好的思想品质、业务素质,并择优聘用,逐步建立起竞争性的劳动人事制度,建立有效的激励和约束制度,实行有别于政府部门的薪酬制度和奖励制度。

仲裁委员会下设办事机构的职责,一般属于速决性的、执行性的、操作性的、纪律性的、常规性的活动,主要包括:(1)具体办理案件受理、仲裁文书送达、档案管理等程序性事务;(2)收取和管理仲裁费用;(3)办理仲裁委员会交办的其他事务。可以看出,办事机构主要处理仲裁中的一些程序性事务,它具体代表仲裁委员会处理日常一般性事务,是案件当事人与仲裁员之间的纽带。因为仲裁员不得私自会见当事人,有关材料的交接,有关事项的交代,必须由办事机构转交,以免由于程序上的原因,引起裁决执行过程中的非常情况出现而致裁决被撤销或不予执行。另外,对仲裁庭的所有合议及庭审进行记录,核校裁决书也应是办事机构职责的一部分。

仲裁是一项专业性极强的工作,仲裁委员会秘书处各部门、各机构之间的协调和配合十分重要,因此秘书处工作人员的思想品质、业务素质及行为规范均应达到一定的水准。通常说来,工作人员要在秘书长的领导下,做好仲裁委员会的各项日常工作,当好桥梁和纽带,严格按照法律规定和仲裁规则规定的程序及要求办事。工作人员要熟悉并钻研仲裁业务,不断提高专业水平和工作能力,这样才能做到办事条理清楚、工作高质高效。在处理日常工作时,秘书人员应谦虚谨慎、和气待人,对双方当事人一视同仁,不得有任何偏向性;碰到重要的问题要及时请示,不得自作主张对外答复或解释问题;严格遵守保密制度,不得向外界透露任何有关案件的实体和程序的情况,更不得向当事人透露仲裁庭合议案件的情况;与当事人及有关部门联系仲裁案件时要注意使用书面形式;秉公办事,不接受当事人或其代理人的请客送礼,也不得介绍请客送礼;要积极配合仲裁庭的工作,完成仲裁庭交办的各项任务;及时做好有关文件和材料的整理归档工作。结合我国仲裁工作实践的探索,仲裁委员会的工作人员或办案秘书可以在仲裁委员会或仲裁庭的指导下履行下列职责:(1)审查仲裁案件材料,提出仲裁争议要点,归纳摘录证据;(2)庭前组织证据交换;(3)代表仲裁庭或仲裁委员会进行庭前调解,达成调解协议,须经仲裁庭审核确认;(4)接待案件当事人、代理人的来信来访;(5)代表仲裁庭依法调查、收集、核对有关证据;(6)办理有关委托鉴定、评估、审计等事宜;(7)协助办理仲裁保全事宜;(8)准备仲裁案件程序管理的有关事务;(11)完成仲裁委员会或仲裁庭交办的其他与仲裁业务相关的辅助性工作。

(三)专家咨询委员会

《仲裁法》和《重新组建仲裁机构方案》中均未明确规定专家咨询委员会的组成和职能。专家咨询机构对仲裁委员会有着重要的作用,仲裁委员会可以在其组成人员和仲裁员中聘请若干名专家组成专家咨询委员会。《仲裁委员会章程示范文本》第10条规定:仲裁委员会可以根据需要设立专家咨询机构,为仲裁委员会和仲裁员提供对疑难问题的咨询意见。专家咨询机构设负责人1人,由仲裁委员会主任或副主任兼任,负责人的人选由仲裁委员会会议决定。专家咨询委员会的成员都是兼职的,它的设立并不影响精简和高效的原则。

其实,专家咨询委员会还可以在很多方面发挥作用,比如组织仲裁员交流经验,对仲裁委员会的发展提出建议等。但是,专家咨询委员会对具体仲裁案件的程序或实体的重大疑难问题所作的研究和提供的咨询意见,只能供仲裁委员会和仲裁庭参考,并不对仲裁委员会和仲裁庭具有约束力,否则,便构成对仲裁员独立仲裁的干涉。这一点与人民法院设立的审判委员会对重大疑难案件的程序和实体问题的决定,审判庭必须遵守的做法是完全不同的。

(四)其他机构

随着仲裁事业的发展,仲裁委员会与社会各界的关系会变得复杂,在仲裁委员会中进一步设立和完善内部机构就成为必要。比如,为了推行仲裁法律制度,进一步融入社会主义市场经济,各地仲裁委员会纷纷设立发展工作部门强化发展职能如仲裁发展委员会、发展处、宣传联络处等。仲裁委员会受理的仲裁案件多了,需要的仲裁员数量就会增多,对仲裁员的聘任及管理的工作量就会增大,仲裁员资格审查管理机构也就应运而生了。同时,案件的增多,加上社会上一些不良习气的影响,仲裁员不能秉公办案甚至枉法裁决的可能性也在增大,仲裁员纪律检查机构的设立就成为必要。另外,为了总结办案经验,提高仲裁工作水平,对于一些比较典型的、有代表性的并且比较成功的案例,进行整理、编辑、出版,将是一项非常重要的工作,案例编辑机构的设立,将有利于完成此项工作。

[案例]我国甲公司与瑞士乙公司订立仲裁协议,约定由某地仲裁机构仲裁,但约定的仲裁机构名称不准确。根据《仲裁法解释》的规定,下列哪些选项是正确的?(1)仲裁机构名称不准确,但能确定具体的仲裁机构的,应认定选定了仲裁机构;(2)如仲裁协议约定的仲裁地仅有一个仲裁机构,该仲裁机构应视为约定的仲裁机构;(3)如仲裁协议约定的仲裁地有两个仲裁机构,成立较早的仲裁机构应视为约定的仲裁机构。

[解答]根据《仲裁法解释》第3条的规定,仲裁协议约定的仲裁机构名称不准确,但能够确定具体的仲裁机构的,应当认定选定了仲裁机构。所以第(1)选项正确。《仲裁法解释》第6条规定,仲裁协议约定由某地的仲裁机构仲裁且该地仅有一个仲裁机构的,该仲裁机构视为约定的仲裁机构。该地有两个以上仲裁机构的,当事人可以协议选择其中的一个仲裁机构申请仲裁;当事人不能就仲裁机构选择达成一致的,仲裁协议无效。所以第2选项正确,第3选项错误。

第四节　中国仲裁协会

　　仲裁协会是仲裁行业协会的简称,是以仲裁机构和仲裁员为成员的自律性、管理性的行业组织。其设立的目的在于加强本行业管理和保障本行业利益,促进本行业健康发展,同时排除政府和司法机关的不正当干预。仲裁协会具有民间性质,其职能一般限于行业管理。仲裁协会本身不是仲裁案件的仲裁机构,也不是仲裁机构的上级领导机构。在一个国家是否设有仲裁协会,几乎成了衡量该国是否有健全的民间仲裁制度的形式标志。

　　我国《仲裁法》第15条对仲裁协会作出了专门规定:"中国仲裁协会是社会团体法人。仲裁委员会是中国仲裁协会的会员。中国仲裁协会的章程由全国会员大会制定。中国仲裁协会是仲裁委员会的自律性组织,根据章程对仲裁委员会及其组成人员、仲裁员的违纪行为进行监督。中国仲裁协会依照本法和民事诉讼法的有关规定制订仲裁规则。"对该法条,我们可以从以下几个方面来分析。

一、中国仲裁协会的法律地位

　　关于仲裁协会的法律地位,在《仲裁法》生效前,中国国内仲裁机构是按行政区域和行政隶属关系设立的,由所隶属的行政管理部门进行管理。《仲裁法》的颁布将国内仲裁机构从行政机关中分离出来,取消了两者的隶属关系。在这一前提下,我国《仲裁法》关于中国仲裁协会的规定,对于中国仲裁制度的革新及其国际化,有着十分重要的作用。仲裁行业协会的诞生是仲裁委员会的民间性和自治性的必然要求,也是我国仲裁制度向现代化发展的重要标志。

　　根据我国《仲裁法》第15条的规定,仲裁协会本身不是仲裁案件的仲裁机构,也不是仲裁机构的上级领导机构,而是属于中国仲裁行业的自律机构。所谓自律性组织,是指自我约束、自我服务、自我教育和自我发展的组织。

二、中国仲裁协会的性质

根据我国《仲裁法》第 15 条之规定，可以看出仲裁协会的性质可以分为两个方面：

一是仲裁协会的对外性质，即和其他法人组织相比，仲裁协会的性质是社会团体法人。中国仲裁协会是全国性的社会团体，必须到民政部门办理登记方可成立。另外，仲裁协会的社会团体法人的性质也决定了行政机关不得对其自我管理机制进行非法干涉，仲裁协会不隶属于任何行政部门，具有独立性和自治性。

二是仲裁协会的对内性质，即在和仲裁委员会的关系上，仲裁协会的性质是仲裁委员会的自律性组织。其自律性主要体现在实行民主集中制的组织原则、有强制性的行为规范、有奖惩措施等方面。

具体来说，仲裁协会与仲裁委员会的关系表现为以下几个方面：(1)仲裁委员会是中国仲裁协会的成员。仲裁协会作为组织体，应有完善的组织机构，比如权力机构、日常行政机构和其他机构等。(2)中国仲裁协会对仲裁委员会及其组成人员、仲裁员的违纪行为进行监督。

三、中国仲裁协会的组成

中国仲裁协会实行会员制。各仲裁委员会，包括国内仲裁委员会和涉外仲裁委员会，是中国仲裁协会的当然会员。除团体会员外，中国仲裁协会也可以在一定条件下吸收个人会员。目前，中国仲裁协会尚在筹建过程中。

中国仲裁协会是一个社会团体法人。作为法人，除了有会员外，它还应当有自己的住所和必要的财产。国内仲裁委员会在初组建时，其财产和经费都由市人民政府拨给，不可能立即交出数额较大的会费作为中国仲裁协会的设立经费或财产，所以，必须由国家有关部门拨出必要的专款和用房来扶持设立中国仲裁协会。

四、中国仲裁协会的职能

根据我国《仲裁法》第 15 条的规定，仲裁协会的主要职能包括两个方面：一是根据章程对各仲裁委员会及其组成人员、仲裁员的违纪行为进行监督；二是依照《仲裁法》和《民事诉讼法》的有关规定制订全国统一适用的仲裁规则。[①] 此外，中国仲裁协会作为全国仲裁行业唯一的一家自律性组织，它还应该具有这样一些职能：在宏观上指导、协调全国各地仲裁委员会的工作，组织仲裁员培训和交流仲裁经验，建立与加强和其他国家或国际仲裁界的联系与交往，维护仲裁委员会及仲裁员的合法权益，组织对仲裁理论与实践问题的研究与探讨等。

值得注意的是，中国仲裁协会本身不得直接从事仲裁业务，也不得干涉具体的仲裁活动。中国仲裁协会的工作人员不应接受某个仲裁机构的聘任担任仲裁员。

---

① 1994 年《仲裁法》的这一规定，在国际上是十分罕见的。

【思考题】

1. 试述仲裁机构的概念和特征。
2. 简述仲裁机构的分类。
3. 简述仲裁委员会的设立条件和程序。
4. 评述仲裁委员会的法律地位。
5. 简述中国仲裁协会的法律地位和性质。

【司法考试真题链接】

1. 当事人申请撤销仲裁裁决须符合下列哪些条件?(2003年)

A. 必须向仲裁委员会提出申请,由仲裁委员会提交给有管辖权的人民法院

B. 必须向仲裁委员会所在地的中级人民法院提出

C. 必须在自收到裁决书之日起6个月内提出

D. 必须有证据证明裁决有法律规定的应予撤销的情形

2. 甲、乙在合同中约定因合同所发生的争议,提交某仲裁委员会仲裁。后双方发生争议,甲向约定的仲裁委员会申请仲裁,但乙对仲裁协议的效力提出异议。对此,乙就仲裁协议的效力有权向谁申请认定?(2005年)

A. 该仲裁委员会所在地基层法院

B. 该仲裁委员会所在地中级法院

C. 该仲裁委员会

D. 甲居住地的基层法院

3. A市水天公司与B市龙江公司签订一份运输合同,并约定如发生争议提交A市的C仲裁委员会仲裁。后因水天公司未按约支付运费,龙江公司向C仲裁委员会申请仲裁。在第一次开庭时,水天公司未出庭参加仲裁审理,而是在开庭审理后的第二天向A市中级人民法院申请确认仲裁协议无效。C仲裁委员会应当如何处理本案?(2007年)

A. 应当裁定中止仲裁程序

B. 应当裁定终结仲裁程序

C. 应当裁定驳回仲裁申请

D. 应当继续审理

第四章　仲裁员和仲裁庭

【引例】①

　　申请人：天意实业发展公司

　　被申请人：某省国际招商股份有限公司

　　2000年8月12日，申请人与被申请人经协商一致，签订了一份钢材购销合同。其中合同约定：在合同履行过程中所发生的一切争议，双方协商解决不成的，应提交某仲裁委员会仲裁解决。后来在合同履行过程中双方发生争议。2000年10月14日，申请人依据合同中的仲裁条款向某仲裁委员会申请仲裁。仲裁委员会受理该争议案件并送达仲裁规则与仲裁员名册后，双方当事人约定由合议制仲裁庭仲裁案件。为此，申请人与被申请人按照仲裁规则各自选定蔡某与赵某2名仲裁员，此后，又共同委托仲裁委员会主任指定第3名仲裁员，仲裁委员会主任遂指定吴某作为第3名仲裁员担任首席仲裁员组成仲裁庭。仲裁庭组成后，于2001年1月18日通知双方当事人开庭。但是，2001年1月15日，申请人突然得知，被申请人所选定的仲裁员赵某的妻子是被申请人的财务部员工，可能会影响案件的公正审理，于是申请赵某回避。

　　本案涉及三个主要问题：一是申请人申请仲裁员赵某回避的理由是否成立？二是申请人在即将开庭审理案件之前提出回避申请是否合法？三是应当由谁决定仲裁员赵某是否应回避？对于第一个问题，本案被申请人所选定的仲裁员赵某的妻子是被申请人的财务部员工，符合《仲裁法》第34条"与本案当事人、代理人有其他关系，可能影响公正仲裁"的规定，因此，申请人申请该仲裁员回避的理由成立。对于第二个问题，根据《仲裁法》第35条的规定，当事人应当在首次开庭前提出回避申请，回避事由在首次开庭后知道的，可以在最后一次开庭终结前提出。本案申请人在2001年1月15日，即仲裁庭即将开庭审理案件之前，突然得知仲裁员赵某的妻子是被申请人的财务部员工，因此此时提出仲裁员赵某回避的申请是符合《仲裁法》规定的。而对于第三个问题，《仲裁法》第36条规定，仲裁员是否回避，由仲裁委员会主任决定；仲裁委员会主任担任仲裁员时，由仲裁委员会集体决定。本案中赵某并非仲裁委员会主任，关于其回避的决定应由仲裁委员会主任作出。

第一节　仲裁员的资格条件

作为民商事纠纷的居中裁决者，仲裁员对仲裁程序的公正性、仲裁裁决的权威性以及

---

　　① 杨荣新：《仲裁法学案例教程》，知识产权出版社2004年版，第131～132页。

仲裁业的长远发展起着重要的作用。仲裁员的法定资格作为仲裁员准入的前提条件,必然影响着仲裁员队伍的整体素质,是仲裁制度中的一项重要内容。所谓仲裁员的法定资格是指各国和地区在仲裁法或民事诉讼法中对仲裁员的资格所作的规定。①

■ 一、境外关于仲裁员资格条件的规定

(一)仲裁立法对仲裁员资格的规定

世界各国仲裁立法关于仲裁员资格的规定不尽相同。一些国家和地区对仲裁员的资格作了比较严格的规定,如韩国、意大利、我国台湾地区等;但大多数国家则规定得相对宽松,一般只要求仲裁员具有完全民事行为能力并且品行端正、公正无私即可,如德国、日本等;还有少数国家对仲裁员的资格条件并未作明确的规定,如英国 1996 年的《仲裁法》。通常来说,各国关于仲裁员资格条件的限制大体包括以下三个方面。

第一,一般资格条件。仲裁员必须具有完全民事行为能力,无民事行为能力人或限制民事行为能力人不能担任仲裁员,这是不言自明的,也是对仲裁员资格的最低限度的基本要求。有些国家的法律对此有明文规定,如在瑞典,任何对其行为及财产具有完全法律能力的人均可充任仲裁员。② 澳门 1996 年《内部仲裁法》亦仅要求仲裁员是具备完全行为能力的自然人。③

第二,特殊资格条件。除了上述一般资格条件外,一些国家对仲裁员还有某些特别要求。(1)关于性别的特殊要求。印度尼西亚法律曾经规定妇女不能够担任仲裁员。当然随着妇女地位的提高和民主平等观念的深入,这种对妇女的歧视性规定现已取消。(2)关于国籍方面的特殊要求。过去有许多国家,如葡萄牙、伊朗及拉美国家的法律不允许外国人作为仲裁员。但是现在,为了适应现代国际商事仲裁实践的需要,包括我国在内的许多国家都允许外国人担任仲裁员。(3)关于宗教信仰方面的特殊要求。如在沙特阿拉伯,仲裁员除要求有良好的行为准则和完全民事行为能力外,还必须是从事自由职业的穆斯林。(4)关于职业方面的特殊要求。许多国家的法律禁止法官担任仲裁员,如奥地利、波兰、西班牙等;而有的国家则允许法官在某些条件下成为仲裁员,如美国与法国等。一些国际标准合同,特别是航运与商品交易方面的格式合同的仲裁条款规定只有从事贸易的人或商人才能被选为仲裁员。西班牙、葡萄牙、智利与厄瓜多尔等一些国家的法律规定,在当事人约定依法仲裁争议的情况下,只有律师才能被选为仲裁员。瑞士虽然不强求律师为仲裁员,但却规定不得排除律师的仲裁员资格。《瑞士联邦商事仲裁协约》第 7 条规定,如果当事人在仲裁条款中约定,禁止律师在仲裁中担任仲裁员的,则该仲裁条款无效。④

第三,专业资历条件。各国和各地区法律、有关仲裁机构的仲裁规则中对于仲裁员的

---

① 詹礼愿:《中国内地与中国港澳台地区仲裁制度比较研究》,武汉大学出版社 2006 年版,第 37 页。

② 见瑞典 1999 年《仲裁法》第 9 条。

③ 见澳门政府法令第 29/96/M 号第 12 条。

④ 乔欣:《比较商事仲裁》,法律出版社 2004 年版,第 69 页。

专业资历也提出了程度不同的要求。如我国台湾地区 1998 年修订的"仲裁法"规定,仲裁员应是具有法律或其他各业专门知识或经验、信望素孚之公正人士,且具备下列资格条件之一:曾任实任推事、法官或检察官;曾任执行律师、会计师、建筑师、技师或其他与商务有关之专门职业人员业务 5 年以上;曾任"国内、外"仲裁机构仲裁事件之仲裁员;曾任"教育部"认可之"国内、外"大专院校助理教授以上职务 5 年以上;具有特殊领域之专门知识或技术,并在该特殊领域服务 5 年以上。[①] 可见我国台湾地区关于仲裁员专业资格的条件要求是相当高的。

(二)仲裁机构对仲裁员资格的限制

除立法对仲裁员资格条件作出了明确规定之外,仲裁机构往往会在仲裁规则中对受聘于本仲裁机构的仲裁员的资格条件作出进一步的限制。在立法没有明文规定仲裁员资格条件的国家,仲裁机构的限制规定可以作为其筛选仲裁员的统一标准,可有效防止在仲裁员资格问题上双方易发生争执的局面,避免仲裁程序的拖延。而在仲裁立法已对仲裁员资格条件作出限定的国家,仲裁机构的规定对仲裁员的资格条件则提出了比法律规定更高的要求,而这也是其提高仲裁机构自身公信力和竞争力的有效手段。

(三)当事人对仲裁员资格的约定

由于仲裁以尊重当事人意愿为前提,在仲裁员资格的确定方面虽然各国仲裁立法和仲裁机构的仲裁规则往往会对仲裁员的资格作出一定的限制,但这并不排斥当事人在订立仲裁协议时对仲裁员资格作出约定的权利,尤其在一国仲裁立法未对仲裁员资格作出明确规定时或临时仲裁的情况下这种约定更为必要。如英国 1996 年《仲裁法》虽没有关于仲裁员资格的规定,但要求法院尊重当事人对仲裁员资格的直接或间接约定。所谓的间接约定实际上是当事人在未直接约定仲裁员资格条件但约定了仲裁机构的情况下,遵从仲裁机构的仲裁规则中关于仲裁员资格的规定。需要指出的是,立法关于仲裁员资格条件的规定是强制性规范,当事人对仲裁员资格条件的约定不能违反这一最低限度的标准。实践中最为常见的是对仲裁员国籍的特别约定,如约定首席仲裁员"应当具备第三国国籍"。除国籍之外,当事人也可对解决争议的仲裁员资格设置诸如专业、经历等方面的限制。

二、我国关于仲裁员资格条件的规定

(一)我国仲裁法关于仲裁员资格的规定

我国《仲裁法》第 13 条规定:"仲裁委员会应当从公道正派的人员中聘任仲裁员。仲裁员应符合以下条件:(一)从事仲裁工作满八年的;(二)从事律师工作满八年的;(三)曾任审判员满八年的;(四)从事法律研究,教学工作并且有高级职称的;(五)具有法律知识,从事经济贸易等工作并具有高级职称或者具有同等专业水平的。"从该条的规定可以看

---

① 见我国台湾地区 1998 年"仲裁法"第 5—6 条。

出，我国仲裁法关于仲裁员资格条件的限制主要来自于以下两个方面：

首先，关于仲裁员道德素养的要求。"公道正派"是《仲裁法》对仲裁员道德素养的要求。仲裁员只有做到作风公道、正派、严谨、不偏不倚，才能保证仲裁程序的公正，维护仲裁裁决的权威。然而，就仲裁法的这一规定来看，"公道正派"四个字太过简单、含糊。道德云云，含混难测，系人们内心的自律准则，缺乏认定的统一标准，在实践中未免难以操作。考虑到诚实信用、公正等观念尚未在我国普遍形成并付诸实施，外在的约束不可缺少，仲裁法作出具体规定极为必要。

其次，关于仲裁员业务素质的要求。在我国，担任仲裁员必须满足下列条件之一：(1)从事仲裁工作满 8 年的；(2)从事律师工作满 8 年的；(3)曾任审判员满 8 年的；(4)从事法律研究，教学工作并且有高级职称的；(5)具有法律知识，从事经济贸易等工作并具有高级职称或者具有同等专业水平的。

1. 从事仲裁工作满 8 年的。包括在《仲裁法》施行前设立的仲裁委员会工作过 8 年，或者在《仲裁法》施行前设立的仲裁委员会工作，又在《仲裁法》施行后新组建的仲裁委员会中工作共 8 年的。这些人员由于长期从事仲裁工作，具备丰富的解决民商事争议的经验，由其担任案件的仲裁者更有利于纠纷的裁决，同时也有利于我国仲裁事业的连续性。

2. 从事律师工作满 8 年的。律师是国家的法律工作者，不仅具有丰富、广博的法律专业知识，而且具有敏捷的思辨能力和灵活处理具体案件的实践能力。律师担任仲裁员可以弥补仲裁庭其他人员法律专业知识的不足。对律师要求工作年限在 8 年以上是为了保证仲裁员队伍的业务水平。

3. 曾任审判员满 8 年的。法院的审判员具有十分丰富的处理各类纠纷的实践能力和经验，由其担任仲裁员对公正及时解决纠纷是有效的。但是，需要指出的是，由于法院承担着仲裁司法监督的功能，因此，法院的现职审判员不能担任仲裁员，以免造成"既当裁判员又当运动员"的尴尬局面。2004 年 7 月 24 日，最高人民法院发布《关于现职法官不得担任仲裁员的通知》，明确指出："法官担任仲裁员，从事案件的仲裁工作，不符合有关法律规定，超出了人民法院和法官的职权范围，不利于依法公正保护诉讼当事人的合法权益。因此，法官不得担任仲裁员。"

4. 从事法律研究、教学工作并具有高级职称的。法律研究工作包括立法、教学研究等工作。从事法律研究、教学工作，又有副研究员、副教授以上职称的人员，具有丰富、扎实的理论功底，由其担任仲裁员，可以充分发挥其理论优势，运用法学理论去解决欠缺法律详细规定的具体实践问题。

5. 具有法律知识，从事经济贸易等专业工作并具有高级职称或者具有同等专业水平的。由于提请仲裁的纠纷多属于经济贸易领域的争议，往往涉及这方面的专业知识，聘请该领域的专家作为仲裁员有利于案件中所涉及的专业技术问题得以正确处理。

从整体上来看，我国仲裁法对于仲裁员专业资历的要求是很高的，法律专业素养与职业经验并重。无疑，严格又具体的专业资历要求是高质量仲裁员队伍的保障，但严格的限制与仲裁尊重当事人意愿的原则不符，有损于仲裁的民间性、灵活性。从长远来看，在立法层面上放宽仲裁员的资格条件更适应仲裁的特点，更有利于仲裁事业的发展，也更符合国际趋势。就具体的立法技术来看，本条第 2 款第 5 项的规定有一定的弹性，与前 4 项严格的限制条件不同。当然,这一方面有利于吸纳各类专业人士从事仲裁工作,另一方面却可能成为规避仲裁员资格条件的突破口,使那些滥竽充数之人混入仲裁员队伍之列,破坏仲裁员队伍的整体素质和形象。除此之外,该款规定过于强调法律专业,对其他专业则有所忽视,可能会削弱甚至损害仲裁的专业性优势。

除了上述关于仲裁员道德素养和专业素质的要求之外,我国仲裁法并未对仲裁员的国籍作出特别的限制,因此并不排斥外国人担任仲裁员的资格。《仲裁法》第 67 条规定:"涉外仲裁委员会可以从具有法律、经济贸易、科学技术等专门知识的外籍人士中聘任仲裁员。"至于国内仲裁机构是否允许聘请外籍人士担任仲裁员则没有明确的规定。但由于《仲裁法》颁布施行之后,我国涉外仲裁机构也受理国内案件,因此,国内民商事纠纷的仲裁完全有可能由外籍人士担任仲裁员。事实上,由非本国人担任仲裁员充分体现了仲裁制度的民间性和国际性,是一个国家仲裁制度发达和成熟的重要标志。

(二)我国仲裁机构关于仲裁员资格的限制

由于一个仲裁机构仲裁员队伍的整体素质象征着该机构的水平和层次,仲裁机构往往会在仲裁法规定的基础上对仲裁员的资格条件作出更高的要求。中国国际经济贸易仲裁委员会制定的《关于聘任仲裁员的规定》第 2 条"仲裁员的条件"中,除了要求符合《仲裁法》的规定外,还规定:"1. 热爱仲裁事业,公道正派、品行高尚,坚持独立公正办案原则;2. 拥护仲裁委员会章程,愿意遵守仲裁委员会仲裁规则、仲裁员守则以及仲裁委员会其他有关规定;3. 掌握一门外语并可以作为工作语言,少数知名人士可适当放宽;4. 能够保证仲裁办案时间;5. 仲裁委员会规定的其他条件。"《北京仲裁委员会仲裁员聘用管理办法》第 2 条规定:"北京仲裁委员会仲裁员应符合《中华人民共和国仲裁法》第十三条规定的条件,同时还应满足下列条件:(一)遵守《北京仲裁委员会仲裁规则》、《北京仲裁委员会仲裁员守则》、《北京仲裁委员会关于提高仲裁效率的若干规定》和本办法的有关规定;(二)诚实信用、认真勤勉、注重效率;(三)具有本办法第三条规定的学历、资历、知识、经验,熟悉《中华人民共和国仲裁法》、《北京仲裁委员会仲裁规则》、仲裁程序、证据规则和仲裁实务;(四)明察善断、善于学习,具有较强的语言文字表达能力,能够组织开庭审理、制作裁决,办案效果好;(五)身体健康、精力充沛,有相应的时间从事仲裁工作;(六)年龄不满 66 周岁。多次担任首席或独任仲裁员,经验丰富,办案效果好,或者为本会工作所需的特殊专业人才,年龄可适当放宽,但原则上不超过 75 周岁。"

另外,由于我国并不承认临时仲裁,而国内各仲裁委员会一般只允许当事人从仲裁员名册中选择仲裁员,因此,一般来说,当事人并不需要对仲裁员的资格条件作出事先约定。当然如若当事人双方对仲裁员的资格条件在仲裁法和仲裁规则规定的范围内作出诸如国籍、专业、经历等方面的特别约定时也应尊重当事人的意思自治。

第二节 仲裁员的聘任和指定

一、仲裁员的聘任

我国《仲裁法》规定设立仲裁委员会的条件之一是"有聘任的仲裁员"。仲裁员由仲裁委员会聘任,仲裁委员会从具有仲裁员资格的人员中聘任仲裁员,仲裁员有兼职和专职之分。专职仲裁员是受聘于仲裁委员会专门从事仲裁工作的人员。在其他部门工作且被聘为仲裁员的,为兼职仲裁员。根据国务院办公厅《重新组建仲裁机构方案》的规定,仲裁委员会应当主要在本省、自治区、直辖市范围内符合规定的人员中聘任仲裁员。国家公务员及参照国家公务员制度的机关工作人员符合规定的条件,并经所在单位同意,可以受聘为仲裁员,但是不得因从事仲裁工作影响本职工作。同时规定,仲裁员办理仲裁案件,由仲裁委员会依照仲裁规则的规定给付报酬。另外,根据《仲裁委员会章程示范文本》的规定,仲裁员的聘任期为 3 年,期满可以继续聘任。而且,随着仲裁事业的发展壮大,仲裁委员会可根据需要随时增聘仲裁员。

在我国,关于仲裁员的聘任制度有以下几个特点:

第一,机构聘任制。我国在法律上一直没有确认临时仲裁,所以没有与临时仲裁相适应的仲裁员制度,所有的候选仲裁员均为仲裁机构所聘任。仲裁委员会按照仲裁法和本仲裁机构仲裁规则的要求从符合仲裁员资格条件的人士中聘任仲裁员。仲裁员只能以受聘于某个仲裁委员会的方式参与具体案件的仲裁活动。

第二,强制名册制。仲裁员名册制度是指将候选仲裁员的姓名及其专长,有时还包括其经验和阅历要点编制成册,提供给当事人、仲裁机构或其他指定机构选择,以确定仲裁员的一种制度。[①] 我国《仲裁法》第 13 条第 3 款规定:"仲裁委员会按照不同专业设仲裁员名册。"根据这一规定,在我国,所有的仲裁机构均制定了自己的仲裁员名册,并且要求当事人在其仲裁员名册中选定仲裁员。虽然《仲裁法》并未规定当事人只能从仲裁机构制定的仲裁员名册中选定仲裁员,但由于仲裁实践中各仲裁委员会并不允许当事人选定仲裁名册以外的人员作为仲裁员,我国的仲裁员名册制度实际上就是强制名册制。如 2012年《贸仲规则》第 13 条第 2 款规定:"仲裁委员会秘书局收到申请人的仲裁申请书及其附件后,经审查,认为申请仲裁的手续完备的,应将仲裁通知、仲裁委员会仲裁规则和仲裁员名册各一份发送给双方当事人;申请人的仲裁申请书及其附件也应同时发送给被申请人。"第 25 条第 1 款规定:"申请人和被申请人应各自在收到仲裁通知后 15 天内选定或委托仲裁委员会主任指定一名仲裁员。当事人未在上述期限内选定或委托仲裁委员会主任指定的,由仲裁委员会主任指定。"

名册制把审查仲裁员资格条件的职权赋予了仲裁机构,由仲裁机构通过统一审查的方式将符合法定资格条件的人士列入仲裁员名册,这意味着列入名册中的仲裁员是具备仲裁员资格条件的,以此避免当事人在某一仲裁员是否具备相应资格条件的问题上可能发生的争执,避免仲裁程序的迟延。但严格限定当事人只能从名册中选择仲裁员的做法未免过于极端。强制名册制最大的缺点在于其限制了仲裁当事人选择仲裁员的自由。从理论上说,仲裁的基础是当事人的合意和授权,根据当事人意思自治的原则,当事人应该享有自由选定仲裁员的权利。从国际商事仲裁的实践来看,关于当事人是否只能从仲裁机构制定的名册中选定仲裁员,并没有统一的规定。大多数国家的立法与仲裁规则均不对当事人选定仲裁员的范围进行限制。尽管有些仲裁机构为当事人提供备选的仲裁员名

---

① 韩健:《现代国际商事仲裁法的理论与实践》,法律出版社 2000 年修订版,第 160~162 页。

册,但是当事人既可以从名册中选定仲裁员,也可以从名册外选定仲裁员,仲裁机构提供仲裁员名册仅出于推荐的目的以供当事人参考。基于不同的仲裁理念及文化素质等因素,采用名册制与否,很难断言孰优孰劣。但就我国实行的强制名册而言,弊大于利。为采名册制和非名册制之长,应倡导推荐名册制。所谓推荐名册制,是指鼓励当事人从仲裁机构设置的仲裁员名册中选任仲裁员,但也允许当事人在名册外委任仲裁员,在后一种情况下,当事人和被提名者均须证明该被提名者达到了仲裁法或仲裁机构规定的资格条件,并充分披露二者之间有无可能对仲裁员公正性产生具有正当理由怀疑导致回避的情形。当事人选择将争议提交某一仲裁机构解决,是基于对该仲裁机构的信任,基于相信该仲裁机构选聘的仲裁员具有足够的经验和能力解决其争议,并在该仲裁机构的仲裁员名册中予以选定;如果当事人更加信任仲裁员名册之外的某位人士,只要他能证明其具有足够的资格,该仲裁机构也就没有任何理由不接受其在这一特定仲裁案件中担任仲裁员。《贸仲规则》首次突破了封闭的名册制,其第 24 条"仲裁员的选定或指定"规定:"(一)仲裁委员会制定统一适用于仲裁委员会及其分会/中心的仲裁员名册;当事人从仲裁委员会制定的仲裁员名册中选定仲裁员。(二)当事人约定在仲裁委员会仲裁员名册之外选定仲裁员的,当事人选定的或根据当事人之间的协议指定的人士经仲裁委员会主任依法确认后可以担任仲裁员。"

第三,内部仲裁员。我国仲裁机构普遍拥有一定数量的内部仲裁员,仲裁机构的一些内部工作人员在担任程序管理工作的同时又具有本机构的仲裁员身份,经常在本机构受理的仲裁案件中担任仲裁员。这种做法与国际惯例背道而驰,受到了诸多的批评。虽然内部仲裁员比较熟悉仲裁流程,且有充足的时间处理仲裁程序中需要及时应对的事项,有利于保证仲裁的效率。但从长远来看,内部仲裁员的大量存在不利于仲裁业的发展。首先,在职业群体上,内部仲裁员与法官相类似,导致仲裁程序朝诉讼化方向倾斜,这不仅有悖于仲裁的民间性,更泯灭了仲裁的特点,抹杀了其优势。其次,相比于其他仲裁员,内部仲裁员在获得指定的机会、发表意见方面具有潜在的优势,挫伤了其他仲裁员参与仲裁的积极性,也导致其独立性的丧失。最后,内部仲裁员缺乏必要的监督,难以保证仲裁的公正性,尤其该内部仲裁员在仲裁机构中担任诸如主任、副主任的领导职务时,这种状况更为明显。基于此,学界多主张取消内部仲裁员。事实上,一些仲裁机构已经注意到这一点并积极采取了相应的措施。北京仲裁委员会根本未设内部仲裁员。CIETAC 一般不允许当事人主动选定内部仲裁员,代为指定内部仲裁员也严格控制办案数量,并且注意对内部仲裁员的教育和监督。

第四,仲裁员地方化。根据国务院办公厅《重新组建仲裁机构方案》的规定,仲裁委员会应当主要在本省、自治区、直辖市范围内符合规定的人员中聘任仲裁员。实践中,仲裁委员会多在本地区地理范围内或行政区划内选聘仲裁员,导致仲裁员严重地方化,办理案件容易受人情和关系的干扰,可能影响案件的公正审理。当然,由仲裁所具有的自愿性、民间性、国际性的特点所决定,仲裁机构可以适当聘任外地人员作为仲裁员,而当事人也可选择到外地仲裁机构进行仲裁,如此虽可避免上述情况的发生,但也会增加仲裁的成本,损害仲裁的经济性和快捷性。如此两难境地需要仲裁机构和当事人就具体案件进行利益权衡才能决定。

二、仲裁员的指定

由于仲裁机构只是日常的仲裁工作的管理机构，并不负责具体案件的审理，当纠纷发生之后当事人提请仲裁机构进行仲裁时，需要由当事人以直接或间接的方式从聘任的仲裁员中选择一名或数名仲裁员组成仲裁庭具体负责案件的审理工作。某一人士符合仲裁员资格的条件被仲裁机构聘任为仲裁员并列入仲裁员名册之后，只意味着其具有了参与仲裁案件的潜在可能，而只有被具体案件的当事人选定之后，这种可能才会成为现实。

(一)国外仲裁员的指定方式

在国际商事仲裁实践中，指定仲裁员的方式有多种，主要有当事人选定、仲裁机构指定、法院指定、贸易协会或专业机构指定以及由现有的仲裁员指定等。前三种指定方式最为常见。

1. 当事人选定。当事人选定仲裁员是指当事人预先或者在争议发生后共同选定某仲裁员独任仲裁或者担任首席仲裁员，或者分别选定仲裁员进行仲裁的方式。当事人选定仲裁员的方式体现了仲裁对当事人意思自治的尊重，因而得到了最为普遍的采用。但这一方式不能保证协议中被选定的仲裁员能够或愿意作为仲裁员审理案件，因此，一般来说，当事人的选定还必须得到被选仲裁员的认可或同意。当事人选定仲裁员的方式因仲裁庭的组成形式不同而有所区别。

(1)独任制仲裁庭。世界各国规定的产生独任仲裁员最普遍的方式是由当事人共同选定。如《联合国国际贸易法委员会仲裁规则》第6条和《美洲国家商事仲裁委员会仲裁规则》第6条都明确规定，独任仲裁员应首先由双方当事人合意选定，只有当双方当事人在一定期限内未能就独任仲裁员的选定达成协议时，才能由有关机构基于当事人的授权代为指定一名仲裁员。[①]《国际商会仲裁规则》更是要求当事人双方通过协议合意选定的独任仲裁员需报仲裁院确认。

(2)合议制仲裁庭。在现代仲裁实践中，由三名仲裁员组成合议制仲裁庭是最为普遍的方式，但在仲裁员尤其是首席仲裁员产生的具体做法上，各国又有所不同，归纳起来大致有三种做法：一是由当事人双方各自选定一名仲裁员，然后由被选定的两名仲裁员共同推举第三名仲裁员担任首席仲裁员组成合议庭。《联合国国际贸易法委员会仲裁规则》、《美洲国家商事仲裁委员会仲裁规则》和瑞典《仲裁法》都规定，在由当事人各自任命一名仲裁员后，由这两名仲裁员来选择充当仲裁庭首席仲裁员的第三名仲裁员。我国的两个涉外仲裁机构也一度采用这种做法。二是当事人双方各自选定一名仲裁员，然后由仲裁院主席在上述人员之外指定一名仲裁员担任首席仲裁员。如《斯德哥尔摩商会仲裁院仲裁规则》第5条第3款规定，……仲裁院指定一名仲裁员担任首席仲裁员。《国际商会仲裁规则》第2条第4款规定，原则上由仲裁法院在当事人双方各自选定了一名仲裁员的基础之上选派第三名仲裁员。三是由当事人双方各自选定一名仲裁员，首席仲裁员由双方

---

① 李双元、谢石松：《国际民事诉讼法概论》，武汉大学出版社2001年版，第542页。

共同选定。如 1965 年《华盛顿公约》第 37 条第 2 款第 2 项规定：如双方对仲裁员的人数和任命的方法不能达成协议，仲裁庭应由三名仲裁员组成，由每一方各任命仲裁员一名，第三人由双方协议任命，并担任首席仲裁员。

2. 仲裁机构指定。仲裁机构的仲裁规则中一般都规定仲裁机构在特定的情况下有指定仲裁员的职权，此方式常用于确定独任仲裁员和首席仲裁员。如《国际商会仲裁规则》第 2 条第 3 款规定：双方当事人如已协议由一名独任仲裁员解决争议，可以依协议指定独任仲裁员报请仲裁院批准。自申诉人的仲裁申请书送达对方之日起三十天内，如双方当事人未能指定一名独任仲裁员，则由仲裁院任命该独任仲裁员；如争议由三名仲裁员解决，双方当事人应分别在仲裁申请书中和答辩书中指定一名仲裁员报仲裁院批准……如一方当事人未能指定仲裁员，则由仲裁院任命。此外，有些仲裁机构还愿意为当事人提供指定仲裁员的服务，如国际商会便为不依其仲裁规则进行的仲裁提供此类服务，并酌情收取费用。

3. 法院指定。在当事人无法就仲裁员的选定达成协议，又未明示授权某仲裁机构或某人作出这一选定时，往往只能求助于有管辖权的国内法院来指定。有管辖权的法院一般是指仲裁地法院。大多数国家和地区仲裁立法规定法院在当事人请求时有权指定仲裁员。英国 1996 年《仲裁法》规定，如委任协议未进行，则在当事人未另有规定的情况下，仲裁协议的任一方当事人（经通知另一方当事人后）申请法院根据本条行使权力诸如指令作出任何必要之委任、指令仲裁庭应由已经委任的仲裁员（或其中之一或多名）组成、撤销任何已经作出的委任或自行作出必要之委任的权力。美国《联邦仲裁法》第 5 条规定，如果仲裁协议约定有选任仲裁员的方法，就按约定的方法执行，如果没有约定，法院应该依当事人的申请选任仲裁员，同仲裁协议中特别选定的仲裁员具有同样的权力。此外，德国、瑞典、荷兰、日本和拉丁美洲的一些国家，以及我国香港和澳门特别行政区的商事仲裁立法也有类似的规定。

(二)我国仲裁员的指定方式

我国《仲裁法》第 31 条规定："当事人约定由三名仲裁员组成仲裁庭的，应当各自选定或者各自委托仲裁委员会主任指定一名仲裁员，第三名仲裁员由当事人共同选定或者共同委托仲裁委员会主任指定。第三名仲裁员是首席仲裁员。当事人约定由一名仲裁员成立仲裁庭的，应当由当事人共同选定或者共同委托仲裁委员会主任指定仲裁员。"由此可见，我国关于仲裁员的指定方式采取的是当事人选定与仲裁委员会主任指定相结合的方式，并因仲裁庭的组成形式不同而有所区别。具体而言：当事人约定由一名仲裁员成立仲裁庭的，应当由当事人共同选定，在当事人不能就独任仲裁员的选定达成一致意见时，可以共同委托仲裁委员会的主任为他们指定。当事人约定由三名仲裁员组成仲裁庭的，应当各自选定一名仲裁员，第三名仲裁员亦即首席仲裁员由当事人协商一致共同选定。当然，在当事人不能作出选定或者不能达成一致意见的情况下，也可以把各自或者共同选定仲裁员的权利授予仲裁委员会的主任行使，由仲裁委员会主任为他们指定仲裁员，包括首席仲裁员。

为了保证仲裁程序顺利有序快捷地进行，各仲裁委员会的仲裁规则都规定了当事人选定仲裁庭组成方式和仲裁员的时间,如若当事人在仲裁规则限定的时间内未完成选定行为,也未将选定仲裁员的权利授予仲裁委员会主任,便由仲裁委员会主任依职权为他们指定。我国《仲裁法》第32条规定:"当事人没有在仲裁规则规定的限期内约定仲裁庭的组成的方式或者选定仲裁员的,由仲裁委员会主任指定。"

综上可知,在我国,当事人各自或共同选定仲裁员是具体案件仲裁员确定的主要方式。而仲裁委员会主任指定仲裁员的权利来源有二:一是依事人的委托;二是依法律的授权。

[案例]①2000年2月23日,被申请人市第一建筑安装公司与申请人新华钢铁厂签订了一份建筑工程承包合同,由被申请人为申请人建造职工宿舍。合同约定,在履行合同过程中所产生的一切争议,双方友好协商不成的,应提交某某仲裁委员会仲裁解决。后双方发生争议,经多次协商未果,申请人遂于2001年5月21日向某某仲裁委员会申请仲裁。仲裁委员会受理案件后,按照仲裁规则的规定向双方当事人送达了相应的文书。双方当事人在仲裁规则规定的期限内约定采用合议制仲裁庭仲裁案件,但双方当事人未各自选定仲裁员,而是各自委托仲裁委员会主任指定仲裁员组成仲裁庭,于是仲裁委员会主任指定了张某、孙某,而且还指定王某担任首席仲裁员组成仲裁庭。仲裁庭对案件进行审理并作出裁决送达双方当事人。请问仲裁委员会主任指定张某、孙某为仲裁员和指定王某担任首席仲裁员的做法是否正确?

[解答]《仲裁法》第30条规定:"仲裁庭可以由3名仲裁员或者1名仲裁员组成。由3名仲裁员组成的,设首席仲裁员。"根据《仲裁法》第32条的规定,仲裁庭组成形式的确定方式有两种:一是由双方当事人在仲裁规则规定的期限内约定;二是当双方当事人在仲裁规则规定的期限内未约定仲裁庭的组成形式的,由仲裁委员会主任指定。本案中双方当事人在仲裁规则规定的期限内约定由3名仲裁员组成合议制仲裁庭审理案件完全符合法律的规定。仲裁庭组成形式确定后,需进一步确定组成仲裁庭的仲裁员,为此,《仲裁法》第31条进一步规定:"当事人约定由3名仲裁员组成仲裁庭的,应当各自选定或者各自委托仲裁委员会主任指定1名仲裁员,第3名仲裁员由当事人共同选定或者共同委托仲裁委员会主任指定。第3名仲裁员是首席仲裁员。当事人约定由1名仲裁员成立仲裁庭的,应当由当事人共同选定或者共同委托仲裁委员会主任指定仲裁员。"本案中双方当事人未各自选定仲裁员而是各自委托仲裁委员会主任指定仲裁员组成仲裁庭,此时,仲裁委员会主任可以根据授权为其指定仲裁员张某、孙某,但无权直接指定王某担任首席仲裁员。该首席仲裁员应当在2名仲裁员确定后,由双方当事人共同选定或共同委托仲裁委员会主任指定。因此,仲裁委员会主任指定张某、孙某为仲裁员的做法是正确的,而未经当事人委托而直接指定首席仲裁员的做法则是错误的。

---

①　杨荣新:《仲裁法学案例教程》,知识产权出版社2004年版,第129～130页。

第三节 仲裁员的权利、义务和责任

一、仲裁员享有的权利

仲裁员享有的权利从广义上来讲包括作为集体的仲裁庭所享有的权利和作为成员的个体所享有的权利。

仲裁庭是由当事人所选定的仲裁员组成的对案件进行审理并作出裁决的组织形式,其权利来源于当事人的授权。当事人双方通过仲裁协议授予仲裁庭裁决他们之间争议的基本权利,这使得仲裁庭在整个仲裁程序中居于主导地位,起着指挥和裁判的作用,仲裁庭就应当在授权范围内行使职权。其权利一方面表现为程序上的指挥权,即仲裁庭应指挥、引导整个仲裁程序按照法律的规定顺利进行;另一方面还表现为实体上的裁判权,即仲裁庭在事实清楚、争议明确的基础上就实体问题作出对当事人双方均有约束力的裁决,以最终解决当事人之间的权利义务争议。因此,为保证仲裁程序的顺利进行,保证仲裁职能的实现,各国也都在有关仲裁的立法中直接或者间接地赋予仲裁庭一定的权利。根据我国仲裁法和各仲裁委员会仲裁规则的相关规定,具体来说,仲裁庭享有以下权利:(1)仲裁庭有权决定开庭的时间;(2)仲裁庭有权自行收集证据;(3)仲裁庭有权向专家咨询或指定鉴定人鉴定;(4)仲裁庭有权裁定当事人双方仲裁费用的支付与分担;(5)仲裁员发生更替时,仲裁庭有权自行决定已进行的仲裁程序是否重新进行;(6)有权对仲裁案件独立进行裁决、调解。

仲裁员除了作为一个整体享有为实现公正及时地仲裁案件所必需的各种权利之外,作为成员的个体在仲裁程序中还享有以下权利:(1)依法获得报酬的权利。仲裁员受仲裁委员会的聘请,受当事人直接或间接的选定而担任某一案件的居中裁决者,所付出的劳动理应得到相应的报酬。按照现行仲裁法的规定及各仲裁委员会的做法,向当事人收取仲裁费用和向仲裁员支付报酬都应由仲裁委员会统一进行。仲裁员办理案件,由仲裁委员会依其规定给付报酬。(2)获得培训的机会。仲裁是一项专业性很强的工作,其专业性不仅体现在仲裁往往涉及经济贸易方面的专业技术问题,仲裁员往往也是各行各业的专家,同时仲裁作为一种准司法活动,仲裁员也必须熟悉相关的法律知识,包括民商事实体法和程序法的具体规定,尤其要熟悉仲裁法和仲裁规则的程序要求。仲裁委员会应当经常组织仲裁员进行培训、研讨或经验交流,这对于提高仲裁员的业务水平,提高办案质量和效率,维护仲裁机构的良好声誉都是十分必要的。虽然我国仲裁法并未有关于仲裁员培训制度的明确规定,但仲裁实践中一些仲裁机构先后确立了自己的仲裁员培训制度,如北京仲裁委员会《北京仲裁委员会加强仲裁员培训、考核工作的决定》(2004 年),CIETAC《仲裁员培训规定》(2009 年)等。当然,参加培训对于仲裁员来说不仅是一种权利也是一种义务,是其不断提高自身专业素质,巩固仲裁员地位的必然要求。(3)独立仲裁的权利。仲裁的独立性不仅表现为仲裁机构对外的独立,即不受其他行政机关、社会团体和个人的干涉,还表现为仲裁庭作为具体负责仲裁案件的组织对内的独立性,即不受仲裁机构及其领导的干涉;更为重要的是作为仲裁庭成员的仲裁员个体的独立性,即不受仲裁机构的干涉,也不受仲裁庭其他成员的干涉,有权独立发表对案件事实的意见,对裁决持不同意见的仲裁员,可以在仲裁裁决书上签名也可以不签名。

二、仲裁员承担的义务

(一)公正及时地仲裁案件

作为民商事纠纷的居中裁决者,仲裁员承担着与法官类似的职责,在居中裁决案件的过程中要做到公平公正,不偏不倚。为保证仲裁员的公正性,必然要求仲裁员在仲裁案件的过程中保持应有的独立性,于外不受其他行政机关、社会团体和个人的干涉,于内也不受仲裁机构及其领导的干涉,甚至在仲裁过程中所发表的意见也不受仲裁庭其他仲裁员的影响。同时,仲裁法通过设立仲裁员回避制度、仲裁员责任制度等来保障仲裁员的独立、公正。

仲裁在保证基本公正的前提下,以追求效益最大化为目标,与诉讼相比,仲裁具有快捷性、灵活性、经济性等特点,这使得仲裁成为当代民商事纠纷尤其是国际经济贸易纠纷当事人的最佳选择。因此,仲裁员在仲裁案件的过程中应严格遵守仲裁法和仲裁规则关于期间的规定以及当事人的约定,及时地裁决纠纷,以实现当事人的预期目的。

(二)不得私自接触当事人及其代理人

根据《仲裁法》的规定,如果仲裁员私自会见当事人、代理人或者接受当事人、代理人的请客送礼的,必须回避;以上情形严重的,或者仲裁员在仲裁案件时有索贿受贿、徇私舞弊、枉法裁决行为的,应当承担法律责任,仲裁委员会应当将其除名。回避制度和仲裁员责任制度是仲裁员公正性的必要保障。

(三)自觉披露可能有损独立公正审理的任何情况并回避

《仲裁法》第34条规定了仲裁员的回避制度,而没有使用“披露”二字。《北京仲裁委员会仲裁规则》(2008年4月1日施行文本)第20条及其《仲裁员守则》第5条明确规定了披露问题。在仲裁程序中,仲裁员如若具有法定的回避事由应当及时向仲裁委员会披露有关情况并主动回避;而由仲裁员主动披露有关情形也是当事人回避申请权实现的保障。

(四)勤勉审慎地履行职责

仲裁员应根据自身情况和案件性质接受指定而担任某一案件的仲裁员,仲裁委员会通过仲裁员名册公开各仲裁员的专业、领域等信息以便当事人作出选择。同时,由于仲裁员大多是兼职的,除被仲裁机构聘任为仲裁员外还有本职工作,因此,一旦接受指定,仲裁员就应妥善调整和安排自己的工作计划,付出当事人合理期望的时间和精力,以保证仲裁程序的顺利进行。

(五)严格保守仲裁秘密

保密性是仲裁的一项重要特征,也是其一大优势。当事人之所以选择仲裁作为解决其纠纷的方式,很大程度上是仲裁实行不公开审理原则,当事人的商业秘密和贸易活动不会在纠纷解决过程中泄露。因此,仲裁员应当切实履行自己所担负的保密义务,不得向外界透露任何有关案件的实体和程序情况,以保证当事人正常的商业活动不因纠纷的审理而受到不良影响。

三、仲裁员责任的有关理论和立法

作为仲裁案件的居中裁决者,虽然各国对仲裁员资格条件的规定不尽相同,但是对仲裁员的基本要求都是一致的,那就是仲裁员必须公道正派,在审理案件的过程中要始终保持公正与独立,勤勉地履行自己的法定职责,如若违反必定要承担一定的责任。从广义上来说,仲裁员的责任形式应当包括两种:一是道德责任,二是法律责任。道德责任的建设,只能依靠对仲裁员的道德准则、行为规范进行明确界定并使其广为人知,一方面通过仲裁员自身的严格要求不断完善自身的道德素养,另一方面可通过社会大众的评价不断促使仲裁员提高自身素质。狭义上的仲裁员责任,即仲裁员的法律责任,是最为复杂、最具强制性同时也是争论最多的。关于仲裁员的法律责任,理论上讲包括刑事责任、行政责任和民事责任。不过通常提到的仲裁员的法律责任,是指仲裁员是否对其在仲裁过程中实施的故意或过失行为而给当事人造成损失时承担相应的民事责任。如何认定仲裁员行为的性质,关系到仲裁员是否要承担法律责任,是否享有责任豁免权,这不仅是理论问题,更是事关仲裁当事人利益和仲裁制度得以存在与发展的重要实践问题。在这方面,不同国家的立法和司法实践不尽相同,学者的理论研究也观点各异。

(一)国外关于仲裁员责任的有关理论和立法

1. 仲裁员责任论。大陆法系国家普遍将仲裁的性质认定为契约性,认为仲裁员与仲裁当事人之间存在合同关系,基于此种合同关系,仲裁员接受当事人的指定,理所当然地应按照当事人的期待提供与当事人在"合同"中约定的品质相符合的服务,提供专业知识解决争议,并在作出仲裁裁决后接受当事人的报酬;如果仲裁员在执行职务过程中有懈怠行为或者有侵害当事人的不当行为,当事人可以依照合同诉请仲裁员赔偿。例如,《奥地利民事诉讼法》第584条规定:如果仲裁员不及时履行或不完全履行其在接受任命时所承担的职责,则要对由于他的错误拒绝或迟延给当事人造成的损失承担责任。《秘鲁民事诉讼法》第577条规定:仲裁员在接受任职后不在规定的期限内作出裁决的,应对当事人遭受的损失负责。而作为大陆法系的代表国家之一,法国虽未明文规定仲裁员的责任,但理论上普遍认为仲裁员虽然并非法官,但由于法律没有为仲裁员提供责任豁免或旨在使仲裁员免除责任,所以仲裁员应对其行为承担全部责任。仲裁法律责任的实质是对仲裁员公正行为义务的约束。随着仲裁在解决各种争议中的运用不断发展,它已成为我们这个社会赖以公正地确定法律权利的司法制度的重要组成部分,因此,仲裁员不仅对仲裁当事人承担契约责任,作为崇尚正义、主持公道的理想人物化身,他们对于整个社会也负有重大的责任。更有国外学者将仲裁形象地比喻为"没有龙骨的裁判船",认为属于私权利主宰下的仲裁,其仲裁员需得到公共权力的监督。① 在严格责任制度下,仲裁员的谨小慎微也许有助于保证裁决的质量,维护仲裁的权威,但是,这种严格的束缚无异于捆绑住了仲裁员的手脚,有违于仲裁的自愿性、灵活性和快捷性,也会极大地挫伤仲裁员的积极性,长远来看并不利于整个仲裁业的发展。

2. 仲裁员责任豁免论。由于在民商事纠纷解决方面,仲裁发挥着与诉讼相近的作用,强调仲裁司法性质的英美法系国家将仲裁视为一种准司法活动,普遍强调仲裁员的"准法官"的特殊身份,赋予其仲裁责任豁免权。该理论的核心内容是:仲裁员的仲裁行为豁免于民事责任,仲裁员对于仲裁过程中因其过失或其他情况而导致的裁决不公及给一方当事人带来的损失不承担任何个人责任。仲裁豁免论在理论上的依据是仲裁的司法性质。根据"司法权"理论,仲裁员行使着类似法官的权力,其活动相当于司法活动。如果仲裁员享有与法官一样的豁免权,可以保证仲裁程序的完整性。仲裁员承担民事责任会使仲裁员在仲裁过程中过分小心,并且导致有责任心和有能力的人拒绝接受任命,从而可能引起仲裁质量的下降,不能有效地解决纠纷,这对仲裁本身的发展是不利的。2000 年美国《统一仲裁法》第 14 条明文规定:仲裁员或仲裁机构在履行其职能时,如同本州法院法官行使其司法职能时一样享有相同的豁免,不负民事责任。英国 1996 年《仲裁法》第 29 条规定:仲裁员不对其在履行或试图履行其职权过程中的任何作为或不作为承担责任,除非该作为或不作为表明其违反了诚信原则。第 74 条规定:(1)应当事人指定或请求而委任或提名仲裁员的仲裁机构、其他机构或个人,对其履行或试图履行该职能时的作为或不作为均不承担责任,除非该作为或不作为表明其违反了诚信原则。(2)委任或提名仲裁员的仲裁机构、其他机构或个人,不因委任或提名而对该仲裁员(或其雇员或代理人)履行或试图履行仲裁员职责的作为或不作为承担任何责任。豁免论的主要功效在于保证仲裁员在不受当事人的不当影响和外界干扰下,独立地审理仲裁案件,实现仲裁效益。然而,该理论显然表现出了对仲裁公正性保障的匮乏。因为,广泛的责任豁免会使仲裁责任人疏于防范义务,并可能会导致仲裁员滥用自由裁量权而使仲裁出现不公正的结果。

3. 仲裁员有限责任论。无论是仲裁员责任理论还是仲裁员豁免理论不免都有剑走偏锋之嫌,因此,许多国家的仲裁立法在扬弃上述两种理论的基础上,采取了折中之解决办法,提出仲裁员有限责任论。该理论的主要观点在于,仲裁员在一定范围内享有责任豁免,但如果仲裁员因故意或重大过失导致其未能履行其接受当事人指定时所负的职责,那么仲裁员对其不当行为所致的损失应承担法律责任。这些范围包括:仲裁员必须是真正的仲裁员,而不是一般的调解者;仲裁员的指定和仲裁协议必须有效;仲裁员在与其有利害关系的案件中应当回避;仲裁员应该完成仲裁任务;仲裁员应该及时公正地仲裁案件;等等。如《德国仲裁协会仲裁规则》第 44 条规定,仲裁员有关决定法律事项的任何行为免责,只要此类行为不构成故意违反职责。瑞典《斯德哥尔摩商会仲裁院仲裁规则》第 42 条规定,就任何有关仲裁的作为或不作为,仲裁院不对当事人承担责任,除非此等作为或不作为是仲裁院的故意不当行为或重大疏忽。

① Cameron L. Sabin,The Adjudicatory Boat Without a Kee:l Private Arbitration and the Need for Public Oversight of Arbitrators,*Iowa Law Review*,May,2002.

(二)我国关于仲裁员责任的有关立法

我国《仲裁法》第38条规定:"仲裁员有本法第34条第4项规定的情形,情节严重的,或者有本法第58条第6项规定的情形的,应当依法承担法律责任,仲裁委员会应当将其除名。"具体包括:私自会见当事人、代理人,或者接受当事人、代理人的请客送礼的以及仲裁员在仲裁该案时有索贿受贿,徇私舞弊,枉法裁决行为的两种情形。从这一规定来看,在我国,仲裁员并非不承担任何责任。只是在这些情况下仲裁员应当承担什么样的责任,是刑事责任、民事责任抑或是行政责任并未言明。

仲裁员责任制度涉及多方面的问题。首先,对于仲裁性质的确定,如果我们适用不同的理论,如契约论、司法权论、混合论等,都会影响到仲裁员责任制度的确立。所以解决这一问题的第一步是要确立关于仲裁性质的基本理论,以此来作为确定仲裁员责任制度的出发点。在笔者看来,如果不是采取一种极端观点的话,混合论的观点更为可取,它既看到了仲裁司法性的一面,又注意到了仲裁所具有的契约性,使仲裁区别于司法程序而具有了自身独立的特点。如若坚持仲裁性质的混合理论,则仲裁员承担有限责任的学说便找到了立足点。一方面,由于仲裁的司法性,仲裁员应当与法官一样享有豁免权,另一方面,又由于仲裁的契约性,当其违反了契约的约定不适当地履行自己的职责,因自己的故意或重大过失给仲裁当事人造成损失亦应承担相应的法律责任。其次,仲裁的价值取向也决定了仲裁员责任制度的选择不同于诉讼。作为一种民间性的纠纷解决方式,在公正与效益的价值追求方面,仲裁更关注后者。纠纷当事人之所以选择将其纠纷提交仲裁机构而不是法院,更看重的也是仲裁的快捷、经济、灵活等特点。由此决定了当事人在作出这种选择之时,在追求仲裁的效益价值之初,甘愿承受仲裁中可能出现的不公正的风险,这是基于其对自己所选择的仲裁员的完全信任所作出的权衡。由此,仲裁员享有责任豁免权亦应看作是其应有之意。然而,我们在追求仲裁的效益价值时不可能也不可以完全抛开公正价值。与效益相比,公正永远是第一位的,无论我们追求效益价值的情绪如何高涨,都不能忽视公正价值最低限度的标准。因此,在一定范围内要求仲裁员对自己的行为负责而承担法律责任也是保障仲裁程序公平公正的必然要求。最后,对于仲裁员责任制度的确立,还需要从一个国家发展仲裁制度的政策、利益的角度来考虑,是鼓励还是限制?当然,这个问题是不言自明的,从一个国家的长远发展来看,鼓励通过仲裁来解决民事纠纷,支持仲裁事业的发展是符合国际趋势的,各国仲裁立法的制定和修改也体现了这一点,因此在仲裁员责任制度上倾向于严格限制责任的承担范围,以避免仲裁员的顾忌而专心于仲裁工作。

如若以上述三点来考虑仲裁员责任的三种理论,则可以看到:在实行仲裁员责任豁免制的情况下,由于仲裁员不承担任何责任,常常导致其有意或无意地滥用权力,不利于保障仲裁质量;而在实行完全责任制度的情况下,常常会束缚仲裁员的手脚,挫伤其积极性。权衡利弊,实行仲裁员有限责任制可以在二者之间寻求一种平衡,有利于仲裁制度的良性发展。至于仲裁员承担民事责任的范围,就我国现行《仲裁法》的规定来看,只限于两种情形:一是私自会见当事人、代理人,或者接受当事人、代理人的请客送礼;二是在仲裁该案时有索贿受贿,徇私舞弊,枉法裁决行为。还有一些其他重大的故意行为,如仲裁员故意泄露当事人的商业秘密的、故意不披露应予回避的其他情形从而未回避的、无故拖延仲程序等,以及仲裁员的重大疏忽行为,《仲裁法》均未作出规定,这些都有待于仲裁法在修订中予以补充完善。

另外,需要指出的是,我国现行《仲裁法》第38条"仲裁委员会应当将其除名"的规定是否意味着仲裁员应当承担行政责任呢? 在我国,仲裁委员会的性质属于事业单位法人,并非国家行政机关。仲裁委员会所聘任的仲裁员是以私人名义实施裁判行为的人,并非国家机关工作人员,亦非行政法律关系中的一方当事人,其行为不是行政行为,而是一种私行为。因此,仲裁员所承担的法律责任不应当是行政责任,"除名"仅仅是一种民间法人组织内部的纪律处分行为。

(三)我国《刑法》上的"枉法仲裁罪"及评价

在国际仲裁立法上,仲裁员的法律责任通常指的是民事责任,而规定仲裁员应当承担刑事责任的国家是少之又少的。显著的例外是2004年3月1日生效的日本《仲裁法》,其第10章"罚则",共6条,详细规定了向仲裁员行贿或仲裁员接受贿赂、行贿的犯罪及其刑罚。

2006年6月29日,我国第十届全国人民代表大会常务委员会第22次会议通过了《中华人民共和国刑法修正案(六)》,该修正案第20条规定,在《刑法》第399条后增加一条作为第399条之一,即"依法承担仲裁职责的人员,在仲裁活动中故意违背事实和法律作枉法裁决,情节严重的,处3年以下有期徒刑或者拘役;情节特别严重的,处3年以上7年以下有期徒刑。"这就是刑法中新增加的罪名"枉法仲裁罪"。

[案例]① 2001年5月,开发商刘某以90万元的价格从别处购得金滔大厦的开发权。因前期开发,刘某就拆迁赔偿问题与凌某兄妹达成补偿协议书,明确通过原地安置12平方米,卖108.7平方米,再以36.27平方米抵偿安置费的方式将中山北路45号金滔大厦103号门面(合计158.77平方米)转让给凌某兄妹。后在开发中,由于资金紧缺,刘某陆续找大学同学王某借款100多万元,并出具了一张借期一年、金额139万元的借条,明确以中山北路45号金滔大厦103号门面作抵押,将产权办理到王某母亲名下,待借款还清后,再将产权转回。然而,借款期满后,刘某只还了少量借款。2007年5月,刘某再次给王某出具了一张为期两年、金额102.7万元的借条,并在该借条中明确以"抵押门面"作"抵债",将产权办理到王某名下。然而,因刘某开发的金滔大厦项目拖欠国土使用费,未取得国土使用权证,且未通过竣工验收,该项目通过正规途径,根本无法办理产权证。此时,刘父的好友、衡阳仲裁委员会仲裁员刘某后告诉他:"通过仲裁可以办理产权证。"身为仲裁员的刘某后让开发商刘某以购房户或他人的名义伪造相关资料申请仲裁。2007年9月18日左右,刘某伪造了仲裁申请书、购房合同等相关资料,申请人是王某,被申请人是刘某。2007年9月28日,未经任何形式的审理,张某(系书记员)就将仲裁调解书发给了刘某。之后,购房者通过申请法院强制执行,再凭法院的强制执行裁定书到房产局办理产权。次年3月,金滔大厦103号门面产权就正式登记到

---

① 《湖南省首例枉法仲裁案一审宣判仲裁员被判有罪》,http://news. cntv. cn/law/20110922/104220. shtml,下载日期:2013年11月1日。

了王某的名下。然而,根据拆迁补偿协议书,凌某兄妹获得了金滔大厦 103 号门面,其中的 108.7 平方米还是其用 33 万元购买所得。但由于无法办理产权证,他们却成了房产的"黑户"。石鼓区人民检察院在获悉该案线索后,果断介入调查并于 2008 年 11 月 17 日对仲裁员刘某后、书记员张某以涉嫌枉法仲裁罪正式立案侦查。2011 年 8 月 30 日,该二人因枉法仲裁被石鼓区法院作出了有罪判决。请问法院的判决是否正确?

[解答]仲裁实践中,一些当事人通过托关系、请客送礼向仲裁员行贿争取对自己有利的仲裁裁决,这不仅侵害了仲裁机构和仲裁员的公信力,更给那些遭受枉法裁判的受害者带来严重的经济损失和精神损害,为保护当事人的合法权益,制裁仲裁员的违法行为,维护仲裁机构的权威,《中华人民共和国刑法修正案(六)》第 20 条增加了"枉法仲裁罪",即"依法承担仲裁职责的人员,在仲裁活动中故意违背事实和法律作枉法裁决,情节严重的,处三年以下有期徒刑或者拘役;情节特别严重的,处三年以上七年以下有期徒刑"。根据该条规定,"枉法仲裁罪"的构成要件如下:第一,枉法仲裁罪的客体是正常的仲裁活动和仲裁当事人的合法权益,当然也包括利害关系人的合法权益。就本案来看,刘某与仲裁员串通的行为不仅扰乱了正常的仲裁秩序,也侵害了利害关系人凌某兄妹的合法权益。第二,枉法仲裁罪的客观方面表现为,在仲裁活动中故意违背事实和法律作枉法裁决,情节严重的行为。根据有关司法解释,此类情形主要包括:(1)枉法裁判,致使公民财产损失或者法人或者其他组织财产损失重大的;(2)枉法裁判,引起当事人及其亲属自杀、伤残、精神失常的;(3)伪造有关材料、证据,制造假案枉法裁判的;(4)串通当事人制造伪证,毁灭证据或者篡改庭审笔录而枉法裁判的;(5)其他情节严重的情形。本案不仅在程序上严重违反《仲裁法》的相关规定,而事实上刘某与仲裁员恶意串通的行为实质是利用一个虚假的仲裁达到办理产权证的目的,严重侵害了利害关系人凌某兄妹的合法权益。第三,枉法仲裁罪的主体是依法承担仲裁职责的人员,包括仲裁员和书记员。在本案即指仲裁员刘某后和书记员张某。第四,枉法仲裁罪的主观方面只能是故意,过失不构成本罪。显然本案两被告人的行为是明知而故意为之。因此,本案两被告人的行为完全符合"枉法仲裁罪"的构成要件,遂构成"枉法仲裁罪",故法院的判决是正确的。

对于应否规定"枉法仲裁罪",使仲裁员承担刑事责任,在该修正案通过前后存在着激烈的争论,而这种争论并未因修正案的通过实施而平息。多数学者对此持反对意见,至少认为目前应暂缓规定。正如我们上文所分析的,在民事责任方面,严格限制仲裁员承担民事责任的范围已然成为国际仲裁立法发展的趋势。我们也有理由相信,相比于民事责任更为严格的刑事责任的适用更应受到严格的限制,不得随意施加于仲裁员。况且,就修正案本条的规定来看,何为"故意违背事实和法律"缺乏明确的认定标准,毕竟仲裁不同于诉讼,除了依法仲裁之外,友好仲裁也是其基本方式之一。我国《仲裁法》第 7 条规定:"仲裁应当根据事实,符合法律规定,公平合理地解决纠纷。"在仲裁实践中,仲裁员在尊重当事人意愿的前提下,可以不根据严格的法律规定,而按照它所认为的公允及善良原则和商业惯例对纠纷进行裁决。如果将仲裁等同于诉讼,一概而论地认定所谓的"违背事实和法律"，无疑会抹杀仲裁的特色，甚至成为司法干预仲裁的突破口，从而严重阻碍仲裁事业的良性发展。有鉴于此，笔者认为该修正案关于"枉法仲裁罪"的规定还是有待商榷的。

第四节 仲裁员的回避

一、仲裁员回避的概念

作为当事人之间争议的居中裁断者，仲裁员必须是中立的、公正的。为保证仲裁员在仲裁案件时不偏不倚，独立公正地作出裁决，各国仲裁立法和仲裁机构的仲裁规则均规定了回避制度。所谓仲裁员的回避，是指仲裁员具有可能影响案件公正裁决的情形时，依照法律的规定，自行申请退出仲裁庭，或者根据当事人的申请退出仲裁庭。

二、仲裁员回避的方式

根据我国《仲裁法》第34条的规定，仲裁员回避的方式有两种：

（一）自行回避

自行回避，又称积极回避，即仲裁员认为自己具有法定的回避事由，从而主动提出回避的请求。仲裁员的自行回避，应当向仲裁委员会提出。仲裁员主动申请回避有利于维护其良好的个人声誉。

（二）申请回避

申请回避，又称消极回避，即当事人认为仲裁员具有应当回避的事由，有权提出要求该仲裁员回避的申请。回避申请权是仲裁当事人在仲裁程序中享有的重要权利之一。当事人的回避申请既可以用书面形式提出，也可以用口头形式提出。

除上述两种回避形式外，我国仲裁法并未规定"指令回避"这一形式。实践中有些当事人因法律知识或案件信息的欠缺，没有主动提出回避的申请，而具有回避事由的仲裁员又没有主动退出案件的审理程序，在这种情况下，由仲裁委员会主任依职权指令具备法定回避事由的仲裁员回避不失为一种有效的补充方式。

三、仲裁员回避的事由

仲裁员回避的事由，也称仲裁员回避的条件或回避的原因，是指可能导致破坏仲裁程序公正性的法定事由。综观各国或地区仲裁制度有关回避事由的规定，主要涉及回避申请的对象与案件当事人有利益、身份等方面的关系或者与仲裁程序结果有法律上的利害关系等方面的原因。我国《仲裁法》第34条规定："仲裁员有下列情形之一的，必须回避，当事人也有权提出回避申请：（一）是本案当事人或者当事人、代理人的近亲属；（二）与本案有利害关系；（三）与本案当事人、代理人有其他关系，可能影响公正仲裁的；（四）私自会见当事人、代理人，或者接受当事人、代理人的请客送礼的。"

（一）是本案当事人或当事人、代理人的近亲属

这是仲裁员必须回避的典型理由。首先，如果某人是本案的当事人，那么他就只能以当事人的身份参加仲裁程序，不能再担任本案的仲裁员，正所谓"任何人不能作自己案件的法官"，仲裁员也一样。其次，如果某人是本案当事人的近亲属，由于其与本案当事人存在极为密切的身份关系，难以保证仲裁案件的公正裁决，即使他能够如包青天般"公正不阿"，却也难以使对方当事人及案外人信服。再次，如果某人是本案当事人的代理人的近亲属，由于与代理人的特殊关系，造成他可能不自觉地偏向与其有亲属关系的代理人所代表的一方当事人，显然难以保持其中立地位，维护其中立形象。

（二）与本案有利害关系

这里所说的利害关系并非作为本案当事人与案件的直接利害关系，而是指与本案的裁决结果有利害关系。具体是指本案涉及的法律关系与仲裁员参与的另一法律关系有事实或法律上的牵连关系，导致对本案的裁决直接影响到仲裁员参与的另一法律关系中权利责任的认定。在这一情况下则很难保证该仲裁员在仲裁案件时做到公正。

（三）与本案当事人、代理人有其他关系，可能影响公正仲裁的

由于社会交往的频繁，社会关系日益复杂，除了仲裁员与当事人、代理人有亲属关系之外，还可能存在诸如朋友、同事、仇敌，领导与下属等等关系，这些关系的存在仍然会动摇仲裁员公正性的基础，损害裁决的权威。

（四）私自会见当事人、代理人或者接受当事人、代理人的请客送礼的

私自会见当事人、代理人的情况会使仲裁程序的公开透明性受到质疑，进而损害仲裁的公正性。而接受当事人、代理人各种形式、各种名目的吃请送礼的，会令对方当事人或社会公众产生徇情仲裁的嫌疑。这些当然应成为回避的法定事由。

仲裁员回避必须具备法定的事由，这称为有因回避。相对而言，有所谓无因回避，乃是指拥有回避申请权的主体在申请回避时，无须提出回避的理由，即可导致审判人员、仲裁员等人员的回避。例如法国，乃是实行无因回避的典型代表。在我国，不管是诉讼程序还是仲裁程序中均未确立无因回避制度，不能不说是一个缺陷。社会生活的复杂性使得立法不可能对实践中所有有可能导致仲裁不公正的因素涵盖无遗，比如仲裁员本人与当事人、代理人并无亲属和其他关系，与本案也无直接或间接利害关系，更未与当事人、代理人私下接触和接受请客送礼，但是由于仲裁员本人的经历使他对某一类事情的认识形成了思维定式，对某一类人产生了一概而论的偏见，当他在案件的审理中恰巧碰到了此类事、此类人，便会不自觉地带入个人经验判断，而不考虑个案的差异，从而难以作出客观的判断，导致不公正的裁决损害该方当事人的利益。在当事人获悉这一情况而又不能以法定事由申请该仲裁员回避的情况下，只能坐以待毙。若赋予当事人享有无因回避的申请权，则当事人的权利则可获得保障，这既解决了当事人有苦难言的困境，又避免了明示理由情况下仲裁员的尴尬，可谓一举两得。但是，任何权利如若没有受制约必有滥用的可

能。不可否认实践中某些当事人可能利用这一权利以达到拖延仲裁程序的目的,这对于对方当事人来说显然是不公平的。为此,对于无因回避申请权的行使可施加一定的限制,比如申请仲裁员无因回避时,应以在首次开庭前提出,而在行使的次数上以一次为限等等。

四、仲裁员回避申请提出的时间

我国《仲裁法》第 35 条规定:"当事人提出回避申请,应当说明理由,在首次开庭前提出。回避事由在首次开庭后知道的,可以在最后一次开庭终结前提出。"这表明,在我国当事人申请仲裁员回避的时间有两种情况:一是在首次开庭前,通常情况下是采用开庭宣布仲裁庭组成人员及当事人权利后,首席仲裁员或独任仲裁员分别询问双方当事人是否申请回避。二是回避事由在首次开庭之后才获知的,可以在最后一次开庭终结前也就是仲裁庭作出裁决前提出。这两种情况下都会导致仲裁程序的暂时中止,有可能成为当事人借以拖延仲裁程序的借口。原则上,当事人一经发现仲裁员符合法定的回避事由时应立即提出,以免妨碍仲裁的顺利进行。一般来说,在开庭之前提出回避的申请是较为适宜的做法。但实践中,仲裁委员会虽在开庭前会将仲裁庭的组成人员情况以书面形式告知双方当事人,但关于仲裁员的信息是相当有限的,一般仅通知当事人仲裁员的姓名、委任人等简单内容,而没有将仲裁员的必要背景告知当事人,也没有仲裁员的披露声明。这样做的初衷也许是为了防止当事人在获知详细信息时,通过各种方式与仲裁员联系进行私下接触,但也导致了当事人回避申请权的落空,因无法获知相关信息更无法有效地行使回避申请权。因此,完善仲裁员相关的信息披露制度是非常重要且十分迫切的问题。

我国《仲裁法》对仲裁员自行提出回避请求的时间未作明确的规定。仲裁员作为专业人士,应当知晓回避制度的相关内容,他有责任在知道自己具备法定回避事由时应主动提出并退出案件的仲裁程序。而这通常发生在其在接受指定或至少在仲裁庭成立而了解了当事人相关基本情况的时候。

五、对仲裁员回避申请的处理

不论是当事人申请回避还是仲裁员自行回避,对于是否具备法定的回避事由,仲裁员是否应当回避都必须由一定的有权主体来决定。从国外关于仲裁的立法规定来看,对于回避的决定权归属,大体有两种情况:一是由有管辖权的法院的法官作出决定;二是由仲裁机构或仲裁庭作出决定。显然,由有关法院来决定仲裁员的回避会导致仲裁程序失去独立性,同时也会降低仲裁的效率。而由仲裁庭来决定,尤其是在独任制仲裁庭的情况下,就会出现"既是裁判员又是运动员"的情况,因此,我国《仲裁法》第 36 条规定:"仲裁员是否回避,由仲裁委员会主任决定;仲裁委员会主任担任仲裁员时,由仲裁委员会集体决定。"

我国《仲裁法》对参与仲裁活动的书记员、翻译人员及鉴定人员等的回避问题并没有作出明确的规定。对此,可参照《民事诉讼法》的相关规定作出处理,即对于这些人员的回避由仲裁庭主要是首席仲裁员或独任仲裁员作出即可。

六、仲裁员回避的后果

仲裁员的回避通常是在仲裁进行过程中提出或发生的,因此会对仲裁程序产生一定的影响。

（一）导致延期开庭审理

由于仲裁委员会主任或仲裁委员会集体要对回避的事由是否存在及确实作出调查并最终决定该仲裁员是否回避，这需要经过一定的期间，因此，仲裁程序只得延后进行。这就是仲裁员回避的法律后果之一。

（二）重新选定或指定仲裁员

一旦决定某个仲裁员回避，必将导致仲裁庭的组成不完整，此时需要重新确定仲裁员，另行组成合议庭或独任庭对案件进行审理。这就是回避的法律后果之二。至于此时确定新的仲裁员的方式，我国《仲裁法》第 37 条第 1 款规定："仲裁员因回避或者其他原因不能履行职责的，应当依照本法规定重新选定或者指定仲裁员"，但是否与选择原仲裁员的程序相同，法律没有明确的要求。在英国和美国，必须按照任命被替换的仲裁员的方式任命新的仲裁员。[①]《联合国国际贸易法委员会仲裁规则》第 13 条要求，任命或选择一名替代的仲裁员应适用任命或选择原仲裁员的程序。《解决投资争端国际中心仲裁程序规则》第 11 条第 1 款也规定："由于仲裁员资格不合、死亡、无行为能力或辞职而产生的空缺应通过其被任命时相同方法及时填补之。"《贸仲规则》第 31 条第 3 款规定："仲裁员因回避或更换不能履行职责时，应按照原选定或指定该仲裁员的方式和期限，选定或指定替代的仲裁员。当事人未按照原方式和期限选定替代仲裁员的，由仲裁委员会主任指定替代的仲裁员。"与此不同的是，1998 年《国际商会仲裁规则》改变了以往更换仲裁员仍遵循原选定程序要求的规定，将是否仍依循原选定仲裁员的程序更换仲裁员这一问题交给法院决定。[②]

（三）导致仲裁程序可能重新或继续进行

仲裁程序进行中，由于回避导致仲裁员部分发生更替，那么原来已进行的仲裁程序是否要重新进行，则是一个值得探讨的问题。一方面，如若重新进行，则可能导致仲裁程序效率低下，与其作为迅速快捷的纠纷解决方式的特点不符；另一方面，如若继续进行，则新加入仲裁庭的仲裁员因不了解之前程序的内容而导致在作出裁断时的片面，有失公允。在这种两难境地下，我国《仲裁法》作出了一个折中的选择，其第 37 条第 2 款规定："因回避而重新选定或者指定仲裁员后，当事人可以请求已进行的仲裁程序重新进行，是否准许，由仲裁庭决定；仲裁庭也可以自行决定已进行的仲裁程序是否重新进行。"由此，把因回避导致的仲裁程序中断后程序是重新进行还是继续进行的自由裁量权赋予了仲裁庭，同时也赋予了当事人程序重新进行的申请权，当然最终决定权还是掌握在仲裁庭手中。这一方面尊重了仲裁庭的独立地位，另一方面也便于最熟悉案件情况的仲裁庭因个案情况不同而作出适当的选择，具有一定的灵活性。

---

① 韩健：《现代国际商事仲裁法的理论与实践》，法律出版社 2000 年修订版，第 185 页。
② 韩健：《现代国际商事仲裁法的理论与实践》，法律出版社 2000 年修订版，第 186 页。

需要指出的是,在仲裁程序过程中只要发生仲裁员的更替就会面临同样一个问题:那就是已进行的仲裁程序是否需要重新进行?众所周知,实践中导致仲裁员更替的原因除了比较常见的回避之外,还包括其他事实或法律上的原因,前者如仲裁员突生重病、死亡或者有其他紧急公务等,后者如仲裁员辞职、被除名、成为无民事行为能力人等。对于因回避导致仲裁员发生更替后已进行的仲裁程序是继续进行还是重新进行,我国《仲裁法》作出了明确的规定,但对于因其他原因导致的仲裁员更替后仲裁程序的进行问题却只字未提,在此种情况下,程序如何进行,探究立法者的意图,其可能是参照适用回避情形,由仲裁庭根据当事人的申请或依职权决定仲裁程序的进程;亦可能是不适用此规定,仲裁程序继续进行。依笔者之见,考虑导致仲裁员更替的原因不同,那么因此而引发的仲裁程序的进程问题也应有所区别。仲裁员之所以被当事人申请回避或自行回避,是因为他存在着可能导致裁决不公的因素,因此,在回避的情形下,应当允许当事人提出申请并由仲裁庭根据个案的具体情况而决定已进行的仲裁程序是继续进行还是重新进行。而导致仲裁员更替的其他原因多为客观的,由于不存在导致裁决不公的因素,对已进行的仲裁程序就没有必要重新进行,以体现仲裁的效率。

第五节　仲裁庭

一、仲裁庭的概念和特征

(一)仲裁庭的概念

仲裁庭是指由当事人选定或者仲裁委员会主任指定的仲裁员组成的,对当事人申请仲裁的案件按照仲裁程序进行审理并作出裁决的组织形式,也就是在仲裁机构内部具体负责审理和裁决案件的组织形式。在机构仲裁的情况下,纠纷具体是由该常设仲裁机构内组织的仲裁庭对案件进行审理的,而组成仲裁庭的仲裁员则是由当事人或者当事人委托的机构或人员指定的。在临时仲裁的情况下,并无常设的仲裁机构,当事人根据仲裁协议将争议直接提交给他们选择的仲裁员临时组成的仲裁庭进行审理并作出裁决。

(二)仲裁庭的特征

仲裁庭不同于仲裁机构,它区别于仲裁机构的主要特点表现在:

1. 成立的自愿性。当事人申请仲裁,拟采用什么样的形式,独任制抑或是合议制,仲裁庭的组成人员等完全由当事人自主决定,他可以自己行使选择的权利,也可以将其授予仲裁委员会主任。与仲裁庭不同,仲裁委员会的成立则是政府会同商会组织和其他有关部门共同组建的,不依当事人的意愿而成立。

2. 职能的临时性。仲裁庭是具体负责审理案件的临时性办案组织,其组成人员因案件而异,并不固定,一旦案件审结便自行解散。而仲裁委员会则是从事日常的仲裁事务性工作的常设机构,不直接办理某一具体的案件,其组成人员相对固定,没有法定事由不得随意撤换或解散。

3. 地位的独立性。虽然仲裁庭在仲裁委员会的领导和监督下开展办案活动,对仲裁中的吃请收礼、枉法裁断的直接责任者,仲裁委员会有权进行惩戒,但就具体案件的审理而言,仲裁庭又具有相对的独立性,仲裁委员会不得以监督为名,干预仲裁庭对具体案件的审理和裁决。

二、仲裁庭的组成

提交仲裁以双方当事人自愿为前提,仲裁庭行使仲裁权是基于当事人的授权,而仲裁庭采取什么样的形式也是当事人自愿选择的结果。当然当事人意思自治原则理应受到一定程度的制约以防止权利的滥用。因此,为保证当事人权利的正当行使,许多国家对当事人选择仲裁庭的形式的权利作了相应的限制。根据组成仲裁庭的仲裁员人数的不同,可以将仲裁庭分为独任仲裁庭和合议仲裁庭。在通常情况下,仲裁庭均由奇数仲裁员组成,以便在仲裁案件中形成多数意见。在仲裁实践中,最为常见的仲裁庭是由一名仲裁员组成的独任仲裁庭和由三名仲裁员组成的合议仲裁庭。

(一)独任制仲裁庭

独任仲裁庭是指由一名仲裁员组成仲裁庭,对当事人提请仲裁的争议案件进行审理和裁决的组织形式。独任制度的优点在于可以防止多数仲裁员在评议案件时因意见不一造成的拖延,保证仲裁的迅速裁决,亦更能体现仲裁的效益价值。其缺点在于可能由于仲裁员个人素质、专业水平等因素有时难以保证案件的审理质量。这也是在仲裁实践中,一般标的额较大的争议案件的当事人不愿意选择独任制仲裁庭的原因。除此,由于争议发生后双方当事人对立情绪较大,此时要求其在独任仲裁员的选择上达成一致确实困难。因此当事人更愿意选择各自信任的仲裁员组成合议庭。

(二)合议制仲裁庭

合议制仲裁庭是指由三名仲裁员组成仲裁庭,对当事人提请仲裁的争议案件进行集体审理和评议裁决的组织形式。这种情况通常是由双方各自指定一名仲裁员,第三名仲裁员也就是首席仲裁员由双方共同选定,或由他们各自指定的仲裁员共同选定,或者由双方当事人委托的第三方,如特定常设仲裁机构主席、商会主席、仲裁委员会主任等指定。合议制仲裁庭是仲裁组织的主要形式,其优点在于可以集中智慧,保证案件裁决的质量,这虽然可能以牺牲一定的效益价值为代价,但是公正价值永远是人们追求的第一目标。毕竟相比于诉讼来讲,还有许多保障仲裁效益的制度设计。

(三)偶数仲裁庭

在国际商事仲裁实践中,一般不允许偶数仲裁员的存在。如《法国民事诉讼法典》第1451条规定:"在当事人指定的仲裁员人数为偶数时,仲裁法庭应当增加一名仲裁员。"当然,由偶数仲裁员组成仲裁庭的形式并不是绝对没有。在由偶数(通常是两名)仲裁员组成仲裁庭的情况下,一般是由争议双方各指定一名仲裁员。在一些行业和国家,如在航运市场上的某些标准合同中,就存在这样的条款。在偶数仲裁员组成的仲裁庭在仲裁案件中经常会遇到的情况是由当事人各自选定的仲裁员就案件的裁决各持己见,不能达成一致。在这种情况下,该如何处理?通常的做法是由这两名仲裁员共同指定的公断人主持对该案件的审理并作出裁决,而原来由双方各自指定的仲裁员此时则仅充当当事人代理人的角色。实际上,此时仲裁庭已由之前的偶数仲裁庭转化成为独任仲裁庭,仲裁裁决由仲裁公断人自行作出。

在实践中还有一种情况,在合议制仲裁庭一名仲裁员因死亡、丧失行为能力或拒绝合作等原因而退出仲裁庭时,为保证仲裁程序的顺利进行,避免过分迟延,可以不再重新选定仲裁员,而允许仲裁庭现有成员即偶数仲裁员继续案件的审理直至作出裁决。这被形象地称为"瘸腿仲裁庭",这种情况通常发生在仲裁程序的后期。如若在仲裁程序进行的初期,则通常倾向于指定替代的仲裁员重新组成仲裁庭。近年来,各主要仲裁机构的仲裁规则就"瘸腿仲裁庭"的问题作出规定以防止由于仲裁员的不合作而造成仲裁程序的迟延。如《美国仲裁协会国际仲裁规则》明确规定在第三名仲裁员未能参加商议时,其余两名仲裁员可以在他们的权限范围内继续仲裁并作出裁决。另外,国际商会国际仲裁院、伦敦国际仲裁院以及斯德哥尔摩商会仲裁院的仲裁规则中均有类似的规定。我国仲裁法和各仲裁委员会仲裁规则并未对"瘸腿仲裁庭"予以认可,在出现此种状况时只能按照原来的程序确定替换的仲裁员重新组成仲裁庭,以恢复仲裁庭的正常功能。

在仲裁实践中,由于双方当事人利益的冲突,矛盾的激化使其无法就仲裁庭的组成形式达成合意。为保证仲裁程序的顺利进行,避免程序的拖延,在当事人协商不成的情况下各国仲裁立法一般授权特定的机构和人员为当事人指定仲裁庭的组成形式。如《斯德哥尔摩商会仲裁院仲裁规则》第16条第1款、《瑞士联邦仲裁协约》第10条第1款、《美洲国家商事仲裁委员会仲裁规则》第5条和《联合国国际贸易法委员会仲裁规则》第5条都规定,如果双方当事人没有事先约定仲裁员的人数,在被申请人收到仲裁通知书后一定期限内又未曾商定仲裁员仅为一人,则应依法由双方当事人和有关的仲裁机构选定三名仲裁员组成合议庭来审理有关仲裁案件。但1997年《美国仲裁协会商事仲裁规则》第5条和《国际商会仲裁规则》第8条第2款规定,当事人双方没有约定仲裁员的人数或未能就仲裁员的人数达成协议时,除非有关的仲裁机构认为有理由任命三名仲裁员来审理有关争议的,应由有关的仲裁机构依法指定一名仲裁员组成独任仲裁庭。我国《仲裁法》第30条规定:"仲裁庭可以由三名仲裁员或者一名仲裁员组成。由三名仲裁员组成的,设首席仲裁员。"第32条规定:"当事人没有在仲裁规则规定的期限内约定仲裁庭的组成方式或选定仲裁员的,由仲裁委员会主任指定。"此时,仲裁委员会主任指定的不仅仅是仲裁员,还包括仲裁庭的组成方式。但我国仲裁法并没有明确规定什么情况下指定三名仲裁员组成合议庭,什么情况下指定一名仲裁员组成独任庭。就笔者看来,在合议制与独任制的适用上,除非当事人选择了独任制审判,否则应一律适用合议制,以保障仲裁程序的公正和仲裁裁决的质量。

三、仲裁庭的自裁管辖权

仲裁协议作为仲裁的前提和基础,其有效性决定了仲裁机构权限的来源是否合法,进而影响到后续的整个仲裁程序的效力,关系到当事人以仲裁的方式来解决双方之间纠纷的初衷能否得以实现。实践中,当事人往往就仲裁协议本身的效力产生争议,各持己见。仲裁协议是否有效需要由特定的机构来认定,目前国际上没有统一的规定,国际商事立法和实践不尽相同。就整个纠纷解决的过程来看,在仲裁程序开始前,如一方当事人认为仲裁协议无效、失效或无法执行而向法院起诉,仲裁协议的效力应由法院来决定;而在仲裁裁决作出后,如当事人申请承认和执行或撤销、要求不予执行,此时仲裁程序已经过渡到司法程序,对裁决依据的仲裁协议的效力认定自然也只能由法院来实施。这两种情况都处于仲裁程序之外,此时由法院对仲裁协议的效力作出认定是法院支持仲裁以及行使仲裁监督权的体现,各国的做法并没有差别。存在重要差异的是从仲裁程序开始到仲裁裁决作出的这段时间,不同的国家把认定权赋予了不同的机构。

传统的观点和实践认为,仲裁协议的效力问题应由法院来认定,这与当时过度强调法院对仲裁的监督的观念相一致。但事实上,由法院来裁断仲裁协议的效力进而决定仲裁庭是否有管辖权会导致仲裁庭过分依赖于法院,缺少必要的自主性和独立性,从而影响仲裁程序的公正性和仲裁裁决的权威性。同时,由于仲裁管辖权异议的审理可能涉及可仲裁性、一事不再理、仲裁范围等事项,由不熟悉案件的法院来决定不可避免地会导致程序的拖延,有违仲裁的快捷性。

时至今日,司法与仲裁关系的正确定位,仲裁的独立性日益得到强调,而由仲裁庭来认定仲裁协议的效力的做法目前则被国际实践普遍采用,此亦即所谓的"管辖权—管辖权"原则,在我国,这一理论被称作"自裁管辖权说",即仲裁庭本身有权对仲裁协议的效力和仲裁庭是否有管辖权作出决定。1961 年《欧洲国际商事仲裁公约》和 1966 年《欧洲统一仲裁法》完全采纳了"管辖权—管辖权"原则并有所扩充,ICSID 是首个采纳这一原则的世界性公约,UNCITRAL Model Law 第 16 条规定:The arbitral tribunal may rule on its own jurisdiction, including any objections with respect to the existence or validity of the arbitration agreement…仲裁庭可以对其自身的管辖权包括对仲裁协议的存在或效力的任何异议,作出决定。《伦敦国际仲裁院仲裁规则》第 14 条第 1 款规定:仲裁庭有权对其本身的管辖权作出决定,包括对有关仲裁协议的存在或有效性的异议作出决定。这一规定推动了该原则为主要的国际商事仲裁机构及其所在国接受,使其成为现代国际商事仲裁法的一个重要发展。

不过,仲裁庭的自裁管辖权的适用有一定的限制条件。首先,就适用的时间而言,只有在仲裁程序中仲裁庭有权裁定当事人提出的管辖权异议,从而决定自己的管辖权,而不是指在任何情况下仲裁管辖权都由仲裁庭自己来决定。其次,就适用的效力而言,仲裁庭的管辖权决定不是终局的,必须接受法院的司法审查,法院的决定有最终效力,但法院的这种监督一般只允许裁决后的监督。由此可见,赋予仲裁庭自裁管辖权的关键不在于是否赋予仲裁庭的决定以终局的效力,也不在于是否完全排除法院确定仲裁管辖权的权力,而在于限定法院干预仲裁的时间和条件,从而避免法院过早地介入仲裁过程,有利于仲裁效率的提高,这正是司法对仲裁实行有限监督的体现。仲裁庭自裁管辖权限定了法院对仲裁的干预,有利于提高仲裁效率,而法院事后的监督又足以让仲裁庭审慎地决定自己的管辖权,当事人的利益也能得到充分的保障,也有利于减少法院的工作量。

对于仲裁协议效力的认定权,我国《仲裁法》第 20 条规定:"当事人对仲裁协议的效力有异议的,可以请求仲裁委员会作出决定或者请求人民法院作出裁定。一方请求仲裁委员会作出决定,另一方请求人民法院作出裁定的,由人民法院裁定。"可见,我国仲裁法实际上赋予了仲裁机构和法院各自认定仲裁协议效力的权力并对于法院的最终认定权予以肯定。但在实践中,如何协调仲裁机构和法院在认定仲裁协议效力的权力上的冲突是不可回避的问题,尤其是在仲裁机构已就仲裁协议的效力作出认定之后,法院是否还有权就此作出重新认定? 如果有,这不仅会导致仲裁的效率低下,更会损伤仲裁机构的权威。因此,最高人民法院在 1998 年发布了《关于确认仲裁协议效力几个问题的批复》,对此问题进行了明确:当事人对仲裁协议的效力有异议,一方当事人申请仲裁机构确认仲裁协议效力,另一方当事人请求人民法院确认仲裁协议无效,如果仲裁机构先于人民法院接受申请并已作出决定,人民法院不予受理;如果仲裁机构接受申请后尚未作出决定,人民法院应予受理,同时通知仲裁机构终止仲裁。这一观点也得到了 2005 年《仲裁法解释》的肯定并得以延续,其第 13 条第 2 款规定:"仲裁机构对仲裁协议的效力作出决定后,当事人向人民法院申请确认仲裁协议效力或者申请撤销仲裁机构的决定的,人民法院不予受理。"

我国仲裁法及其司法解释关于仲裁协议效力认定权的规定有其特殊之处:首先,由仲裁机构而不是仲裁庭来裁断仲裁协议的效力。这种做法与由法院来认定仲裁协议效力的做法殊途同归,同样会导致仲裁程序的拖延,使仲裁庭过分依赖于仲裁机构而失去应有的独立性。其次,法院对于仲裁协议效力认定权的行使贯穿于仲裁程序的过程。这使得仲裁程序从整体上依附于司法程序,与仲裁独立性和司法有限监督的原则不符,不利于仲裁业的良性发展。商事仲裁的显著优势就在于其自愿性,以充分的当事人意思自治为基础,当事人选定仲裁机构及仲裁员,是基于对其的信任,仲裁庭认定仲裁协议的效力以及裁定管辖权异议的权力来源于当事人在合意基础上签订的仲裁协议,如限定甚至剥夺仲裁庭的这一权力,就是限制当事人的意思自治。因此,修改仲裁法及司法解释的这一规定,确立仲裁庭自裁管辖权制度以符合国际立法趋势已是必然。

[案例][①]1997 年 11 月 10 日,A 公司与日本的 B 公司在中国西安市建立了中外合营企业 C 公司。后双方当事人在履行合营合同中由于经营管理不善以及市场等原因导致合营公司严重亏损。双方当事人协议终止了合营合同并成立了清算小组。1999 年 11 月,B 公司以 A 公司为被申请人向中国国际经济贸易仲裁委员会提出仲裁申请,请求确认 A 公司实际出资额。A 公司于 1999 年 12 月向仲裁委员会提出管辖权异议,仲裁委员会于 2000 年 1 月作出决定,认定合营合同中的仲裁条款有效。2000 年 2 月,A 公司向西安市中级人民法院提出确认仲裁协议效力之诉。认为:A 公司与 B 公司之间发生合营纠纷,在 B 公司向仲裁委员会申请仲裁之前,双方已经放弃了合营企业合同中的仲裁条款,故 A 公司请求确认仲裁条款已经失去效力。请问西安市中级人民法院会作出何种裁定?

---

① 杨荣新:《仲裁法学案例教程》,知识产权出版社 2004 年版,第 96 页。

[解答] 我国《仲裁法》第20条规定:"当事人对仲裁协议的效力有异议的,可以请求仲裁委员会作出决定或者请求人民法院作出裁定。一方请求仲裁委员会作出决定,另一方请求人民法院作出裁定的,由人民法院裁定。"《仲裁法解释》第13条第2款规定:"仲裁机构对仲裁协议的效力作出决定后,当事人向人民法院申请确认仲裁协议效力或者申请撤销仲裁机构的决定的,人民法院不予受理。"因此,本案中,西安市中级人民法院应驳回申请人A公司的申请。

【思考题】

1. 我国《仲裁法》对仲裁员的资格有哪些限定? 有何意义? 如何评价?

2. 关于仲裁员的责任问题,当代仲裁理论界存在哪些主要理论? 试分析并作出评价。

3. 试述是否应设立"枉法仲裁罪"及其理由。

4. 试述仲裁员更替的情形及程序的处理。

5. 试论述管辖权/管辖权原则的内涵及意义并对我国仲裁法及司法解释的相关规定作出评价。

【司法考试真题链接】

1. 美国A公司与中国B公司在履行合同过程中发生了纠纷。按合同中的仲裁条款,A公司向中国某仲裁委员会提交了仲裁申请。问:该仲裁庭的组成可以有哪几种方式?(2002年)

A. 由双方当事人各自选定一名仲裁员,第三名仲裁员由当事人共同选定

B. 三名仲裁员皆由当事人共同选定

C. 三名仲裁员皆由当事人委托仲裁委员会主任指定

D. 双方当事人各自选定一名仲裁员,第三名仲裁员由当事人共同委托仲裁委员会主任指定

2. 甲、乙在合同中约定因合同所发生的争议,提交某仲裁委员会仲裁。后双方发生争议,甲向约定的仲裁委员会申请仲裁,但乙对仲裁协议的效力提出异议。对此,乙就仲裁协议的效力有权向谁申请认定?(2005年)

A. 该仲裁委员会所在地基层法院

B. 该仲裁委员会所在地中级法院

C. 该仲裁委员会

D. 甲居住地的基层法院

3. 某仲裁委员会在开庭审理兰屯公司与九龙公司合同纠纷一案时,九龙公司对仲裁庭中的一名仲裁员提出了回避申请,经审查后该仲裁员被要求予以回避,仲裁委员会依法重新确定了仲裁员。关于仲裁程序如何进行,下列哪一选项是正确的?(2007 年)

A. 已进行的仲裁程序应当重新进行

B. 已进行的仲裁程序有效,仲裁程序应当继续进行

C. 当事人请求已进行的仲裁程序重新进行的,仲裁程序应当重新进行

D. 已进行的仲裁程序是否重新进行,仲裁庭有权决定

4. 某仲裁委员会在开庭审理甲公司与乙公司合同纠纷一案时,乙公司对仲裁庭中的一名仲裁员提出了回避申请。经审查后,该仲裁员依法应予回避,仲裁委员会重新确定了仲裁员。关于仲裁程序如何进行,下列哪一选项是正确的?(2012 年)

A. 已进行的仲裁程序应当重新进行

B. 已进行的仲裁程序有效,仲裁程序应当继续进行

C. 当事人请求已进行的仲裁程序重新进行的,仲裁程序应当重新进行

D. 已进行的仲裁程序是否重新进行,仲裁庭有权决定

第五章　仲裁协议

【引例】

某服装厂和某商场签订了一份合同。起初,服装厂都能按照合同的约定交付货物,但是后来由于受到同行竞争的冲击,服装厂的效益逐年下滑,加之其机器设备未得到及时更新,其产品的质量不断下降,因而供给商场的产品鲜有正品,于是消费者大量投诉该商场,该商场的经济效益也随之受到了严重的影响,给该商场造成直接经济损失高达约50万元。在这种情况下,商场多次与服装厂交涉,要求服装厂赔偿损失,服装厂同意赔偿,但是双方在具体赔偿数额上意见分歧较大,无法达成一致。后来,双方协商,签署仲裁协议,将该合同纠纷提交某市仲裁委员会仲裁。如果在签订了仲裁协议后,商场认为该仲裁协议不发生法律效力,双方当事人就此发生争议,此时有关的当事人应当向何机构寻求解决? 如果当事人在仲裁庭首次开庭前没有对仲裁协议的效力提出异议,而后向人民法院申请确认仲裁协议无效的,人民法院应该如何处理? 如果仲裁机构对仲裁协议的效力作出决定后,当事人向人民法院申请确认仲裁协议效力或者申请撤销仲裁机构的决定的,人民法院又应该如何处理? 如果在仲裁的过程中,仲裁庭认为双方当事人之间的买卖合同无效,此时仲裁庭能否根据双方当事人就合同纠纷达成的仲裁协议继续进行仲裁?

本案主要涉及仲裁协议效力的异议和仲裁协议的独立性问题。对于第一个问题,包括仲裁协议效力确认的机构及其地位、异议的时间等内容,对此《仲裁法》及《仲裁法解释》修改条款作了规定。其中,《仲裁法》第20条规定:"当事人对仲裁协议的效力有异议的,可以请求仲裁委员会作出决定或者请求人民法院作出裁定。一方请求仲裁委员会作出决定,另一方请求人民法院作出裁定的,由人民法院裁定。当事人对仲裁协议的效力有异议,应当在仲裁庭首次开庭前提出。"可见,仲裁协议效力确认的机构为仲裁委员会和人民法院,其中人民法院是哪一地域的人民法院、哪一级别的人民法院,《仲裁法解释》第12条作了明确的规定,即当事人向人民法院申请确认仲裁协议效力的案件,由仲裁协议约定的仲裁机构所在地的中级人民法院管辖;仲裁协议约定的仲裁机构不明确的,由仲裁协议签订地或者被申请人住所地的中级人民法院管辖。所以,在本案中,如果在签订了仲裁协议后,商场认为该仲裁协议不发生法律效力,双方当事人就此发生争议,此时有关的当事人应当向某市仲裁委员会及其所在地的中级人民法院寻求解决。关于仲裁委员会和人民法院的地位问题,该条款规定人民法院具有最终裁定权,不过人民法院的最终裁定权是有限制的,即:一是一方请求仲裁委员会作出决定,另一方请求人民法院作出裁定;二是当事人应当在仲裁庭首次开庭前提出。如果当事人在仲裁庭首次开庭前没有对仲裁协议的效力提出异议,而后向人民法院申请确认仲裁协议无效的,根据《仲裁法解释》第13条第1款的规定,人民法院应该不予受理;如果仲裁机构对仲裁协议的效力作出决定后,当事人向人民法院申请确认仲裁协议效力或者申请撤销仲裁机构的决定的,根据《仲裁法解释》第 13 条第 2 款的规定,人民法院也应不予受理。至于仲裁协议效力异议的时间,《仲裁法》第 20 条第 2 款规定为仲裁庭首次开庭前。对于第一个问题,《仲裁法》第 19 条第 1 款和《仲裁法解释》第 10 条作了规定。前者为:"仲裁协议独立存在,合同的变更、解除、终止或者无效,不影响仲裁协议的效力。"后者为:"合同成立后未生效或者被撤销的,仲裁协议效力的认定适用仲裁法第十九条第一款的规定。当事人在订立合同时就争议达成仲裁协议的,合同未成立不影响仲裁协议的效力。"根据此规定,在本案中,如果在仲裁的过程中,仲裁庭认为双方当事人之间的买卖合同无效,此时仲裁庭可以根据双方当事人就合同纠纷达成的仲裁协议继续进行仲裁,这是由仲裁协议的独立性所决定的。

第一节 仲裁协议概述

一、仲裁协议的概念和特征

仲裁协议,或称仲裁契约、仲裁合同,是指争议双方当事人合意将他们之间可能发生或业已发生的争议交付某仲裁机构仲裁解决的一种书面协议。它是确定仲裁管辖权的必要条件之一,被称作仲裁的基石。没有有效的仲裁协议,就不会有有效的仲裁。

综观各国的仲裁立法、国际仲裁公约及仲裁实践,仲裁协议相比于普通的民商事合同,具有如下法律特征:[①]

1. 仲裁协议不直接规定当事人之间的实体权利与义务,而是规定一种解决争议的方式,通过它来确定当事人之间的实体权利与义务。

2. 仲裁协议生效后,并不一定就发挥拟议中的作用,只有当事人之间发生了协议范围内的争议且无法自行解决时,才有履行的必要。

3. 如果仲裁协议是以仲裁条款的形式存在于合同中,该仲裁条款一经有效订立即具有相对的独立性,即使主合同无效或失效,仲裁条款也不必然无效或失效。

4. 仲裁协议的客体是一种特殊的行为,即在发生争议时将争议提交仲裁庭仲裁,履行仲裁裁决,这对双方当事人而言是同等的,而不像一般合同的客体行为具有对应性,如买卖合同中,合同的客体行为既指一方支付货款,也指一方交付货物。

5. 仲裁协议的内容即当事人在协议中的权利、义务是同一的,且权利与义务的界限也难以区分。争议发生后,一方当事人只能向仲裁机构申请仲裁,不能向法院起诉,这既是当事人的权利也是其义务,但都不是对方当事人对应的义务与权利,这一特点不同于一般合同中双方当事人的权利与义务所具有的对流性、互易性的特点。

6. 一份有效的仲裁协议,其效力既及于其各方当事人,也延伸至指定的仲裁机构、仲

---

① 宋连斌:《国际商事仲裁管辖权研究》,法律出版社 2000 年版,第 58~59 页。

裁员和有管辖权的法院,而且,仲裁协议的效力对后者来说更为重要,因为是他们才最终决定当事人之间的实体权利与义务。

二、仲裁协议的类型

根据仲裁协议的表现形式的不同,它可分为以下三种不同的类型:

1. 仲裁条款。即当事人在签订有关合同时,在该合同中订立的约定将可能发生的争议提交仲裁解决的条款。它通常在争议发生之前订立,构成有关合同的一部分,但是仲裁条款相比于主合同却具有相对的独立性,亦即主合同的无效并不必然导致仲裁条款的无效①。仲裁条款是仲裁协议的一种最常见和最重要的形式,许多商事合同中都载有该项条款。根据 ICC 仲裁资料显示,当事人似乎更偏爱以仲裁条款的形式提交仲裁,而国际商会仲裁庭取得案件管辖权最典型、最主要的方式也是通过主合同中的仲裁条款。②

2. 仲裁协议书。即在争议发生前后,有关当事人经过平等协商,共同签署的将其争议提交仲裁解决的一种专门性文件。与仲裁条款不同的是,仲裁协议书并不作为有关合同的一部分,而同有关合同在形式上是彼此独立的,并且一般是在合同没有规定仲裁条款,争议发生后,双方当事人为寻求仲裁解决而共同商签的,此外针对的纠纷事项不光是契约性争议,还可以是侵权性争议等。显然,相比于仲裁条款而言,仲裁协议书在形式上更为完善,更加符合案件的特点,更加具有针对性,也因而更能弱化当事人之间的分歧并由此强化仲裁协议的效力,正是因为如此,以仲裁协议书的形式提交仲裁的做法在实践中非常普遍。③

3. 其他有关书面文件中所包含的仲裁协议。即双方当事人在有关相互往来的信函、电传、电报以及其他书面材料中,共同约定将他们之间将来可能发生或业已发生的争议提交仲裁解决的意思表示。因而这种类型的仲裁协议所包含的提交仲裁的意思表示并不是集中表现在某一合同的有关条款或某一单独的协议书中,而是分散在有关当事人双方相互往来的函件中,这种类型的仲裁协议在仲裁实践中,也是比较普遍的。

无论是国内仲裁还是涉外仲裁,我国都既允许当事人把已经发生的争议提交仲裁,也允许当事人把将来可能发生的争执交付仲裁。④ 早在 1958 年,国务院通过的《关于在中国国际贸易促进委员会内设立海事仲裁委员会的决定》就规定:"海事仲裁委员会根据双方当事人在争议发生前或者争议发生后所签订的契约、协议等受理海事争议案件"。1985年《涉外经济合同法》第 38 条规定:"当事人没有在合同中订立仲裁条款,事后又没有达成书面仲裁协议的,可以向人民法院起诉。"1988 年《中外合作经营企业法》第 26 条(2000 年经修订后为第 25 条)、1988 年国务院发布的《关于鼓励台湾同胞投资的规定》第 20 条、1991 年《民事诉讼法》第 257 条等法律法规都作了相同的规定。1994 年《仲裁法》第 16 条明确规定:"仲裁协议包括合同中订立的仲裁条款和以其他书面方式在纠纷发生前或者纠

---

① 关于这个问题,将在下面有关仲裁条款的独立性中作进一步的讨论。
② 汪祖兴:《中国仲裁制度的境遇及改革要略》,法律出版社 2010 年版,第 27 页。
③ 汪祖兴:《中国仲裁制度的境遇及改革要略》,法律出版社 2010 年版,第 27~28 页。
④ 赵健:《国际商事仲裁的司法监督》,法律出版社 2000 年版,第 55~56 页。

纷发生后达成的请求仲裁的协议。"自 1999 年 10 月 1 日起施行的《合同法》第 128 条,也接受了这种观点。2005 年《仲裁法解释》第 1 条规定:"仲裁法第十六条规定的'其他书面形式'的仲裁协议,包括以合同书、信件和数据电文(包括电报、电传、传真、电子数据交换和电子邮件)等形式达成的请求仲裁的协议。"

我国的仲裁机构也承认上述三种类型的仲裁协议。例如,2012 年《贸仲规则》第 5 条第 1 款、第 2 款规定,"仲裁协议系指当事人在合同中订明的仲裁条款或以其他方式达成的提交仲裁的书面协议。仲裁协议应当采取书面形式。书面形式包括合同书、信件、电报、电传、传真、电子数据交换和电子邮件等可以有形地表现所载内容的形式。在仲裁申请书和仲裁答辩书的交换中,一方当事人声称有仲裁协议而另一方当事人不做否认表示的,视为存在书面仲裁协议"。

第二节　仲裁协议的内容

一项有效的仲裁协议具体应包含哪些内容,各国仲裁立法及有关国际公约的规定不尽相同,同时也允许当事人加以约定,即仲裁协议的内容包括仲裁协议的法定内容和仲裁协议的约定内容两个方面。

一、仲裁协议的法定内容

根据我国《仲裁法》第 16 条第 2 款的规定,仲裁协议的法定内容包括:

(一)请求仲裁的意思表示

请求仲裁的意思表示即仲裁合意,是仲裁协议最基本的内容,因此当事人在仲裁协议中应明确表示愿意将争议提交仲裁解决。不过,请求仲裁的意思表示至少应具备如下三个条件:(1)必须是所有当事人在协商一致基础上的共同意思表示,而不是一方当事人的意思表示;(2)必须是所有当事人的真实意思表示,亦即当事人签订仲裁协议的行为是其内心的真实愿望,而不是在外界影响或强制下所表现出来的虚假的意思表示;(3)必须是有利害关系的各方当事人之间的意思表示,而不是其他任何无关的人的意思表示。[1]

(二)仲裁事项

仲裁事项,是指双方当事人在仲裁协议中约定的提请仲裁解决的争议范围或事项。当事人首先应在仲裁协议中明确提交仲裁的争议事项,日后当事人之间发生争议,只能就仲裁协议中约定的提交仲裁的争议事项向仲裁机构申请仲裁,而不能就超出仲裁协议范围之外的争议事项向仲裁机构申请仲裁。这是有关的仲裁庭行使仲裁管辖权的重要依据之一,也是有关当事人申请有关国家的法院协助承认与执行仲裁裁决时必须具备的一个重要条件。如果一方当事人申请仲裁的争议事项不属于仲裁协议所约定仲裁的争议事项范围,他方当事人就有权对有关仲裁机构的管辖权提出异议而拒绝参与仲裁;即使仲裁机

---

[1]　黄进等:《仲裁法学》,中国政法大学出版社 2008 年版,第 81 页。

构就此争议事项经过仲裁审理终结并作出实质性裁决,他方当事人也可据此拒绝履行该项裁决所规定的义务,而申请仲裁方当事人无权申请法院予以强制执行。即使提出了此项申请,也会被法院以同样的理由予以驳回。

但是,当事人在仲裁协议中约定的提交仲裁的争议事项,必须符合有关国家仲裁立法的规定,即必须是有关国家仲裁立法所允许采用仲裁方式处理的事项,亦即具有可仲裁性。如果当事人在仲裁协议中所约定的事项属于有关国家立法中不可仲裁的事项,该国法院就会判定该仲裁协议无效,并命令中止仲裁协议的实施或拒绝承认和执行已作出的仲裁裁决。对此,各国仲裁立法和有关的国际公约都作了规定。例如,我国《仲裁法》第2条规定:"平等主体的公民、法人和其他组织之间发生的合同纠纷和其他财产权益纠纷,可以仲裁。"第3条规定:"下列纠纷不能仲裁:(一)婚姻、收养、监护、扶养、继承纠纷;(二)依法应当由行政机关处理的行政争议。"同时,该法第17条规定:"当事人约定的仲裁事项超出法律规定的仲裁范围的仲裁协议无效。"再如1923年日内瓦《仲裁条款议定书》第1条规定:仲裁协议事项属商事问题或者其他可以用仲裁方式解决的问题。1958年《纽约公约》第1条第3款规定:仲裁协议事项属商事争执问题而不适用非商事争执。而且该公约第5条第2款第(1)项规定:当事人之间争议的事项,如果依照仲裁裁决执行地国法不可以用仲裁方式解决,执行仲裁裁决国家的法院可以拒绝承认和执行裁决。同时,仲裁事项应该具有明确性,即双方当事人在仲裁协议中约定提请仲裁解决的争议事项必须明确,如果没有约定或者约定不明确的,当事人可以补充协议;达不成补充协议的,仲裁协议无效。对此,我国《仲裁法》第18条作了明确的规定。

[案例]甲、乙因遗产继承发生纠纷,双方书面约定由某仲裁委员会仲裁。后甲反悔,向遗产所在地法院起诉。法院受理后,乙向法院声明双方签订了仲裁协议。请问法院会如何处理?

[解答]法院会裁定仲裁协议无效,对案件继续审理。《仲裁法》第3条规定,下列纠纷不能仲裁:(1)婚姻、收养、监护、扶养、继承纠纷;(2)依法应当由行政机关处理的行政争议。《仲裁法》第17条规定,有下列情形之一的,仲裁协议无效:约定的仲裁事项超出法律规定的仲裁范围的……结合本题来看,甲、乙之间的遗产继承纠纷是不能约定仲裁的,甲、乙之间的约定无效。所以,本案法院应裁定仲裁协议无效,对案件继续审理。

值得一提的是,在仲裁事项方面,起初一些国家的法律对其范围规定得比较狭窄,即涉及证券交易、反托拉斯、知识产权、破产争议等事项,长期以来被排除在仲裁机构的管辖范围之外。① 然而,这种状况在二十世纪七八十年代以后发生了变化,即各国国内立法的趋势是减少对争议事项可仲裁性的限制,对当事人提交仲裁的争议事项范围持较为宽泛的态度,亦即上述原本属不可仲裁的争议事项向可仲裁的争议事项转化,而且对于商业活动所产生的争议,只要双方当事人之间存在有效的仲裁协议,就决不轻易地援用"争议事

---

① 韩健:《现代国际商事仲裁法的理论与实践》,法律出版社1993年版,第66~67页、第348~349页。

项不具备可仲裁性"这一保留条款来拒绝承认和执行外国仲裁机构的仲裁裁决。我国《仲裁法》等法律法规对仲裁事项的范围规定得较为宽泛,与国际社会在仲裁事项范围的扩展趋势上相接近,但是我国有关法律的规定却与此不相衔接,存在矛盾之处,亟待加以完善,以使上述有关法律法规相互衔接,同时体现我国履行国际条约义务的诚意,并且与国际商事争议可仲裁范围的扩展趋势以及我国较宽泛的可仲裁范围相一致。[①] 在仲裁实践中,仲裁事项一般也都尽可能地作广义的解释,例如我国《仲裁法解释》第2条规定:"当事人概括约定仲裁事项为合同争议的,基于合同成立、效力、变更、转让、履行、违约责任、解释、解除等产生的纠纷都可以认定为仲裁事项。"该条款对合同争议作了广义的解释。

(三)选定的仲裁委员会

我国《仲裁法》第16条第2款第3项将"选定的仲裁委员会"作为仲裁协议的法定内容之一,即当事人在签订仲裁协议时,必须明确争议事项由哪一个仲裁委员会进行仲裁,如果没有选定仲裁委员会,该仲裁协议就无法执行。在此方面,《仲裁法》第18条进一步规定:仲裁协议对仲裁委员会没有约定或者约定不明确的,当事人可以补充协议;达不成补充协议的,仲裁协议无效。但是,可想而知,当事人既然在仲裁协议中没有选定仲裁委员会,也就很难达成补充协议,这样就会导致仲裁协议的无效,那么当事人的仲裁意愿无疑会落空。很显然,我国《仲裁法》对仲裁协议有效要件的规定较为严格,而这种较为严格的规定,实际上并没有充分体现出对当事人意愿的尊重,不符合我国《仲裁法》第4条所确定的当事人自愿原则,也不利于我国仲裁事业的发展,同时与国际仲裁立法及普遍的国际实践背道而驰。再者,根据各国合同法上的普遍实践,合同部分无效,不影响其他部分效力的,其他部分仍然有效,亦即合同的部分无效并不必然导致整个合同无效,在合同的其他部分仍可履行的情况下,应承认其效力,除非无效部分会影响整个合同的效力。据此,对于那些对仲裁委员会约定不明确的有缺陷的仲裁协议,如果不影响其他部分效力的,就不能认定整个仲裁协议无效而拒绝受理案件,因为仲裁协议作为一种合同理应适应合同法上的这一原则。所以,我国应对《仲裁法》中有关仲裁协议生效要件较为严格的规定作相应的修改,放宽对仲裁协议生效要件的要求,尽可能地满足当事人希望通过仲裁解决争议的意愿,以与大多数国家在此问题上的通行做法相近。[②] 实际上,在此方面,《仲裁法解释》第3条至第7条已作了完善性规定,可作为日后《仲裁法》的相关完善之借鉴。

▎二、仲裁协议的约定内容

一项仲裁协议必须具备其上述法定内容,除此之外,从仲裁实践来看,当事人还可在仲裁协议中约定以下内容。

(一)仲裁地点

仲裁地点是仲裁协议的主要内容之一,直接关系到双方当事人的权利和义务。因为,

[①]　黄进、马德才:《国际商事争议可仲裁范围的扩展趋势之探析——兼评我国有关规定》,载《法学评论》2007年第3期。

[②]　马德才等:《完善我国仲裁法之对策》,载《湖南文理学院学报》2003年第3期。

一方面,仲裁地点的选择直接决定着仲裁所适用的程序规则。如果当事人在仲裁协议中没有明确规定仲裁地点,就要依仲裁国与仲裁机构的程序规则进行仲裁。另一方面,仲裁地点的选择,也直接影响着合同所应适用的用以确定双方当事人权利义务关系的实体法律的选择。如果当事人已选择了仲裁地点,仲裁员就会适用该仲裁地国家的实体法来解决此争议,如果当事人缺少此明示选择,仲裁员一般也要按照仲裁地国家的法律冲突规则来确定合同应适用的准据法。而适用不同国家的法律,就可能对双方当事人的权利义务作出不同的解释,得到不同的裁决结果。所以,作为仲裁协议的主要内容之一的仲裁地点至关重要,不可缺少,而且当事人必须在仲裁协议中明确加以规定。

(二)仲裁规则

仲裁规则即仲裁程序规则,主要规定仲裁的程序和做法,包括仲裁申请的提出、仲裁员的选定、仲裁庭的组成、仲裁的审理、仲裁裁决的作出以及裁决的效力等内容。仲裁庭适用不同的仲裁规则,其仲裁结果也不相同,因此双方当事人在签订仲裁协议时,应明确约定有关仲裁所应适用的仲裁规则,以确保仲裁程序的顺利进行。

有关仲裁的国际实践表明,大多数仲裁协议是将仲裁规则的选择和仲裁机构的选择结合起来的,即当事人选择了某一常设仲裁机构,也就意味着选择了该仲裁机构的仲裁规则,但是也有一些仲裁协议把这两者的选择区别开来,即一方面选择某常设仲裁机构进行仲裁,另一方面选择其他仲裁机构或国际组织所颁布的仲裁规则作为有关仲裁的程序法。这是因为一些国家的仲裁立法和有关的国际条约都承认当事人的这种意思自治权利。所以,仲裁协议除确定仲裁机构外,还需指定仲裁规则。不管属于哪一种情况,仲裁规则的指定一般采取下列方式:(1)在仲裁协议中直接约定,详细列举有关仲裁所应遵循的程序规则;(2)援用某常设仲裁机构或国际组织制订的仲裁规则。其中第二种方式是国际社会普遍适用的方式,就是采用临时仲裁庭进行仲裁也是如此。

(三)仲裁庭的组成形式

与诉讼不同的是,当事人提请仲裁解决的争议案件的具体审理者和裁决者是仲裁庭,因此为了防止争议发生后,由于仲裁庭的组成形式难以协商确定而影响仲裁解决争议案件的效率,当事人可以在仲裁协议中对仲裁庭的组成形式作出约定。对此,各国仲裁法均赋予了当事人的此种权利,我国《仲裁法》第31条和第32条作了规定,这也是当事人仲裁意思自治的具体体现。

(四)仲裁的审理方式

根据《仲裁法》第39条和第40条的规定,首先当事人可以协议选择书面审理方式,其次当事人还可以协议选择公开开庭审理方式,但涉及国家秘密的除外。可见,当事人在签订仲裁协议时,也可以就仲裁审理方式加以约定。

(五)仲裁裁决的效力

仲裁裁决的效力主要是指仲裁裁决是否具有终局性,对双方当事人有无拘束力,能否再向法院提起上诉的问题。仲裁裁决的效力应是仲裁协议中一项重要的内容,因为它直接影响到整个仲裁程序的效力,决定当事人双方的权利义务关系最终能否得以确定,以及合法权益能否得到保护。所以,当事人在签订仲裁协议时应明确规定仲裁裁决的效力问题,特别是在当事人双方决定将其争议提交某临时仲裁机构仲裁和决定自行约定仲裁程序规则时,更是应该对裁决的效力作出明确的规定。

目前,在此问题上,绝大多数国家的仲裁立法,各常设仲裁机构的仲裁程序规则和国际组织颁布的仲裁规则的规定,仲裁裁决具有终局效力,对双方当事人均有法律约束力,任何一方都不得向法院上诉。因为,仲裁毕竟不同于司法诉讼,它是在双方当事人自愿的基础上进行的,无论是仲裁员、仲裁机构,还是仲裁规则等,都是由双方当事人选定的,这就使得当事人双方自动履行裁决的可能性颇大,而对仲裁裁决提起上诉只是一种例外的情况,而且也只有这样,才符合仲裁能迅速及时地解决争议,避免复杂的司法上诉程序的特点。所以,当事人双方最好应在仲裁协议中明确规定仲裁裁决的效力为:仲裁裁决具有终局性,对双方当事人均有拘束力,任何一方当事人均不得向法院起诉。

第三节 仲裁协议的效力

一、仲裁协议的有效要件

关于仲裁协议的有效要件,各国仲裁立法和有关国际公约的规定并不完全一致,但以下四个方面的要件是任何一个有效的仲裁协议都必须具备的。

(一)主体合格

主体合格,即仲裁协议的当事人必须是合格主体,亦即仲裁协议必须由合法的当事人所签订。而当事人的合法性表现在:(1)签订仲裁协议的当事人应依法具有权利能力和行为能力。其中,在当事人的行为能力方面,有关国内法和国际公约存在一项普遍性要求,即当事人应具备完全的行为能力,亦即仲裁协议只能由具有完全行为能力的自然人、法人及其他组织订立,限制行为能力和完全无行为能力人不具有缔约能力,其签订的仲裁协议应被认定为无效。如《纽约公约》第5条第1款规定:仲裁协议的当事人依对其适用的法律有某种无行为能力者,裁决得拒予承认及执行。这是因为仲裁协议涉及当事人诉权和实体权利的处分,属于对重大权益进行处分的法律行为。(2)仲裁协议的签订者必须是有关商事法律关系的利害关系人或其合法代理人。如果某人是某一仲裁协议的当事人,而非与该仲裁协议相关联的商事法律关系的当事人,或者是某一商事法律关系的当事人,而非与该项商事法律关系相关联的仲裁协议的当事人,那么他都可以不承认基于该项仲裁协议所成立的仲裁程序。[①]

---

① 李双元等:《国际民事诉讼法概论》,武汉大学出版社2001年第2版,第529页。

（二）意思表示真实

意思表示真实，即仲裁协议必须建立在双方当事人意思表示自愿真实的基础上，亦即签订仲裁协议必须是经过双方当事人平等协商，充分尊重双方当事人的意见，任何一方都不得把自己的意志强加给对方。如果一方采取欺诈、胁迫等手段，使对方违背真实意思所签订的仲裁协议，应属无效，受害的一方当事人可以据此而拒绝承认和参与有关的仲裁程序。

（三）内容合法

内容合法，即仲裁协议的内容必须合法，亦即仲裁协议的内容必须符合仲裁地国家的法律和仲裁裁决执行地国家的法律。其主要表现在：（1）仲裁协议的内容不能违背仲裁地国家的法律体系中有关强制性规范的规定，不应与仲裁地国家的公共秩序相抵触，否则仲裁协议无效；（2）仲裁协议中约定提交仲裁的事项，必须是仲裁地国家和仲裁裁决执行地国家法律所允许采用仲裁方式来处理的事项，即争议具有可仲裁性，否则这种争议不能仲裁或仲裁裁决无法执行。

（四）形式合法

形式合法，即仲裁协议的形式必须合法，亦即仲裁协议必须符合仲裁地国家和仲裁裁决执行地国家对仲裁协议所规定的形式上的要求。在此问题上，除了瑞典等极少数国家的仲裁立法和少数有关国际条约认为包括口头形式外，绝大多数国家的仲裁立法和有关国际条约都只承认书面形式，即仲裁协议必须以书面形式作成才为合法。在我国，情况也是如此。例如，《仲裁法》第16条第1款规定："仲裁协议包括合同中订立的仲裁条款和以其他书面方式在纠纷发生前或者发生后达成的请求仲裁的协议。"《贸仲规则》第5条也规定："仲裁协议系指当事人在合同中订明的仲裁条款或以其他方式达成的提交仲裁的书面协议。"1958年《纽约公约》不适用于基于口头仲裁协议的仲裁裁决。[1] 要求仲裁协议采用书面形式，有利于证明当事人确实同意将争议提交仲裁，也有利于为仲裁协议的形式有效性提供统一的准则。[2] 显然，关于仲裁协议必须采用书面形式的规定属强制性法律规定。可见，如果依缔约国法或合同的准据法与仲裁地国家和仲裁裁决执行地国家对仲裁协议所规定的书面形式上的要求不符时，仲裁协议将无效，以此为基础作出的仲裁裁决也将得不到裁决地国家的承认和执行。[3]

不过，在仲裁协议的书面形式上的发展趋势是大多数国家的仲裁立法和有关仲裁公约对书面形式作了扩充性解释，不再仅仅限于传统的仲裁条款和书面的仲裁协议书。前者如英国1996年《仲裁法》第5条规定："（1）本编之规定仅适用于仲裁协议为书面形式的情形；本编之规定也仅对当事人之间就任何事项达成的书面协议有效。关于'协议'、'同

---

[1] 见《纽约公约》第2条。

[2] 宋连斌：《国际商事仲裁管辖权研究》，法律出版社2000年版，第62页。

[3] 马德才：《国际私法中的公共秩序研究》，法律出版社2010年版，第189页。

意'或'达成一致的'之表述应作相应解释。(2)下列为书面协议:(a)协议以书面形式达成(无论当事人签署与否);(b)协议以交换书面通讯达成;或(c)协议有书面证据证实。(3)如当事人非以书面形式同意援引某书面条款,则其达成书面协议。(4)如非以书面达成之协议由协议当事人授权的一方当事人或第三方予以记录,该协议被证明具备书面形式。(5)仲裁或诉讼程序之文件交换中,一方当事人宣称存在非书面形式的协议,且对方当事人在其答复中不作反对,该文件交换构成具有所宣称效力的书面协议。(6)本编所指之书面或书写形式包括其得以记录之任何方式。"后者如联合国国际贸易法委员会1985年《示范法》第7条第2款规定:"仲裁协议应是书面的。协议如载于当事各方签字的文件中,或载于往来的书信、电传、电报或提供协议记录的其他电讯手段中,或在申诉书和答辩书的交换中当事一方声称有协议而当事他方不否认即为书面协议。在合同中提出参照载有仲裁条款的一项文件即构成仲裁协议,如果该合同是书面的而且这种参照足以使该仲裁条款构成该合同的一部分的话。"我国《仲裁法解释》也顺应这种发展趋势,对此作了规定,其第1条规定:"仲裁法第十六条规定的'其他书面形式'的仲裁协议,包括以合同书、信件和数据电文(包括电报、电传、传真、电子数据交换和电子邮件)等形式达成的请求仲裁的协议。"

二、仲裁协议效力的确认

一项仲裁协议只要符合其有效要件,就是合法有效的,但确认仲裁协议的效力主要涉及以下三个方面的问题。

(一)请求确认仲裁协议效力的主体和时间

关于请求确认仲裁协议效力的主体和时间,我国《仲裁法》第20条规定:"当事人对仲裁协议的效力有异议的,可以请求仲裁委员会作出决定或者请求人民法院作出裁定。一方请求仲裁委员会作出决定,另一方请求人民法院作出裁定的,由人民法院裁定。当事人对仲裁协议的效力有异议,应当在仲裁庭首次开庭前提出。"根据该条款的规定可见,请求确认仲裁协议效力的主体只能是双方当事人,当事人之外的任何人均不能向仲裁委员会或者人民法院请求确认仲裁协议效力,亦即当事人之外的任何人均不能向作为请求确认仲裁协议效力的主体。这是由仲裁协议效力的相对性所决定的。而且,仲裁委员会或人民法院都只有在当事人请求下确认而没有主动确认仲裁协议效力的权力。

同时,该条第2款规定表明,请求确认仲裁协议效力的时间是仲裁庭首次开庭前。因为,仲裁协议效力的确认决定着当事人之间的争议能否顺利地通过仲裁方式加以解决,所以为了保障当事人之间的争议能够提交仲裁解决,当事人对仲裁协议的效力有异议的,就应当在仲裁庭首次开庭前提出。

(二)仲裁协议效力的确认机构

1. 仲裁机构。根据我国《仲裁法》第20条的规定,我国将仲裁协议效力的确认权限首先赋予了仲裁机构即仲裁委员会,而不是仲裁庭或仲裁员,但是这种做法在目前的国际仲裁中是极为少见的。究其原因,大致为:一方面,仲裁机构不审理案件,但替代仲裁庭或仲裁员确认仲裁庭的效力,其合理性令人质疑。事实上,对仲裁协议效力的异议由仲裁机构来裁断,使得仲裁员过分依附于仲裁机构,缺少必要的自主性和独立性,导致一些当事人对仲裁裁决的公正性产生不必要的怀疑。另一方面,仲裁员接受当事人的指定却不能决定自己的权限,未免不合情理。从根本上说,仲裁庭认定仲裁协议效力的权力来源于仲裁协议,限定仲裁庭的这一权力,也就是限制当事人意思自治。仲裁机构因为决定仲裁庭的管辖权而中断了仲裁程序,致使仲裁程序缺乏应有的灵活性,从而严重地妨碍了仲裁效率。而且,如果仲裁机构错误地作出管辖权决定,将仲裁庭置于十分尴尬的境地,仲裁程序只得继续进行,其结果可想而知,对仲裁机构的声誉会造成更坏的影响。①

2. 法院。由法院确认仲裁协议的效力,是国际上通行的做法,我国《仲裁法》也将仲裁协议效力的确认权限赋予了人民法院。不仅如此,而且《仲裁法》第 20 条的规定表明,在仲裁委员会和人民法院之间,人民法院具有最终裁定权。当然,为了体现司法对仲裁的支持,《仲裁法解释》第 13 条规定:"依照仲裁法第二十条第二款的规定,当事人在仲裁庭首次开庭前没有对仲裁协议的效力提出异议,而后向人民法院申请确认仲裁协议无效的,人民法院不予受理。仲裁机构对仲裁协议的效力作出决定后,当事人向人民法院申请确认仲裁协议效力或者申请撤销仲裁机构的决定的,人民法院不予受理。"第 27 条第 1 款进一步规定:"当事人在仲裁程序中未对仲裁协议的效力提出异议,在仲裁裁决作出后以仲裁协议无效为由主张撤销仲裁裁决或者提出不予执行抗辩的,人民法院不予支持。"不过,《仲裁法解释》第 27 条第 2 款却规定:"当事人在仲裁程序中对仲裁协议的效力提出异议,在仲裁裁决作出后又以此为由主张撤销仲裁裁决或者提出不予执行抗辩,经审查符合仲裁法第五十八条或者民事诉讼法第二百一十七条(现为第二百三十七条)、第二百六十条(现为第二百七十四条)规定的,人民法院应予支持。"

[案例]A 市水天公司与 B 市龙江公司签订一份运输合同,并约定如发生争议提交 A 市的 C 仲裁委员会仲裁。后因水天公司未按约支付运费,龙江公司向 C 仲裁委员会申请仲裁。在第一次开庭时,水天公司未出庭参加仲裁审理,而是在开庭审理后的第二天向 A 市中级人民法院申请确认仲裁协议无效。请问 C 仲裁委员会应当如何处理本案?

[解答]《仲裁法》第 20 条规定,当事人对仲裁协议的效力有异议的,可以请求仲裁委员会作出决定或者请求人民法院作出裁定。一方请求仲裁委员会作出决定,另一方请求人民法院作出裁定的,由人民法院裁定。当事人对仲裁协议的效力有异议,应当在仲裁庭首次开庭前提出。《仲裁法解释》第 13 条规定,依照《仲裁法》第 20 条第 2 款的规定,当事人在仲裁庭首次开庭前没有对仲裁协议的效力提出异议,而后向人民法院申请确认仲裁协议无效的,人民法院不予受理。因此,根据上述规定,既然人民法院不予受理,仲裁协议就继续有效,既然仲裁协议继续有效,则 C 仲裁庭仍应继续审理。

---

① 黄进等:《仲裁法学》,中国政法大学出版社 2008 年版,第 85～86 页。

关于确认仲裁协议效力的人民法院是哪一地域的人民法院、哪一级别的人民法院，《仲裁法解释》第12条作了明确的规定，即："当事人向人民法院申请确认仲裁协议效力的案件，由仲裁协议约定的仲裁机构所在地的中级人民法院管辖；仲裁协议约定的仲裁机构不明确的，由仲裁协议签订地或者被申请人住所地的中级人民法院管辖。申请确认涉外仲裁协议效力的案件，由仲裁协议约定的仲裁机构所在地、仲裁协议签订地、申请人或者被申请人住所地的中级人民法院管辖。涉及海事海商纠纷仲裁协议效力的案件，由仲裁协议约定的仲裁机构所在地、仲裁协议签订地、申请人或者被申请人住所地的海事法院管辖；上述地点没有海事法院的，由就近的海事法院管辖。"

3. 仲裁庭。正如前所述，我国《仲裁法》并未将仲裁协议效力的确认权限赋予仲裁庭，但国际上大多数国家却认可仲裁庭的此种权力，即仲裁庭有权确定自己的管辖权。由仲裁庭自己决定自己的管辖权，有其明显的优势：（1）能有效防止当事人恶意拖延仲裁程序，发挥仲裁高效、快速的特点；（2）降低法院对仲裁的干预和影响程度，使仲裁程序在不受阻碍的情况下顺利进行；（3）减少当事人争议解决的成败开支；（4）大大减轻法院的负担，避免司法资源的浪费。[①] 而且，在仲裁庭和法院确认仲裁协议效力的权限方面，其重心放在仲裁庭上；在仲裁庭和仲裁机构确认仲裁协议效力的权限方面，其重心亦放在仲裁庭上。

综上所述，我国《仲裁法》也应将仲裁协议效力的确认权限赋予仲裁庭，而且仲裁庭、仲裁机构和人民法院在确认仲裁协议效力的顺序上，宜依此为仲裁庭、仲裁机构和人民法院。

（三）仲裁协议效力的确认程序

根据《仲裁法解释》第15条的规定，人民法院审理仲裁协议效力确认案件，应当组成合议庭进行审查，并询问当事人。

三、仲裁协议效力的表现

仲裁协议本身并不当然具有法律效力，它的法律效力有赖于各国仲裁立法和有关国际公约的规定，仲裁协议的法律效力主要表现为对当事人具有严格的约束力，可以排除法院的管辖权，是仲裁机构行使仲裁管辖权的依据，进行仲裁程序的依据以及申请强制执行仲裁裁决的依据等几个方面。

（一）仲裁协议对当事人具有严格的约束力

仲裁协议一经依法成立，对当事人就产生了法律约束力：一方面，仲裁协议约定的争议事项出现以后，当事人只能通过仲裁方式加以解决，任何一方都无权将该争议向法院起诉；另一方面，当事人必须承担履行仲裁庭所作裁决的义务，除非该裁决经有关国内法院判定无效。这一内容不仅规定在《纽约公约》和其他一些有关仲裁的国际条约以及《示范

[①]　汪祖兴：《中国仲裁制度的境遇及改革要略》，法律出版社2010年版，第81页。

法》中,我国等世界上大多数国家的仲裁法都承认仲裁协议的这种效力①。

(二)仲裁协议是仲裁机构行使仲裁管辖权的依据

仲裁机构的管辖权完全依赖于当事人双方所签订的仲裁协议。这一方面,表现在仲裁协议所约定的争议发生后,只能由仲裁机构通过仲裁方式解决。如果在双方当事人之间不存在将其争议提交仲裁的仲裁协议,仲裁机构就无权受理该争议。另一方面,则表现为仲裁机构只能受理仲裁协议所规定的争议,只能就当事人按仲裁协议的约定所提交的争议进行仲裁审理,并作出裁决,而且整个仲裁程序,从开始到终结也都必须按照仲裁协议所约定的,由双方当事人自己拟定或指定的仲裁规则进行,对于任何超出仲裁协定范围以外的事项,即便仲裁庭作出了裁决,任何一方当事人均可以此为由拒绝履行该项裁决所规定的义务,即仲裁机构的管辖权应受到仲裁协议的严格限制。对此,各国的仲裁立法及有关的国际公约都作了明确的规定。例如,我国《仲裁法》第 4 条规定:"当事人采用仲裁方式解决纠纷,应当双方自愿,达成仲裁协议。没有仲裁协议,一方申请仲裁的,仲裁委员会不予受理。"《纽约公约》第 5 条第 1 款第 3 项规定:"裁决涉及仲裁协议所未曾提到的,或者不包括在仲裁协议规定之内的争执;或者裁决内含有对仲裁协议范围以外事项的决定;……"被请求承认或执行裁决的主管机关可以根据当事人的请求,拒绝承认和执行该项裁决。

(三)仲裁协议可以排除法院的管辖权

目前,世界上大多数国家的仲裁立法和有关的国际公约都确认了仲裁协议的这一法律效力,即当事人如已就争议事项达成仲裁协议,法院就不应再受理此等争议,如已受理,也应基于另一方当事人的请求而终止该项司法诉讼程序。例如,我国《民事诉讼法》第271 条规定:"涉外经济贸易、运输和海事中发生的纠纷,当事人在合同中订有仲裁条款或者事后达成书面仲裁协议,提交中华人民共和国涉外仲裁机构或者其他仲裁机构仲裁的,当事人不得向人民法院起诉。当事人在合同中没有订有仲裁条款或者事后没有达成书面仲裁协议的,可以向人民法院起诉。"我国《仲裁法》第 5 条规定:"当事人达成仲裁协议,一方向人民法院起诉的,人民法院不予受理,但仲裁协议无效的除外。"可见,我国是承认仲裁协议排除法院管辖权的法律效力的。《纽约公约》也有此规定,其第 2 条第 3 款规定:"如果缔约国的法院受理一个案件,而就这个案件所涉及的事项,当事人已经达成本条意义内的协议时,除非该法院查明该项协议是无效的、未生效的或不能实行的,应该依一方当事人的请求,命令当事人把案件提交仲裁。"

(四)仲裁协议是进行仲裁程序的依据

无论是机构仲裁,还是临时仲裁,当事人通过仲裁协议选择的程序规则或约定的事项如指定仲裁员和组成仲裁庭的方式,只要不违背法律和仲裁机构的禁止性规定,仲裁员都应予以尊重,否则,所作出的裁决的效力将受到挑战。

---

① 见《纽约公约》第 2 条、《示范法》第 8 条、我国《仲裁法》第 5 条、英国《1996 年仲裁法》第 9 条、瑞典《1929 年仲裁法》第 3 条等。

（五）仲裁协议是申请强制执行仲裁裁决的依据

一项争议，既然是双方当事人自愿提交仲裁机构通过仲裁方式加以解决的，那么仲裁机构对之所作出的仲裁裁决一般都能得到当事人的自觉履行，但是由于这样或那样的一些原因，在现实中当事人拒不执行仲裁裁决的事例也时有发生。在这种情况下，另一方当事人可以向法院申请强制执行仲裁裁决。例如，我国《民事诉讼法》第259条规定："经中华人民共和国涉外仲裁机构裁决的，当事人不得向人民法院起诉。一方当事人不履行仲裁裁决的，对方当事人可以向被申请人住所地或者财产所在地的中级人民法院申请执行。"《仲裁法》第62条也有类似的规定。但是，法院在强制执行仲裁裁决时，根据各国仲裁立法和有关的国际公约的规定，一般都需要申请强制执行的人提交仲裁协议，否则，不仅仲裁裁决得不到强制执行，相反，如果被申请人提出证据证明仲裁裁决是仲裁机构在当事人之间不存在仲裁协议的情形下作出的，法院就可作出裁定不予执行，即仲裁协议是法院强制执行仲裁裁决的依据。例如，我国《民事诉讼法》第274条第1款第1项规定：对中华人民共和国涉外仲裁机构作出的裁决，被申请人提出证据证明是由于当事人在合同中没有仲裁条款或者事后没有达成书面仲裁协议的情形下作成的，经人民法院组成合议庭审查核实，裁定不予执行。我国《仲裁法》第63条也有类似的规定。《纽约公约》第4条规定：当获得仲裁裁决的承认和执行，申请承认和执行裁决的当事人应当在申请的时候提供仲裁协议正本或经正式证明的副本。否则，就不会予以执行。

四、仲裁协议效力的扩张

根据仲裁协议效力的相对性原理，仲裁协议原则上只对双方当事人有效，但是在仲裁实践中，有一些特殊情况时常会出现，诸如当事人订立仲裁协议后合并、分立，当事人订立仲裁协议后死亡，债权债务全部或者部分转让等，当这些情况出现时，就会引起仲裁协议的效力扩张问题，具体而言：当事人订立仲裁协议后合并、分立的，仲裁协议的效力能否及于对其权利义务的继受人？当事人订立仲裁协议后死亡的，仲裁协议的效力能否及于其对承继其仲裁事项中的权利义务的继承人？债权债务全部或者部分转让的，仲裁协议的效力能否及于其受让人？对此，《仲裁法解释》第8条和第9条作了肯定性规定。其中，《仲裁法解释》第8条规定："当事人订立仲裁协议后合并、分立的，仲裁协议对其权利义务的继受人有效。当事人订立仲裁协议后死亡的，仲裁协议对承继其仲裁事项中的权利义务的继承人有效。前两款规定情形，当事人订立仲裁协议时另有约定的除外。"《仲裁法解释》第9条规定："债权债务全部或者部分转让的，仲裁协议对受让人有效，但当事人另有约定、在受让债权债务时受让人明确反对或者不知有单独仲裁协议的除外。"

[案例]A市甲公司与B市乙公司在B市签订了一份钢材购销合同，约定合同履行地在A市。同时双方还商定因履行该合同所发生的纠纷，提交C仲裁委员会仲裁。后因乙公司无法履行该合同，经甲公司同意，乙公司的债权债务转让给D市的丙公司，但丙公司明确声明不接受仲裁条款。请问本案仲裁条款对D市的丙公司是否有效？

[解答]本案仲裁条款对 D 市的丙公司无效。《仲裁法解释》第 9 条规定："债权债务全部或者部分转让的,仲裁协议对受让人有效,但当事人另有约定、在受让债权债务时受让人明确反对或者不知有单独仲裁协议的除外。"本案中,丙公司已明确声明不接受合同中的仲裁条款,所以仲裁条款对其无效。

第四节　仲裁协议的无效和失效

▌一、仲裁协议的无效

一项仲裁协议要合法有效,除了需具备其有效要件之外,还不得具有仲裁法所规定的仲裁协议无效的法定情形之一,否则即为无效。所谓仲裁协议的无效,是指当事人签订的仲裁协议由于不具备法定的生效要件,自始不产生法律约束力。对此,我国《仲裁法》第17 条规定了仲裁协议无效的以下三种情形。

(一)约定的仲裁事项超出法律规定的仲裁范围

根据当事人意思自治原则,当事人可以在仲裁协议中自由约定将何种争议事项提交仲裁机构解决,但是这种自治并非毫无限制,而是必须在法律规定的仲裁范围之内,这是仲裁协议有效要件之"内容合法"的应有之意,如果当事人约定的仲裁事项超出法律规定的仲裁范围,亦即仲裁协议的内容不合法,这样的仲裁协议就属于《仲裁法》第 17 条所规定仲裁协议无效的第一种情形,当属无效。而根据《仲裁法》第 3 条和第 77 条的规定,婚姻、收养、监护、扶养、继承纠纷,依法应当由行政机关处理的行政争议以及劳动争议和农业集体经济组织内部的农业承包合同纠纷均属超出法律规定的仲裁范围的仲裁事项,显然,当事人在仲裁协议中约定了上述仲裁事项就属超出法律规定的仲裁范围,那么按照《仲裁法》第 17 条第 1 项的规定,该类仲裁协议就属无效。

(二)无民事行为能力人或者限制民事行为能力人订立的仲裁协议

前已述及,因为仲裁协议涉及当事人诉权和实体权利的处分,属于对重大权益进行处分的法律行为,所以仲裁协议的有效要件之一是"主体合格",而作为合格的主体其要求之一是签订仲裁协议的当事人应依法具有权利能力和行为能力。其中,在当事人的行为能力方面,有关国内法和国际公约存在一项普遍性要求,即当事人应具备完全的行为能力,亦即仲裁协议只能由具有完全行为能力的自然人、法人及其他组织订立,限制行为能力和完全无行为能力人不具有缔约能力,其签订的仲裁协议应被认定为无效。我国《仲裁法》与国际上的普遍要求一样,规定仲裁协议的当事人应具备完全的行为能力,无民事行为能力人或者限制民事行为能力人订立的仲裁协议属无效。在我国,关于自然人的行为能力,《民法通则》规定为三类即完全民事行为能力、限制民事行为能力和完全无民事行为能力。其中,第 11 条规定 18 周岁以上的公民是成年人,具有完全民事行为能力,是完全民事行为能力人;16 周岁以上不满 18 周岁的公民,以自己的劳动收入为主要生活来源的,视为完全民事行为能力人。第 12 条和第 13 条规定 10 周岁以上的未成年人和不能完全辨认自己行为的精神病人是限制民事行为能力人。第 12 条和第 13 条规定不满 10 周岁的未成年人和不能辨认自己行为的精神病人是无民事行为能力人。关于法人的行为能力,《民法通则》和《公司法》规定自其注册成立之日起即具有完全的行为能力。

(三)一方采取胁迫手段,迫使对方订立的仲裁协议

前已述及,仲裁协议的有效要件之一是"意思表示真实",意即双方当事人签订仲裁协议应经过平等协商,自愿真实地表达其意志,任何一方都不得把自己的意志强加给对方。而一方采取胁迫手段,迫使对方订立的仲裁协议,肯定是在对方违背其真实意思的情况下所签订的仲裁协议,不可能反映被胁迫当事人的真实意思,亦即这种仲裁协议当然欠缺"意思表示真实"这个仲裁协议的有效要件,所以该仲裁协议应属无效。对此,《仲裁法》第17 条第 3 项明确规定,一方采取胁迫手段,迫使对方订立的仲裁协议无效。

二、仲裁协议的失效

仲裁协议生效后,就会产生其应有的法律效果,但是由于某种特殊情形的出现,会导致原本有效的仲裁协议失去其法律效力,这种情形就是仲裁协议的失效。所谓仲裁协议的失效,是指原本有效的仲裁协议因某种情形的出现而丧失其法律效力。那么,仲裁协议在哪些情况下失效呢? 仲裁协议的失效又会带来哪些法律后果呢?

(一)仲裁协议失效的具体情形

1. 仲裁协议所约定的仲裁事项完毕。有效仲裁协议是当事人以仲裁解决争议的前提,当事人提交仲裁机构解决的争议只能是仲裁协议中所约定的争议事项,一旦当事人将此类争议事项提交给仲裁机构且予以受理,依法组建的仲裁庭按照仲裁法和仲裁规则作出了合法有效的仲裁裁决,而该项仲裁裁决如果得到了双方当事人的自觉履行,或者虽然一方当事人未自觉履行该项仲裁裁决而另一方当事人申请人民法院予以强制执行,且得到强制执行,仲裁协议所约定的仲裁事项得以完全解决,那么仲裁协议也就因此而失效。此种情形就是仲裁协议所约定的仲裁事项完毕而失效。

2. 当事人放弃仲裁协议。当事人既然有权签订一项仲裁协议,当然也有权放弃或者终止该项仲裁协议,一旦当事人放弃了该项仲裁协议,那么该项有效的仲裁协议也就因此而失效。这种仲裁协议失效的情形就是当事人放弃仲裁协议,它属于当事人明示放弃。除此之外,当事人放弃仲裁协议还有一种所谓的当事人默示放弃或当事人推定放弃的情形。对此,我国《仲裁法》第 26 条作了明确的规定,即"当事人达成仲裁协议,一方向人民法院起诉未声明有仲裁协议,人民法院受理后,另一方在首次开庭前提交仲裁协议的,人民法院应当驳回起诉,但仲裁协议无效的除外;另一方在首次开庭前未对人民法院受理该案提出异议的,视为放弃仲裁协议,人民法院应当继续审理"。总之,无论是当事人明示放弃仲裁协议,还是当事人默示放弃仲裁协议,都会导致原本有效的仲裁协议失效。

3. 仲裁裁决被法院裁定撤销或者不予执行。《仲裁法》第 9 条第 2 款规定:"裁决被

人民法院依法裁定撤销或者不予执行的,当事人就该纠纷可以根据双方重新达成的仲裁协议申请仲裁,也可以向人民法院起诉。"该条款规定表明,仲裁裁决被法院裁定撤销或者不予执行使得当事人之间原本有效的仲裁协议失效。此即仲裁协议失效的又一种情形。

此外,仲裁协议还可因仲裁期限届满、当事人和解以及当事人指定的仲裁员辞职、死亡或者丧失资格等而失效。

(二)仲裁协议失效的法律后果

仲裁协议的失效可以产生一定的法律后果,主要包括:

1. 当事人不再受仲裁协议的约束。一旦仲裁协议失效,仲裁协议对当事人也就没有了约束力,那么当事人当然不再受仲裁协议的约束。

2. 仲裁机构丧失仲裁权。有效的仲裁协议可使仲裁机构获得仲裁权,那么当仲裁协议失效后,仲裁机构也就随之失去了对该争议的仲裁权,此时当事人可依法选择其他的争议解决方式解决其争议。

3. 法院恢复管辖权。有效仲裁协议的效力具体表现之一是排除法院的管辖权,而仲裁协议的失效使得排除法院管辖权的原因消失,法院也就恢复了对争议案件的管辖权,这样当当事人向法院起诉时,法院就可行使管辖权。

三、有缺陷的仲裁协议及其完善

(一)有缺陷的仲裁协议

仲裁协议是当事人申请仲裁的前提,但这种仲裁协议必须有效,而有效的仲裁协议须具备仲裁协议的有效要件,其有效要件之一是内容合法,不仅如此,有时仲裁协议的内容还需明确,如果仲裁协议的内容不明确,如仲裁机构名称不准确、仅约定纠纷适用的仲裁规则、约定两个以上仲裁机构、约定由某地的仲裁机构仲裁、约定争议可以向仲裁机构申请仲裁也可以向人民法院起诉等等,这种仲裁协议就是有缺陷的仲裁协议或称有瑕疵的仲裁协议,虽然这种仲裁协议并不必然导致仲裁协议的无效,但是也会影响仲裁协议的效力,当事人的仲裁意愿有可能无法实现,因此对这种仲裁协议需要加以完善。

(二)有缺陷仲裁协议的完善

1. 由司法解释予以完善。针对不同仲裁协议的缺陷情形,《仲裁法解释》作了不同的规定,以此来完善仲裁协议,具体为:(1)仲裁机构名称不准确。《仲裁法解释》第3条规定:"仲裁协议约定的仲裁机构名称不准确,但能够确定具体的仲裁机构的,应当认定选定了仲裁机构。"(2)仅约定纠纷适用的仲裁规则。《仲裁法解释》第4条规定:"仲裁协议仅约定纠纷适用的仲裁规则的,视为未约定仲裁机构,但当事人达成补充协议或者按照约定的仲裁规则能够确定仲裁机构的除外。"(3)约定两个以上仲裁机构。《仲裁法解释》第5条规定:"仲裁协议约定两个以上仲裁机构的,当事人可以协议选择其中的一个仲裁机构申请仲裁;当事人不能就仲裁机构选择达成一致的,仲裁协议无效。"(4)约定由某地的仲裁机构仲裁。《仲裁法解释》第6条规定:"仲裁协议约定由某地的仲裁机构仲裁且该地仅有一个仲裁机构的,该仲裁机构视为约定的仲裁机构。该地有两个以上仲裁机构的,当事人可以协议选择其中的一个仲裁机构申请仲裁;当事人不能就仲裁机构选择达成一致的,仲裁协议无效。"(5)约定争议可以向仲裁机构申请仲裁也可以向人民法院起诉。《仲裁法解释》第 7 条规定:"当事人约定争议可以向仲裁机构申请仲裁也可以向人民法院起诉的,仲裁协议无效。但一方向仲裁机构申请仲裁,另一方未在仲裁法第二十条第二款规定期间内提出异议的除外。"

2. 由当事人自行完善。当事人签订仲裁协议是他们行使意思自治权的具体体现,完善有缺陷的仲裁协议也应该充分尊重当事人的意思自治,所以由当事人自行完善当属最好的办法。但是,这种方式的成功率并不高,其原因在于:一是争议发生后,双方当事人之间的对立情绪较大,很难完善仲裁协议;二是当事人不一定是法律专家,他们不知道怎么完善。因此,这种完善方式较为可行的是:当事人应尽可能地在争议发生之前自行协商补充完善。其法律依据是《仲裁法》第 18 条的规定,即"仲裁协议对仲裁事项或者仲裁委员会没有约定或者约定不明确的,当事人可以补充协议;达不成补充协议的,仲裁协议无效"。

3. 由仲裁机构协助完善。这种完善方式可有效克服由当事人自行完善中的当事人不知道怎么完善的不足,但是仲裁机构只能协助完善而不能自行完善,因此仲裁机构只能在当事人愿意的情况下才能对之加以完善,只要有一方当事人不愿意,仲裁机构就不可能去完善仲裁协议,而当事人争议发生后其对立情绪较大,无法满足仲裁机构完善仲裁协议的条件,所以这种方式的成功率也不太高。

4. 由法院协助完善。当事人将内容不明确的仲裁协议提交诉讼时,在当事人愿意的情况下,法院也可以协助其完善仲裁协议。如果一方当事人不愿意,法院将依法审查仲裁协议,从而作出仲裁协议是否有效的决定。在此过程中,法院可充分发挥它作为仲裁监督机关对仲裁予以支持的作用,一方面,依据《仲裁法》第 18 条的规定,尽量促成当事人就仲裁事项或者仲裁委员会没有约定或者约定不明确的仲裁协议达成补充协议,并不轻易宣告仲裁协议为无效,以实现当事人的仲裁意愿;另一方面,即使当事人在争议发生后无法达成补充协议,只要不违背法律的强制性规定,就应最大限度地从宽加以解释,尽量推定当事人的仲裁意图,使有缺陷的仲裁协议得以实施。

第五节　仲裁条款的独立性

仲裁协议大多是合同中的仲裁条款,在实践中,大部分仲裁案件亦是根据仲裁条款受理的,如仲裁庭认定合同无效,或因某种原因不再对当事人有约束力,仲裁庭是否对该争议还拥有管辖权?这就提出了仲裁条款的特性及其与基础合同或主合同关系的难题,也就是所谓仲裁条款的独立性问题。这一问题非常重要,因为仲裁协议是仲裁的基础,如果表现为仲裁条款的仲裁协议因合同的无效而被确认为无效,那么就没有有效的仲裁,当事人希望以仲裁解决争议的愿望就会落空。

一、仲裁条款独立性的传统观点

对于仲裁条款的独立性问题,传统的观点持否定态度。它认为,仲裁条款是含有该条款的主合同的不可分的一部分,主合同无效,合同中的仲裁条款当然也无效。这种观点随着经济的发展以及国家鼓励当事人通过仲裁解决争议政策的确立,与现代国际商事仲裁的发展趋势不能协调一致,因而在英国及其他国家越来越多地受到批评,而仲裁条款独立性理论相应地逐步确立和发展起来。[①]

二、仲裁条款独立性的现代观点

仲裁条款的独立性的现代观点认为,仲裁条款与主合同是可分的,它虽然附属于主合同,但是与主合同形成了两项分离或独立的协议,即一个包括仲裁条款的合同,应视为由两个相对独立的合同构成,其中一个为主合同,另一个为次合同。以仲裁条款为内容的这一次合同具有保障当事人通过寻求某种救济而实现当事人商事权利的特殊性质。它具有相对的独立性,其有效性不受主合同有效性的影响,即使主合同无效,仲裁条款仍然有效,并不由于主合同变更、无效或者终止而当然无效或者失效。

三、仲裁条款独立性的理论依据

仲裁条款是合同的一部分,合同终止、解除或者无效,其中的仲裁条款却仍然独立有效。这种仲裁条款独立性的理论根据,就在于仲裁条款的特殊性。[②]

仲裁条款是一种特殊类型的协议,它的特殊性主要表现在其内容和作用上。仲裁条款规定的是发生争议后解决争议的方式;其他合同条款规定的是当事人双方在商业利益方面的权利义务关系。当事人双方签订国际商事合同的唯一目的在于履行主合同中规定的权利义务以实现他们所期望的商业利益;而当事人订立仲裁条款的目的却在于约定通过何种方式定分止争,它的实施必须以主合同的履行发生困难或争议为前提,并作为主合同不能履行或不能完全履行时的一种救济手段而存在,它并不是双方当事人所希望实施的。

仲裁条款的特殊性决定了其效力的独立性,它既是主合同中的一项条款,又与主合同相分离而独立存在。在一般的主从合同关系中,从合同关系对主合同关系起的是一种保证履行的作用,而合同中所附的仲裁条款却不具备这种作用。它之所以被附在主合同中,其目的在于当事人就合同的存在、解释、履行和效力等问题发生争议时,按照当事人约定的仲裁方式来解决这些争议。仲裁条款是为解决主合同的争议而设立的,如果当事人之间未就主合同发生任何争议,它就没有实现的必要;仲裁条款对主合同的依存关系绝不表现在它对主合同所约定的当事人实体权利义务有任何联系。因此,主合同生效的条件,并不必然是仲裁条款生效的条件;仲裁条款的存在和生效,不应取决于它所依附的主合同是否有效,而应看它自身是不是一个存在的和有效的仲裁协议。

四、仲裁条款独立性的立法和实践

随着仲裁的发展以及国家对仲裁的不断支持,仲裁条款独立性理论的观点日益得到

---

① 赵健:《国际商事仲裁的司法监督》,法律出版社 2000 年版,第 77～78 页。
② 赵健:《国际商事仲裁的司法监督》,法律出版社 2000 年版,第 81～83 页。

仲裁立法、司法与仲裁实践、国际常设仲裁机构仲裁规则的采纳与支持。①

在立法方面，英国、德国、瑞典、美国、加拿大、澳大利亚、意大利、比利时、法国、日本、俄罗斯、新加坡、荷兰以及瑞士等国家的法律现都已认为，仲裁条款是独立于合同的。如英国 1996 年《仲裁法》第 7 条明文规定除非当事人另有约定，一项仲裁协议构成或曾设想将其构成另一协议的一部分，不应因为该另一协议无效，不存在或失效而被认为无效，为此目的应被视为一项单独的协议；德国 1988 年《民事诉讼法典》第 1040 条明确规定了仲裁条款独立性原则；1999 年《瑞典仲裁法》第 3 条明文规定了独立性原则：对作为另一协议部分的仲裁协议的有效性作出决定时，为确定仲裁员的管辖权，仲裁协议应被视为一个独立的协议；等等。可以说，现在所有在仲裁领域重要的国家都接受了仲裁条款独立性理论。不过，各国接受的程度不一样，尤其在主合同自始无效或不存在的情况下，只有法国、英国、美国等几个国家彻底接受仲裁协议的独立性原则，大部分国家只是一般性地认为，合同无效并不必然导致包含其中的仲裁协议无效，对主合同自始无效或不存在的问题不置可否。此外，有关仲裁的国际立法也充分肯定了这一理论。例如，1976 年通过的《联合国国际贸易法委员会仲裁规则》第 21 条第 2 款明确规定，作为组成部分并规定按本规则进行仲裁的仲裁条款将被视为独立于该合同其他条款的一种协议，仲裁庭所作合同为无效和撤销的裁决并不在法律上影响仲裁条款的效力。联合国贸易法委员会于 1985 年 6 月 21 日通过的《国际商事仲裁示范法》第 16 条更进一步规定："……作为某项合同的构成部分的仲裁条款得被视为独立于该项合同其他条款的协议。"

在司法实践方面，法国最高上诉法院在 1963 年的"戈塞特案"（Gossett Case）中，最早提出了仲裁条款的效力可独立于主合同的主张。美国最高法院在 1967 年 Prima Paints Co. V. Flood & Conklin Mfg. Co. 案的判决中，一扫以前各法院首鼠两端的态度，肯定仲裁条款独立性理论适用于州际和涉外商事交易。日本法院在处理有关仲裁条款的效力问题时，就把它与商事契约中的其他部分分开，日本最高法院曾经指出："仲裁协议通常是和主契约订立在一起的，但是，仲裁协议的效力应该同主契约分开，互相独立地加以考察。因此，除当事人另有约定以外，主契约订立的瑕疵不能影响仲裁协议的效力。"此外，英国、澳大利亚、瑞典、瑞士、比利时等国家的司法实践也肯定了仲裁条款独立性理论。

在常设仲裁机构仲裁规则方面，1975 年《国际商会仲裁规则》第 8 条规定：即使合同不成立或无效，仲裁员仍应继续行使其仲裁权以确定当事人各自的权利，并对他们的请求进行仲裁。1998 年《国际商会仲裁规则》更进一步，其第 6 条规定：除非另有约定，只要仲裁庭认可仲裁协议有效，仲裁庭就不得因有人主张合同无效或不存在而终止管辖权。即使合同本身可能不存在或无效，仲裁庭仍应继续行使管辖权以便确定当事人各自的权利并对他们的请求和抗辩作出裁定。1998 年《伦敦国际仲裁院仲裁规则》第 23 条第 1 款也规定，仲裁条款是独立的，仲裁庭作出关于合同无效的决定，在法律上不应引起仲裁条款无效的后果。1997 年《美国仲裁协会仲裁规则》第 15 条也有类似的规定。

---

① 李双元：《国际民事诉讼法概论》，武汉大学出版社 2001 年版，第 532～533 页；宋连斌：《国际商事仲裁管辖权研究》，法律出版社 2000 年版，第 107～113 页；赵健：《国际商事仲裁的司法监督》，法律出版社 2000 年版，第 78～81 页。

　　自 20 世纪 80 年代起,我国在立法中就开始逐步承认仲裁条款的独立性,并不断扩大仲裁条款独立的适用范围。1985 年《涉外经济合同法》第 35 条规定:"合同约定的解决争议的条款,不因合同的解除或者终止而失去效力。"1986 年,我国批准了《联合国国际货物销售合同公约》,该公约第 81 条也规定:"宣告合同无效不影响合同中关于解决争端的任何规定。"1999 年《合同法》第 57 条规定:"合同无效,被撤销或者终止的,不影响合同中独立存在的有关解决争议方法和条款的效力。"据此,在涉外经济合同领域,合同解除、终止、宣告无效,不影响合同中仲裁条款的效力。1994 年《仲裁法》进一步明确了仲裁条款的独立性,并且扩大了仲裁条款独立的适用范围。该法第 19 条规定:"仲裁协议独立存在,合同的变更、解除、终止或者无效,不影响仲裁协议的效力。"依照《仲裁法》,无论是涉外经济合同纠纷,还是国内经济合同争议,不仅是合同的解除、终止、宣布无效还是合同的变更、自始无效,仲裁条款都具有独立的地位。2005 年《仲裁法解释》第 10 条又扩大了仲裁条款独立的适用范围,即"合同成立后未生效或者被撤销的,仲裁协议效力的认定适用仲裁法第十九条第一款的规定。当事人在订立合同时就争议达成仲裁协议的,合同未成立不影响仲裁协议的效力"。亦即将《仲裁法》第 19 条仲裁条款独立的适用范围扩大到:合同成立后未生效或者被撤销以及合同未成立的,也不影响仲裁协议的效力。

　　我国仲裁机构的仲裁规则也采纳了仲裁条款独立性理论。1994 年《贸仲规则》第 5 条规定:"合同中的仲裁条款应视为与合同其他条款分离地、独立地存在的条款,附属于合同的仲裁协议也应视为与合同其他条款分离地、独立地存在的一个部分;合同的变更、解除、终止、失效或无效,均不影响仲裁条款或仲裁协议的效力。"1995 年《贸仲规则》进一步扩大了仲裁条款独立性理论的适用范围,它不仅在合同的变更、解除、终止、失效或无效时不影响仲裁条款的效力,而且合同存在与否,也不影响仲裁条款的效力。1998 年、2000 年《贸仲规则》对 1995 年《贸仲规则》中关于仲裁条款独立的规定完全予以保留。2005 年《贸仲规则》又进一步扩大了仲裁条款独立性理论的适用范围,它不仅规定合同的变更、解除、终止、失效或无效以及合同成立与否时不影响仲裁条款的效力,还规定合同未生效、被撤销,也不影响仲裁条款或仲裁协议的效力。《中国海事仲裁委员会仲裁规则》的规定与之是一致的。2012 年《贸仲规则》对 2005 年《贸仲规则》中关于仲裁条款独立的规定完全予以保留,即"合同中的仲裁条款应视为与合同其他条款分离的、独立存在的条款,附属于合同的仲裁协议也应视为与合同其他条款分离的、独立存在的一个部分;合同的变更、解除、终止、转让、失效、无效、未生效、被撤销以及成立与否,均不影响仲裁条款或仲裁协议的效力"。《中国海事仲裁委员会仲裁规则》对此也作了规定,其第 5 条规定:"仲裁协议独立存在,合同的变更、解除、终止、失效或无效以及存在与否,均不影响仲裁协议的效力。"

　　在《仲裁法》生效之前,对以欺诈为目的所订立的合同中仲裁条款的效力,我国法院持否定态度,即合同因欺诈自始无效,合同中的仲裁条款无效,仲裁条款独立性理论不适用于自始无效的合同。最典型的例子是,1988 年上海市高级人民法院审理的中国技术进出口总公司诉瑞士工业资源公司侵权损害赔偿纠纷上诉案。① 但是到了 1988 年,最高人民法院在江苏省物资集团轻工纺织总公司诉(香港)裕亿集团有限公司、(加拿大)太子发展

---

　　① 《中华人民共和国最高人民法院公报》1989 年第 1 期。

有限公司侵权损害赔偿纠纷上诉案中,①首次确认,即使当事人一方在履行合同过程中实施侵权行为,合同中的仲裁条款并不因此无效。应该说,《仲裁法》生效后,最高人民法院的这一裁定是意料之中的。

此外,仲裁条款独立性理论在我国仲裁实践中也得到了普遍的遵循。

【思考题】

1. 简述仲裁协议的概念和特征。
2. 比较仲裁条款和仲裁协议书。
3. 简述仲裁协议的内容。
4. 论仲裁协议的效力。
5. 简述仲裁协议的无效和失效。
6. 论仲裁条款的独立性。

【司法考试真题链接】

1. 根据我国有关法律的规定,在下列哪些情形下仲裁协议无效?(2003 年)

A. 约定的仲裁事项属于平等主体之间有关人身关系的纠纷

B. 约定的仲裁事项是不动产纠纷,在民事诉讼法上属于法院专属管辖的案件

C. 载有仲裁条款的合同因违反法律的禁止性规定而无效

D. 仲裁条款约定"因本合同履行发生的一切争议,由地处北京市的仲裁委员会进行仲裁"

2. 下列哪些仲裁协议为无效或失效?(2005 年)

A. 甲、乙两公司签订合同,并约定了仲裁条款。后合同双方又签订补充协议,约定"如原合同或补充协议履行发生争议,双方协商解决或向法院起诉解决"

B. 双方当事人在合同中约定:"因本合同履行发生的争议,双方当事人既可向南京仲裁委员会申请仲裁,也可向南京市鼓楼区法院起诉"

C. 甲、乙两公司在双方合同纠纷的诉讼中对法官均不满意,双方商量先撤诉后仲裁。甲公司向法院提出了撤诉申请,法院裁定准许撤诉。此后甲、乙两公司签订了仲裁协议,约定将该合同纠纷提交某仲裁委员会仲裁

D. 丙、丁两公司签订的合同中规定了内容齐全的仲裁条款,但该合同内容违反法律禁止性规定

3. 甲、乙在合同中约定因合同所发生的争议,提交某仲裁委员会仲裁。后双方发生

---

① 《最高人民法院公报典型案例全集(1985.1—1999.2)》,警官教育出版社 1999 年版,第 575 页以下。

争议,甲向约定的仲裁委员会申请仲裁,但乙对仲裁协议的效力提出异议。对此,乙就仲裁协议的效力有权向谁申请认定?(2005 年)

A. 该仲裁委员会所在地基层法院

B. 该仲裁委员会所在地中级法院

C. 该仲裁委员会

D. 甲居住地的基层法院

4. 刘某从海塘公司购买红木家具 1 套,价款为 3 万元,双方签订合同,约定如发生纠纷可向北京仲裁委员会申请仲裁。交付后,刘某发现该家具并非红木制成,便向仲裁委员会申请仲裁,请求退货。如果仲裁过程中海塘公司向仲裁委员会提交了双方在交付家具时签订的《补充协议》,该协议约定将纠纷处理方式变更为诉讼,这种情况下仲裁委员会应当如何处理?(2006 年)

A. 仲裁委员会有权对是否继续仲裁审理作出裁决

B. 仲裁委员会应当裁决驳回仲裁申请,当事人可向法院起诉

C. 仲裁委员会应当继续仲裁,裁决作出后当事人可以以没有有效的仲裁协议为由申请撤销仲裁裁决

D. 仲裁委员会应当继续仲裁,裁决作出后当事人不得以没有有效的仲裁协议为由申请撤销仲裁裁决

5. A 市水天公司与 B 市龙江公司签订一份运输合同,并约定如发生争议提交 A 市的 C 仲裁委员会仲裁。后因水天公司未按约支付运费,龙江公司向 C 仲裁委员会申请仲裁。在第一次开庭时,水天公司未出庭参加仲裁审理,而是在开庭审理后的第二天向 A 市中级人民法院申请确认仲裁协议无效。C 仲裁委员会应当如何处理本案?(2007 年)

A. 应当裁定中止仲裁程序

B. 应当裁定终结仲裁程序

C. 应当裁定驳回仲裁申请

D. 应当继续审理

6. A 市甲公司与 B 市乙公司在 B 市签订了一份钢材购销合同,约定合同履行地在 A 市。同时双方还商定因履行该合同所发生的纠纷,提交 C 仲裁委员会仲裁。后因乙公司无法履行该合同,经甲公司同意,乙公司的债权债务转让给 D 市的丙公司,但丙公司明确声明不接受仲裁条款。关于本案仲裁条款的效力,下列哪些选项是错误的?(2007 年)

A. 因丙公司已明确声明不接受合同中的仲裁条款,所以仲裁条款对其无效

B. 因丙公司受让合同中的债权债务,所以仲裁条款对其有效

C. 丙公司的声明只有取得甲公司同意,该仲裁条款对丙公司才无效

D. 丙公司的声明只有取得乙公司同意,该仲裁条款对丙公司才无效

7. 当事人在合同中约定了仲裁条款,出现下列哪些情况时,法院可以受理当事人的起诉?(2007 年)

A. 双方协商拟解除合同,但因赔偿问题发生争议,一方向法院起诉的

B. 当事人申请仲裁后达成和解协议而撤回仲裁申请,因一方反悔,另一方向法院起诉的

C. 仲裁裁决被法院依法裁定不予执行后，一方向法院起诉的

D. 仲裁裁决被法院依法撤销后，一方向法院起诉的

8. 甲、乙因遗产继承发生纠纷，双方书面约定由某仲裁委员会仲裁。后甲反悔，向遗产所在地法院起诉。法院受理后，乙向法院声明双方签订了仲裁协议。关于法院的做法，下列哪一选项是正确的？（2010年）

A. 裁定驳回起诉

B. 裁定驳回诉讼请求

C. 裁定将案件移送某仲裁委员会审理

D. 法院裁定仲裁协议无效，对案件继续审理

9. 甲公司与乙公司签订了一份钢材购销合同，约定因该合同发生纠纷双方可向A仲裁委员会申请仲裁，也可向合同履行地B法院起诉。关于本案，下列哪些选项是正确的？（2010年）

A. 双方达成的仲裁协议无效

B. 双方达成的管辖协议有效

C. 如甲公司向A仲裁委员会申请仲裁，乙公司在仲裁庭首次开庭前未提出异议，A仲裁委员会可对该案进行仲裁

D. 如甲公司向B法院起诉，乙公司在法院首次开庭时对法院管辖提出异议，法院应当驳回甲公司的起诉

10. 武当公司与洪湖公司签订了一份钢材购销合同，同时约定，因合同效力或合同的履行发生纠纷提交A仲裁委员会或B仲裁委员会仲裁解决。合同签订后，洪湖公司以本公司具体承办人超越权限签订合同为由，主张合同无效。关于本案，下列哪一说法是正确的？（2012年）

A. 因当事人约定了两个仲裁委员会，仲裁协议当然无效

B. 因洪湖公司承办人员超越权限签订合同导致合同无效，仲裁协议当然无效

C. 洪湖公司如向法院起诉，法院应当受理

D. 洪湖公司如向法院起诉，法院应当裁定不予受理

11. 中国A公司与甲国B公司签订货物买卖合同，约定合同争议提交中国C仲裁委员会仲裁，仲裁地在中国，但对仲裁条款应适用的法律未作约定。后因货物质量问题双方发生纠纷，中国A公司依仲裁条款向C仲裁委员会提起仲裁，但B公司主张仲裁条款无效。根据我国相关的法律规定，关于本案仲裁条款的效力审查问题，下列哪些判断是正确的？（2012年）

A. 对本案仲裁条款的效力，C仲裁委无权认定，只有中国法院有权审查

B. 对本案仲裁条款的效力，如A公司请求C仲裁委作出决定，B公司请求中国法院作出裁定的，由中国法院裁定

C. 对本案仲裁条款效力的审查，应适用中国法

D. 对本案仲裁条款效力的审查，应适用甲国法

12. 兴源公司与郭某签订钢材买卖合同，并书面约定本合同一切争议由中国国际经济贸易仲裁委员会仲裁。兴源公司支付100万元预付款后，因郭某未履约依法解除了合

同。郭某一直未将预付款返还,兴源公司遂提出返还货款的仲裁请求,仲裁庭适用简易程序审理,并作出裁决,支持该请求。由于郭某拒不履行裁决,兴源公司申请执行。郭某无力归还 100 万元现金,但可以收藏的多幅字画提供执行担保。担保期满后郭某仍无力还款,法院在准备执行该批字画时,朱某向法院提出异议,主张自己才是这些字画的所有权人,郭某只是代为保管。关于仲裁协议的表述,下列选项正确的是?(2013 年)

A. 买卖合同虽已解除,但仲裁条款具有独立性,兴源公司可以据此申请仲裁

B. 兴源公司返还货款的请求是基于不当得利请求权,与买卖合同无关,不应据此申请仲裁

C. 仲裁协议未约定适用简易程序,仲裁庭不应适用简易程序审理

D. 双方选择的中国国际经济贸易仲裁委员会是涉外仲裁机构,本案不具有涉外因素,应当重新选择

第六章 仲裁程序

【引例】

甲公司和乙公司订立了一份加工承揽合同,在合同中双方订立了仲裁条款。双方约定因本合同的履行所发生的一切争议,均提交珠海仲裁委员会仲裁。在履行合同的过程中,由于甲公司认为乙公司制作的产品没有达到约定的质量标准而拒付劳务费,双方发生争议。乙公司向珠海仲裁委员会申请仲裁。双方共同委托仲裁委员会主任李某指定仲裁员。李某于是指定了甲、乙、丙三人。甲公司要求公开审理本案,乙公司不同意,仲裁庭决定公开开庭审理本案。在多次开庭后,甲公司掌握了仲裁员丙私下会见乙公司的法定代表人并接受乙公司赠送的礼品的证据。甲公司在下一次开庭时出示了上述证据,申请仲裁员丙回避。仲裁庭经过研究驳回了甲公司的回避申请,并在最终裁决中作出了不利于甲公司的认定。

本案主要涉及仲裁程序问题。该案的仲裁程序存在诸多不合法之处:首先,仲裁员的指定不合法。依据我国《仲裁法》第31条的规定,在仲裁庭的组成上,如果当事人约定了由三名仲裁员组成仲裁庭的,应当各自选定一名或者委托仲裁委员会主任指定一名。第三名仲裁员应当由双方当事人共同选定或者由双方共同委托仲裁委员会主任指定,作为首席仲裁员。本案中,双方当事人共同委托仲裁委员会主任指定了三名仲裁员,这显然与仲裁法的规定相矛盾。其次,仲裁庭决定将案件公开审理是不合法的。依据我国《仲裁法》第40条的规定,只有在仲裁的双方当事人就公开审理达成一致的情况下,仲裁庭才能够公开审理仲裁案件。本案中有一方当事人反对公开审理,因此,本案不能公开审理,仲裁庭单方面决定公开审理本案是不正确的。再次,本案中仲裁庭决定仲裁员丙不需要回避的决定在程序和实体上都是错误的。依据我国《仲裁法》第34条第4项以及第36条的规定,在程序上,仲裁员应否回避应当由仲裁委员会主任决定。在本案中,仲裁庭自己经过讨论决定了仲裁员丙的回避问题显然与法律规定不符。在实体上,依据仲裁法的有关规定,违反规定私下会见当事人,接受当事人礼品的仲裁员必须回避。可见,本案中仲裁员丙是必须回避的。决定丙不需回避的决定在实体上也是错误的。最后,甲公司可以申请人民法院撤销该仲裁裁决,也可以在对方当事人向人民法院申请执行该仲裁裁决的时候,向人民法院提供证据,由人民法院裁定不予执行该仲裁裁决。

第一节　仲裁当事人及代理人

一、仲裁当事人

(一)仲裁当事人的概念

仲裁当事人的称谓,各国及各国的仲裁机构略有不同。一般而言,所谓仲裁当事人,即仲裁法律关系的主体,是指因可仲裁的民事法律关系发生争议,在协商一致的基础上,以自己的名义参加到仲裁程序并受仲裁裁决约束的直接利害关系人,包括公民、法人和其他组织。一般是指仲裁案件中的申请人和被申请人。前者指向仲裁委员会提出仲裁申请的人;后者指仲裁申请人在申请书中主张权利的对象,亦即仲裁申请人所提请求的义务人。在执行程序中,当事人称申请执行人或申请人和被申请人或被执行人;在申请撤销仲裁裁决的程序中,当事人称申请人和被申请人。

(二)仲裁当事人的特征

1. 以自己的名义参加到仲裁程序当中。凡不是以自己的名义而是以他人的名义参加到仲裁程序中的,例如仲裁代理人等都不是仲裁当事人。以自己的名义参加仲裁程序并实施仲裁法律行为,标志着该主体与争议的民事案件的利害关系,同时也是该主体承担仲裁裁决结果的前提。

2. 与可仲裁的民事争议有直接的利害关系。所谓直接的利害关系,是指该主体是争议的民事法律关系的权利享有者和义务承担者,正是存在着直接利害关系,才促使该主体提起仲裁程序或介于仲裁程序的内在原因。此外,这种直接利害关系也是该主体承担仲裁裁决结果的基础,即承担仲裁机构对争议的民事法律关系权利与义务确认的基础。

3. 受仲裁裁决的约束。正是由于仲裁当事人以自己的名义提起和介于仲裁程序并与争议的民事法律关系有直接利害关系,所以为解决争议而由仲裁机构作出的对权利与义务的确认即仲裁裁决,对当事人直接发生法律效力。

(三)仲裁当事人的确定 [①]

仲裁当事人的确定,关系整个仲裁过程及其后的执行过程的效率。从静态的角度研究仲裁当事人的适格问题就显得尤为重要。仲裁协议是整个仲裁制度的基石,有仲裁协议存在,当事人才可能对相对人提起仲裁。

1. 确定仲裁当事人的原则。如何确定仲裁当事人,应当按怎样的标准才能准确而全面地概括仲裁当事人的范围,坚持什么样的原则,"才能在找寻确定当事人标准时,不会顾此失彼,或者偏离应有的宗旨",对此,结合仲裁本身的特征及司法实践中政策考量,确定仲裁当事人时应当遵循以下原则:

---

① 卓丹红:《论仲裁当事人的确定》,载《东方企业文化》2010 年第 10 期。

　　(1)尊重当事人意愿原则。仲裁的当事人应当是民商事纠纷中作出将争议提交仲裁解决的真实意思表示的双方主体，只要双方达成将争议提交仲裁的合意，即对双方产生约束力，丧失就特定争议向法院起诉的权利，而成为仲裁的当事人。

　　(2)尽量使仲裁协议有效原则，这也是国际商事仲裁的发展趋势，因此，确定仲裁当事人时，也应顺应这一发展潮流，以支持、鼓励仲裁的发展。

　　(3)尽量使实体法律关系主体与程序参与主体一致原则。实体权利义务的承担者，应当也是仲裁审理程序的参与者及被裁决约束的主体。

　　2. 确定仲裁当事人的标准。具体为：

　　(1)字面签署标准。在合同相对性被严格遵守的简单合同关系中，仲裁协议签字人和仲裁当事人几乎是一致的，以书面签署标准判断仲裁当事人是没有问题的。然而，当实体关系上出现合同相对性例外或合同主体动态变化的情形，当合同原始当事人之外的第三人有权主张合同的时候，书面签署标准给纠纷解决带来了诸多不利影响。如在间接代理、合同继承、合同转让中，签字人未必是实体权利义务的最终承担者，但却常常被纳入仲裁审理程序中，甚至被裁决约束，而仲裁裁决不能得到执行，浪费了资源与成本，造成了管辖权范围上的混乱，这也使得仲裁条款的适用范围变得极其有限，使其在引导纠纷解决上的效用大大降低。严守书面签署标准将最终阻碍仲裁成为解决现代社会新型复杂纠纷的有效方式。此外，书面签署标准也背离了确定当事人应当具备的思想，即尽量使仲裁协议有效及使实体法律关系主体和程序参与主体一致。

　　(2)请求权标准。请求权标准是针对书面签署标准的局限性而提出的新标准，这一标准的核心在于坚持仲裁协议对事项的管辖范围决定对主体的管辖范围。请求权标准相对于书面签署标准而言具有进步意义，在仲裁的效力范围上有所扩大，但是也有其自身的缺陷。正如该观点提出者所言："（按照请求权标准确定的）仲裁当事人的范围……始终处于弹性可变的状态……"作者赋予仲裁当事人灵活性标准的本意是善意且积极进步的，虽然仲裁也具有灵活性的特性，但仲裁的灵活性是指在程序上相对于诉讼而言，当事人享有更大的自主权，即在文书格式、裁决书内容、时限乃至法律的适用等方面有很大的弹性。而对于确定仲裁基本框架的当事人，则在灵活性的同时需要确定性，否则，当事人处于不断变化中，不利于仲裁对基本确定性的需求，是否有仲裁合意、仲裁机构的选择、仲裁庭的组成等，皆因仲裁当事人的不确定，而变得飘忽不定，这也同时影响到当事人对仲裁的选择。

　　3. 效力扩张后的仲裁协议当事人标准。许多学者认为仲裁协议当事人与仲裁当事人是不同的，但这种观点的前提是仲裁协议的当事人仅限于仲裁协议上签署的当事人。伴随着社会经济和法律环境的不断变化发展，且为支持仲裁、鼓励仲裁的目的，仲裁协议的效力范围不断扩大和延伸。在这种背景下，我们很难再区别仲裁协议当事人和仲裁当事人，并且仲裁协议当事人与请求权标准相比，在概念上与仲裁制度紧密联系，且包括含请求权标准的实质内涵。况且，效力扩张后的仲裁协议当事人标准，与传统的书面签署标准有着上下承接的关系，不至于使确定当事人的标准跨度过大。

　　从目前存在的解释仲裁协议效力扩张的理论来看，大多数并非学者创设的理论。相反，学者们从仲裁协议的契约性这一基本特征出发，在原有的合同法律制度或者其他相关法律制度中寻找相关理论用以解决国际商事仲裁所出现的这一新的法律问题。效力扩张后仲裁协议当事人标准的理论基础具体是：

（1）公平合理的期待。"公平合理的期待"是现代合同法对合同作出解释时适用的原则。该原则要求以合同当事人的合理利益来推断当事人的意图，如果当事人有不同于此的意图，应当作特殊的约定。解释仲裁条款的约束力范围时也应考虑争议双方对仲裁条款有效性的理解和合理期待。具体而言，仲裁协议效力的合理期待包括两个方面：首先，从实体上，当事人希望所有法律上的真正利害关系人都能参加仲裁程序。其次，从程序上看，若一方未被允许参加仲裁程序，但仲裁裁决又必然对该方的实质利益产生影响，那么就违反了该方对程序公正的合理期待。

（2）禁止反言与诚实信用。禁止反言原则，是依托于衡平理念发展起来的，意为阻止一方当事人用相互矛盾的语言和行为来主张自己对他人的权利。其本质在于不允许一方当事人通过违背先前所作的允诺行为而造成对另一方当事人权益的损害。大陆法系的"诚实信用"原则与英美法系的"禁止反言"有同样的保护"信赖利益"的功效，"诚实信用，善良公允"等民法的基本原则在大陆法系管辖区域构成扩张仲裁协议效力范围的依据。

（3）揭开公司面纱理论。揭开公司面纱理论，是指当公司的独立人格和股东有限责任被公司背后的股东滥用时，就具体法律关系中的特定事实，否定公司的独立法人机能将公司与其背后的股东视为一体并追究其共同的连带法律责任。揭开公司面纱的理论在商事仲裁契约领域的运用为法院根据该理论解释仲裁协议对未签字人的效力创造了条件。在该理论下，未签字的母公司仍有可能受仲裁协议的约束。

（4）合同相对性原则的例外。虽然各国民法债权制度均曾强调合同的相对性，但近代各国立法及判例对此已有突破，突出表现为利他契约，即第三方受益合同的出现。传统的合同相对性原则在社会发展的进程中并没有得到严格的恪守，相对性规则的例外逐步得到确认，合同中不仅可以直接规定第三方受益人的权利，还可以赋予第三人主张该权益的权利。在此情况下，如果第三方受益合同中含有仲裁条款，即使不是合同签字方，但依据利他合同理论，第三人无疑有权依据仲裁条款提起仲裁程序，从而实现了仲裁协议效力的扩张。传统的合同相对性理论，曾是仲裁协议或仲裁条款对未签字当事人不具拘束力的最原始、最根本的理论依据，而我们今天在对仲裁协议对未签字的第三方效力问题进行讨论时，合同相对性理论的例外不能不说是可以引以为据的重要法律理论。因为，当特定的第三人根据合同或者法律上的规定向有关合同当事人主张其权利时，如果不允许其适用合同中的仲裁条款，不承认仲裁条款对其与合同的当事人之间的约束力，则可能会对其实体权利的救济和保护不利，也未能使仲裁发挥出其最大限度的效力。

4. 仲裁当事人范围的重新界定。综上分析，按照效力扩张后的仲裁协议当事人标准，仲裁当事人的范围包括仲裁协议的签字人及仲裁协议效力扩张后涉及的未签字人，所以仲裁当事人的具体范围包括：仲裁协议签字人；合并、分立或自然人死亡后的权利义务继承人；间接代理下的被代理人；公司法人人格否认情况下对承担责任的股东或母公司；合同转让后的受让人；利他合同中的受益第三方；代位权关系中的债权人。其中，对于代位权关系中的债权人，需要说明的是：在次债务合同有仲裁条款的情况下，债权人应当受仲裁条款的约束。这是因为代位请求的依据在于次债务合同，被请求人是否应当对代位权人承担责任、在什么限度内承担责任、是否有免责理由都来源于次债务合同的规定,而这些事项已经被纳入了仲裁管辖的范围,代位权人无法凭借自己合同第三人的身份试图打破仲裁条款对合同事项的约束力。对于代位权关系的审理涉及主债务合同和次债务合同两个法律关系,而次债务合同中的仲裁条款对主债关系没有管辖权,因此,仲裁庭应避免对债权人和债务人的代位权关系进行实质审查。为此,仲裁庭应当受理确定的、无异议的债权人代位申请,如经判决、仲裁裁决确定的债权,经公证的债权,经过债务人承认的债权。

二、仲裁第三人

(一)仲裁第三人的概念

关于仲裁第三人,我国《仲裁法》和绝大多数国家仲裁法一样没作规定。仲裁程序中是否像民事诉讼程序一样有第三人,是一个有争议的问题。关于仲裁第三人的内涵界定,目前的研究成果有两种界定方式。主流观点的界定得益于民事诉讼中第三人的界定,认为仲裁第三人是指非仲裁协议的表面签订者,由于合同或其他财产关系,参加或被仲裁当事人要求追加或被仲裁庭通知,加入到即将开始或已经开始的仲裁程序中的当事人。另外一种界定采用较为自然的方式,认为仲裁第三人就是仲裁协议当事人以外的人。笔者认同主流观点。究其实质,仲裁第三人就是对正在进行的仲裁中争议的法律关系有独立的请求权,或虽无独立的请求权但是仲裁案件的审理与其有法律上的利害关系,因而需要参加到仲裁中的公民、法人或者其他组织,可分为有独立请求权第三人和无独立请求权第三人。[1] 将仲裁第三人作广义上的解释,有利于从理论层面对仲裁第三人作深入探讨,扫除在仲裁第三人制度构建方面存在的因范围不明确引起的诸多困扰。

(二)仲裁第三人的特征

1. 仲裁第三人并非仲裁当事人,仲裁当事人受主合同或者仲裁协议的直接约束,而仲裁第三人则与主合同和仲裁协议没有直接的利害关系。仲裁第三人因为不是启动正在进行的仲裁案件的仲裁协议的签订者,所以既非仲裁申请人,也非仲裁被申请人,而是相对于申请人与被申请人的案外人。这里的案件指的是申请人与被申请人正在进行仲裁的案件。需要注意的是仲裁第三人与仲裁权利、义务承担人的区别。可以说,仲裁权利义务承担借鉴了民事诉讼中诉讼承担制度的概念和制度。在仲裁实践中,不可避免地会发生当事人死亡、合并、分立、终止的法律事实。遇到这样的法律事实,仲裁程序还必须继续进行下去。仲裁权利、义务承担是指仲裁进行过程中,作为当事人的公民死亡,由其继承人继续进行仲裁;作为当事人的法人、其他组织发生合并、分立或者终止,由承担其权利、义务的法人或者其他组织继续进行仲裁。仲裁权利、义务承担人以自己的名义承担仲裁权利与义务,继续进行仲裁程序。仲裁权利、义务承担人并非案外人,虽然其不再以原申请人或被申请人的名义进行仲裁,但是这属于申请人或被申请人名义的法定变更,不属于案

---

① 谭兵:《中国仲裁制度研究》,法律出版社 1995 年版,第 128～129 页。

外人介入他人已进行的仲裁程序。仲裁权利、义务的承担除了发生在上述仲裁过程中的突发情形下,也可能发生在仲裁前。在当事人订立仲裁协议后合并、分立或者当事人订立仲裁协议后死亡的,也存在仲裁权利、义务的继受或承担的问题,仲裁协议对其权利义务的继受人有效,此时仍属于当事人的变更而不属于案外人参加仲裁。对这种情形,《仲裁法解释》第 8 条明确规定,当事人订立仲裁协议后合并、分立的,仲裁协议对其权利义务的继受人有效。当事人订立仲裁协议后死亡的,仲裁协议对承继其仲裁事项中的权利义务的继承人有效。这两款规定情形,当事人订立仲裁协议时另有约定的除外。

1999 年瑞典在修订其仲裁法时,有一个争论很大的问题:当包含有仲裁条款的合同的当事人将其合同下的权利不包括义务转让给第三人时,该第三人是否可以成为仲裁当事人? 当时负责修订的委员会提出的方案是:如果仲裁协议的一方当事人把仲裁协议中的权利义务转让,只在能够确认相对方和受让方同意适用仲裁协议的前提下仲裁协议才能适用于这两方之间。但这一方案遭受到了强烈的批评,不过其后不久瑞典最高法院在EMJA 一案的判决中部分地解决了上述问题。在该案中,一个包括仲裁条款的合同的权利被转让。瑞典最高法院认为,主合同下权利的转让导致受让方应受仲裁条款的约束;且除非有特殊理由,相对方亦应受仲裁协议的约束。这种因合同转让而引起的仲裁条款的相应转移引起的也是仲裁权利与义务的承担。瑞典最高法院对合同转让引起的仲裁权利、义务转让的立场具有代表性,我国最高人民法院也认可这一立场。《仲裁法解释》第 9 条明确规定,债权债务全部或者部分转让的,仲裁协议对受让人有效,但当事人另有约定、在受让债权债务时受让人明确反对或者不知有单独仲裁协议的除外。

2. 仲裁第三人对于仲裁标的有独立的请求权或者法律上的利害关系。仲裁第三人虽然是案外人,但决非与正在仲裁的案件毫无瓜葛。仲裁第三人与正在进行的仲裁案件中的争议法律关系具有相关性,这是仲裁第三人的另一显著特征。仲裁第三人与正在进行的仲裁案件中的争议法律关系具有相关性,有三种情形。第一种情形是在争议的法律关系中有自己独立的权利;第二种情形是对争议法律关系的审理结果可能会导致其承担义务;第三种情形是在争议法律关系中不但有权利,同时也可能承担相应的义务。

3. 仲裁第三人属于仲裁程序的参与人,可以参加到仲裁程序中。仲裁第三人不以仲裁当事人中任何一方的名义进行仲裁,而是以自己的名义参加仲裁。如果认为与争议法律关系具有利害关系的案外人与原仲裁协议的签订者,即申请人与被申请人达成参加仲裁的协议就变成了仲裁协议的一方当事人,显然是抹杀了仲裁第三人的根本特征。

(三)关于仲裁第三人的立法情况①

我国《仲裁法》中没有关于仲裁第三人的规定,所以多数仲裁委员会对仲裁第三人持否定态度,仅有少数仲裁委员会承认仲裁第三人制度,并以仲裁规则的形式对仲裁第三人予以规定,如《中国海事仲裁委员会仲裁规则》增加了关于利害关系人参加仲裁方面的内容,其第 50 条规定:"对当事人的仲裁请求或反请求,当事人以外的利害关系人如认为案

---

① 韩波:《仲裁当事人制度:缺失与构建》,载《民事程序法研究》(第四辑),厦门大学出版社 2008年版,第 1~30 页。

件处理结果同其有法律上的利害关系,经与双方当事人达成协议,并经仲裁庭同意,可以申请作为当事人参加仲裁。"

[案例]家住某市甲区的潘某(甲方)与家住乙区的舒某(乙方)签订房屋租赁合同,舒某将位于丙区的一处 500m² 的两层楼租给潘某经营饭馆。合同中除约定了有关租赁事项外,还约定:"甲方租赁过程中如决定购买该房,按每平方米 2000 元的价格购买,具体事项另行协商。"潘某的饭馆开张后生意兴隆,遂决定将租赁的房屋买下长期经营。但因房价上涨,舒某不同意出卖。潘某将房价款 100 万元办理提存公证,舒某仍不同意出卖。后舒某以每平方米 2500 元的价格与杏林公司签订了房屋买卖合同,合同中约定了仲裁条款。潘某为阻止舒某与杏林公司成交,向丙区人民法院提起诉讼,要求认定租赁合同中的买卖条款有效并判决舒某履行协助办理房屋过户手续的义务。法院受理后,舒某提出管辖权异议,法院审查后发出驳回通知书。一审法院经审理认定,原、被告之间构成了预约合同关系,但尚不构成买卖关系,故判决驳回原告的诉讼请求。潘某不服提出上诉。请问:如果潘某与舒某一审诉讼之前或一审诉讼期间,杏林公司就其与舒某之间的买卖合同申请仲裁,请求确认合同有效并请求履行,潘某可否参加仲裁程序,主张自己具有优先购买权? 为什么?

[解答]不能。因为依据《仲裁法》的规定仲裁程序中没有第三人,潘某进入仲裁程序没有仲裁协议作为根据。民事仲裁程序与民事诉讼程序作为并存的民事纠纷解决方式,有着诸多不同,最显著的不同体现在:是否公开进行,是否一裁终局。在当事人制度上,民事仲裁程序与民事诉讼程序也有着明显的差异,民事仲裁程序没有有独立请求权第三人和无独立请求权第三人参加仲裁的制度。潘某作为舒某与杏林公司仲裁协议之外的人,不能参加二者之间的仲裁程序。

就国外而言,国外仲裁法和仲裁实践中存在仲裁第三人的制度。英国、美国、荷兰、比利时、日本等国的仲裁法律规范中都有相应的规定。具体如下:

1. 荷兰的有独立请求权第三人与无独立请求权第三人。根据 1986 年《荷兰民事诉讼法典》第 1045 条的规定,在仲裁中存在两种第三人:一种是有独立请求权的第三人,即根据其与仲裁协议的当事人之间的书面协议,要求参加仲裁、介入或者联合索赔的第三人;另外一种是无独立请求权的第三人,即与仲裁程序的结果有利害关系的第三人或被仲裁协议当事人指称真正应承担赔偿责任的人。

2. 德国、比利时、日本的三方合意第三人。根据 1998 年《德国民事诉讼法》第 1031 条的规定,在无及时提出异议的情形下,允许第三人与双方当事人签订仲裁协议;根据《比利时仲裁法》,仲裁第三人可以应一方当事人的请求参加仲裁也可以自己请求参加仲裁程序,不过,原仲裁协议当事人必须与第三人签订一份仲裁协议。仲裁第三人不仅仅是仲裁申请人、被申请人与仲裁第三人三方合意的产物,同时,仲裁第三人也必须征得仲裁庭的同意。《日本商事仲裁协会商事仲裁规则》也有类似的规定。

3. 英国的有独立请求权第三人。根据 1999 年 11 月英国议会通过的《1999 年合同第三人权利法》第 8 条第 1 款的规定,仲裁中的第三人是附条件利益第三人。在英国的仲裁中,第三人在一定条件下被视为"仲裁协议当事人",其中"一定条件"主要包括:第一,根据"法案"第1条合同给予第三人执行合同实体条款的权利;第二,该权利以规定提交纠纷与仲裁的条款为条件;第三,第三人要求执行实体条款。第一项条件明确合同给予第三人的是利益而不是负担,因此,英国的第三人是权利型第三人,因为必须由第三人提出权利或利益主张的要求,英国仲裁中的第三人应仅为有独立请求权的第三人。

4. 泛化的美国仲裁第三人。美国的仲裁实践对仲裁第三人持非常开放的态度,作为仲裁监督者的美国法院也基于鼓励仲裁、扩大仲裁适用范围的政策对仲裁第三人非常宽容。学者对美国仲裁中的第三人总结出 10 种情况:

(1)并入。一非签约方与当事方达成一单独合同关系,而已有仲裁条款可以并入该合同时,非签约方可以迫使该当事方与其进行仲裁。

(2)义务担负。对没有在仲裁协议上签字者,如有后续行为表示其担负了仲裁义务,可受仲裁协议约束。

(3)代理。代理法的传统原则可能使一非签约方受仲裁协议约束。

(4)揭穿法人人格。公司集团、合伙、合营企业在某些情况下,母公司与其分支机构之间的关系就足以成为使它们互相承担对方行为的法律后果的理由。例如,子公司与他人签订了仲裁协议,发生纠纷时,某些情况下相对方可以要求母公司加入仲裁。

(5)禁反言。在非签约方有意识地利用了仲裁协议带来的利益时,根据禁反言理论,法院会判决他必须受此协议的约束,尽管他可能没有签订此协议。例如,A、B、C 发生商事争议,其中 A、B 之间有仲裁协议,C 是第三方。A 或者 B 去法院起诉了 C,C 以 A、B 之间有仲裁协议为由抗辩,试图以此为由中止诉讼程序。在这种情况下,法院会根据禁反言理论判决 C 也要受仲裁协议的约束。

(6)合同转让。申请人或被申请人是合同权益的受让方,合同中有仲裁条款。

(7)合同更新。仲裁中的申请人和被申请人代替了仲裁协议的原当事人,原当事人在此协议下不再享有任何权利义务。

(8)因为法律规定而产生的继受:这种情况在破产中常见。破产财产管理人继受合同,代替破产方申请仲裁或者因继受破产者的合同地位被申请参加仲裁程序。也可能发生在遗嘱继承和类似争议中。

(9)代位求偿权。见于保险和再保险中,代位权人代替了包含仲裁条款的合同原当事人的合同地位。

(10)第三方受益。合同的当事人可能明文约定除双方之外,第三人也拥有合同项下的权利。即使没有这样的明文约定,如能证明当事人有这样的意图,第三方也能够获得合同项下的权利,其中包括仲裁权。在当今世界的仲裁实践中,仲裁第三人制度尚未得到全面的认可。如 1958 年《纽约公约》第 5 条规定了拒绝承认和执行外国仲裁裁决的理由,其中第 1 款第 3 项规定,仲裁员所作的裁决涉及仲裁协议所未曾提到的,或者不包括在仲裁协议规定之内的争执。如果原仲裁协议的当事人均不同意第三人的加入,而仲裁庭无视仲裁协议的规定,对第三人的权利义务作出了裁判,即为越权。即使作出了裁决在外国也得不到承认和执行。不过也应该看到,当今世界,也有相当数量的国家是承认仲裁第三人制度的,其中不乏一些法治发达国家的代表,如英国、美国、德国、日本等。在各承认仲裁第三人的国家,对仲裁第三人的界定角度不同。荷兰式界定明显脱胎于民事诉讼法上的第三人,德国、比利时、日本和英国的界定体现了各国对仲裁第三人独特的理解和认识。学者对美国仲裁实践中第三人情形的归纳,其中只有并入、义务担负、代理、揭穿法人人格、禁反言和第三方受益六种情形是仲裁第三人情形,另外四种情形属于仲裁当事人变更的情形。不过,从总体上看,学者对美国仲裁实践中的第三人的归纳最为全面,既涵盖了义务型仲裁第三人与权利型仲裁第三人,也关照到仲裁程序运作的实际情况。

我国在仲裁实践中也存在仲裁第三人的情况,结合国外一些国家的仲裁法对仲裁第三人的承认,笔者建议我国的《仲裁法》亦可确立仲裁第三人制度,即:对当事人双方争议的法律关系,案外人认为有独立请求权的,有权申请参加仲裁。如三方当事人能达成新的仲裁协议,案外人可以在案件受理后到仲裁庭调查结束前参加仲裁。原协议当事人无正当理由的,不得拒绝签署新的仲裁协议。对当事人双方争议的法律关系,第三人虽然没有独立请求权,但案件处理结果同他有法律上的利害关系的,可以申请参加仲裁。仲裁第三人享有与原仲裁当事人同样的仲裁权利。

▌三、仲裁代理人

仲裁代理人,是指依据法律的规定或当事人的授权在仲裁程序中以被代理人的名义进行仲裁活动的人。仲裁代理人包括法定仲裁代理人和委托仲裁代理人。法定仲裁代理人即仲裁当事人的监护人,而委托仲裁代理人的范围较广,仲裁当事人及其法定代理人可以自由地聘任任何适当的人为其仲裁代理人,代表当事人参加仲裁程序。委托代理人的范围通常是:(1)律师;(2)其他人员。

我国《仲裁法》第29条规定:"当事人、法定代理人可以委托律师和其他代理人进行仲裁活动,委托律师和其他代理人进行仲裁活动的,应当向仲裁委员会提交授权委托书。"授权委托书应当载明委托事项和权限。如果当事人提交的书面授权委托书中,授权仲裁代理人进行一般代理的,该代理权限包括申请仲裁、进行答辩、申请回避、调查证据、参加仲裁开庭并进行陈述和辩论等等。根据委托授权的不同,可以把委托代理分为一般委托代理和特别委托代理。一般委托代理,是指代理人只能代理被代理人为一般仲裁行为的代理。特别委托代理,是指代理人不仅可以为被代理人代理一般仲裁行为,而且还可以根据被代理人的特别授权,代为承认、放弃、变更仲裁请求,进行和解、调解等仲裁行为的代理。如果由委托代理人代为承认、放弃、变更仲裁请求,进行和解,提出反请求,应当有被代理人的特别授权。代理权限若有变更或者解除,委托人应当书面告知仲裁委员会或者仲裁庭,由仲裁委员会或者仲裁庭通知对方当事人。

委托代理人是根据当事人、法定代理人、法定代表人的授权委托而代为进行仲裁活动的,委托代理人只有在代理权限范围内所为的代理行为产生的法律后果才能由被代理人承担。委托代理产生后,出现下列情形之一的,委托代理权即归于消灭:(1)仲裁程序终结;(2)委托代理人死亡或者丧失行为能力;(3)委托人解除委托或者代理人辞去委托。

第二节　仲裁申请和受理

一、仲裁申请

（一）仲裁申请的概念

仲裁申请是指平等主体的自然人、法人和其他组织就他们之间发生的民商事纠纷，根据仲裁协议，提请有关的仲裁委员会进行仲裁审理并作出裁决的行为。根据《仲裁法》的规定，争议发生后，争议的任何一方均可按照双方在争议发生前或发生后订立的仲裁协议依法向选定的仲裁委员会提出仲裁申请。

（二）申请仲裁的条件

申请仲裁是仲裁程序开始的必要条件之一，也是启动仲裁程序的第一步。根据我国《仲裁法》的规定，当事人申请仲裁，必须符合一定的条件，这些条件包括：

1. 存在有效的仲裁协议。仲裁的本质是当事人自愿，仲裁协议是当事人意思自治的最充分体现，是表明当事人双方愿意通过仲裁方式而不是诉讼方式解决纠纷的依据。由于仲裁方式对诉讼方式的排斥性，使得双方当事人的仲裁意愿必须通过仲裁协议固定下来。没有有效的仲裁协议，当事人的仲裁合意就无法体现，也就不能要求以仲裁方式解决纠纷。因此，我国仲裁法规定，没有仲裁协议，一方申请仲裁的，仲裁委员会不予受理。这也是有效的仲裁协议成为当事人申请仲裁的必备条件之一。

2. 有具体的仲裁请求和事实、理由。当事人申请仲裁是为了通过仲裁方式主张自己的权利，维护自己的合法权益。因此，其必须向仲裁庭提出所请求保护和支持的具体请求以及支持这些请求的事实和理由。所谓具体的仲裁请求，是指仲裁申请人请求仲裁机构通过行使仲裁权予以确定和保护的民事权益的具体内容。而事实、理由是指支持申请人仲裁请求的具体事实和依据，用以证明申请人所提出的仲裁请求的合理性。

3. 属于仲裁委员会的受理范围。属于仲裁委员会的受理范围是指当事人提请仲裁的争议事项是我国仲裁法所确定的具有可仲裁性的争议事项，以及当事人申请仲裁的仲裁委员会为双方当事人所共同选定的。具体说来，当事人提请仲裁的争议事项必须是《仲裁法》第2条规定的平等主体的公民、法人和其他组织之间发生的合同纠纷和其他财产权益纠纷，同时不属于《仲裁法》第3条规定的婚姻、收养、监护、抚养、继承纠纷以及依法应当由行政机关处理的行政争议。申请仲裁的仲裁委员会必须是当事人在仲裁协议中确定的或根据仲裁协议所选定的，否则当事人申请仲裁的仲裁委员会无权仲裁。

（三）申请仲裁的方式

从理论上讲，仲裁申请的方式有口头申请和书面申请两种，但纵观各国仲裁立法，除少数国家规定可以口头方式申请仲裁外，大多数国家均要求仲裁应以书面形式提出申请。我国《仲裁法》第22条规定："当事人申请仲裁，应当向仲裁委员会递交仲裁协议、仲裁申请书及副本。"这一规定明确了当事人申请仲裁,必须采用书面方式,而仲裁申请书即为这一书面方式的具体表现形式。这一做法有诸多的好处[1]:一是避免当事人就是否有申请仲裁的行为发生争议,使仲裁委员会能够及时受理案件并作出相应的处理;二是便于仲裁委员会对仲裁申请尽可能地作出准确全面的审查,便于仲裁庭审理案件;三是便于被申请人作出答辩;四是便于人民法院对仲裁实施支持和监督。

所谓仲裁申请书是指仲裁申请人根据仲裁协议将已经发生的争议提请仲裁机构进行审理和裁决,以保护其合法权益的法律文书。仲裁申请书应当载明下列内容:

1. 当事人的姓名、性别、年龄、职业、工作单位、住所、电话和法定代表人或者主要负责人的姓名、职务。

2. 仲裁请求和事实根据、理由。仲裁请求和事实根据及理由是仲裁申请书最核心的内容,因此,对仲裁申请人的具体仲裁请求以及双方当事人之间争执的事实、争议的焦点和理由应当明确、清晰地加以叙述,使得仲裁庭能够充分了解申请人请求仲裁庭所保护、确认的权利请求和请求仲裁庭所裁决的被申请人应当履行的义务。

3. 证据、证人姓名和住所。证据是仲裁庭审理案件、确定双方当事人权利义务关系的根据。我国《仲裁法》第43条规定,当事人应当对自己的主张提供证据。因此,当事人在申请仲裁时必须同时提供证据及证据来源,如果有证人,还应该提供证人的姓名和住所。

4. 所申请的仲裁委员会的名称。按照我国《仲裁法》和各仲裁委员会仲裁规则的规定,当事人的仲裁申请应当提交给双方当事人一致选定的仲裁委员会,由仲裁委员会进行审查和决定是否受理。同时,当事人选定的仲裁委员会和申请人提请仲裁的仲裁委员会必须是一致的,否则,仲裁委员会不予受理。因此,当事人在仲裁申请中必须明确所申请的仲裁委员会的名称。

5. 申请仲裁的年、月、日。

6. 申请人的签名、盖章。

当事人提交仲裁申请书应当按照对方当事人的人数和组成仲裁庭的仲裁员人数,备具副本。

二、仲裁受理

审查与受理是仲裁委员会的一项重要的仲裁活动。所谓受理,是指仲裁委员会对当事人的仲裁申请经过审查,认为符合法律规定的申请条件,从而决定立案的行为。当事人向仲裁委员会申请仲裁后,仲裁委员会就要对当事人的申请是否符合申请仲裁的条件进行审查,从而决定是否受理。实际上仲裁程序的开始正是当事人申请仲裁的行为与仲裁委员会受理行为相结合的结果。

(一)对仲裁申请的审查

仲裁委员会对仲裁申请的审查主要从以下几个方面进行:

---

[1]　宋连斌:《仲裁法》,武汉大学出版社2010年版,第170页。

1. 审查当事人申请仲裁是否符合我国《仲裁法》第 21 条规定的当事人申请仲裁的条件：是否存在有效的仲裁协议；是否有具体的仲裁请求和事实、理由；是否属于仲裁委员会的受理范围。

2. 审查仲裁申请书的内容是否完整、明确，申请手续是否齐备。审查仲裁申请书是否具备《仲裁法》第 23 条规定的内容，是否向仲裁委员会提供了所要求的仲裁申请书及其副本和必要的证据等。

（二）审查后的处理

仲裁委员会经过审查，对符合条件的予以受理，不符合条件的不予受理，我国《仲裁法》第 24 条对此作了明确的规定。即仲裁委员会收到仲裁申请书之日起 5 日内，经审查认为符合受理条件的，应当受理，并通知当事人；认为不符合受理条件的，应当书面通知当事人不予受理，并说明不予受理的理由。如果仲裁委员会在审查中发现仲裁申请书有欠缺，应当让申请人予以完备；如果认为仲裁协议需要补充，也应当让当事人补充协议。当事人弥补仲裁申请书的欠缺或者补充仲裁协议后，仲裁委员会在其递交经完备的仲裁申请书或者经补充的仲裁协议之日起 5 日内予以受理。

根据最高人民法院有关的司法解释，《仲裁法》施行前当事人依法订立的仲裁协议继续有效，发生纠纷后应向依照《仲裁法》组建的仲裁机构申请仲裁，仲裁机构应当受理。

在《仲裁法》实施后重新组建仲裁机构前，当事人达成的仲裁协议只约定了仲裁地点，未约定仲裁机构，双方当事人在补充协议中选定了在该地点依法重新组建仲裁机构的，仲裁协议有效，仲裁机构应当受理；双方当事人达不成补充协议的，仲裁协议无效，仲裁机构不予受理。

在《仲裁法》实施后，依法重新组建仲裁机构前，当事人在仲裁协议中约定了仲裁机构，一方当事人申请仲裁，另一方当事人向人民法院起诉的，经人民法院审查，按照有关规定能够确定新的仲裁机构的，仲裁协议有效，仲裁机构应当受理。

（三）对仲裁申请受理的法律后果

1. 仲裁委员会受理当事人的仲裁申请后，仲裁程序开始启动，仲裁申请人和被申请人取得了仲裁当事人的资格，各自依法享有仲裁法及仲裁规则中规定的权利，并承担相应的义务。

2. 根据《仲裁法》第 25 条的规定，仲裁委员会受理仲裁申请后，应当在仲裁规则规定的期限内将仲裁规则和仲裁员名册送达申请人，并将仲裁申请书副本和仲裁规则、仲裁员名册送达被申请人。

3. 被申请人收到仲裁申请书副本后，应当在仲裁规则规定的期限内向仲裁委员会提交答辩书。仲裁答辩书是仲裁被申请人为保护其合法权益而就仲裁申请的事实和法律问题作出答复和辩护的法律文书。仲裁委员会收到答辩书后，应当在仲裁规则规定的期限内将答辩书副本送达申请人。被申请人未提交答辩书的，不影响仲裁程序的进行。

4. 申请人可以放弃或者变更仲裁请求，被申请人可以承认或者反驳仲裁请求，并有权提出反请求。仲裁反请求是指仲裁的被申请人为保护其合法权益所提出的与原仲裁请求有牵连的,旨在吞并或抵销申请人仲裁请求的独立请求。

■ 三、案件受理后的准备工作

案件受理后的准备工作是指在仲裁委员会受理案件之后、进行审理之前,为开庭审理进行的一系列准备工作。这些工作及程序均是仲裁程序中不可缺少的。案件受理后的准备工作质量如何,会直接影响到开庭审理工作的成败,案件受理后的准备工作的主要目的是通过一系列的准备活动,使得仲裁审理能够顺利进行。根据我国《仲裁法》的相关规定,在案件受理后应当做好以下准备工作。

(一)指定工作人员

仲裁委员会受理案件后,应指定一名秘书处(局)的人员负责仲裁案件的程序管理工作,并建立仲裁案件的卷宗、档案等。

(二)送达仲裁文书、仲裁规则和仲裁员名单

仲裁委员会受理仲裁申请后,应当在仲裁规则规定的期限内将仲裁规则和仲裁员名册送达申请人,并将仲裁申请书副本和仲裁规则、仲裁员名册送达被申请人。

被申请人收到仲裁申请书副本后,应当在仲裁规则规定的期限内向仲裁委员会提交答辩书。仲裁委员会收到答辩书后,应当在仲裁规则规定的期限内将答辩书副本送达申请人。被申请人未提交答辩书的,不影响仲裁程序的进行。

(三)组成仲裁庭,并将组成情况书面通知双方当事人

仲裁庭是指由当事人选定或者仲裁委员会主任指定的仲裁员组成的、对当事人申请仲裁的案件依仲裁程序进行审理并作出裁决的组织形式。按照我国《仲裁法》的规定,仲裁委员会受理仲裁案件后,应按程序组成仲裁庭对案件进行审理和裁决。因此,仲裁庭是行使仲裁权的主体。

仲裁庭组成后,仲裁委员会应当将仲裁庭的组成情况书面通知当事人。为保证仲裁员的公正性,被选定或被指定的仲裁员应签署声明书,向仲裁委员会披露可能引起其独立性或者公正性产生合理怀疑的任何情况,仲裁委员会将声明书或披露的信息转交各方当事人。这样既可以使当事人及时了解仲裁庭的组成人员,有利于当事人行使其申请回避的权利,也可以保证仲裁庭组成人员及组成程序的合法性。

(四)审阅仲裁资料,调查收集必要的证据

为保证仲裁审理的顺利进行,仲裁庭在仲裁审理之前,应当认真审阅仲裁申请书、答辩书及其他材料,审查解决以下问题:(1)当事人的基本情况。(2)当事人的仲裁请求是否明确,是否符合仲裁协议约定的仲裁事项,当事人是否提出管辖权异议。(3)是否进行了答辩,答辩是否明确、具体,是否提出了反请求。(4)围绕当事人之间的争议,对于需要补充的证据,可以要求当事人提供,认为有必要时,也可以自行收集证据。仲裁庭自行调查收集的证据,应经仲裁委员会转交双方当事人,给予双方当事人提出意见的机会。(5)其

他需要审理的事项。如认为有需要鉴定的专门问题时,可以将该专门问题交由当事人约定的部门进行鉴定,也可以交仲裁庭指定的鉴定部门进行鉴定。

(五)进行证据交换,依申请办理当事人的财产保全、证据保全事宜

仲裁庭认为有必要的,可以在正式开庭审理前由仲裁庭召集双方当事人进行证据交换,明确争议焦点和需要提交庭审的证据,对证据进行质证和辩论,以实现充实而集中的审理,在证据交换过程中,对当事人无异议的证据应当记录在案,对需要证明的事实记录在卷,并记载异议的理由。

如果当事人申请财产保全的,仲裁委员会应当将当事人的申请依照《民事诉讼法》的有关规定转交人民法院。当事人申请证据保全的,仲裁委员会应当将当事人的申请转交有管辖权的人民法院处理。

除做好上述工作之外,仲裁庭进行庭前讨论,交换意见,商定审理方案,明确争议焦点、庭审的方向和重点,举证、质证的范围,以及对庭审中可能出现的情况及应对措施,仲裁员的配合与分工,拟定庭审提纲等准备工作对于庭审过程有计划的顺利的进行都是重要的保证。

四、答辩和反请求

(一)仲裁答辩

所谓仲裁答辩是指在仲裁程序进行中,被申请人为了维护自己的合法权益,对申请人在仲裁申请书中提出的仲裁请求及所依据的事实、理由进行答复、辩驳的行为。我国《仲裁法》第 25 条规定,仲裁委员会受理仲裁申请后,应当在仲裁规则规定的期限内将仲裁规则和仲裁员名册送达申请人,并将仲裁申请书副本和仲裁规则、仲裁员名册送达被申请人。被申请人收到仲裁申请书副本后,应当在仲裁规则规定的期限内向仲裁委员会提交答辩书。仲裁委员会收到答辩书后,应当在仲裁规则规定的期限内将答辩书副本送达申请人。被申请人未提交答辩书的,不影响仲裁程序的进行。

答辩程序是基于程序正当要求设置的一项重要制度,其不仅是被申请人维护自己合法权益的重要手段,而且也有助于仲裁庭及时查明争议案件的事实,分清是非,公正合理地解决纠纷。作为被申请人的一项重要权利,其既可以对仲裁程序问题进行答辩,也可以对仲裁请求所依据的事实、理由、证据等进行答辩,当然,申请人也可以放弃答辩。同时,被申请人既可以在开庭审理前通过书面形式进行答辩,也可以在开庭审理时通过书面或者口头形式进行答辩。

(二)仲裁反请求

1. 仲裁反请求的概念和特征。仲裁反请求是指在已经开始的仲裁程序中,被申请人以原仲裁申请人为被申请人,向仲裁委员会提出的与原仲裁请求在事实上和法律上有牵连的,目的在于抵消或者吞并仲裁申请人原仲裁请求的独立的请求。我国《仲裁法》第 27 条规定,申请人可以放弃或者变更仲裁请求。被申请人可以承认或者反驳仲裁请求,有权

提出反请求。仲裁反请求具有以下特征：

（1）反请求的独立性。主要表现在反请求尽管是针对申请人的仲裁申请而提出的，但申请人撤回仲裁申请并不能使得反请求归于消灭，仲裁委员会仍应对反请求作出裁决。但是反请求的独立性不是绝对的，它是以申请人的仲裁申请的存在为前提的，没有仲裁申请的提起，也就无所谓反请求的提起。

（2）反请求目的的对抗性。被申请人的反请求是针对申请人的仲裁请求而提起的，是为了对抗申请人的仲裁请求提出的相反的请求，以动摇、抵消或合并申请人的仲裁请求。

（3）反请求的内容与申请人的仲裁请求属于同一个仲裁协议中约定的仲裁事项，且反请求与仲裁请求具有牵连性，便于仲裁机关合并审理。

（4）反请求使得当事人在仲裁活动中处于双重地位，仲裁申请的提起一方在反请求中是被申请人，仲裁申请的被申请人是反请求的提起的一方，处于申请人地位。

2.仲裁反请求的提起和受理。提起反请求的方式，我国《仲裁法》无明文规定，可是有关的仲裁规则和司法解释却有明确的规定，即提起反请求必须用书面形式提出，如《贸仲规则》第15条第1款规定："被申请人如有反请求，应自收到仲裁通知后45天内以书面形式提交。"但在实践中，提出反请求的时间一般掌握在仲裁委员会作出仲裁裁决之前，在仲裁裁决作出前的任何阶段，被申请人都有权提出反请求。这也是与国际仲裁制度接轨的体现。如《联合国国际贸易法委员会仲裁规则》第19条第3项规定："被诉人得在其答辩中，或其迟延情由经仲裁庭认为出于合理的情况时，得在其后仲裁进行的各阶段中，根据同一合同提出反诉或根据同一合同提出抵消的请求。"

据此，被申请人提出反请求，应该符合以下条件：（1）反请求应由被申请人以申请人为被申请人提出。（2）反请求只能由被申请人向仲裁申请的仲裁委员会提出，不能向其他仲裁委员会提出。只有这样才能达到通过仲裁请求与反请求的合并审理，达到抵消或者吞并仲裁请求的目的。（3）反请求系基于申请人对申请仲裁的同一合同关系或法律关系，即反请求与仲裁请求基于同一实体法律关系或反请求与仲裁请求理由基于同一案件事实。（4）反请求应当在仲裁委员会受理原仲裁申请后作出仲裁裁决之前提出，否则就无法实现。

被申请人提出反请求时，应向仲裁庭提交书面反请求，并在其中写明具体的请求，反请求理由以及所依据的事实和证据，并附具有关的证明文件。书面反请求可以与答辩书同时提出或者单独提出。书面反请求及其证明文件的份数应当是当事人和仲裁庭成员人数之和，以保证各方当事人、仲裁员和秘书局/处均能得到一份材料。同时，被申请人提出反请求，应当按照有关规定预缴仲裁费。此外，被申请人可以对其反请求提出修改，但是仲裁庭认为其修改的提出过迟而影响仲裁程序正常进行的，可以拒绝接受其修改请求。

仲裁委员会收到被申请人提出反请求申请书后应进行审查，看其是否符合仲裁申请的一般条件和提出反请求的特定条件。对于符合条件的就予以受理，并在自收到反请求申请书之日起15日内将反请求申请书副本送达申请人。申请人应当自收到反请求申请书之日起15日内向仲裁委员会提出书面答辩；未提出书面答辩的，不影响仲裁程序的进行。

五、对有仲裁协议之起诉的处理

根据仲裁基本制度中的或裁或审制度,当事人既已达成了仲裁协议,选择仲裁方式解决双方当事人之间的纠纷,就意味着他们放弃了通过诉讼途径由人民法院对纠纷案件进行审理的诉讼权利,这是当事人双方合意选择的结果。因此,在一般情况下,当事人达成仲裁协议的,就不能再向人民法院起诉了,当事人向人民法院起诉的,人民法院不予受理,但仲裁协议无效的除外。

在具体的仲裁实践中,仲裁协议的一方当事人向人民法院起诉,未声明有仲裁协议,人民法院受理后,就可能会出现两种情况:

一种情况是一方当事人向人民法院起诉未声明有仲裁协议,而另一方当事人声明有仲裁协议,人民法院本应驳回起诉,但起诉方可以主张仲裁协议无效,请求人民法院裁定是否继续审理。这时,人民法院应对仲裁协议进行审查,如裁定协议有效,应驳回起诉,如裁定协议无效,可对案件继续进行审理。

另一种情况是一方当事人起诉未声明有仲裁协议,另一方当事人在首次开庭前未对人民法院受理该案提出异议。在这种情况下,应视为放弃仲裁协议,人民法院应当继续审理。

第三节　仲裁财产保全和证据保全

一、仲裁财产保全

(一)仲裁财产保全的概念和意义

仲裁中的财产保全是指仲裁机构在受理当事人仲裁申请后,对案件作出仲裁裁决前,为保证将来仲裁裁决得以实现,而由人民法院对当事人的财产或争执标的物采取强制措施的制度。仲裁财产保全具有临时性和强制性的特点。

之所以在仲裁法中设置财产保全程序,其目的就是为了保证给付裁决作出后能够顺利地得到全部执行,并以此维护仲裁庭裁决的权威性和严肃性,确实实现在仲裁中获胜的一方当事人的合法权益,这也是仲裁中设置财产保全程序的意义之所在。相反,如果没有仲裁财产保全程序的保障,仲裁庭的裁决很可能会因各种因素导致其因无法执行而成为一纸空文,当事人因仲裁裁决赢得的利益也无法得到实现。因此,确立仲裁财产保全程序有利于保证仲裁活动的顺利进行,保证仲裁裁决的实现,有利于解决执行难的问题,从而促使当事人依法履行义务,有效地保护当事人的合法权益。

(二)仲裁财产保全的条件

我国《仲裁法》第 28 条规定:一方当事人因另一方当事人的行为或者其他原因,可能使裁决不能执行或者难以执行的,可以申请财产保全。根据法律的规定,仲裁中的财产保全应当符合下列条件:

1. 仲裁案件必须具有给付内容。

2. 确有保全的必要。所谓确有保全的必要，即指如果不采取保全措施，将来的仲裁裁决会面临不能执行或者难以执行的情形。因此，在仲裁程序中因一方当事人的行为或者其他原因，有可能使将来的裁决不能执行或者难以执行的，即成为仲裁中财产保全的必要条件。

3. 仲裁当事人申请财产保全必须符合法定程序。此条件的具体内容见下文。

(三)仲裁财产保全的范围

我国《民事诉讼法》第 102 条规定："财产保全限于请求的范围，或者与本案有关的财物。"依照我国《民事诉讼法》的规定，仲裁财产保全的范围与诉讼财产保全的范围相一致。仲裁财产保全的范围，仅限于当事人的仲裁请求或者与本案有关的财物。仲裁财产保全的范围太窄，会使申请人的合法权益可能得不到充分的保护；范围太宽，又会使被申请人的合法权益受到不应有的损害。

所谓仲裁财产保全限于仲裁请求的范围，即指被保全的财物的价额应与仲裁请求大致相等，不得超过仲裁请求的标的物的金额。所谓与本案有关的财物，即指保全的财物是本案双方当事人争议的标的物或者与案件标的物有牵连的其他财物。如债权债务中的金钱，或者与债权债务有牵连的债务人的其他物品、商品、原材料等。

财产保全的范围与财产保全的对象不是同一个内容。所谓财产保全的对象，即指能够成为执行标的的被申请人的财产，如金钱、物品等。在具体采取保全措施时，不仅应依法确定财产保全的范围，而且在确定财产保全的对象时，还应考虑以下因素：(1)财产保全的对象必须是被申请人能够自由处分的财物、金钱以及依法允许其收藏的某些文物。(2)扣押的对象应宜于控制和变卖、拍卖，以免影响生效裁决的执行。(3)遵守特别规定，对于军队、武警部队等单位的"特种预算存款"不得采取保全措施。(4)对经营权、专利权等无形财产权利采取保全措施时，应区别情况，具体对待。

(四)仲裁财产保全的程序

1. 仲裁当事人提出书面申请。仲裁中的财产保全，必须由仲裁当事人提出书面申请，而且应当根据法律的规定在仲裁机构受理仲裁申请后，对仲裁案件作出仲裁裁决前，提出财产保全申请。

2. 仲裁当事人应当向仲裁委员会递交财产保全申请书。按照仲裁程序，仲裁当事人不能直接向人民法院递交财产保全申请书，而必须将财产保全申请书递交给仲裁委员会。

3. 仲裁委员会应将当事人的财产保全申请按照我国《民事诉讼法》的有关规定提交人民法院。根据法律的规定，仲裁委员会应将当事人的财产保全申请提交给被申请人住所地或者财产所在地的基层人民法院。

4. 人民法院依照《民事诉讼法》的规定对财产保全申请进行审查，并决定是否采取财产保全措施以及采取何种措施。

5. 仲裁当事人对人民法院财产保全的裁定不服，可以向人民法院申请复议一次，复议期间不停止裁定的执行。

(五)仲裁财产保全的措施

对被申请人的财产采取保全措施。人民法院对财产采取保全措施的依据是人民法院制作的财产保全裁定书,是被申请人履行保全义务的根据。采取的保全措施是裁定书中因保全的对象不同而确定的保全方法。因仲裁财产保全程序是仲裁程序的一种救济方法,所以保全的措施也是临时的。关于仲裁财产保全措施应采取哪些方法,《仲裁法》没有作规定。根据我国《民事诉讼法》第103条的规定,保全财产的措施有以下几种:

(1)查封。查封是人民法院对保全的不动产或者笨重的动产,加贴封条,就地封存的办法。查封的特点:查封的对象是不动产或者是比较笨重且不易移动的财产;查封的地点是财产原来所在地;查封的财产不准所有权人使用、转移、变卖、毁坏等。如果发现当事人有转移、变卖、毁坏等行为的,将按妨害民事诉讼行为处理,对其采取妨害民事诉讼强制措施,也不能将其财物作为其他案件的抵押物、留置物或者标的物,判给本案以外的当事人。但是,如果查封的财物确系抵押物、留置物的,抵押权人、留置权人有优先受偿权。

(2)扣押。扣押是人民法院将保全的动产转移到另外的地方予以保存,或者就地扣留的办法。扣押措施的特点是:扣押的对象一般是动产;扣押的财产一般要转移到异地,个别情况也可以就地;扣押的财物必须指定保管人,以防止财产流失,或者被他人转移、变卖等。如果扣押的财物是被申请人的生产工具,为了使被申请人的合法权益不受损失,也可以扣押该项财物的产权证照,并通知有关产权登记部门停止办理该项财物产权的转移手续。扣押涉外仲裁案件当事人的财物,必要时,还要指定财产监督人,监督费用由被申请人承担。负责保管扣押财产的人不得使用该项财产。

(3)冻结。冻结是人民法院对被申请保全人的存款予以阻止流动或变动的办法。冻结保全措施的特点是:冻结的对象只能是存入金融部门的金钱;冻结后即阻止被申请人使用存在银行、信用社的存款在经济领域中流动、支取、划拨等。人民法院制作冻结存款通知书,送达有关的银行或信用合作社,由有关的银行、信用社协助完成;冻结被申请人的存款,应通知被申请人;冻结的时间只能是6个月,期间届满还应续办冻结手续,否则视为解冻。使用冻结的方法,一是为了更好的保护被保全人的合法权益,促使他及时行使抗辩的权利和申请复议的权利;二是为了防止被申请人使用被冻结的财产与他人继续进行经济往来,损害他人的合法权益;三是促使被申请人提供担保,便于人民法院解除保全措施,保证将来生效裁决的执行。

(4)被申请人提供担保。提供担保是人民法院让被申请保全人保证将来能履行生效仲裁裁决确定的义务的办法。被保全财产当事人在人民法院采取其他保全措施前,提供财物、金钱、人的担保后,就不再采取查封、扣押、冻结的措施。这种措施对被申请人来讲,比较缓和,易于接受,也比较灵活,可以在采取其他保全措施前使用,也可以在采取其他保全措施后使用。如果被申请保全人在人民法院采取财产保全措施后提供担保的,人民法院应当解除财产保全措施。

(5)法律规定的其他方式。其他方法是指除上述保全财产的措施外的方法。比如扣留、提取被申请保全人的劳动收入,禁止被申请人使用等其他行为。变卖被申请人的季节性、鲜活、易腐烂变质以及其他不宜长期保存的物品,以保存价款等。采取这些措施,限制被申请人使用,待裁决生效供执行。

(6)仲裁财产保全程序结束。人民法院对保全的财产采取保全措施后,仲裁财产保全程序即宣告暂时结束。

(六)仲裁财产保全措施的解除

《仲裁法》第28条规定:"一方当事人因另一方当事人的行为或者其他原因,可能使裁决不能执行或者难以执行的,可以申请财产保全。"根据该条的规定,当事人申请财产保全的目的应当是为了保证仲裁裁决的执行。《民事诉讼法意见》第109规定:"诉讼中的财产保全裁定的效力一般应维持到生效的法律文书执行时止。"对于仲裁程序中当事人申请人民法院作出的财产保全裁定的效力,可以参照该条规定确定,即仲裁程序中人民法院作出的财产保全裁定的效力应维持到生效的仲裁裁决执行时止。

因此,如仲裁裁决发生法律效力后,一方当事人申请撤销仲裁裁决,另一方当事人则申请解除在仲裁程序中采取的财产保全,在人民法院审查是否撤销仲裁裁决的阶段,不应解除财产保全。

《仲裁法》第64条第2款规定:"人民法院裁定撤销裁决的,应当裁定终结执行。"第9条第2款规定:"裁决被人民法院依法裁定撤销或者不予执行的,当事人就该纠纷可以根据双方重新达成的仲裁协议申请仲裁,也可以向人民法院起诉。"因此,如果人民法院裁定撤销仲裁裁决,则该仲裁案件不再存在,且终结执行,仲裁程序中采取财产保全的目的亦不能实现,人民法院在作出撤销仲裁裁决裁定的同时,亦应解除财产保全。

在司法实践中仍存在仲裁机构作出了裁决书后,被申请人已经自觉履行裁决书规定的义务,或者裁决书驳回申请人的全部仲裁请求。当事人直接向执行财产保全措施的法院提出解除财产保全的情况时该如何处理? 此时,当事人应当向作出裁决的原仲裁机构提出,由原仲裁机构核查是否应当解除财产保全,并向执行法院发出"解除财产保全通知书"后,执行法院才能解除。执行法院不应直接受理解除财产保全的申请。

(七)申请仲裁财产保全错误的赔偿

根据我国《民事诉讼法》第105条及我国《仲裁法》第28条第3款的规定,申请有错误的,申请人应当赔偿被申请人因财产保全所遭受的损失。法律之所以作此规定是为了维护被申请人的利益。

二、仲裁证据保全

(一)仲裁证据保全的概念和意义

仲裁证据保全是指在仲裁裁决作出之前,对有可能灭失或以后难以取得的证据,经当事人申请,由法院所采取的对证据加以保护的一种临时性的强制措施。

证据保全在仲裁程序中具有重要意义,其可以有效地保护能够证明仲裁案件的事实证据,防止证据灭失、被毁损等情形的发生。因此,国际上及各个国家在仲裁法或相关的法律中均规定有仲裁中证据保全的条款。我国《仲裁法》第46条规定:"在证据可能灭失或者以后难以取得的情况下,当事人可以申请证据保全。当事人申请证据保全的,仲裁委员会应当将当事人的申请提交证据所在地的基层人民法院。"第 68 条规定:"涉外仲裁的当事人申请证据保全的,涉外仲裁委员会应当将当事人的申请提交证据所在地的中级人民法院。"

(二)仲裁证据保全的条件

仲裁中证据保全必须符合下列条件:

1. 证据有可能灭失的危险。在仲裁程序中,有些证据如果不能及时收集、保存,就有灭失的可能,在仲裁审理中就无法有效发挥其作用,如证人因年老、疾病,有可能死亡;作为证据的物品有腐坏、变质或灭失的可能等,因此,证据有灭失的危险是申请证据保全的必要条件。

2. 证据存在有以后难以取得的情形。有些证据随着时间的推移虽不一定有灭失的危险,但存在有可能难以取得的情形。例如证人即将出国留学、定居,就会使证据在庭审时由于不能及时取得而使案件事实无法得到证明,因此,证据存在着以后难以取得的情形或因素是申请证据保全的前提条件。

3. 申请保全的证据是决定仲裁案件事实的主要证据,如果不及时保全将影响仲裁案件的处理。证据是证明案件事实的根据,证据的灭失或者难以取得将使得负有举证责任的当事人因无法举证而承担不利的法律后果。但是,在仲裁实践中往往对证明案件事实起主要作用或者决定性作用的证据,在面临有灭失或者以后难以取得的情形时才可以申请证据保全。如果证据不是主要证据或者不是对案件事实起决定性证明作用的证据,或者即使收集不到这些证据也不会影响案件的审理,就没有必要申请证据保全了。

4. 由当事人仲裁申请提出以后或者仲裁申请提出的同时向仲裁委员会提出证据保全的申请。按照现行法律的规定及世界通行的做法,证据保全必须由仲裁当事人申请,不论仲裁机构还是法院都无权直接采取证据保全措施。我国《仲裁法》没有规定当事人在申请仲裁前提出证据保全的申请,这种制度的空白会使被申请人有充裕时间和机会隐匿转移或消灭证据,会给仲裁申请人的权利保护带来一定的风险,因此多数学者主张应当允许当事人在仲裁程序开始前证据可能毁损灭失的情况下直接向人民法院申请证据保全。不过,这种主张在《民事诉讼法》第 81 条第 2 款中得到了落实,即"因情况紧急,在证据可能灭失或者以后难以取得的情况下,利害关系人可以在提起诉讼或者申请仲裁前向证据所在地、被申请人住所地或者对案件有管辖权的人民法院申请保全证据"。

(三)仲裁证据保全的程序

1. 当事人书面申请。证据保全程序的启动,从当事人提出书面的证据保全申请开始。按照我国《仲裁法》的规定,当事人申请证据保全的,应当向受理仲裁案件的仲裁委员会提出证据保全申请。

2. 仲裁机构向法院提交当事人的证据保全申请。我国《仲裁法》第 46 条规定:在证据可能灭失或者以后难以取得的情况下,当事人可以申请证据保全。当事人申请证据保全的,仲裁委员会应当将当事人的申请提交证据所在地的基层人民法院。该法第 68 条规定:涉外仲裁的当事人申请证据保全的,涉外仲裁委员会应当将当事人的申请提交证据所在地的中级人民法院。

3. 人民法院审查并作出裁定。人民法院在收到仲裁委员会提交的当事人的证据保全申请后,经审查认为当事人的证据保全申请有充分理由,确有保全证据必要的,应当及时作出证据保全的裁定。裁定中应明确:在何时、何地、以何种方法保全何种证据,存卷保管,以便仲裁庭调查使用。如果法院经审查认为不符合证据保全条件,即可驳回证据保全申请,并作出裁定,说明理由,同时通知仲裁委员会和当事人。

4. 采取保全措施。人民法院在作出证据保全的裁定后,应当及时采取保全措施。人民法院进行证据保全时,可以要求当事人或者诉讼代理人到场。

（四）仲裁证据保全的措施

对于证据保全的具体措施,我国《民事诉讼法》和《仲裁法》都未作出明确的规定。根据实践来看,人民法院进行证据保全,可以根据具体情况,采取查封、扣押、拍照、录音、录像、复制、鉴定、勘验、制作笔录等方法。因此,一般来讲,对证人可以进行询问并制作笔录或者录音、录像;对书证可以采取拍照、复制的保全方法;对物证可以进行勘验,制作勘验笔录、绘图、拍照、录像或者保存原物。如果被保存的原物是易腐烂变质的物品,可以在制作笔录后予以变卖。但是,人民法院不论采取何种措施保全证据,都应当达到客观、真实地反映仲裁案件事实的目的,保存证据的证明力。

第四节　仲裁审理

▌一、仲裁审理的概念和特征

（一）仲裁审理的概念

仲裁审理是指仲裁庭依法组成后,按照仲裁法和仲裁规则规定的方式和程序,对当事人发生争议并交付仲裁的争议案件进行审理并作出仲裁裁决的活动。

仲裁审理是仲裁权得以实现的重要体现,在整个程序中占有重要的地位。仲裁审理的主要任务是审查、核实证据,查明案件事实,分清是非责任,正确适用法律,确认当事人之间的权利义务关系,解决当事人之间的纠纷。因此,仲裁审理是仲裁程序的中心环节。

（二）仲裁审理的特征

1. 仲裁审理具有阶段性与程序性。仲裁审理是由开庭准备、开庭开始、庭审调查、庭审辩论、评议与裁决几个阶段所组成的。

2. 仲裁审理的参与人具有综合性。仲裁审理是包括仲裁庭、当事人及其代理人、证人、鉴定人、翻译人等共同参与的审理活动。

▌二、仲裁审理的方式

按照我国《仲裁法》第39条的规定,仲裁审理的方式可以分为开庭审理和书面审理两种。

（一）开庭审理

我国《仲裁法》第 39 条规定：仲裁应当开庭进行。可见，开庭审理是仲裁审理的主要方式。所谓开庭审理是指在仲裁庭的主持下，在双方当事人和其他仲裁参与人的参加下，按照法定程序，对案件进行审理并作出裁决的方式。

我国《仲裁法》在规定仲裁的开庭审理原则的同时，又在第 40 条规定：仲裁不公开进行。当事人协议公开的，可以公开进行，但涉及国家秘密的除外。这一规定进一步肯定了开庭审理的仲裁方式以不公开审理为原则，以公开审理为例外。所谓不公开审理是指仲裁庭在审理案件时不对社会公开，不允许群众旁听，也不允许新闻记者采访和报道。不公开审理的目的在于保守当事人的商业秘密，维护当事人的商业信誉。由于仲裁最大的特点在于尊重当事人的意愿，所以《仲裁法》规定当事人协议公开审理的，除非涉及国家秘密，可以公开审理，即当事人协议公开审理时将允许仲裁审理对社会公开，允许群众旁听，允许新闻记者采访和报道。

（二）书面审理

《仲裁法》第 39 条在规定仲裁应当开庭进行的同时，也规定如果"当事人协议不开庭的，仲裁庭可以根据仲裁申请书、答辩书以及其他材料作出裁决"。即进行书面审理。所谓书面审理是指在双方当事人及其他仲裁参与人不到庭参加审理的情况下，仲裁庭根据当事人提供的仲裁申请书、答辩书以及其他书面材料作出裁决的过程。书面审理是开庭审理的必要补充。

但是，鉴于仲裁协议效力争议对纠纷解决程序的选择有重大的影响，《仲裁法解释》规定，人民法院审理仲裁协议效力确认案件，应当组成合议庭进行审查，并询问当事人。

三、仲裁审理前的准备

开庭准备是开庭审理的预备阶段，即在正式开庭审理前，仲裁庭应完成的准备工作，主要是：

1. 确定开庭方式。我国《仲裁法》第 40 条规定：仲裁不公开进行。当事人协议公开的，可以公开进行，但涉及国家秘密的除外。这一规定进一步肯定了开庭审理的仲裁方式以不公开审理为原则，以公开审理为例外。因此，仲裁庭应根据案件确定庭审是公开进行还是不公开进行。实践中，多数仲裁案件当事人会选择不公开审理的方式进行。对于当事人协议公开审理的案件，仲裁庭应当发出公开审理公告，以便于社会公众的旁听及新闻媒体的采访报道。

2. 确定并通知开庭的日期及地点。我国《仲裁法》第 41 条规定：仲裁委员会应当在仲裁规则规定的期限内将开庭日期通知双方当事人。开庭通知的法律意义在于，向双方当事人通知开庭日期是仲裁程序的重要环节，它有利于切实保障当事人参加仲裁审理的权利，并使双方当事人按时参加仲裁审理。《仲裁委员会仲裁暂行规则示范文本》第 26 条规定："仲裁委员会应当在仲裁庭开庭 10 日前将开庭日期通知双方当事人；双方当事人经商仲裁庭同意，可以提前开庭。当事人有正当理由的，可以在开庭前 7 日内请求延期开庭;是否延期,由仲裁庭决定。"这样的规定也更有利于当事人按期参加仲裁审理并做好充分的准备。

关于仲裁地点,我国《仲裁法》及《仲裁委员会仲裁暂行规则示范文本》均未作规定,参照通行的做法,如果双方当事人书面约定仲裁地的,从其约定。如果当事人对仲裁地未作约定,仲裁委员会所在地为仲裁地,仲裁裁决应视为在仲裁地作出。

四、开庭审理程序

(一)审理开始

开庭进行仲裁审理,首先由首席仲裁员或者独任仲裁员宣布开庭,随后首席仲裁员或者独任仲裁员核对当事人,宣布案由,宣布仲裁庭组成人员和记录人员名单,告知当事人有关的仲裁权利义务,询问当事人是否提出回避申请。

(二)庭审调查

进行庭审调查是仲裁审理的重要环节,是依照法定程序调查案件事实,审核各种证据的过程,其中心任务是通过听取当事人陈述和审核所出示的证据全面调查案件事实。在庭审调查中,质证是这一过程的核心,因此仲裁法和仲裁规则都对质证作出了明确的规定。我国《仲裁法》第45条规定,证据应当在开庭时出示,当事人可以质证。仲裁庭在进行庭审调查时通常按照下列顺序进行:

1. 当事人陈述。当事人陈述应当按照先申请人陈述,再被申请人陈述的顺序进行。当事人陈述主要是针对案件发生的经过情况、事实根据、理由等进行展开,使仲裁庭了解争议事实的发生和发展经过。

2. 告知证人的权利义务,证人作证,宣读未到庭的证人证言。有证人出庭作证时,仲裁庭应当告知证人的权利和义务,以及作伪证的法律后果。证人应当如实作证,经仲裁庭的许可,任何一方当事人可以向证人发问。对证人不能出庭作证的,应当宣读未到庭的证人证言。

3. 出示书证、物证和视听资料。仲裁中的证据一是来源于当事人,即当事人按照"谁主张,谁举证"的原则提出证据;二是来源于仲裁庭,即在必要时,仲裁庭可以自行收集证据。仲裁庭对专门性问题认为需要鉴定的,可以交由当事人约定的鉴定部门鉴定,也可以由仲裁庭指定的鉴定部门鉴定。但仲裁庭对证据的收集不能免除当事人的举证责任。根据法律的规定,对于与案件有关的书证、物证和视听资料,不论是当事人提供的,还是仲裁庭依法收集的,都应当在开庭时予以出示,并由当事人相互质证。但对于涉及国家机密、商业秘密和个人隐私的证据应当保密,不能当庭出示。

4. 宣读鉴定结论、勘验笔录和现场笔录。鉴定人或勘验人应当当庭宣读鉴定结论或者勘验笔录及现场笔录,经仲裁庭许可,任何一方当事人都有权向鉴定人、勘验人发问,也有权要求重新调查、鉴定或勘验。

如果仲裁庭认为案情已基本查清,当事人经过充分质证后证据已得到核实,即可终结庭审调查,进入当庭辩论阶段。

(三)庭审辩论

庭审辩论是指在仲裁庭的主持下,双方当事人依据在庭审调查中审查核实的事实和证据,就如何认定事实、适用法律以解决当事人之间的纠纷,提出自己的主张和意见,进行言词辩论的过程。我国《仲裁法》第47条规定:"当事人在仲裁过程中有权进行辩论。辩论终结时,首席仲裁员或者独任仲裁员应当征询当事人的最后意见。"当事人辩论是开庭审理的重要程序,也是辩论原则的重要体现。

当事人进行辩论通常按照下列顺序进行:(1)申请人及其仲裁代理人发言;(2)被申请人及其仲裁代理人发言;(3)双方相互辩论。

庭审辩论过程中仲裁庭应当注意以下问题:(1)引导当事人围绕争议的焦点及需解决的问题展开,当事人及其代理人的发言与本案无关的应当制止。(2)一轮辩论终结后,首席仲裁员或者独任仲裁员应当询问当事人有无补充意见,如有则继续辩论。(3)辩论中,如果当事人及其代理人提出新的事实需要调查核实时,应当暂停辩论,恢复调查程序,待相关事实查清后,再继续辩论。(4)辩论是当事人享有的重要权利,仲裁庭在任何情况下都应当充分保障各方当事人平等享有辩论权,给予各方当事人合理的陈述、辩论机会。

庭审辩论终结前,首席仲裁员或者独任仲裁员可以按照申请人、被申请人的顺序征询当事人的最后意见。

[案例]美国A公司(申请人)与中国B公司(被申请人)经过谈判,双方建立一个合资企业,并签订了合资企业的合同(含仲裁条款)和章程,送交有关主管部门审批。审批机关认为该合同和章程有些不妥,需要修改。申请人和被申请人于2013年9月22日至24日就此交换了意见。此后,被申请人将修改后的合同章程报批获准并办妥注册登记手续。但后来申请人以合同和章程没有按他的意见修改为由申请仲裁,请求仲裁庭裁决该合同无效。被申请人在答辩中称,双方于2013年9月22日至24日就合同修改进行了磋商,并在口头上达成一致意见,只是申请人当时急于离开中国,没有做成书面形式并签字。正因为如此,申请人才得以否认他与被申请人在合同的修改意见上达成了一致的意见。最后仲裁庭认为被申请人未能举证,证明双方在合同上的修改意见达成一致的书面意见,因此,仲裁庭依法裁决合资合同无效。请问仲裁庭为什么裁决合资合同无效?

[解答]仲裁和民事诉讼一样,当事人必须对自己的主张举证证明,如不能举证,将承担不利后果。本案中,被申请人不能举证证明双方就合同修改达成了一致,所以仲裁庭依法裁决合资合同无效。

(四)开庭笔录

开庭笔录是在仲裁的开庭审理过程中,记录人员对整个开庭审理情况所作的记载。开庭笔录是仲裁程序中重要的法律文书。

根据我国《仲裁法》第48条的规定,仲裁应当将开庭情况记入笔录。当事人和其他仲裁参与人认为对自己的陈述记录有遗漏或者差错的,有权申请补正。如果仲裁庭不予补正的,应当记录该申请。笔录由仲裁员、记录人员、当事人和其他仲裁参与人签名或者盖章。当事人、其他仲裁参与人拒绝签名、盖章的,记录人员应当记明情况附卷。

（五）仲裁审理中的几个特殊问题

1. 撤回仲裁申请。双方当事人之间发生纠纷,依照他们之间所签订的仲裁协议授权仲裁庭给予解决,是双方当事人的权利,同样,撤回对仲裁庭的授权即撤回仲裁申请也是双方当事人的权利。撤回仲裁申请既包括仲裁申请人撤回对被申请人的仲裁申请,也包括被申请人撤回对仲裁申请人的仲裁反请求申请。撤回仲裁申请既可能发生在庭审之前,也可能发生在庭审过程中。

在仲裁审理的过程中,根据撤回仲裁申请是否为当事人提出,可以分为当事人撤回仲裁申请和仲裁庭按撤回仲裁申请处理。

（1）当事人撤回仲裁申请。当事人撤回仲裁申请是指在仲裁审理程序中,仲裁申请人或被申请人主动向仲裁庭提出请求,撤回对仲裁庭审理该纠纷或审理反请求纠纷的授权的一种法律行为。尽管当事人撤回仲裁申请是当事人行使处分权的体现,但也必须符合一定的条件:第一,撤回仲裁申请必须由仲裁申请人或被申请人（限于反请求部分）、申请人的法定代理人以及经过特别授权的委托代理人提出。第二,撤回仲裁申请必须在仲裁过程中,即仲裁庭取得仲裁管辖权之后,作出仲裁裁决之前提出。第三,撤回仲裁申请必须通过一定的方式提出,一般应以书面方式提出,如果申请人以口头方式向仲裁庭提出,则应由仲裁庭记录在案,并由申请人签名。

（2）仲裁庭按撤回仲裁申请处理。仲裁庭按撤回仲裁申请处理,是指在当事人未主动提出撤回仲裁申请的情况下,由于法定事由的发生,仲裁庭根据《仲裁法》的规定,视为当事人撤回了仲裁申请。根据我国《仲裁法》第42条的规定,申请人经书面通知,无正当理由不到庭或者未经仲裁庭许可中途退庭的,可以视为撤回仲裁申请。因此,按撤回仲裁申请处理是基于以下两种情形产生的:第一,申请人经仲裁庭书面通知,无正当理由拒不到庭。第二,申请人未经仲裁庭许可中途退庭。

2. 延期开庭。在通常情况下,仲裁庭所确定的开庭审理期日对双方当事人具有约束力,即双方当事人必须按照仲裁庭所确定的开庭审理期日出席庭审。但是在特定情况下,由于法定事由的出现,致使开庭审理不能按照所确定的期日正常进行,就要延期开庭审理。因此,所谓延期开庭就是指在仲裁程序中,由于出现法定事由,根据当事人的申请,并经仲裁庭同意,将已确定的开庭审理期日顺延至另一期日进行开庭审理的制度。

根据我国《仲裁法》和《仲裁规则》的规定以及仲裁实践,延期开庭有以下几种情形:

（1）当事人有正当理由不能到庭。我国《仲裁法》第41条规定:"仲裁委员会应当在仲裁规则规定的期限内将开庭日期通知双方当事人。当事人有正当理由的,可以在仲裁规则规定的期限内请求延期开庭。是否延期,由仲裁庭决定。"《贸仲规则》第35条规定:"（一）开庭审理的案件,仲裁庭确定第一次开庭日期后,应不晚于开庭前20天将开庭日期通知双方当事人。当事人有正当理由的,可以请求延期开庭,但应于收到开庭通知后5天内提出书面延期申请;是否延期,由仲裁庭决定。（二）当事人有正当理由未能按上述第

（一）款规定的期限提出延期开庭申请的,是否接受其延期申请,由仲裁庭决定。（三）再次开庭审理的日期及延期后开庭审理日期的通知及其延期申请,不受上述第（一）款中期限的限制。"由此可见,当事人有正当理由不能到庭是延期开庭的法定事由,但是实现延期开庭,还必须有当事人在法定时间内提出延期开庭的请求,并由仲裁庭作出延期开庭的决定。

（2）当事人临时提出回避申请。根据我国《仲裁法》第 35 条的规定,当事人提出回避申请,应当说明理由,在首次开庭前提出。但如果回避事由是在首次开庭后知道的,可以在最后一次开庭终结前提出。仲裁员的回避意味着必须重新选定或指定仲裁员,因此,对于已经确定的开庭审理期日来说,当事人临时提出的回避申请就会使得开庭审理延期。

（3）仲裁员不能履行职责。如果已确定的仲裁员由于特定原因不能履行职责时,也同样面临重新选定仲裁员的情况。因此,在这种情形下,已确定的开庭审理期日也必须延期。

（4）需要通知新的证人参加庭审,调取新证据,重新鉴定或勘验,或者需要补充调查。如果在庭审过程中需要新的证人参加庭审,调取新的证据,重新鉴定或者勘验,或者需要补充调查时,经当事人申请,仲裁庭许可,可以延期开庭审理。

（5）其他应当延期开庭的情形。

3. 缺席裁决。缺席裁决是最终裁决的一种特殊情况,是相对于对席裁决而言的。对席裁决是指仲裁庭在仲裁的整个过程中,在双方当事人均按照规定的仲裁程序参加了仲裁审理的情况下作出的仲裁裁决。这是一种在正常程序下的仲裁结果。而缺席裁决是指仲裁庭在被申请人无正当理由不到庭或未经许可中途退庭的情况下作出的裁决。

我国《仲裁法》第 42 条第 2 款规定:"被申请人经书面通知,无正当理由不到庭或者未经仲裁庭许可中途退庭的,可以缺席裁决。"据此规定,在下列情形下,仲裁庭可以作出缺席裁决:

（1）被申请人经书面通知,无正当理由不到庭。书面通知被申请人到庭参加仲裁庭审是仲裁审理的必经程序,在这一正当程序下,如果被申请人无正当理由不到庭,仲裁庭即可按照法律的授权作出缺席裁决。

（2）被申请人未经仲裁庭的许可中途退庭。在仲裁庭审中,如果被申请人未经仲裁庭的许可而中途退庭的,仲裁庭也有权作出缺席裁决。

除上述情形外,在仲裁实践中,在仲裁被申请人提出仲裁反请求的情况下,如果仲裁申请人经书面通知无正当理由不到庭或者未经仲裁庭的许可中途退庭时,仲裁庭可以基于仲裁反请求对仲裁申请人（即反请求中的被申请人）作出缺席裁决。

第五节　仲裁和解与调解

一、仲裁和解

仲裁和解是指仲裁当事人通过协商,自行解决已提交仲裁的争议事项的行为。仲裁和解是仲裁当事人行使处分权的表现。我国《仲裁法》第 49 条规定,当事人申请仲裁后,可以自行和解。

当事人达成和解协议的,可以请求仲裁庭根据和解协议作出裁决书,也可以撤回仲裁申请。如果当事人撤回仲裁申请后反悔的,则仍可以根据原仲裁协议申请仲裁。

根据《仲裁法》的规定,《贸仲规则》进一步明确当事人在仲裁程序开始之前自行达成或经调解达成和解协议的,可以依据由仲裁委员会仲裁的仲裁协议及其和解协议,请求仲裁委员会组成仲裁庭,按照和解协议的内容作出仲裁裁决。除非当事人另有约定,仲裁委员会主任指定一名独任仲裁员组成仲裁庭,按照仲裁庭认为适当的程序进行审理并作出裁决。具体程序和期限,不受本规则其他条款关于程序和期限的限制。

二、仲裁调解

仲裁调解是指在仲裁庭的主持下,仲裁当事人在自愿协商、互谅互让的基础上达成协议,从而解决纠纷的一种制度。我国《仲裁法》第51条第1款规定:仲裁庭在作出裁决前,可以先行调解。当事人自愿调解的,仲裁庭应当调解。调解不成的,应当及时作出裁决。

仲裁中的调解是中国仲裁中的特有做法,体现了中国仲裁制度的调解与裁决相结合的特色。对此,《贸仲规则》第45条明确规定:"(一)双方当事人有调解愿望的,或一方当事人有调解愿望并经仲裁庭征得另一方当事人同意的,仲裁庭可以在仲裁程序进行过程中对其审理的案件进行调解。双方当事人也可以自行和解。(二)仲裁庭在征得双方当事人同意后可以按照其认为适当的方式进行调解。(三)调解过程中,任何一方当事人提出终止调解或仲裁庭认为已无调解成功的可能时,仲裁庭应停止调解。(四)经仲裁庭调解达成和解或双方当事人自行和解的,双方当事人应签订和解协议。(五)经调解或当事人自行达成和解协议的,当事人可以撤回仲裁请求或反请求;当事人也可以请求仲裁庭根据当事人和解协议的内容作出裁决书或制作调解书。(六)当事人请求制作调解书的,调解书应当写明仲裁请求和当事人书面和解协议的内容,由仲裁员署名,并加盖'中国国际经济贸易仲裁委员会'印章,送达双方当事人。(七)调解不成功的,仲裁庭应当继续进行仲裁程序并作出裁决。(八)当事人有调解愿望但不愿在仲裁庭主持下进行调解的,经双方当事人同意,仲裁委员会可以协助当事人以适当的方式和程序进行调解。(九)如果调解不成功,任何一方当事人均不得在其后的仲裁程序、司法程序和其他任何程序中援引对方当事人或仲裁庭在调解过程中曾发表的意见、提出的观点、作出的陈述、表示认同或否定的建议或主张作为其请求、答辩或反请求的依据。"

经仲裁庭调解,双方当事人达成协议的,仲裁庭应当制作调解书。调解书要写明仲裁请求和当事人协议的结果,并由仲裁员签名,加盖仲裁委员会印章。仲裁调解书经双方当事人签收后即发生法律效力。如果在调解书签收前当事人反悔的,仲裁庭应当及时作出裁决。仲裁庭除了可以制作仲裁调解书之外,也可以根据协议的结果制作裁决书。调解书与裁决书具有同等的法律效力。

三、仲裁和解与仲裁调解的区别

仲裁中的和解,是指仲裁委员会受理争议案件后,仲裁庭作出仲裁裁决之前,双方当事人通过自愿平等协商,达成和解协议,以解决争议案件,终结仲裁程序的活动。仲裁中的调解,即在仲裁程序中,根据双方当事人的申请或者仲裁庭的自行决定,在仲裁庭的主持下,双方当事人就争议的实体权利、义务自愿协商,达成协议,解决双方争议案件的活动及方式。两者的主要区别为:

1. 两者是否有第三方参与不同。仲裁和解是双方当事人的自愿行为,不需要任何第三方的参与;而仲裁调解是在仲裁庭的主持下进行的。

2. 两者程序不同。仲裁庭不可以主动要求当事人和解,但可在作出裁决前先行调解。当事人自愿调解的,仲裁庭应当调解。调解不成的,应当及时作出裁决。

3. 两者结果不同。当事人达成和解协议的,可以请求仲裁庭根据和解协议作出裁决书,也可以撤回仲裁申请;而当事人达成调解协议的,仲裁庭应当制作调解书,或者根据调解协议的结果制作裁决书。

第六节　仲裁裁决

一、仲裁裁决的概念和种类

(一)仲裁裁决的概念

仲裁裁决是指仲裁庭对当事人之间所争议的事项进行审理后所作出的终局权威性判定。仲裁裁决的作出,标志着当事人之间纠纷的最终解决。

(二)仲裁裁决的种类

1. 先行裁决。先行裁决是指在仲裁程序进行过程中,仲裁庭就已经查清的部分事实所作出的裁决。我国《仲裁法》第55条规定:仲裁庭仲裁纠纷时,其中一部分事实已经清楚的,可以就该部分先行裁决。

2. 最终裁决。最终裁决即通常意义上的仲裁裁决,它是指仲裁庭在查明事实,分清责任的基础上,就当事人申请仲裁的全部争议事项作出的终局性裁定。

3. 缺席裁决。缺席裁决是指仲裁庭在被申请人无正当理由不到庭或未经许可中途退庭的情况下作出的裁决。《仲裁法》第42条第2款规定:被申请人经书面通知,无正当理由不到庭或者未经仲裁许可中途退庭的,可以缺席裁决。

4. 对席裁决。对席裁决是指仲裁庭在双方当事人或其代理人都到庭参加审理,经过双方的举证与质证、陈述与辩驳,查明案件事实之后作出的仲裁裁决。

5. 合意裁决。合意裁决即仲裁庭根据双方当事人达成协议的内容作出的仲裁裁决。它既包括根据当事人自行和解达成的协议而作出的仲裁裁决,也包括根据经仲裁庭调解双方达成的协议而作出的仲裁裁决。

6. 中间裁决。又称临时裁决,是指仲裁庭在仲裁过程中,就案件特定的程序问题或证据问题作出的裁决。它是用于处理某些具有预先性或先决性的程序问题的裁决,如仲裁庭的管辖权、仲裁协议的效力和法律适用问题等。

▌二、仲裁裁决的作出

仲裁裁决是由仲裁庭作出的。独任仲裁庭进行的审理,由独任仲裁员作出仲裁裁决;合议仲裁庭进行的审理,则由 3 名仲裁员集体作出仲裁裁决。根据我国《仲裁法》的规定,由合议仲裁庭作出仲裁裁决时,根据不同的情况,采取不同的方式:

1. 按多数仲裁员的意见作出仲裁裁决。按多数仲裁员的意见作出仲裁裁决是裁决的一项基本原则,即少数服从多数的原则,也是仲裁实践通常适用的方式。我国《仲裁法》第 53 条规定:裁决应当按照多数仲裁员的意见作出,少数仲裁员的不同意见可以记入笔录。所谓多数仲裁员的意见是指仲裁庭的 3 名仲裁员中至少有 2 名仲裁员的意见一致,如果 3 名仲裁员各执己见,无法形成多数意见时,即无法以此种方式作出仲裁裁决。

2. 按首席仲裁员的意见作出仲裁裁决。按首席仲裁员的意见作出仲裁裁决是在仲裁庭无法形成多数意见的情况下所采用的作出仲裁裁决的方式。《仲裁法》第 53 条规定:仲裁庭不能形成多数意见时,裁决应当按照首席仲裁员的意见作出。

▌三、仲裁裁决书的内容

仲裁裁决书是仲裁庭对仲裁纠纷案件作出裁决的法律文书。《仲裁法》第 54 条规定:"仲裁裁决书应当写明仲裁请求、争议事实、裁决理由、裁决结果、仲裁费用的负担和裁决日期。如果当事人协议不愿写明争议事实和裁决理由的,可以不写。仲裁裁决书由仲裁员签名,加盖仲裁委员会印章。对仲裁裁决持不同意见的仲裁员,可以签名,也可以不签名。"根据这一规定,仲裁裁决书的内容应该包括以下几个部分:

1. 首部。首部是仲裁裁决书的开头部分,应当写明以下内容:(1)仲裁裁决书的名称、仲裁机构、年号及仲裁裁决书的编号。(2)当事人及委托代理人的基本情况和案由。

2. 正文部分。正文是仲裁裁决书的核心部分。应写明以下几项内容:(1)仲裁请求,即仲裁申请人请求仲裁委员会通过仲裁审理所要解决的问题。(2)双方争议的主要事实和仲裁庭查明的事实和认定的证据。(3)裁决部分,写明当事人各自的责任和应承担责任的法律依据及仲裁费用的负担。

3. 尾部。即仲裁裁决书的结尾部分。主要包括仲裁庭人员的签名、仲裁委员会的印章及裁决日期。

制作裁决书与制作诉讼文书一样,要求做到言简意赅、层次清楚、证据充分、逻辑性强。仲裁实行一裁终局制,当事人不得就仲裁裁决提起诉讼。

▌四、仲裁裁决书的补正

仲裁实行一裁终局制度,裁决一经作出即发生法律效力,当事人就同一纠纷再申请仲裁或者向人民法院起诉的,仲裁委员会或者人民法院不予受理。仲裁裁决的这种终局效力体现在实体方面。但是,由于种种原因,裁决书有可能在形式上产生一些错误,这样,就有必要对裁决书进行补正。

我国《仲裁法》第 56 条规定:"对裁决书中的文字、计算错误或者仲裁庭已经裁决但在裁决书中遗漏的事项,仲裁庭应当补正;当事人自收到裁决书之日起 30 日内,可以请求仲裁庭补正。"据此,我国仲裁法对裁决书的补正,既包含了裁决书的补正,也包含了对裁决的变更。仲裁庭对仲裁裁决书的补正,限于三项:一是仲裁裁决书中的文字错误;二是仲裁裁决书中的计算错误;三是已经裁决但在仲裁裁决书中被遗漏的事项。补正可以由仲裁庭自行补正,当事人自收到裁决书之日起 30 日内,也可以请求仲裁庭予以补正。

五、仲裁裁决的生效和效力

《仲裁法》第 57 条规定:裁决书自作出之日起发生法律效力。可见,我国将仲裁裁决生效的时间定为仲裁裁决书作出之日。

仲裁裁决的效力是指仲裁裁决生效后所产生的法律后果。仲裁裁决的效力具体体现在:(1)当事人不得就已经裁决的事项再行申请仲裁,也不得就此提起诉讼。(2)仲裁机构不得随意变更已生效的仲裁裁决。(3)其他任何机关或个人均不得变更仲裁裁决。(4)仲裁裁决具有执行力。

第七节 简易程序

一、简易程序概述

简易程序是指在仲裁过程中,仲裁机构审理简单仲裁案件所适用的简便易行的审理程序。仲裁中的简易程序是仲裁普通程序的一种简化。

我国仲裁法中并没有明确规定简易程序,但仲裁所具有的快捷性、灵活性和经济性的特点,仲裁所体现出的充分尊重当事人意愿的仲裁原则,以及仲裁法对独任仲裁员仲裁和书面审理的肯定,实质上都包含了简化仲裁程序的精神。因此,各仲裁委员会在制定仲裁规则时往往规定有简易程序。设立简易程序有利于节约仲裁资源,提供仲裁效率,更好地保护当事人的合法权益。

二、简易程序的适用情形

(一)简易程序的适用条件

适用简易程序必须符合如下条件:

1. 争议标的金额在规定数额以下。适用简易程序的案件往往都有对争议标的金额的要求,一般的要求是争议金额应在一定的数额以下。例如《贸仲规则》的规定是争议金额不超过人民币 200 万元,《北京仲裁委员会仲裁规则》的规定是争议金额不超过人民币 100 万元。但在特定情形下,如案件没有争议金额,或者争议金额不明确,则往往由仲裁庭决定是否适用简易程序。根据《贸仲规则》的规定,没有争议金额或者争议金额不明确的,由仲裁委员会根据案件的复杂程度、涉及利益的大小和范围以及其他有关因素综合考虑决定是否适用简易程序。

2. 案情简单。案情简单是适用简易程序的条件之一。案情简单意味着对该纠纷易于查清事实和分清是非,即易于进行审理。因此,在仲裁实践中,有些案件虽然超过了仲裁规则所规定的适用简易程序的争议标的,但由于案情简单,权利义务关系明确,也同样可以适用简易程序进行审理。

3. 经双方当事人默示或者书面同意。所谓双方当事人默示同意是指双方当事人没有明确约定排除对简易程序的适用,因此,在符合仲裁规则规定的适用简易程序的标的金额时,即适用简易程序。而书面同意是指在争议金额超过仲裁规则所规定的适用简易程序的范围时,经一方当事人书面申请,在征得另一方当事人书面同意的情况下,也仍然可以适用简易程序。如《贸仲规则》第54条第1款规定:除非当事人另有约定,凡争议金额不超过人民币200万元,或争议金额超过人民币200万元,但经一方当事人书面申请并征得另一方当事人书面同意的,适用简易程序。

(二)适用简易程序的审理

1. 仲裁申请人向仲裁委员会提出仲裁申请后,经审查可以受理并适用简易程序的,仲裁委员会应立即向双方当事人发出仲裁通知。被申请人在仲裁规则规定的期限内提交答辩书及有关证明文件,也可提出反请求。

2. 双方当事人在仲裁规则规定的期限内,共同选定或者共同委托仲裁委员会主任指定一名独任仲裁员成立仲裁庭审理案件。如果双方当事人未能共同选定或者共同委托指定独任仲裁员的,仲裁委员会主任应立即指定一名独任仲裁员。

3. 仲裁庭以其认为适当的方式审理案件。既可以决定只依据当事人提交的书面材料和证据进行书面审理,也可以决定开庭审理。如果仲裁庭决定开庭审理的,仲裁庭只开庭一次。确有必要时,仲裁庭可以决定再次开庭。

4. 仲裁庭在仲裁规则规定的期限内作出仲裁裁决书。

三、简易程序的特点

仲裁中的简易程序与仲裁的普通程序相比,体现出如下特点:

(一)仲裁庭的组成方式简便

在仲裁程序中适用简易程序时,是由独任仲裁员组成仲裁庭进行仲裁。即由双方当事人共同选定或者共同委托仲裁委员会主任指定一名仲裁员成立仲裁庭对纠纷案件进行审理。如《贸仲规则》第56条规定:"除非当事人另有约定,适用简易程序的案件,依照本规则第二十六条的规定成立独任仲裁庭审理案件。"

(二)审理方式灵活

适用简易程序审理仲裁案件,仲裁庭可以根据案件的实际情况,按照其认为适当的方式进行仲裁,既可以决定只依据当事人提交的书面材料和证据进行书面审理,也可以决定开庭审理。如《贸仲规则》第58条规定:"仲裁庭可以按照其认为适当的方式审理案件;可以决定只依据当事人提交的书面材料和证据进行书面审理,也可以决定开庭审理。"

(三)各种期限的规定相对较短

适用简易程序时,程序中各种期限的规定相对较短。不论是提交答辩书和其他材料的期限,还是提出反请求的期限;不论是指定仲裁员的期限,还是将开庭日期通知当事人的期限,抑或是作出仲裁裁决的期限,较之普通仲裁程序中的期限来说都有所缩短。如《贸仲规则》第 60 条第 1 款规定:"仲裁庭应在组庭后 3 个月内作出裁决书。"

【思考题】

1. 简述仲裁程序的各个主要步骤。
2. 试比较仲裁的简易程序与普通程序。
3. 试分析仲裁第三人。
4. 简述仲裁和解与仲裁调解的区别。
5. 比较仲裁调解与民事诉讼调解。
6. 论仲裁财产保全。

【司法考试真题链接】

1. 甲公司与乙公司之间的买卖合同纠纷,双方在仲裁过程中达成和解协议,此种情况下甲公司不具有下列哪一种权利?(2004 年)

A. 请求仲裁庭根据和解协议作出裁决书

B. 撤回仲裁申请

C. 对仲裁协议进行反悔,请求仲裁庭依法作出裁决

D. 请求法院执行仲裁过程中达成的和解协议

2. 根据我国《仲裁法》的规定,下列哪些关于仲裁程序的表述是正确的?(2004 年)

A. 仲裁应当开庭进行,但当事人可以约定不开庭

B. 仲裁不公开进行,但如不涉及国家秘密,当事人也可以约定公开进行

C. 对仲裁庭的组成,当事人可以约定由 3 名仲裁员组成仲裁庭

D. 当事人对仲裁的调解书不得申请撤销,对裁决书可以申请撤销

3. 根据我国《仲裁法》的规定,在不同的情况下仲裁庭可以作出不同的裁决。下列有关仲裁裁决的说法哪些是正确的?(2004 年)

A. 仲裁庭仲裁纠纷时,其中一部分事实已经清楚的,可以就该部分先行裁决

B. 被申请人经书面通知,无正当理由不到庭的,仲裁庭可以据此认定申请人的主张成立,缺席裁决

C. 当事人调解达成协议的,仲裁庭应制作调解书或根据调解结果制作裁决书

D. 仲裁裁决一经作出即发生法律效力,但对裁决书中的文字、计算错误,当事人可以请求仲裁庭补正

4. 海云公司与金辰公司签订了一份装饰工程合同。合同约定:金辰公司包工包料,负责完成海云公司办公大楼的装饰工程。事后双方另行达成了补充协议,约定因该合同

的履行发生纠纷,由某仲裁委员会裁决。在装饰工程竣工后,质检单位鉴定复合地板及磁砖系不合格产品。海云公司要求金辰公司返工并赔偿损失,金辰公司不同意,引发纠纷。请回答以下题。

假设某法院受理海云公司的起诉,诉讼过程中海云公司与金辰公司达成和解协议,可如何结案?(2005 年)

A. 海云公司申请撤诉,由法院作出准予撤诉的裁定

B. 法院作出准许撤诉的决定书

C. 法院可以根据和解协议制作调解书

D. 法院可以根据和解协议制作判决书

5. 中国甲公司与某国乙公司发生买卖合同纠纷,在中国仲裁过程中,乙公司申请财产保全,即要求扣押甲公司在某港口的一批机器设备。仲裁委员会对此申请应如何处理?(2005 年)

A. 不予受理,告知当事人直接向有关法院提出申请

B. 审查后直接作出财产保全裁定,由有关法院执行

C. 将乙公司的申请提交甲公司所在地的中级法院裁定

D. 将乙公司的申请提交机器设备所在地的基层法院裁定

6. 甲公司与乙公司就某一合同纠纷进行仲裁,达成和解协议,向仲裁委员会申请撤回仲裁申请。后乙公司未按和解协议履行其义务。甲公司应如何解决此纠纷?(2006 年)

A. 甲公司可以依据原仲裁协议重新申请仲裁

B. 甲公司只能向法院提起诉讼

C. 甲公司既可以向法院提起诉讼,也可以与乙公司重新达成仲裁协议申请仲裁

D. 甲公司可以向仲裁委员会申请恢复仲裁程序

7. 下列关于仲裁裁决的哪些观点是正确的?(2006 年)

A. 当事人可以请求仲裁庭根据双方的和解协议作出裁决

B. 仲裁庭可以根据双方当事人达成的调解协议作出裁决

C. 仲裁裁决应当根据仲裁庭多数仲裁员的意见作出,形不成多数意见的,由仲裁委员会讨论决定

D. 仲裁裁决一经作出立即发生法律效力

8. 南沙公司与北极公司因购销合同发生争议,南沙公司向仲裁委员会申请仲裁,在仲裁中双方达成和解协议,南沙公司向仲裁庭申请撤回仲裁申请。之后,北极公司拒不履行和解协议。下列哪一选项是正确的?(2008 年)

A. 南沙公司可以根据原仲裁协议申请仲裁

B. 南沙公司应与北极公司重新达成仲裁协议后,才可以申请仲裁

C. 南沙公司可以直接向法院起诉

D. 仲裁庭可以裁定恢复仲裁程序

9. 某仲裁委员会仲裁某一合同争议案件时,根据甲、乙双方当事人的意愿首先进行了调解并达成调解协议,甲方愿意赔偿乙方经济损失 1 万元,仲裁庭根据调解协议制作了

裁决书。根据上述情况,下列哪一选项是正确的?(2008年)

A. 仲裁庭制作完成裁决书后该裁决书即发生法律效力

B. 裁决书需经双方当事人签收后才发生法律效力

C. 甲方在签收裁决书前反悔的,仲裁庭应当依法重新作出裁决

D. 甲方在签收裁决书后反悔的,可以以裁决书是根据调解协议的内容制作为由向法院申请撤销该裁决

10. 关于仲裁调解,下列哪些表述是正确的?(2010年)

A. 仲裁调解达成协议的,仲裁庭应当根据协议制作调解书或根据协议结果制作裁决书

B. 对于事实清楚的案件,仲裁庭可依职权进行调解

C. 仲裁调解达成协议的,经当事人、仲裁员在协议上签字后即发生效力

D. 仲裁庭在作出裁决前可先行调解

11. 根据《仲裁法》的规定,仲裁庭作出的裁决书生效后,在下列哪一情形下仲裁庭不可以进行补正?(2011年)

A. 裁决书认定的事实错误

B. 裁决书中的文字错误

C. 裁决书中的计算错误

D. 裁决书遗漏了仲裁评议中记录的仲裁庭已经裁决的事项

12. 刘某从海塘公司购买红木家具1套,价款为3万元,双方签订合同,约定如发生纠纷可向北京仲裁委员会申请仲裁。交付后,刘某发现该家具并非红木制成,便向仲裁委员会申请仲裁,请求退货。请回答:双方在仲裁过程中对仲裁程序所作的下列何种约定是有效的?(2006年)

A. 双方不得委托代理人

B. 即使达不成调解协议,也以调解书的形式结案

C. 裁决书不写争议事实和裁决理由

D. 双方对裁决不得申请撤销

13. 兴源公司与郭某签订钢材买卖合同,并书面约定本合同一切争议由中国国际经济贸易仲裁委员会仲裁。兴源公司支付100万元预付款后,因郭某未履约依法解除了合同。郭某一直未将预付款返还,兴源公司遂提出返还货款的仲裁请求,仲裁庭适用简易程序审理,并作出裁决,支持该请求。

由于郭某拒不履行裁决,兴源公司申请执行。郭某无力归还100万元现金,但可以收藏的多幅字画提供执行担保。担保期满后郭某仍无力还款,法院在准备执行该批字画时,朱某向法院提出异议,主张自己才是这些字画的所有权人,郭某只是代为保管。

本案适用简易程序审理后,关于仲裁委员会和仲裁庭可以自行决定的事项,下列选项正确的是(   )。(2013年)

A. 指定某法院的王法官担任本案的仲裁员

B. 由一名仲裁员组成仲裁庭独任审理

C. 依据当事人的材料和证据书面审理

D. 简化裁决书,未写明争议事实

第七章　申请撤销仲裁裁决

【引例】

甲公司和乙公司订立了一份货物买卖合同。后双方在履行合同的过程中发生了争议。争议发生后双方用传真的方式进行交涉,同意将争议提交北京仲裁委员会仲裁。后乙公司向人民法院提起诉讼,甲公司应诉答辩。在审理过程中乙公司又撤诉。后双方又进行了磋商,订立了新的仲裁条款。双方约定对货物质量发生的争议,应交由天津贸易仲裁委员会仲裁。甲公司据此申请仲裁,请求乙公司赔偿由于货物不合格给甲公司造成的损失,并且要求解除合同中尚未履行的部分。仲裁委员会受理了该案件,经过审理作出裁决,认定货物不合格,乙公司应当赔偿甲公司的损失,同时裁决解除合同,双方都不再履行。裁决作出后,乙公司以仲裁裁决超出了仲裁条款约定的范围为由拒不履行该仲裁裁决,于是甲公司申请人民法院执行仲裁裁决,而乙公司则申请人民法院撤销仲裁裁决。

《仲裁法》第58条第1款第2项规定,当事人提出证据证明裁决的事项不属于仲裁协议的范围或者仲裁委员会无权仲裁的,可以向仲裁委员会所在地的中级人民法院申请撤销裁决。《仲裁法》第64条规定,一方当事人申请执行裁决,另一方当事人申请撤销裁决的,人民法院应当裁定中止执行。本案中,仲裁庭作出的仲裁裁决超出了仲裁条款约定的范围,乙公司遂可根据《仲裁法》第58条第1款第2项的规定申请人民法院撤销仲裁裁决,而甲公司又申请人民法院执行仲裁裁决,因此根据《仲裁法》第64条的规定,人民法院应当裁定中止执行。

第一节　申请撤销仲裁裁决概述

一、申请撤销仲裁裁决的概念和设置此程序的意义

申请撤销仲裁裁决,是指当仲裁裁决出现现行法律规定的可撤销事由时,当事人依法向有管辖权的人民法院提出申请,请求人民法院裁定对仲裁裁决效力予以否定的行为。以裁决的事项是否具有可分性,撤销仲裁裁决可以分为全部撤销和部分撤销。例如,当事人没有仲裁协议、裁决的事项不属于仲裁协议的范围或者仲裁机构无权仲裁、仲裁庭的组成或者仲裁的程序严重违反法定程序、裁决违反公共政策等情形下作出的裁决,因其缺乏正当性、合法性,申请人可以诉请法院全部撤销,一旦仲裁裁决被法院全部撤销,意味着仲裁程序全部归于无效;而撤销部分裁决是指仲裁机构作出的仲裁裁决,如果裁决事项超出当事人仲裁协议约定的范围,或者不属于当事人申请仲裁的事项,并且上述事项与仲裁机

构作出裁决的其他事项是可分的,法院可以基于当事人的申请,在查清事实后裁定撤销该超裁部分。①

世界上大多数国家的仲裁法均规定仲裁实行一裁终局制度,即仲裁庭审理纠纷作出仲裁裁决之后,该裁决就立即发生法律效力,当事人不能就同一纠纷再向仲裁委员会申请仲裁,也不能就同一纠纷向人民法院起诉或上诉。一裁终局制度的确立,充分体现了尊重当事人意愿的原则,充分体现了仲裁方式快捷性的优点,但是由于受到实践中各种因素的影响,有些仲裁裁决可能会出现不同程度的偏差或错误,因此在仲裁法中设置申请撤销仲裁裁决的司法监督机制,对确保仲裁裁决的合法性和正确性,具有非常重要的意义:

首先,设置仲裁裁决撤销程序是一国司法主权的体现。仲裁法除赋予了仲裁协议具有妨诉抗辩或停止诉讼之效力、法院为确保仲裁程序顺利进行可以协助当事人选任仲裁员,并且大多数国家的法律赋予了仲裁裁决与法院确定判决有同一效力,为确保仲裁裁决之合法性和正确性,对仲裁裁决的审查权应由国家的司法机构保留,因为法院作为国家审判权的行使者,其最直接和主要的功能就是解决纠纷,由法院解决的纠纷类型具有最高权威性,因此仲裁裁决若有瑕疵由管辖法院审查而予以撤销之权力,应为国家保留审查权之具体表现。②

其次,仲裁裁决撤销程序的设置有利于维护当事人的合法权益。仲裁的根基是当事人自治原则,仲裁程序的顺利进行客观上要求仲裁参与人对仲裁制度要十分熟悉,但是在仲裁实践中,不论是当事人还是仲裁庭组成人员都存在发生错误的可能性,如若放任这些错误的产生而不赋予当事人纠正的权利显然是不恰当的,于是仲裁裁决撤销程序就为当事人提供了司法救济的渠道。如果仲裁员滥用仲裁权,作出了对某一方当事人有利的裁决,这就会使得败诉方依据法律规定对裁决提出异议,提出异议的方式除了在胜诉方提出执行裁决时向法院申请不予执行外,主要就是向法院申请撤销裁决。如果胜诉方觉得裁决没有达到预期的目标,也可以申请撤销裁决。

最后,仲裁裁决撤销程序的设置有利于督促仲裁的公正进行。从仲裁机构和仲裁员的角度来看,一方面,对于一些仲裁业欠发达和仲裁员素养欠高的国家的仲裁机构而言,规定撤销裁决程序,有助于仲裁机构提高仲裁水平,防止仲裁机构滥用当事人协议赋予的仲裁权力。因为仲裁裁决一经法院撤销,就意味着裁决失去了法律效力,从而否定了仲裁机构的整个仲裁行为和努力,这是仲裁机构所不希望看到的结果。因此,为避免作出的裁决可能被撤销,仲裁机构在仲裁过程中应严格遵循适当的程序,充分对待当事人的程序性权利,并公正、合理、合法地作出裁决。③ 另一方面,对于仲裁员而言,仲裁裁决撤销程序的设置也有利于督促其公正仲裁。仲裁员在仲裁中如果不遵守有关法律和仲裁规则的规定,不公正行事,甚至枉法裁判,所作出的裁决就会因一方当事人提出申请而遭到人民法院的撤销。这样,该仲裁员在社会上的声誉和公正形象就会受到极大的影响,这必然会减少其被再次选定为仲裁员的机会,情节严重者还会被仲裁机构除名,甚至受到法律追究。

---

① 江伟:《仲裁法》,中国人民大学出版社 2012 年第 2 版,第 276 页。
② 赖来焜:《仲裁判断之救济程序(上)》,载《仲裁》2006 年第 78 期。
③ 杜焕芳:《论国际商事仲裁裁决的撤销制度》,载《民商法论丛》2003 年第 28 卷。

因此,设置撤销裁决程序也有利于督促仲裁机构加强对仲裁员的管理,有利于督促仲裁员珍惜声誉,正确行使其权力。①

二、申请撤销仲裁裁决的条件

根据我国《仲裁法》的相关规定,当事人申请撤销仲裁裁决需具备以下几个条件:

(一)提出撤销裁决的申请主体要适格

在仲裁中,只有当事人与仲裁结果有着直接的利害关系,也只有当事人最了解自己的合法权益是否受到了侵害。因此,法律赋予当事人对仲裁裁决的撤销申请权,其目的旨在纠正不公正的、错误的裁决。当事人包括申请人和被申请人,不管是胜诉方,还是败诉方,均可依法申请撤销仲裁裁决,例如一方当事人虽然胜诉了,但因对方当事人隐瞒了足以影响公正裁决的证据而未达到其预期的目的,就可以依法向人民法院申请撤销裁决。除了当事人之外,其他人不享有此项权利。

(二)必须在法定期限内以书面形式提出申请

我国《仲裁法》第59条规定:"当事人申请撤销裁决的,应当自收到裁决书之日起六个月内提出。"如果当事人提出撤销裁决的申请超过了法律规定的期限,人民法院就会裁定不予受理。法律规定申请撤销裁决的期限,主要是为了限制撤销申请权的频繁提起以保证仲裁裁决的稳定性,并且也是为了避免有关证据灭失而增加法院调查取证的难度,此外设定这一期限也是为了督促当事人及时行使权利,以体现仲裁程序的快捷性。在申请撤销仲裁裁决的法定期间内,胜诉的当事人申请执行的权利依然存在,但另一方的撤销仲裁裁决的申请被法院受理后,执行程序便告中止。

(三)受理的法院须有管辖权

根据我国《仲裁法》第58条的规定,当事人提出撤销裁决申请的,可以向仲裁委员会所在地的中级人民法院提出,该人民法院应根据《仲裁法解释》组成合议庭审查核实,作出裁定。可见,当事人必须向有管辖权的法院提出申请,受理申请的法院必须符合级别管辖和地域管辖的要求,否则无权受理。

(四)存在申请撤销仲裁裁决的证据

我国仲裁法与民事诉讼程序的上诉不同,申请撤销仲裁裁决的当事人,应当对撤销理由的存在负有举证责任,否则,法院不受理撤销裁决的申请,从而防止当事人滥用撤销申请权。申请人提供的证据的证明力则需法院认定。②

三、申请撤销仲裁裁决的理由

世界上大多数国家的仲裁立法和仲裁规则也设置了对本国仲裁裁决的撤销程序,归

---

① 黄进等:《仲裁法学》,中国政法大学出版社2008年版,第142页。
② 马永双:《仲裁法导论》,中国社会出版社2005年版,第222～223页。

纳起来,撤销仲裁裁决的理由如下:(1)仲裁协议不存在、无效或者失效;(2)仲裁庭的组成与当事人的协议不一致,或违背了《仲裁法》或仲裁程序规则,或仲裁员资格条件有瑕疵或不是按正当方式指定的;(3)仲裁程序不合法或者违背仲裁协议;(4)当事人在仲裁程序中未经合法代理,未能陈述案情或者未能经合法询问;(5)裁决处理了仲裁协议范围以外的争议或争议的标的不能通过仲裁解决;(6)裁决书未附理由,但当事人另有约定或仲裁员予以补正的除外;(7)裁决的作出是欺诈的结果,或者所依据的证据是伪造的或变造的;(8)裁决所依据的民事或刑事判决及其他裁判或行政处分已变更的;(9)仲裁员在仲裁过程中违背职务,犯刑事罪的;(10)裁决命当事人为法律上所不允许的行为;(11)裁决作出后,一方当事人获得了本来可以影响仲裁庭决定的新文件,这些文件被认为是另一方当事人的行为后果而被扣缴的;(12)裁决违反公共秩序或公共政策。①

我国的仲裁制度分为国内仲裁与涉外仲裁,申请撤销仲裁裁决的法定情形也对应作了区分,本章主要分析申请撤销国内仲裁裁决的法定情形,对涉外仲裁裁决撤销的规定在第九章进行分析。根据我国《仲裁法》第58条的规定,国内仲裁裁决的当事人申请撤销仲裁裁决的理由大致有:

(一)没有仲裁协议

仲裁协议是当事人自愿将他们之间的争议提交仲裁解决的书面文件,是当事人申请仲裁和仲裁机构受理当事人的仲裁申请的前提和基础。对于没有仲裁协议而申请仲裁的,仲裁委员会不予受理,更不能对案件作出裁决。如果仲裁机构对没有仲裁协议的纠纷案件予以受理并作出了裁决,则违反了当事人自愿的原则,该仲裁裁决也就是违法裁决,当事人有权向人民法院申请撤销此裁决。

(二)仲裁的事项不属于仲裁协议的范围或者仲裁委员会无权仲裁

当事人申请仲裁的事项,必须是仲裁协议确定的事项,仲裁机构也只能就仲裁协议范围内的争议事项作出裁决。如果当事人申请仲裁的事项超出仲裁协议约定的范围,而仲裁机构仍予受理并作出裁决,或者虽然当事人确定了申请仲裁的范围,但仲裁机构所作出的仲裁裁决超出了当事人的请求的范围,则此仲裁裁决也应予以撤销。

我国仲裁法规定了婚姻、收养、监护、扶养、继承纠纷和依法应当由行政机关处理的行政争议不能仲裁,如果当事人在仲裁协议中约定的事项违反了此条规定,并且当事人依据此仲裁协议将本不能提交仲裁的争议事项提交仲裁,那么,仲裁机构以此为基础作出的仲裁裁决应予撤销。

(三)仲裁庭的组成或者仲裁的程序违反法定程序

根据《仲裁法》第30条、第31条和第32条的规定,仲裁庭是由3名仲裁员组成,还是由1名仲裁员组成,由双方当事人约定;仲裁员应当由当事人选定或由当事人委托仲裁委员会主任指定。只有当事人没有在规定的期限内约定仲裁庭组成方式或者选定仲裁员

---

① 黄进等:《仲裁法学》,中国政法大学出版社2008年版,第143页。

时，才能由仲裁委员会主任依照职权指定。当仲裁庭的组成违反了仲裁法的规定，则由该仲裁庭所作出的仲裁裁决应予撤销。仲裁必须按照法定的程序进行，如果仲裁机构没有按照仲裁程序规则所规定的期限将全部文件或材料送达双方当事人，或者当事人未能在仲裁程序中获得充分的陈述或辩论的机会，或者有关仲裁员有法定回避情形而未予回避等等，均是违反仲裁程序的做法。在违背法定仲裁程序基础上所作出的仲裁裁决，属于法定被撤销的理由。

（四）仲裁裁决所依据的证据是伪造的

证据是仲裁庭查明案件真实情况，分清是非，确定双方当事人的责任界限并作出仲裁裁决的根据。当事人必须向仲裁庭提供真实的证明。如果当事人提供了伪造的证据，必定会影响仲裁庭对案件事实作出正确的判断，从而会影响仲裁裁决的客观性和公正性。因此，以伪造的证据为基础作出的仲裁裁决应予撤销。

（五）对方当事人隐瞒了足以影响公正裁决的证据

一方当事人为了自身的利益，如果隐瞒了可能对自己不利的且不为他人所掌握的证据，仲裁庭对事实的判断、对是非的认定和对责任的划分等等，就可能会与实际情况不相符，由此所作出的仲裁裁决必定会给另一方当事人造成不公正的结果。所谓"足以影响公正裁决的证据"，是指直接关系到仲裁裁决的最后结论的证据，这些证据通常与仲裁案件所涉及的纠纷或争议的焦点或重要情节有着直接的联系，同时这些证据也直接影响着仲裁庭对案件事实的正确判断。因此，在当事人隐瞒了足以影响公正裁决的证据的情况下所作出的仲裁裁决应当被撤销。

（六）仲裁员在仲裁该案时有索贿受贿、徇私舞弊、枉法裁决的行为

仲裁员在仲裁案件的过程中非法索要或非法接受当事人财物或其他不正当利益，仲裁员为了牟取私利或为了报答一方当事人已经或承诺给予自己的某种利益而弄虚作假，仲裁员在仲裁案件时，颠倒是非甚至故意错误适用法律，都是仲裁过程中的严重的违法行为。这些行为必然影响案件的公正审理和裁决，损害一方当事人的合法权益，那么在此基础上作出的仲裁裁决应当予以撤销。

除上述几项外，根据《仲裁法》第 58 条第 3 款的规定，如果仲裁裁决违背社会公共利益，人民法院也应当裁定撤销该仲裁裁决。社会公共利益亦称公共秩序，是指属于社会全体成员的利益。社会公共利益和个人利益、局部利益既有统一协调的一面，又有矛盾冲突的一面。保护公共利益，是现代各国的通例，也是我国的仲裁准则之一。

[案例]河北某公司向北京仲裁委员会申请仲裁其与北京某企业间的买卖合同纠纷，仲裁委员会受理了申请。北京某企业为逃避责任，出示了一份伪造的证人证言，仲裁庭根据这份证人证言，裁决申请人河北某公司赔偿被申请人损失 50 万元。河北某公司不服该裁决，并且在收到仲裁裁决后发现了北京某公司伪造证据的情况。那么，河北某公司可以采取什么措施以维护自己的合法权益？

[解答]根据《仲裁法》第58条、第59条的规定,由于仲裁裁决所依据的证据是伪造的,河北某公司可以在收到仲裁裁决书之日起6个月内,向仲裁委员会所在地的中级人民法院申请撤销裁决。又可以根据我国《民事诉讼法》第237条第2款第4项的规定,在对方当事人申请执行裁决时,作为被申请执行人的河北某公司可以以裁决书认定事实主要证据不足为由,向受理执行申请的人民法院申请不予执行。

第二节　申请撤销仲裁裁决的程序

一、申请撤销仲裁裁决程序的启动

根据我国《仲裁法》的规定,一方当事人申请执行裁决,另一方当事人申请撤销裁决的,人民法院应当裁定中止执行。人民法院裁定撤销裁决的,应当裁定终结执行。撤销裁决的申请被裁定驳回的,人民法院应当裁定恢复执行。当事人启动撤销仲裁裁决的程序要注意以下问题:

第一,启动权的归属。作为司法救济的一种方式,仲裁司法审查程序的启动一般而言应是被动的。大多数国家的仲裁立法都规定仲裁司法审查程序必须经由当事人提出申请或起诉才能启动,我国的仲裁法也作了如此的规定,这就完全符合"不告不理"原则的要求。

第二,申请期限。在申请启动仲裁司法审查程序的期限上,我国《仲裁法》第59条规定当事人申请撤销裁决的,应当自收到裁决书之日起6个月内提出。我国现行的立法与各国的相关立法相比,期限规定过长,例如英国法律规定异议应自仲裁裁决作出之日起28天内提出;美国法律规定当事人应在收到仲裁裁决书后90天内提出动议;德国法律规定当事人申请法院撤销仲裁裁决的期限为收到裁决书之日起的3个月内。由此可见,其他国家和地区的立法多将这一期限限定在3个月之内,而且这一期限多为不变期间。

第三,立案。为了规范司法权的运行,在立案环节,有管辖权的法院还应注意以下事项:(1)负责立案审查的机构为有管辖权法院的立案庭。为了最大限度地减少当事人权利救济的障碍,只要当事人申请的提出符合法定期限和管辖要求,法院就应当受理,而不应对仲裁裁决进行过多审查。(2)为了促使法院尽早作出是否立案的决定,应规定法院的立案庭在收到申请书后的一段期限内必须作出是否受理的裁定,根据我国法律的规定,应当适用我国民事诉讼立案期限之7日规定。(3)法院无论是否立案,均应作出书面裁定,并将立案通知书或不予受理裁定书送达给申请人和被申请人。如果申请人对不予受理裁定不服的,应当允许其向上一级人民法院提出上诉。

[案例]广西某公司与越南某公司因水果贸易发生纠纷,依据合同仲裁条款,广西某公司向中国国际经济贸易仲裁委员会申请仲裁,要求越南某公司赔偿因水果腐烂造成的损失。仲裁委员会经审理裁决驳回了广西某公司的请求,同时裁决广西某公司支付越南公司水果价款50万元人民币。越南某公司申请广西公司住所地的某市中级人民法院强制执行,而广西某公司认为仲裁委员会在越南某公司未提出反请求的情况下裁决己方支付货款50万元实属不当。广西某公司可行使何权利?

[解答]根据我国《仲裁法》的规定,广西某公司可以向仲裁机构所在地的有管辖权的某中级人民法院申请撤销仲裁裁决,也可以向广西公司住所地的某市中级人民法院申请不予执行仲裁裁决。

二、人民法院撤销仲裁裁决案件的审理程序

仲裁裁决是否予以撤销影响着仲裁裁决的效力与仲裁庭的权威,并且和当事人的切身利益息息相关,法院在行使对仲裁的司法监督职能时有必要遵循一定的程序,根据仲裁的相关立法和司法实践,仲裁裁决撤销的程序一般有以下几个环节。

(一)申请和受理

撤销仲裁裁决应当由当事人提出申请,没有当事人的申请,法院通常不能依职权主动进行干预,并且当事人之外的人也不能申请撤销。根据最高人民法院1998年7月28日发布的《关于审理当事人申请撤销仲裁裁决案件几个具体问题的批复》(以下简称《批复》)第3条规定:"当事人向人民法院申请撤销仲裁裁决的案件,应当按照非财产案件收费标准计收案件受理费;该费用由申请人交纳。"因此,当事人申请时,应向法院提交申请书、证据等材料和受理费,经法院初步审查,认为符合要求的,予以立案受理。

(二)审查核实

法院受理了撤销仲裁裁决的申请后,就要进行慎重的审查,该阶段要注意以下几个问题:

1. 组成合议庭。2005年《仲裁法解释》第24条规定:"当事人申请撤销仲裁裁决的案件,人民法院应当组成合议庭审理,并询问当事人。"因此,人民法院对于当事人提出的撤销仲裁裁决的申请,应当组成合议庭进行审查,而不能由独任审判员进行审查。

2. 审查的内容。合议庭应对当事人的撤销申请进行审查,包括:当事人是否适格;当事人的申请是否是在法律规定期限内提出;当事人所提出的申请是否具备法定的理由,并有相应的证据加以证明;仲裁裁决是否违背社会公共利益等等。根据《仲裁法解释》第17条的规定,当事人以不属于《仲裁法》第58条或者《民事诉讼法》第260条(现行第274条)规定的事由申请撤销仲裁裁决的,人民法院不予支持。

3. 审查的期限。鉴于仲裁的高效便捷的特性,相应的法律规定的审查期限比较短。根据我国《仲裁法》第60条的规定,人民法院应当在受理撤销裁决申请之日起2个月内作

出撤销裁决或者驳回申请的裁定。

4. 被申请人。根据《批复》的规定,一方当事人向人民法院申请撤销仲裁裁决的,人民法院在审理时,应当列对方当事人为被申请人。

(三)撤销仲裁裁决程序的中止与恢复

在仲裁裁决撤销程序中,该阶段不是必经阶段,是法律赋予法院的权力,体现了法院在监督仲裁的过程中对仲裁的支持。根据我国《仲裁法》第61条的规定,人民法院受理撤销裁决的申请后,认为可以由仲裁庭重新仲裁的,通知仲裁庭在一定期限内重新仲裁,并裁定中止撤销程序。《仲裁法解释》第21条规定:"当事人申请撤销国内仲裁裁决的案件属于下列情形之一的,人民法院可以依照仲裁法第六十一条的规定通知仲裁庭在一定期限内重新仲裁:(一)仲裁裁决所根据的证据是伪造的;(二)对方当事人隐瞒了足以影响公正裁决的证据的。人民法院应当在通知中说明要求重新仲裁的具体理由。"《仲裁法解释》第22条规定:"仲裁庭在人民法院指定的期限内开始重新仲裁的,人民法院应当裁定终结撤销程序;未开始重新仲裁的,人民法院应当裁定恢复撤销程序。"《仲裁法解释》第23条规定:"当事人对重新仲裁裁决不服的,可以在重新仲裁裁决书送达之日起六个月内依据仲裁法第五十八条规定向人民法院申请撤销。"这些相关规定是重新仲裁的依据,重新仲裁制度是申请撤销仲裁裁决程序中的重要组成部分,是法院行使司法监督过程中给予仲裁庭弥补仲裁程序缺陷、保持裁决效力的特殊程序,有利于保障仲裁案件的公正解决,维护当事人的合法权益,减少仲裁失误并保障仲裁裁决终局性的实现。[①]

另外,《仲裁法解释》第25条规定:"人民法院受理当事人撤销仲裁裁决的申请后,另一方当事人申请执行同一仲裁裁决的,受理执行申请的人民法院应当在受理后裁定中止执行。"《仲裁法解释》第26条规定:"当事人向人民法院申请撤销仲裁裁决被驳回后,又在执行程序中以相同理由提出不予执行抗辩的,人民法院不予支持。"这两条规定补充了在撤销仲裁裁决程序中需要注意的细节性问题。

(四)裁定

人民法院经过审查核实,认定仲裁裁决有法定的可撤销理由时,应当作出撤销仲裁裁决的裁定。根据《仲裁法解释》第19条的规定:"当事人以仲裁裁决事项超出仲裁协议范围为由申请撤销仲裁裁决,经审查属实的,人民法院应当撤销仲裁裁决中的超裁部分。但超裁部分与其他裁决事项不可分的,人民法院应当撤销仲裁裁决。"人民法院认为申请人没有证据证明仲裁裁决存在可撤销情形的,裁定驳回申请。

---

① 马永双:《仲裁法导论》,中国社会出版社2005年版,第226页。

第三节　申请撤销仲裁裁决的法律后果

一、撤销仲裁裁决

根据 2012 年《民事诉讼法》第 154 条第 1 款第 9 项的规定,裁定适用于"撤销或不予执行仲裁裁决",这一细小的修改是为了使《民事诉讼法》更加严谨,突出撤销与不予执行仲裁裁决在法律上具有同等的重要性,并且这一修改也是为了与 1994 年《仲裁法》第 60 条的规定保持一致,即人民法院在对当事人的撤销裁决申请经过充分审查后,认为仲裁裁决具有法律规定撤销情形之一时,应当裁定撤销仲裁裁决。[①] 根据《仲裁法》第 59 条的规定,法院应在受理撤销裁决申请之日起 2 个月内作出撤销裁决或者驳回申请的裁定。该裁定一经作出,就立即发生法律效力,并且最高人民法院发布的《关于人民法院裁定撤销仲裁裁决或驳回当事人申请后当事人能否上诉问题的批复》《关于当事人对人民法院撤销仲裁裁决的裁定不服申请再审人民法院是否受理问题的批复》以及《关于人民检察院对不予撤销仲裁裁决的民事裁定提出抗诉人民法院应否受理问题的批复》中就明确规定,该裁定不能上诉、申请再审和提出抗诉。

仲裁裁决被依法撤销后,其法律效力就不复存在了,仲裁裁决不能再作为人民法院强制执行的根据,当事人之间的纠纷回到仲裁之前尚未解决的状态,当事人之间的权利义务关系仍处于不确定的状态,并且当事人之间原先订立的仲裁协议因为已经据此进行了仲裁程序,在仲裁庭作出了仲裁裁决之后就失去了效力,当事人不能再根据原有的仲裁协议向仲裁委员会申请进行仲裁。

二、驳回撤销仲裁裁决的申请

人民法院立案受理了当事人申请撤销仲裁裁决的申请,经过充分审查后,认为当事人提出的申请不符合法律规定的条件或者申请撤销仲裁裁决的理由不成立,应裁定驳回当事人的申请。人民法院裁定驳回申请后,如果人民法院已经裁定中止仲裁裁决的执行的,就应当恢复对该仲裁裁决的执行。

三、通知仲裁庭重新仲裁

重新仲裁是指当事人向法院申请撤销仲裁裁决,法院受理后认为仲裁裁决中的瑕疵虽符合撤销仲裁裁决的情形,但是该瑕疵同时也可由仲裁庭自行进行弥补,从而裁定中止撤销程序,通知仲裁庭重新仲裁的制度。

重新仲裁具有以下主要特征:第一,启动于撤销仲裁裁决程序之中,具有依附性;只有在撤销仲裁裁决程序之中,法院经审查认定仲裁裁决瑕疵符合重新仲裁要求时才能启动重新仲裁程序。第二,启动理由须符合撤销仲裁裁决的法定事由;因重新仲裁程序依附于撤销仲裁裁决程序,不启动撤销仲裁裁决程序也就无法启动重新仲裁程序。故重新仲裁

---

① 宋连斌、彭丽明:《中国商事仲裁年度观察(2013)》,载《北京仲裁》2012 年第 83 辑。

的启动理由也必须包含在撤销仲裁裁决法定事由的范围之内。第三,原仲裁的裁决瑕疵可经由重新仲裁程序纠正。只有可经仲裁庭自我弥补的瑕疵才能通知仲裁庭加以弥补。这是重新仲裁的本质特征,也是法院适用重新仲裁程序最需要考量的因素。

重新仲裁制度是撤销仲裁裁决制度的组成部分,重新仲裁依附于撤销仲裁裁决程序,不启动撤销仲裁裁决程序也就无法启动重新仲裁程序。两者联系密切,但又有如下区别:

1. 原因不同。撤销仲裁裁决一般是基于不能由仲裁庭自我弥补的重大违法情形,由法院直接否定其效力,例如仲裁裁决侵害社会公共利益等。而重新仲裁基于的瑕疵可以由仲裁庭自我弥补,法院给予仲裁庭更正程序瑕疵的机会。

2. 结果不同。撤销仲裁裁决后原仲裁裁决效力丧失,双方当事人的纠纷归于原始状态,可以重新达成仲裁协议进行仲裁或者诉诸司法进行解决。重新仲裁开始后仲裁庭若针对原仲裁瑕疵进行弥补作出新的仲裁裁决,对于重新仲裁作出的裁决当事人仍可异议,包括再次申请撤销或不予执行。重新仲裁给予仲裁庭弥补程序瑕疵的机会,减少了仲裁裁决被撤销的几率,既避免了裁决被撤销,又使瑕疵仲裁程序得以弥补,进而达到了裁决公正和社会资源节约的目的。①

我国《仲裁法》明确规定了重新仲裁制度,即该法第 61 条规定:"人民法院受理撤销裁决的申请后,认为可以由仲裁庭重新仲裁的,通知仲裁庭在一定期限内重新仲裁,并裁定中止撤销程序。仲裁庭拒绝重新仲裁的,人民法院应当裁定恢复撤销程序。"为了完善仲裁纠纷解决机制,支持仲裁业的发展,使重新仲裁制度焕发出应有的活力,2005 年《仲裁法解释》对重新仲裁制度也进行了有益的完善,该解释是在多年司法实践的基础上对较易发生问题而法律并未明确规定的事项作的一次较为系统、全面的解释。《仲裁法解释》关于重新仲裁的规定相较于《仲裁法》第 61 条的笼统规定就规定得较为详细:第一,规定了可重新仲裁的情形,明确了法院应当说明通知重新仲裁的理由。《仲裁法解释》第 21 条规定:"当事人申请撤销国内仲裁裁决的案件属于下列情形之一的,人民法院可以依照仲裁法第六十一条的规定通知仲裁庭在一定期限内重新仲裁:(一)仲裁裁决所根据的证据是伪造的;(二)对方当事人隐瞒了足以影响公正裁决的证据的。人民法院应当在通知中说明要求重新仲裁的具体理由。"第二,规定了仲裁庭的拒绝权及相应的程序处理。《仲裁法解释》第 22 条规定:"仲裁庭在人民法院指定的期限内开始重新仲裁的,人民法院应当裁定终结撤销程序;未开始重新仲裁的,人民法院应当裁定恢复撤销程序。"第三,规定了当事人可寻求对重新仲裁裁决救济的权利。《仲裁法解释》第 23 条规定:"当事人对重新仲裁裁决不服的,可以在重新仲裁裁决书送达之日起六个月内依据仲裁法第五十八条规定向人民法院申请撤销。"

[**案例**]技术人员李某与花样机械厂签订技术转让合同,在合同履行过程中发生了纠纷。依合同约定的仲裁条款,李某向 B 市仲裁委员会申请仲裁。裁决作出后,花样机械厂以仲裁违反法定程序为由,申请法院撤销该裁决,B 市人民法院经审查,裁决撤销 B 市仲裁委员会的裁决。在此情况下,李某可以采取下列哪些办法进行救济?

---

① 乔欣:《仲裁权论》,法律出版社 2009 年版,第 337 页。

[**解答**]裁决被撤销后,当事人李某既可以直接向法院起诉,也可以与花样机械厂达成新的仲裁协议申请仲裁,但是不能根据原来的仲裁协议要求原仲裁机构重新仲裁或再次申请仲裁。

【思考题】

1. 设置仲裁裁决撤销程序有何意义?

2. 我国仲裁法规定撤销国内仲裁裁决的理由有哪些?

3. 分析重新仲裁制度。

【司法考试真题链接】

1. 下列关于仲裁裁决的哪些观点是正确的?(2006 年)

A. 当事人可以请求仲裁庭根据双方的和解协议作出裁决

B. 仲裁庭可以根据双方当事人达成的调解协议作出裁决

C. 仲裁裁决应当根据仲裁庭多数仲裁员的意见作出,形不成多数意见的,由仲裁委员会讨论决定

D. 仲裁裁决一经作出立即发生法律效力

2. 刘某从海塘公司购买红木家具 1 套,价款为 3 万元,双方签订合同,约定如发生纠纷可向北京仲裁委员会申请仲裁。交付后,刘某发现该家具并非红木制成,便向仲裁委员会申请仲裁,请求退货。请回答(1)—(4)题。(2006 年)

(1)双方在仲裁过程中对仲裁程序所作的下列何种约定是有效的?

A. 双方不得委托代理人

B. 即使达不成调解协议,也以调解书的形式结案

C. 裁决书不写争议事实和裁决理由

D. 双方对裁决不得申请撤销

(2)向海塘公司提供木材的红木公司可以以何种身份参加该案件的仲裁程序?

A. 证人

B. 第三人

C. 鉴定人

D. 被申请人

(3)如果裁决退货,海塘公司不服,可以以何种方式获得救济?

A. 向仲裁委员会所在地的中级人民法院申请撤销仲裁裁决

B. 向本公司所在地的中级人民法院申请撤销仲裁裁决

C. 向仲裁委员会所在地的中级人民法院申请裁定不予执行

D. 向执行法院申请裁定不予执行

(4)如果仲裁过程中海塘公司向仲裁委员会提交了双方在交付家具时签订的《补充协议》,该协议约定将纠纷处理方式变更为诉讼,这种情况下仲裁委员会应当如何处理?

A. 仲裁委员会有权对是否继续仲裁审理作出裁决

B. 仲裁委员会应当裁决驳回仲裁申请,当事人可向法院起诉

C. 仲裁委员会应当继续仲裁,裁决作出后当事人可以以没有有效的仲裁协议为由申请撤销仲裁裁决

D. 仲裁委员会应当继续仲裁,裁决作出后当事人不得以没有有效的仲裁协议为由申请撤销仲裁裁决

3. 某仲裁委员会对甲公司与乙公司之间的买卖合同一案作出裁决后,发现该裁决存在超裁情形,甲公司与乙公司均对裁决持有异议。关于此仲裁裁决,下列哪一选项是正确的?(2008 年)

A. 该仲裁委员会可以直接变更已生效的裁决,重新作出新的裁决

B. 甲公司或乙公司可以请求该仲裁委员会重新作出仲裁裁决

C. 该仲裁委员会申请法院撤销此仲裁裁决

D. 甲公司或乙公司可以请求法院撤销此仲裁裁决

4. 关于法院对仲裁的司法监督的说法,下列哪一选项是错误的?(2010 年)

A. 仲裁当事人申请财产保全,应当向仲裁机构申请,由仲裁机构将该申请移交给相关法院

B. 仲裁当事人申请撤销仲裁裁决被法院驳回,此后以相同理由申请不予执行,法院不予支持

C. 仲裁当事人在仲裁程序中没有提出对仲裁协议效力的异议,此后以仲裁协议无效为由申请撤销或不予执行,法院不予支持

D. 申请撤销仲裁裁决或申请不予执行仲裁裁决程序中,法院可通知仲裁机构在一定期限内重新仲裁

5. 甲公司因与乙公司合同纠纷申请仲裁,要求解除合同。某仲裁委员会经审理裁决解除双方合同,还裁决乙公司赔偿甲公司损失六万元。关于本案的仲裁裁决,下列哪些表述是正确的?(2010 年年)

A. 因仲裁裁决超出了当事人的请求范围,乙公司可申请撤销超出甲公司请求部分的裁决

B. 因仲裁裁决超出了当事人的请求范围,乙公司可向法院提起诉讼

C. 因仲裁裁决超出了当事人的请求范围,乙公司可向法院申请再审

D. 乙公司可申请不予执行超出甲公司请求部分的仲裁裁决

第八章　仲裁裁决的执行和不予执行

【引例】

2013 年 1 月,某市食品厂和另一市某高级商场签订了一份长期供货合同。最初的一段时间内,食品厂都能够按照合同的约定交付货物。但是后来由于受到外部的冲击,食品厂的效益下滑,同时由于机器设备老化,生产出来的产品质量下降,因此供给商场的产品多为次品,导致消费者大量投诉,严重影响了该商场的经济效益,给该商场造成的直接经济损失大约 15 万元。商场多次与食品厂交涉,但是均未能就损害赔偿的具体数额达成一致,后来双方商定,将该合同纠纷提交某市仲裁委员会仲裁,并且签署了仲裁协议。该仲裁委员会受理了该案,并依法组建仲裁庭,由后者进行审理并作出裁决。但是仲裁裁决作出后,食品厂不履行该裁决,如果商场在向法院申请强制执行仲裁裁决后,食品厂向法院提交证据证明仲裁裁决认定事实的主要证据不足,人民法院应当如何处理?

本案主要涉及仲裁裁决的执行和不予执行两个问题。关于第一个问题,《仲裁法》第 62 条规定:"当事人应当履行裁决。一方当事人不履行的,另一方当事人可以依照民事诉讼法的有关规定向人民法院申请执行。受申请的人民法院应当执行。"本案中,仲裁庭依法审理并作出仲裁裁决,但是食品厂并未自觉履行该裁决,所以商场遂依法向人民法院申请强制执行仲裁裁决,显然符合《仲裁法》第 62 条的规定。关于第二个问题,《仲裁法》第 63 条规定:"被申请人提出证据证明裁决有民事诉讼法第二百一十七条(现为第二百三十七条)第二款规定的情形之一的,经人民法院组成合议庭审查核实,裁定不予执行。"而《民事诉讼法》第 237 条第 2 款规定:"被申请人提出证据证明仲裁裁决有下列情形之一的,经人民法院组成合议庭审查核实,裁定不予执行:(1)当事人在合同中没有订有仲裁条款或者事后没有达成书面仲裁协议的;(2)裁决的事项不属于仲裁协议的范围或者仲裁机构无权仲裁的;(3)仲裁庭的组成或者仲裁的程序违反法定程序的;(4)裁决所依据的证据是伪造的;(5)对方当事人向仲裁机构隐瞒了足以影响公正裁决的证据的;(6)仲裁员在仲裁该案时有贪污受贿,徇私舞弊,枉法裁决行为的。"由此可知,对于食品厂向法院提交证据证明仲裁裁决认定事实的主要证据不足已经不再是人民法院认定仲裁裁决不予执行的理由了,因此人民法院应当裁定驳回起诉。

第一节　仲裁裁决的执行

一、仲裁裁决执行的概念和意义

仲裁裁决的执行,即仲裁裁决的强制执行,具体是指仲裁裁决生效后,经当事人向有管辖权的人民法院申请,人民法院按照法定程序,运用法定强制措施,强制依据生效仲裁裁决负有义务的一方当事人履行其实体义务,以实现权利人实体权利的行为。仲裁裁决执行制度是法院对仲裁制度予以支持的最重要表现,这一制度构成了仲裁制度的重要组成部分。

仲裁裁决的执行制度对保障我国仲裁制度的发展,维护当事人的合法权益有其十分重要的意义:

其一,仲裁裁决的执行是当事人的权利得以实现的保障。仲裁庭经过审理纠纷作出裁决后,仅仅为当事人实现权利提供了可能性,只有当事人自觉履行裁决,或者当事人不履行裁决而通过强制执行以后,这种可能性才能变为现实性。因而执行是最终的程序。

其二,仲裁裁决的执行是迫使当事人履行义务的有效保证。一般来说,绝大多数仲裁纠纷的当事人在仲裁裁决作出后能够自觉履行义务,但也有少数人拒不履行义务。在这种情况下,只有通过带有强制力的执行程序,才能确保当事人履行法律规定的义务。

其三,仲裁裁决的执行是确保仲裁制度存在和发展的根本。仲裁裁决书和法院的判决书具有同等的法律效力,同样可以由当事人申请法院强制执行。如果没有一定的强制力,仲裁制度的各项优势和特点就难以发挥出来,仲裁制度就难以生存和发展,因此仲裁裁决的执行遂成为确保仲裁制度存在和发展的根本。

二、申请执行仲裁裁决的条件

当事人申请执行已生效的仲裁裁决时,必须具备以下条件:

(一)当事人必须向有管辖权的人民法院提出申请

根据《仲裁法解释》第29条的规定,当事人申请执行仲裁裁决案件,由被执行人住所地或者被执行的财产所在地的中级人民法院管辖。因此,对于国内仲裁裁决,一方当事人不履行仲裁裁决的,则另一方当事人可以向被执行人住所地或者被执行的财产所在地的中级人民法院申请执行。具体是哪一个法院,可以由当事人进行选定。

(二)执行必须以生效的仲裁裁决书或仲裁调解书为依据且裁决具有给付内容

仲裁裁决书是法律明文规定的执行根据,只有生效的仲裁裁决书才能引起执行程序的开始。没有执行根据,就没有执行的前提和条件。同时,仲裁裁决书必须具有给付内容,即确定一方当事人向另一方当事人交付一定的财物或者完成一定的行为。根据我国《仲裁法》第51条的规定,仲裁庭在作出裁决前,可以先行调解。当事人自愿调解的,仲裁庭应当调解。调解不成的,应当及时作出裁决。调解达成协议的,仲裁庭应当制作调解书。这是制作仲裁调解书的法律依据。调解不是仲裁的必经程序,仲裁庭应当在查明事实、分清是非的前提下,在当事人自愿的基础上,及时、公正地调解,并对当事人达成的调解协议制作仲裁调解书,仲裁调解书自争议双方当事人签收之日起生效,与仲裁裁决书具有同等的法律效力。具有给付内容的调解书生效后,如果一方当事人不履行调解书所确定的义务,对方当事人亦有权根据调解书申请人民法院强制执行。

(三)申请执行仲裁裁决必须在法律规定的期限内提出

当事人申请执行仲裁裁决必须在法定期限内提出,如果无正当理由超过申请执行期限的,申请人就失去了要求人民法院强制执行的权利。关于申请执行的期限,我国《民事诉讼法》第239条规定:"申请执行的期间为二年。申请执行时效的中止、中断,适用法律有关诉讼时效中止、中断的规定。前款规定的期间,从法律文书规定履行期间的最后一日起计算;法律文书规定分期履行的,从规定的每次履行期间的最后一日起计算;法律文书未规定履行期间的,从法律文书生效之日起计算。"

(四)必须向人民法院递交申请执行书和据以执行的法律文书

申请执行书应写明:申请人和被申请人的基本情况,如姓名、住址、银行账号等;申请执行的事项和理由、被申请执行人拒不履行义务的事实和依据、需要执行的标的物的名称、数量及所在地、被申请执行人的经济状况和可供执行的财产状况;申请人还应当签名或者盖章,并注明申请执行的日期。如果当事人提交书面申请有困难的,也可以提出口头申请,但要讲明申请执行的事项、理由等情况,并由执行人员记入笔录。另外,申请执行人还应当提交据以执行的仲裁裁决书以及人民法院认为必须提交的其他材料。

因此,当仲裁裁决生效后,一方当事人未在裁决书规定的期间内履行义务的,则另一方当事人可以依法申请人民法院予以强制执行。当事人依法向人民法院申请执行仲裁裁决后,人民法院应当执行。依法执行有效的仲裁裁决,既是人民法院的权力,也是人民法院的义务。

三、申请执行仲裁裁决的程序

(一)申请执行

义务方当事人在规定的期限内不履行仲裁裁决时,权利方当事人在符合前述条件的情况下,有权请求人民法院强制执行。当事人申请执行时应当向人民法院递交申请书,在申请书中应说明对方当事人的基本情况以及申请执行的事项和理由,并向法院提交作为执行依据的生效仲裁裁决书或仲裁调解书。

根据《仲裁法》和《民事诉讼法》的相关规定,当事人申请执行仲裁裁决时,应当向人民法院提交下列文件或证件:

1. 申请执行书。申请执行书应当写明申请执行的理由、事项、执行标的,以及申请人所了解的被执行人的财产状况。申请人书写申请执行书确有困难的,可以口头提出申请,人民法院将口头申请记入笔录,由申请人签字盖章。

2. 仲裁裁决书或仲裁调解书副本。裁决书是人民法院执行的依据,当事人申请时应当提供仲裁裁决书或仲裁调解书的副本。

3. 申请执行人的身份证明。公民个人申请的,应当出示居民身份证;法人申请的,应当提交法人营业执照副本和法定代表人身份证明。继承人或权利承受人申请执行的,应当提交继承或承受权利的证明文件。

4. 仲裁协议。申请人应当向人民法院提交有关仲裁条款的合同书或书面的仲裁协议书。

此外,申请人向人民法院申请执行仲裁裁决时,应当依照人民法院诉讼收费办法的规定缴纳申请执行费用。

(二)执行前的准备

人民法院对符合申请执行条件的申请,应当在 7 日内予以立案,不符合条件的,应当在 7 日内裁定不予受理。人民法院决定受理当事人提出的执行仲裁裁决申请以后,应当在 3 日内向被执行人发出执行通知书,责令其在指定期间内履行仲裁裁决书确定的义务,并承担迟延履行期间的债务利息或迟延履行金。被执行人未按执行通知书指定的期间履行生效法律文书义务的,应当及时采取执行措施,在执行通知书指定的期限内,被执行人转移、隐匿、变卖、毁损财产的,应当立即采取执行措施。人民法院执行仲裁裁决,必要时可以向作出仲裁裁决的仲裁委员会调取卷宗材料。

(三)查明被执行人的财产状况

在开始执行之前或者在执行过程中,应当查明被执行人的财产状况。申请执行人应当向人民法院提供其所了解的被执行人的财产状况或线索。被执行人必须如实向人民法院报告其财产状况。人民法院在执行中有权向被执行人、有关机关、社会团体、企业事业单位或公民个人,调查了解被执行人的财产状况,对调查所需的材料可以进行复制、抄录或拍照,但应当注意保密。为查明被执行人的财产状况和履行义务的能力,可以传唤被执行人或被执行人的法定代表人或负责人到人民法院接受询问。被执行人拒绝按人民法院的要求提供有关财产状况的证据材料的,人民法院可以按照法律规定进行搜查。

(四)采取执行措施

执行措施是人民法院依照法定程序强制执行生效的仲裁裁决书的具体手段。根据我国《民事诉讼法》、《民事诉讼法意见》及其他司法解释的有关规定,执行措施主要包括:(1)查询、冻结、划拨被执行人的存款;(2)扣留、提取被执行人的收入;(3)查封、扣押、冻结、拍卖、变卖被执行人的财产;(4)搜查债务人隐匿的财产;(5)强制交付法律文书指定的财物或票证;(6)强制迁出房屋或退出土地;(7)强制完成法律文书指定的行为;(8)办理财产权证照转移手续;(9)强制被执行人支付迟延履行金或迟延履行期间的债务利息;(10)执行被执行人的到期债权;(11)执行无形财产及其他特定权益。[1]

---

① 马永双:《仲裁法导论》,中国社会出版社 2005 年版,第 231～232 页。

[**案例**]北京仲裁委员会仲裁一起国内的合同纠纷争议,争议涉及的数额为1000万元,申请人甲公司住所地为河北省石家庄市,被申请人乙公司住所地为济南市天桥区。在仲裁过程中,甲公司提出财产保全申请。最后,仲裁裁决支持了申请人要求被申请人支付1000万元货款的仲裁请求。请问:采取财产保全措施以及最后的仲裁裁决需要执行,分别由哪个法院执行?

[**解答**]依据《最高人民法院关于人民法院执行工作若干问题的规定》(以下简称《执行规定》)第11条,在国内仲裁过程中,财产保全应由被申请人住所地或申请保全的财产所在地的基层人民法院裁定并执行。因此,财产保全措施由乙公司住所地的济南市天桥区人民法院来执行。《仲裁法解释》第29条规定:"当事人申请执行仲裁裁决案件,由被执行人住所地或者被执行的财产所在地的中级人民法院管辖。"故仲裁裁决应由济南市中级人民法院执行。

第二节　仲裁裁决的不予执行

一、仲裁裁决不予执行的概念和特征

仲裁裁决不予执行是指仲裁裁决作出后,一方当事人向法院申请强制执行仲裁裁决,另一方当事人认为仲裁裁决具备不予执行的理由,侵害了自己的合法权益,而向法院申请不予执行仲裁裁决,经人民法院组成合议庭审查核实后,对符合法定情形的裁决依法裁定不予执行的制度。仲裁裁决不予执行制度具有以下几个特点:

（一）不予执行的对象是生效的仲裁裁决

根据《仲裁法》的有关规定,仲裁裁决一经作出即具有法律约束力和强制执行力,因此一方不自觉履行仲裁裁决确定的义务时,另一方可以向有管辖权的法院申请强制执行。但是,被申请执行的一方当事人在执行行为开始之前,可以向法院提交有关材料,提供有关证据,向法院申请不予执行仲裁裁决。可见,不予执行的对象是生效的仲裁裁决。

（二）不予执行是法院对仲裁裁决的一种司法监督方式

仲裁裁决的撤销制度和仲裁裁决的不予执行制度是我国法院对仲裁的两种司法监督方式。仲裁的司法监督,指的是法院对仲裁的审查和控制作用,即仲裁不是一个完全独立的"自在物",它在一定程度上还要受到法院的约束。一切有权力的人都容易滥用权力,有权力的人们使用权力一直到有界限的地方才休止。[1] 仲裁具有自治性,需要法院的监督,不过司法监督的力度必须是适度的。

---

[1]　孟德斯鸠:《论法的精神(上册)》,张雁深译,商务印书馆1978年版,第162页。

（三）不予执行以债务人的申请为启动条件

法律赋予义务方当事人在执行程序中享有提出不予执行仲裁裁决的权利，这一权利是一种私权，而私权的最大特点是当事人具有自由处分权，义务方当事人可以自由进行支配自身享有的权利，既可以积极行使这一权利，也可以放弃该权利的行使。一旦债务人放弃行使这一权利，那么法院的执行机关一般都不会依职权主动采取措施，这与法院受理民事案件采用的"不告不理"原则相类似。只有在人民法院认定执行该裁决违背社会公共利益的时候，才会主动裁定不予执行。

（四）不予执行仲裁裁决的审查主体是特定的国家机关

民事执行是国家机关行使国家公权力的活动，不予执行仲裁裁决的审查发生在执行程序开始以后，不予执行的后果是仲裁裁决丧失执行力，必须要由国家有权机关依照法定程序来进行，并不是所有的国家机关都可以行使，必须是经过国家授权的机关。我国目前的审查机构是人民法院的执行机构，由该机构组成合议庭进行审查。

（五）不予执行的条件由法律明确规定

法治国家一个重要的特点是最大限度地保护当事人的意思自治，仲裁具有契约性和自治性。不予执行仲裁裁决制度是国家公权力对私权的干预，因此对此应予以必要的限制，这样才能充分体现出法律的公正性和对仲裁裁决司法审查的有限性，以达到对仲裁最高程度的支持，以维护仲裁"一裁终局"的特性。我国《民事诉讼法》、《仲裁法》的相关规定以及参加的国际公约是仲裁裁决不予执行的法律依据，不允许存在其他的非法定理由对仲裁裁决不予执行。

[案例]2010年9月甲公司和乙公司签订了一购销合同，合同中约定，因合同产生的纠纷由A市仲裁委员会仲裁解决。后来双方在履行合同中发生纠纷，乙公司遂依照合同中约定的仲裁条款，于2010年12月3日向A市仲裁委员会申请了仲裁，仲裁委员会接到申请书后，认为符合受理条件，决定受理。由陈某、梁某、魏某担任仲裁员仲裁此案，并由陈某担任首席仲裁员。经过审理后，仲裁庭作出裁决。请问：(1)如果仲裁裁决后，甲公司不履行仲裁裁决，乙公司可向何地法院申请执行？(2)如果裁决作出后，甲公司以仲裁违反法定程序为由，申请法院撤销裁决，人民法院裁定先中止执行，然后经过审查，作出撤销仲裁委员会的裁决。在此情况下，乙公司可以采取哪些措施予以应对？

[解答](1)乙公司可向甲公司所在地人民法院和被申请执行财产所在地人民法院申请执行。根据《执行规定》第10条的规定："仲裁机构作出的国内仲裁裁决、公证机关依法赋予强制执行效力的公证债权文书，由被执行人住所地或被执行的财产所在地人民法院执行。前款案件的级别管辖，参照各地法院受理诉讼案件的级别管辖的规定确定。"(2)乙公司可以与甲公司重新达成仲裁协议申请仲裁，也可以就合同纠纷向人民法

院起诉。《最高人民法院关于人民法院裁定撤销仲裁裁决或驳回当事人申请后当事人能否上诉问题给广西壮族自治区高级人民法院的批复》中明确规定,对人民法院依法作出的撤销仲裁裁决或驳回当事人申请的裁定,当事人无权上诉。人民法院依法裁定撤销仲裁裁决的,当事人可以根据双方重新达成的仲裁协议申请仲裁,也可以向人民法院起诉。

二、仲裁裁决不予执行的理由

我国国内仲裁裁决和涉外仲裁裁决不予执行的法定情形有所不同,该章主要分析国内仲裁裁决不予执行的法定情形。根据我国《民事诉讼法》第 237 条的规定,被申请人提出证据证明仲裁裁决有下列情形之一的,经人民法院组成合议庭审查核实,裁定不予执行:(1)当事人在合同中没有订有仲裁条款或者事后没有达成书面仲裁协议的;(2)裁决的事项不属于仲裁协议的范围或者仲裁机构无权仲裁的;(3)仲裁庭的组成或者仲裁的程序违反法定程序的;(4)裁决所依据的证据是伪造的;(5)对方当事人向仲裁机构隐瞒了足以影响公正裁决的证据的;(6)仲裁员在仲裁该案时有贪污受贿,徇私舞弊,枉法裁决行为的。新《民事诉讼法》第 237 条第 2 款第 4 项、第 5 项分别被修改为"裁决所根据的证据是伪造的"、"对方当事人向仲裁机构隐瞒了足以影响公正裁决的证据的",取代了旧《民事诉讼法》第 213 条第 4 项、第 5 项的规定"认定事实的主要证据不足的"、"适用法律确有错误的"。这一修改意味着,新《民事诉讼法》第 237 条关于无涉外因素的国内仲裁裁决不予执行的条件,与 1994 年《仲裁法》第 58 条关于无涉外因素的国内仲裁裁决撤销的条件相同,从而改变了撤销与不予执行的"双轨制";虽然法院在前述执行仲裁裁决时还涉及实体审查,但审查的范围已大大缩小。毫无疑问,这一修改将在理论与实践上产生深远的影响。[①]

对于国内仲裁而言,不予执行仲裁裁决的情形包括:

(一)当事人在合同中没有订有仲裁条款或者事后没有达成仲裁协议的

仲裁应当在双方当事人自愿的基础上进行,仲裁协议是当事人双方一致达成的授予仲裁庭审理案件的依据,是仲裁的基础。如果当事人纠纷发生前没有订立仲裁条款,事后也未达成仲裁协议,那么仲裁机构就无权受理当事人之间的纠纷,对争议无管辖权,仲裁就没有根据,裁决当然不能执行。

(二)裁决的事项不属于仲裁协议的范围或者仲裁机构无权仲裁的

前者主要是指裁决的事项虽然是法律允许的,但是当事人在仲裁协议中未作约定,后者则主要指裁决事项本身就是法律所不允许的,仲裁事项具有不可仲裁性。依《仲裁法》第 3 条之规定,下列争议不可仲裁:(1)婚姻、收养、监护、扶养、继承纠纷;(2)依法应当由

---

① 宋连斌、彭丽明:《中国商事仲裁年度观察(2013)》,载《北京仲裁》2013 年第 83 辑。

行政机关处理的行政争议。两者的实质都是仲裁机构越权仲裁,因此其裁决不能予以执行。

(三)仲裁庭的组成或者仲裁的程序违反法定程序的

仲裁程序的严格合法也同样重要。很多法律学者都指出:正当的、严格的程序法往往比完美的实体法更具有意义。只有设置了一套严格的程序法规,并确保这一套程序在社会生活中得到良好实施、妥善运作,才能使法律所赋予的权利和课加的义务真正地落到实处。所以各国法律素来特别强调正常程序的重要运作。仲裁活动作为一种准司法活动,其程序的正当对于实体权利义务的影响同样不可忽视。如果仲裁的开庭裁决过程违反了《仲裁法》的规定,其裁决结果同样是可以不予执行的。如仲裁庭由当事人不同意的仲裁员组成,或者仲裁员应当回避而未回避,或者当事人未经合法通知即作缺席裁决等等,当事人就有理由怀疑裁决的公正性,这样的裁决就可以不予执行。

(四)仲裁裁决所依据的证据是伪造的

证据是仲裁庭查明案件真实情况,分清是非,确定双方当事人的责任界限并作出仲裁裁决的根据。当事人必须向仲裁庭提供真实的证据。如果当事人提供了伪造的证据,必定会影响仲裁庭对案件事实作出正确的判断,从而会影响仲裁裁决的客观性和公正性。因此,以伪造的证据为基础作出的仲裁裁决应予裁定不予执行。

(五)对方当事人隐瞒了足以影响公正裁决的证据

一方当事人为了自身的利益,如果隐瞒了可能对自己不利的且不为他人所掌握的证据,那么仲裁庭对事实的判断,对是非的认定和对责任的划分等等,就会与实际情况不相符,那么由此所作出的仲裁裁决必定会给另一方当事人造成不公正的结果。所谓"足以影响公正裁决的证据",是指直接关系到仲裁裁决的最后结论的证据,这些证据通常与仲裁案件所涉及的纠纷或争议的焦点或重要情节有着直接的联系,同时这些证据也直接影响着仲裁庭对案件事实的正确判断。因此,在当事人隐瞒了足以影响公正裁决的证据的情况下所作出的仲裁裁决应当被不予执行。

(六)仲裁员在仲裁该案件时有贪污受贿、徇私舞弊、枉法裁决行为的

仲裁员在仲裁案件的过程中存在非法索要或非法接受当事人的财物或其他不正当利益的行为;或仲裁员为了谋取私利或为了报答一方当事人已经或承诺给予自己的某种利益,在仲裁案件时弄虚作假的行为;或仲裁员在仲裁案件时玩忽职守,无原则地迁就一方当事人,颠倒是非,曲解法律甚至故意错误适用法律的行为,仲裁员这些严重的违法行为,必然影响案件的公正裁决,损害一方当事人的合法权益,产生仲裁腐败现象,则这样的仲裁裁决应当被不予执行。

(七)裁决违背社会公共利益的

我国《民事诉讼法》第 237 条第 3 款规定,如果人民法院认为执行该裁决将损害社会

公共利益的,可不予执行。

人民法院经组成合议庭审查核实仲裁裁决,确认有以上情形之一的,应当作出不予执行的裁定,并将此裁定送达双方当事人和仲裁委员会。如果人民法院发现仲裁机构作出的调解书确有错误,也应当不予执行。仲裁裁决被人民法院依法裁定不予执行的,当事人不能申请人民法院再审,就该纠纷双方当事人可以重新达成仲裁协议,并依据该仲裁协议申请仲裁,也可以向人民法院提起诉讼。

三、仲裁裁决不予执行的程序

在司法实践中,仲裁裁决不予执行的程序如下:

(一)被执行人向有管辖权的人民法院提出申请

当事人一方申请人民法院强制执行仲裁裁决后,当被执行人有异议,认为该仲裁裁决符合法律规定的不予执行的情形之一的,即可申请人民法院不予执行。应当注意的是,不予执行必须由被申请人提出请求,人民法院不得依职权主动进行审查。在当事人根据上述规定请求人民法院不予执行时,由被申请人负举证责任,没有提供证据或所提证据不能证明确有不予执行的事由存在的,就不能否定申请人的请求,即应依申请人的请求予以执行,而不能裁定不予执行。

(二)人民法院对被执行人不予执行仲裁裁决申请的审查

人民法院对被执行人不予执行仲裁裁决的申请,应当组成合议庭进行审查。法院对仲裁裁决的审查分为程序上的审查和实体上的审查。程序上的审查,即法院对仲裁裁决作出过程中出现的程序性的问题进行审查,如仲裁协议是否有效、仲裁员是否越权裁决、当事人是否被给予充分的陈述意见的机会等。实体上的审查,是指法院对仲裁裁决所认定的事实是否确凿、适用法律是否正确进行审查。法院对不予执行仲裁裁决的审查不同于对申请执行仲裁裁决的审查,它不仅涉及仲裁机构是否有管辖权或者是否在其职权范围内,并尊重当事人的意愿,以及仲裁程序是否合法,而且还涉及审查认定事实和适用法律上是否有错误。因而,该审查是一种全面的审查,体现了人民法院在执行程序中对仲裁裁决的司法监督的广泛性。

(三)人民法院经审查后依法作出裁定

人民法院对申请不予执行的仲裁裁决,经组成合议庭审查核实后,如果认为该仲裁裁决不符合法律规定的不予执行的情形时,应当驳回被执行人的申请;如果经审查认为符合法定情形时,应当不予执行的,应作出不予执行仲裁裁决的裁定,并将不予执行仲裁裁决的裁定书送达双方当事人和仲裁委员会。

根据《仲裁法》第9条第2款的规定,裁决被人民法院依法裁定撤销或者不予执行的,当事人就该纠纷可以根据双方当事人重新达成的仲裁协议申请仲裁,也可以向人民法院起诉。

四、仲裁裁决的不予执行和撤销仲裁裁决的异同

（一）仲裁裁决不予执行制度与仲裁裁决撤销制度的区别

1. 提起申请的当事人不同。有权申请不予执行仲裁裁决的当事人只能是被申请执行人，即依据仲裁裁决负有义务的当事人。可见，不予执行仲裁裁决是对被申请执行人权利救济的一种制度。而有权申请撤销仲裁裁决的当事人则是双方当事人，既包括依据仲裁裁决享有权利的当事人，也包括依据仲裁裁决需承担义务的当事人，该制度侧重于对双方当事人权利的救济。

2. 提起申请的期限不同。我国《仲裁法》未明确规定当事人提出不予执行仲裁裁决申请的期限，只要一方当事人申请执行仲裁裁决后，人民法院执行仲裁裁决的程序结束前，被申请执行人均可以提出不予执行仲裁裁决的申请。而当事人要申请人民法院撤销仲裁裁决，根据我国《仲裁法》第59条的规定只能在收到仲裁裁决之日起6个月内提出申请，该期限为除斥期间，无中止、中断事由。

3. 管辖法院不同。由于被申请执行人是在仲裁裁决的执行程序中，为了维护自己的合法权益而提出不予执行申请，因此，被申请执行人只能向受理仲裁裁决执行案件的人民法院提出该申请。而撤销仲裁裁决则不同，由于撤销是对仲裁裁决效力的根本否定，因此有权审理撤销裁决申请的人民法院有严格的限制，根据我国《仲裁法》第58条的规定，当事人只能向仲裁委员会所在地的中级人民法院申请撤销仲裁裁决。

4. 法院的处理不同。法院受理当事人提出的撤销仲裁裁决的申请后，经过审查后，除作出是否撤销仲裁裁决的处理，还可以在认为有必要由仲裁庭重新仲裁的情况下，通知仲裁庭重新仲裁，并根据仲裁庭重新仲裁的情况作出处理；而对于当事人提出的不予执行仲裁裁决的申请，法院只要经过审查，根据审查的情况作出是否不予执行的裁定即可。

5. 法律后果不同。撤销仲裁裁决的后果是裁决归于无效，是对仲裁行为的彻底否定。不予执行仲裁裁决的后果是否定仲裁裁决的执行力，并不否定仲裁裁决的内容。

（二）仲裁裁决不予执行制度与仲裁裁决撤销制度的共同之处

1. 性质相同。从其性质上来看，两者并不是仲裁程序中的正常程序制度，而是在仲裁程序完毕之后，对仲裁裁决之不公正予以纠正的非正常制度，它既是对当事人权利的救济制度，同时也是对仲裁裁决予以监督的制度。

2. 行使权利的主体相同。虽然撤销仲裁裁决制度与不予执行仲裁裁决制度是两个不同的制度，但是，行使撤销权与不予执行权的主体是一致的，即都是由人民法院行使。

3. 两者之间的程序都是法定的而且是有限的。不予执行仲裁裁决与撤销仲裁裁决均需要由当事人依法向有管辖权的人民法院提出申请，并且需要提出证据证明仲裁裁决存在法定不予执行或者撤销的理由。此外，人民法院在基于当事人的申请对仲裁裁决进行审查的过程中，均可以仲裁裁决违背社会公共利益而依职权裁定不予执行仲裁裁决或者裁定撤销仲裁裁决。

4. 撤销与不予执行无涉外因素的国内仲裁裁决的情形相同。对于仲裁裁决而言，

《民事诉讼法》第237条规定的无涉外因素的国内仲裁裁决不予执行的条件,与《仲裁法》第58条关于无涉外因素的国内仲裁裁决撤销的条件相同。

5.当事人重新解决原纠纷的方式相同。法院基于当事人的申请对仲裁裁决予以审查,作出撤销或者不予执行的裁定后,对当事人产生相同的法律后果,即依据仲裁裁决享有权利的当事人的实体权利无法实现。对于当事人之间的原纠纷,当事人只能向人民法院起诉或者重新达成仲裁协议后申请仲裁。

[案例]甲市A县的刘某与乙市B区的何某签订了房屋买卖合同,购买何某位于丙市C区的一套房屋。合同约定,因合同履行发生的一切纠纷,应提交设立于甲市的M仲裁委员会进行仲裁。之后,刘某与何某又达成了一个补充协议,约定合同发生纠纷后也可以向乙市B区法院起诉。刘某按约定先行支付了部分房款,何某却迟迟不按约定办理房屋交付手续,双方发生纠纷。刘某向M仲裁委员会申请仲裁,请求何某履行交房义务,M仲裁委员会受理了此案。仲裁庭进行审理并作出裁决:何某在30日内履行房屋交付义务。因何某在义务履行期间内拒不履行房屋交付义务,刘某向法院申请强制执行,何某则向法院申请撤销仲裁裁决。请问:(1)刘某可以向哪个法院申请强制执行? 何某可以向哪个法院申请撤销仲裁裁决? (2)如法院认为本案可以重新仲裁,应当如何处理? (3)如法院撤销仲裁裁决,刘某、何某可以通过什么方式解决他们的纠纷? 理由是什么?

[解答](1)刘某应当向乙市中级人民法院或丙市中级人民法院申请强制执行。因为根据《仲裁法解释》第29条的规定,对仲裁裁决的申请执行,由被执行人住所地或者财产所在地的中级人民法院管辖。何某应当向甲市中级人民法院申请撤销仲裁裁决。因为根据法律的规定,仲裁裁决的撤销由仲裁委员会所在地的中级人民法院管辖。(2)如法院通知仲裁庭重新仲裁,且仲裁庭重新仲裁的,法院应裁定中止撤销程序;仲裁庭拒绝仲裁的或仲裁庭未在指定的期间内开始仲裁的,法院应当裁定恢复撤销程序。(3)仲裁裁决被撤销后,当事人可以向法院起诉解决,也可以重新达成仲裁协议申请仲裁。因为仲裁裁决被撤销后,原协议即已失效,只能重新达成协议方能申请仲裁。

第三节 仲裁裁决的中止执行、终结执行和恢复执行

一、仲裁裁决的中止执行

仲裁裁决的中止执行,是指在执行仲裁裁决过程中,因发生某种特殊情况而暂时停止执行程序,待特殊情况消灭后再恢复执行程序的制度。一方当事人申请执行裁定,另一方当事人申请撤销裁决的,人民法院应当裁定中止执行。在实践中,中止执行的情形,除了以上仲裁法规定的情形之外,还应包括以下情形:

其一,申请人表示可以延期执行的。如果申请人愿意延期执行,而延期执行又不损害社会公共利益的,人民法院应当尊重申请人的意愿,裁定中止执行。

其二,案外人对执行标的提出确有理由的异议的。案外人主要是指在申请执行之前,被执行的财产即执行标的确属被执行人,但在后来却经合法或不法手续移转于案外人所有(如购买)或占有(如租赁)。异议必须确有理由,才能中止执行。

其三,作为一方当事人的公民死亡或法人终止,尚未确定权利义务承受人的。

其四,人民法院认为应当中止执行的其他情形。根据执行实践和最高人民法院的司法解释,人民法院认为应当中止执行的情形主要有以下几项:(1)据以执行的仲裁裁决书内容不明,需要补充的;(2)据以执行的裁决书或执行标的与其他正在审理、仲裁或执行的案件有关联,需要保持法律的统一性和稳定性的;(3)人民法院已受理被申请人的破产案件的;(4)被申请人下落不明已满一年且无财产可供执行的;(5)被申请人遭受自然灾害、意外事件等不可抗力破坏而无财产可供执行的。在上述情况下人民法院可以裁定中止执行。

中止执行仲裁裁决的,人民法院应当制作裁定书,裁定书送达当事人后立即发生法律效力。执行中止是暂时的,造成执行中止的事由查明或原因消除后,人民法院应根据不同情形,依法处理,或根据当事人的申请或依职权恢复执行程序,或终结执行。

二、仲裁裁决的终结执行

仲裁裁决的执行终结,是指在执行程序中,因发生了法律规定的事由,执行程序没有必要或者不可能继续,因而依法结束执行程序的一种方式。[①]

根据我国《仲裁法》和《民事诉讼法》的有关规定,引起仲裁裁决执行终结的情形有:(1)被执行人履行了仲裁裁决中的义务的;(2)人民法院裁定撤销仲裁裁决的;(3)申请人撤销执行申请的;(4)作为被执行人的公民死亡,无遗产可供执行,又无义务承担人的;(5)作为被执行人的公民因生活困难无力偿还借款,又丧失劳动能力的;(6)在执行中,被申请执行人经人民法院裁定宣告破产的;(7)当事人自愿达成和解协议并依据和解协议不再执行的;(8)企业法人终止,又确无连带义务人的。

仲裁裁决终结执行的,人民法院应当制作裁定书。裁定书应当写明终结执行的理由和法律依据。裁定书送达当事人即发生法律效力,当事人不得上诉。在执行程序中如果有协助执行人的,终结执行的裁定也应对其送达,或者采取其他方式予以告知。

仲裁裁决执行终结的效力表现在两个方面:(1)程序上的效力。执行终结与执行中止不同,执行中止是执行程序的暂时停止,待造成中止的情形消失后,执行程序恢复,执行工作继续进行,而执行终结的裁定一经生效,执行程序就告结束,以后也不再恢复。(2)实体上的效力。执行终结后,人民法院不再以司法强制力迫使被执行人履行义务,也不以执行程序保证权利人实现法律文书所确定的权利。但这并不是否认或推翻了法律文书对权利人所应享有的权利的确认,只是法律不再保障其实现。

三、仲裁裁决的恢复执行

仲裁裁决的执行恢复,是指人民法院依法执行的案件,由于出现了被申请执行人申请

---

① 马永双:《仲裁法导论》,中国社会出版社 2005 年版,第 233 页。

撤销仲裁裁决或者其他特殊情况,执行程序暂时中止,待撤销仲裁裁决申请被人民法院驳回或者其他情况消失后,继续进行原来的执行程序。

根据我国《仲裁法》和《民事诉讼法》的规定,应当恢复执行程序的情形主要有:(1)当事人撤销仲裁裁决的申请被人民法院驳回的;(2)申请执行人表示可以延期执行的期限已过,执行义务人仍未履行法律文书所确定的给付义务的;(3)执行义务人未在执行担保期限内履行法律文书确定的给付义务的;(4)案外人对执行标的提出的异议被驳回的;(5)执行标的是其他人民法院或者仲裁机构正在审理的案件争议的标的物,该案件现已审理完毕并确定了标的物归属的;(6)作为一方当事人的公民死亡后,确定了继承人继承权利或者承担义务的;(7)作为一方当事人的法人或者其他组织终止后,确定了权利义务承受人的;(8)据以执行的仲裁裁决书不明的部分已经得到仲裁庭补正的;(9)人民法院已受理的以被申请执行人为债务人的破产案件,已经破产和解的;(10)在执行开始时,被申请执行人无力履行义务,但以后又恢复履行义务能力的,经另一方当事人申请,可以裁定恢复执行;(11)执行和解协议的义务人没有按约定履行和解协议,权利人向原受案执行机构申请强制执行的。

人民法院裁定恢复仲裁裁决的执行的,应当制作裁定书,写明恢复执行的原因,由执行员与书记员署名,加盖人民法院印章。裁定书送达当事人后即发生法律效力。

[案例]张某根据与刘某达成的仲裁协议,向某仲裁委员会申请仲裁。在仲裁审理中,双方达成和解协议并申请依和解协议作出裁决。裁决作出后,刘某拒不履行其义务,张某向法院申请强制执行,而刘某则向法院申请裁定不予执行该仲裁裁决。请问:法院应当如何处理?

[解答]法院应继续执行,不予审查是否具有不予执行仲裁裁决的情形。依据是《仲裁法解释》第28条的规定,即"当事人请求不予执行仲裁调解书或者根据当事人之间的和解协议作出的仲裁裁决书的,人民法院不予支持"。

【思考题】

1. 简述申请执行仲裁裁决的条件和程序。
2.《民事诉讼法》规定的不予执行仲裁裁决的情形有哪些?
3. 分析仲裁裁决的不予执行和撤销仲裁裁决的异同。
4. 仲裁裁决中止执行的情形有哪些?

【司法考试真题链接】

1. 根据我国《仲裁法》和《民事诉讼法》的规定,出现下列哪些情形时,人民法院对仲

裁裁决不予执行?(2002年)

A. 载有仲裁条款的合同被确认无效

B. 一方当事人申请执行裁决,另一方当事人申请撤销仲裁裁决

C. 仲裁裁决书认定事实的主要证据不足的

D. 仲裁庭的组成违反法定程序

2. 甲、乙两公司因贸易合同纠纷进行仲裁,裁决后甲公司申请执行仲裁裁决,乙公司申请撤销仲裁裁决,此时受理申请的人民法院应如何处理?(2003年)

A. 裁定撤销仲裁裁决　　　　　B. 裁定终结执行

C. 裁定中止执行　　　　　　　D. 将案件移交上级人民法院处理

3. 甲公司与乙公司之间的买卖合同纠纷,双方在仲裁过程中达成和解协议,此种情况下甲公司不具有下列哪一种权利?(2004年)

A. 请求仲裁庭根据和解协议作出裁决书

B. 撤回仲裁申请

C. 对仲裁协议进行反悔,请求仲裁庭依法作出裁决

D. 请求法院执行仲裁过程中达成的和解协议

4. 下列关于民事诉讼和仲裁异同的哪一表述是正确的?(2006年)

A. 法院调解达成协议一般不能制作判决书,而仲裁机构调解达成协议可以制作裁决书

B. 从理论上说,诉讼当事人无权确定法院审理和判决的范围,仲裁当事人有权确定仲裁机构审理和裁决的范围

C. 对法院判决不服的,当事人有权上诉或申请再审,对于仲裁机构裁决不服的可以申请重新仲裁

D. 当事人对于法院判决和仲裁裁决都有权申请法院裁定不予执行

5. 张某根据与刘某达成的仲裁协议,向某仲裁委员会申请仲裁。在仲裁审理中,双方达成和解协议并申请依和解协议作出裁决。裁决作出后,刘某拒不履行其义务,张某向法院申请强制执行,而刘某则向法院申请裁定不予执行该仲裁裁决。法院应当如何处理?(2007年)

A. 裁定中止执行,审查是否具有不予执行仲裁裁决的情形

B. 终结执行,审查是否具有不予执行仲裁裁决的情形

C. 继续执行,不予审查是否具有不予执行仲裁裁决的情形

D. 先审查是否具有不予执行仲裁裁决的情形,然后决定后续执行程序是否进行

6. 关于法院对仲裁的司法监督的说法,下列哪一选项是错误的?(2010年)

A. 仲裁当事人申请财产保全,应当向仲裁机构申请,由仲裁机构将该申请移交给相关法院

B. 仲裁当事人申请撤销仲裁裁决被法院驳回,此后以相同理由申请不予执行,法院不予支持

C. 仲裁当事人在仲裁程序中没有提出对仲裁协议效力的异议,此后以仲裁协议无效为由申请撤销或不予执行,法院不予支持

D. 申请撤销仲裁裁决或申请不予执行仲裁裁决程序中,法院可通知仲裁机构在一定

期限内重新仲裁

7. 甲不履行仲裁裁决,乙向法院申请执行。甲拟提出不予执行的申请并提出下列证据证明仲裁裁决应不予执行。针对下列哪一选项,法院可裁定驳回甲的申请?(2011年)

A. 甲、乙没有订立仲裁条款或达成仲裁协议

B. 仲裁庭的组成违反法定程序

C. 裁决事项超出仲裁机构的权限范围

D. 仲裁裁决没有根据经当事人质证的证据认定事实

8. 甲公司因与乙公司的合同纠纷向某仲裁委员会申请仲裁,甲公司的仲裁请求得到仲裁庭的支持。裁决作出后,乙公司向法院申请撤销仲裁裁决。法院在审查过程中,甲公司向法院申请强制执行仲裁裁决。关于本案,下列哪一说法是正确的?(2012年)

A. 法院对撤销仲裁裁决申请的审查,不影响法院对该裁决的强制执行

B. 法院不应当受理甲公司的执行申请

C. 法院应当受理甲公司的执行申请,同时应当告知乙公司向法院申请裁定不予执行仲裁裁决

D. 法院应当受理甲公司的执行申请,受理后应当裁定中止执行

第九章 涉外仲裁

【引例】

2013 年 1 月,厦门甲公司与香港乙公司在厦门签订了一份买卖 2000 吨化学制品的中英文对照合同。但合同仲裁条款的中英文表述却不一致:中文写明争议应提交经双方同意的具有法律承认效力的美国仲裁机构按有关国际仲裁规则进行仲裁,仲裁地点在美国;英文则写明争议应提交中国国际经济贸易仲裁委员会仲裁,仲裁地点在北京。合同项下的 2000 吨化学制品运达厦门后,经检验发现货物存在严重的质量问题。双方发生纠纷,但未达成新的、意思表示一致的仲裁协议。2013 年 9 月厦门甲公司向中国国际经济贸易仲裁委员会申请仲裁。仲裁庭发现,在中英文对照合同中,中文的仲裁协议系手写,而英文的仲裁协议则采用打印的形式。因此,当被申请人香港乙公司以中文仲裁条款系手写为由提出管辖权异议的答辩时,中国国际经济贸易仲裁委员会以仲裁协议手写条款高于格式条款支持了管辖权异议的答辩。随后,厦门甲公司隐瞒了仲裁委员会已就管辖权作出决定的事实,向厦门市中级人民法院申请确认合同仲裁条款中的中文条款无效,英文条款有效。被申请人香港乙公司经法院通知未答辩,也未出庭应诉。

本案涉及两个主要问题:一是仲裁协议的效力认定问题;二是合同仲裁条款的中英文文本不一致时,其效力谁属优先的问题。对于第一个问题,厦门市中级人民法院经审查认为:本案仲裁协议效力问题与仲裁管辖权是同一法律问题。申请人在收到仲裁机构有关本案的管辖权决定后,又向法院申请确认仲裁协议的效力,该申请不符合《仲裁法解释》第 13 条的规定,即仲裁机构对仲裁协议的效力作出决定后,当事人向人民法院申请确认仲裁协议效力或者申请撤销仲裁机构的决定的,人民法院不予受理。根据《民事诉讼法》第 154 条第 1 款第 11 项之规定,裁定驳回申请人请求确认仲裁协议效力的申请。对于第二个问题,根据国际惯例,合同中的条款,手写形式条款的效力优先于打印条款,后约定的条款效力优先于先约定的条款。本案中,中文手写条款的效力优先于英文打印条款,应以此为准,即争议应提交经双方同意的具有法律承认效力的美国仲裁机构按有关国际仲裁规则进行仲裁,仲裁地点在美国,所以发生合同项下的争议时应由美国仲裁机构在美国仲裁。

第一节 涉外仲裁概述

■ 一、涉外仲裁的概念

根据所处理的纠纷是否具有涉外因素,仲裁可分为国内仲裁和涉外仲裁。涉外仲裁是指争议的当事人分属不同国家(地区)或争议的内容涉及不同的国家的仲裁,又称为国际商事仲裁。就一国而言,国内仲裁和涉外仲裁同属于该国仲裁制度的组成部分。两者只是观察角度的不同,前者是从一个国家的角度观察的,后者是从国际范围的角度观察的,各国涉外仲裁则构成国际商事仲裁的一部分。

实践中,涉外仲裁相对于国内仲裁而言,涉外仲裁规则更加自由,当事人享有更大的自治权,法院的监督也仅维持在必要的限度内。由于涉外仲裁大多牵涉到国家间的经济贸易关系及其他关系,在仲裁法律、程序的适用上往往要涉及两国以上,因而常会遇到对实体法的选择及法律冲突的解决等问题。

二、涉外仲裁的特征

具体而言,涉外仲裁主要具有以下四个方面的特点。

(一)当事人双方具有高度的自主性

一旦当事人双方订立有效的仲裁协议,该协议就可以对抗有关法院的司法管辖权,并且在仲裁过程中双方当事人享有很多的自主性权利,具体包括:首先,双方当事人可以自主选择仲裁地点;其次,双方当事人可以自主地选择仲裁方式,既可以提交给临时仲裁庭处理,也可以提交给任何国际性常设仲裁机构解决,世界各国的立法大多数没有给予任何方面的限制;再次,双方当事人还可以自由地选择仲裁员和仲裁程序,在常设仲裁机构进行仲裁时,当事人既可以选择一名仲裁员独任仲裁,也可以选择几名仲裁员组成合议庭来审理;最后,根据各国的仲裁立法,当事人可以在仲裁协议中确定仲裁活动所遵循的程序,而且还包括仲裁适用的实体法。

(二)具有保密性

对案件不进行公开审理、裁决是涉外商事仲裁的原则,也是一种国际性的习惯做法,而诉讼是以公开审理为原则,不公开审理为例外,即使案件因涉及国家机密或当事人隐私不公开审理,判决也是公开的。商事仲裁这一特性有利于当事人保护自己的商业秘密,也有利于当事人在小范围内平和地解决争议,为下次合作留下余地。[①]

(三)争议解决迅速、及时且收费低廉

仲裁程序不像诉讼程序那样,必须遵守烦琐的诉讼程序和各种各样的诉讼时限,而当事人所选定的仲裁员一般都是有关方面的专业人士和专家,对许多问题通过一定的调查就可以直接予以认定,从而大大加快了裁决的速度。由于简化了解决争议的程序,加快了裁决的速度,从而也就大大降低了解决有关争议的费用,并且大多数国家的立法以及仲裁机构的仲裁规则都规定,仲裁裁决是终局的,具有约束力,这就为仲裁的高效解决纠纷提供了保障。

---

① 宋连斌:《国际商事仲裁管辖权研究》,法律出版社 2000 年版,第 23～24 页。

（四）具有必要的强制性

虽然商事仲裁机构是一种民间机构，不属于国家司法机关的范畴，但这并不能否定涉外商事仲裁具有一定程度的强制性，因为世界各国的立法和司法实践都明确承认通过仲裁方式解决纠纷的合法性，承认根据有效仲裁协议所作出的裁决的法律效力，而且都普遍规定，如果当事人不履行裁决所规定的义务，法院可以而且应该基于一定的条件采取必要的强制措施，以保证有关裁决在其所属国境内的执行。

三、涉外仲裁和其他仲裁或争议解决方式的区别

（一）涉外仲裁和协商与调解

协商和调解的进行，自始至终都需要双方当事人的同意，只要一方不同意，协商和调解就不能进行；而涉外仲裁只要双方当事人合意达成仲裁协议，就产生法律拘束力，即使一方不同意仲裁，另一方仍可依仲裁协议申请仲裁，仲裁机构也可受理并由仲裁庭进行仲裁。再者，协商和调解的结果对当事人只有道义上的约束力，无法律上的强制执行力；而涉外仲裁裁决对双方当事人有法律上的强制执行力，一方当事人不自觉执行涉外仲裁裁决，另一方当事人可以向法院申请强制执行。

（二）涉外仲裁和国内仲裁

涉外仲裁含有涉外因素，常常涉及域外送达、取证等事项，其裁决很可能遇到需要外国予以承认和执行的问题；而国内仲裁不含涉外因素，不涉及域外送达、取证等事项，其裁决一般只在国内执行，无须到境外执行。

（三）涉外仲裁和涉外民事诉讼

涉外仲裁和涉外民事诉讼，都是解决涉外民事纠纷的重要方式，共同担当着解决涉外民事纠纷，维护当事人的切身利益的任务，但是二者之间存在区别，分担着不同的职能：(1)性质和权限不同。涉外仲裁是由具有民间性质的仲裁机构根据仲裁法等法律和仲裁规则受理当事人自愿提交它们解决的涉外民商事纠纷；而涉外诉讼案件的审理由代表国家行使审判权的人民法院进行，法院受理涉外案件要依据国家法律的规定进行审判并以国家法律作为判断的标准。(2)管辖案件的范围不同。仲裁机构管辖的涉外案件主要限于在涉外经贸、海事运输等活动中发生的纠纷，双方当事人订立仲裁协议或仲裁条款选择仲裁机构作为纠纷解决机构时，仲裁机构方可受理；而人民法院管辖的涉外案件范围要比仲裁机构广很多，而且根据国家主权原则，只要案件与我国有连接点，当事人又起诉到我国人民法院的，人民法院有权予以受理。(3)审理程序不同。涉外仲裁实行一审终审制，而涉外民事诉讼一般实行二审终审制；在审理人员的选择上，涉外仲裁当事人有选择仲裁员的权利，而涉外民事诉讼中的当事人无权选择法官来审理案件。

（四）涉外仲裁和国际公法上的国际仲裁

涉外仲裁是国际私法意义上的国际仲裁，用于解决发生于私人之间以及私人与国家

之间的私法争议,其裁决在一定条件下可以得到有关国家法院的强制执行。而国际公法上的国际仲裁,为和平解决国际争端的一种方法,系指当国家之间发生争端时,当事国根据协议,把争端提交给它们自行选择的仲裁人处理,并相互约定遵守其裁决的争端解决方式,其裁决由当事国出于道义上的责任自觉执行。

第二节 涉外仲裁机构

▎一、中国国际经济贸易仲裁委员会

中国国际经济贸易仲裁委员会英文名为:China International Economic and Trade Arbitration Commission,英文简称为 CIETAC。根据 1954 年 5 月 6 日中央人民政府政务院第 215 次会议通过的《关于在中国国际贸易促进委员会内设立对外贸易仲裁委员会的决定》,它于 1956 年 4 月由中国国际贸易促进委员会组织设立,当时名称为对外贸易仲裁委员会。中国实行对外开放政策以后,为了适应国际经济贸易关系不断发展的需要,根据国务院发布的《关于将对外贸易仲裁委员会改称为对外经济贸易仲裁委员会的通知》,对外贸易仲裁委员会于 1980 年改名为对外经济贸易仲裁委员会,又于 1988 年根据国务院《关于将对外经济贸易仲裁委员会改名为中国国际经济贸易仲裁委员会和修订仲裁规则的批复》,改名为中国国际经济贸易仲裁委员会(以下简称贸仲委)。2000 年,贸仲委同时启用中国国际商会仲裁院的名称。贸仲委以仲裁的方式,独立、公正地解决经济贸易争议。

(一)组织机构

贸仲委由主任一人、副主任若干人和委员若干人组成。主任履行《贸仲规则》赋予的职责,副主任受主任的委托可以履行主任的职责。贸仲委设秘书局,贸仲委分会设秘书处,分别在贸仲委秘书长或分会秘书长的领导下负责处理贸仲委或分会的日常事务。贸仲委下设三个专门委员会:(1)专家咨询委员会,主要负责仲裁程序和实体上的重大疑难问题的研究和提供咨询意见,对《仲裁规则》的修改提供意见,并负责仲裁员的培训和经验交流。(2)案例编辑委员会,主要负责已审理终结案件的案例编辑和贸仲委的年刊编辑工作。(3)仲裁员资格审查考核委员会,主要按照《仲裁法》和《贸仲规则》的规定,对仲裁员的资格和表现进行审查和考核,对仲裁员的续聘和解聘提出建议。

根据业务发展的需要,贸仲委分别于 1989 年、1990 年、2009 年和 2012 年在深圳、上海、重庆和天津设立了贸仲委深圳分会(以下简称深圳分会)、贸仲委上海分会(以下简称上海分会)、贸仲委西南分会和贸仲委天津分会。2004 年 6 月 18 日深圳分会更名为贸仲委华南分会(以下简称华南分会)。仲裁委员会北京总会及其华南分会、上海分会、西南分会和天津分会是一个统一的整体,是一个仲裁委员会。总会和分会使用相同的《贸仲规则》和《仲裁员名册》,在整体上享有一个仲裁管辖权。

贸仲委总会、华南分会、上海分会、西南分会和天津分会根据当事人约定的仲裁条款或仲裁协议受理当事人提起的国际的、涉外的和国内的仲裁案件。贸仲委设立域名争议解决中心和亚洲域名争议解决中心,负责解决各种域名争议。域名争议解决中心于2005年7月5日起同时启用"中国国际经济贸易仲裁委员会网上争议解决中心"名称,全面涵盖域名争议解决中心业务,并进一步开展电子商务网上调解和网上仲裁等其他网上争议解决业务,为广大当事人提供快捷高效的网上争议解决服务。

(二)一般受案范围

根据《贸仲规则》第3条的规定,仲裁委员会受理下列争议案件:(1)国际的或涉外的争议案件;(2)涉及香港特别行政区、澳门或台湾地区的争议;(3)国内争议案件。

为满足当事人的行业仲裁需要,贸仲委在国内首家推出独具特色的行业争议解决服务,为不同行业的当事人提供适合其行业需要的仲裁法律服务,如粮食行业争议、商业行业争议、工程建设争议、金融争议[①]以及羊毛争议解决服务等;此外,贸仲委还为当事人提供域名争议解决服务,积极探索电子商务的网上争议解决。针对快速解决电子商务纠纷及其他经济贸易争议的需要,于2009年5月1日推出《网上仲裁规则》。该规则在"普通程序"之外根据案件争议金额的大小分别规定了"简易程序"和"快速程序",以真正适应在网上快速解决经济纠纷的需要。

(三)仲裁规则

《贸仲规则》制定于1956年,之后进行了七次修改,其现行有效的《贸仲规则》自2012年5月1日起施行。《贸仲规则》与国际上主要仲裁机构的仲裁规则基本相同,在《仲裁法》允许的范围内最大限度地尊重了当事人意思自治。

2012年《贸仲规则》分为总则、仲裁程序、裁决、简易程序、国内仲裁的特别规定、附则共6章,共74条。它更加突出了贸仲委仲裁服务的国际特色,进一步强调尊重当事人意思自治原则。比如《贸仲规则》规定,当事人对仲裁地未作约定或约定不明的,以管理案件的仲裁委员会或仲裁委员会分会/中心所在地为仲裁地;在当事人对仲裁地没有约定或约定不明的情况下,仲裁委员会也可视案件的具体情形确定其他地点为仲裁地。《贸仲规则》还规定,当事人对仲裁语言有约定的,从其约定;当事人没有约定的,仲裁程序以中文为仲裁语言;在当事人没有约定语言的情况下,仲裁委员会也可视案件的具体情形确定其他语言为仲裁语言。根据该条规定,对于以英文或其他非中文语言为工作语言的双方当事人,如果没有约定仲裁语言,则不必然以中文为仲裁语言,贸仲委可以根据案件和当事人的具体情况,以方便当事人及程序进行为原则,确定以当事人的工作语言为仲裁语言。

此外,《贸仲规则》还明确规定当事人可以选择仲裁协议效力的准据法、可以约定适用于实体争议的法律、可以约定仲裁文件的交换方式等。这些规定体现了贸仲委对当事人意愿的充分尊重,体现了贸仲委仲裁服务的国际和涉外特色,符合中外当事人选择以仲裁方式解决争议的目的和需求。

---

① 根据贸仲委《金融争议仲裁规则》第2条的规定,贸仲委受理当事人之间因金融交易发生的或与此有关的争议,包括但不限于下列交易:(1)贷款;(2)存单;(3)担保;(4)信用证;(5)票据;(6)基金交易和基金托管;(7)债券;(8)托收和外汇汇款;(9)保理;(10)银行间的偿付约定;(11)证券和期货。

（四）仲裁员名册及聘任

贸仲委的《仲裁员名册》中有近千名仲裁员，均为国内外仲裁或其他行业的知名专家。其中，外籍仲裁员近 300 名，分别来自 30 多个国家或地区。贸仲委实行仲裁员名册制度，当事人应在《仲裁员名册》中指定仲裁员。仲裁员均是从法律、经济贸易、科学技术等方面具有专门知识和实际经验的中外人士中聘任的。贸仲委实行的仲裁员名册制度为当事人提供了一支公正高效的专业仲裁员队伍。为了加强仲裁员的职业道德规范，贸仲委颁布了《仲裁员聘任规定》《仲裁员守则》《仲裁员行为考察规定》，对仲裁员在审理案件过程中的行为实施监督，对不合格的仲裁员坚决予以解聘，采取各种措施保证仲裁员廉洁高效地仲裁案件。

经过 50 多年的不懈努力，开拓进取，励精图治，贸仲委以其独立、公正、高效的仲裁工作在国内外享有广泛的声誉，赢得了中外当事人的普遍信赖，现已成为世界上重要的国际商事仲裁机构之一。贸仲委的受案量自 1990 年以来居于世界其他仲裁机构的前列，案件当事人涉及除中国之外的 45 个国家和地区，仲裁裁决的公正性得到了国内外的一致确认，仲裁裁决在香港的执行率达到了 99％以上，仲裁裁决可以依据联合国《纽约公约》在世界上 140 多个国家得到承认和执行。贸仲委还与世界上主要仲裁机构保持着友好合作关系，以其独立、公正和高效在国内外享有盛誉。[①]

▌二、中国海事仲裁委员会

中国海事仲裁委员会是根据中华人民共和国国务院 1958 年 11 月 21 日的决定，于 1959 年 1 月 22 日设立于中国国际贸易促进委员会内受理国内外海事争议案件的常设仲裁机构。设立时名为中国国际贸易促进委员会海事仲裁委员会。1988 年更名为中国海事仲裁委员会（以下简称海仲委），并沿用至今。海仲委以仲裁的方式，独立、公正地解决海事、海商、物流争议以及其他契约性或非契约性争议，以保护当事人的合法权益，促进国际、国内贸易和物流的发展。

（一）组织机构

海仲委由主任一人、副主任若干人和委员若干人组成。委员由中国国际贸易促进委员会（后改名为中国国际商会）聘请中国立法、司法、航运、保险等有关部门的专家、学者和知名人士担任。海仲委下设秘书处，在秘书长的领导下，按照《中国海事仲裁委员会仲裁规则》（以下简称《海仲规则》）和《秘书处人员工作细则》的规定，负责处理仲裁委员会的日常事务。

海仲委设在北京，下设秘书处，在海仲委秘书长的领导下负责处理海仲委的日常事务。海仲委建立并完善了委员会议、主任会议、秘书长会议和三地秘书会议制度，并设立了专家咨询委员会、案例编辑委员会和仲裁员资格审查考核委员会。

为配合国家将上海建设成为国际航运中心的战略，方便航运当事人就近解决争议，

---

① 张利娟：《中国贸仲委打造国际化仲裁品牌》，载《中国经贸》2012 年第 10 期。

2003 年 1 月 7 日,海仲委上海分会正式在上海挂牌。海仲委上海分会可以独立受案和办案,这将极大地方便上海及周边地区的当事人参加仲裁,减少他们的时间和资金成本。此外,海仲委还在天津、大连、宁波和广州几个主要的港口城市建立了办事处,初步形成了海事仲裁的网络。办事处的主要任务是从事海事仲裁的宣传推广和咨询工作,协助海仲委在当地安排开庭。办事处不直接受理和办理案件。

(二)受案范围

海仲委主要受理以下纠纷:(1)租船合同、多式联运合同或者提单、运单等运输单证所涉及的海上货物运输、水上货物运输、旅客运输争议;(2)船舶、其他海上移动式装置的买卖、建造、修理、租赁、融资、拖带、碰撞、救助、打捞,或集装箱的买卖、建造、租赁、融资等业务所发生的争议;(3)海上保险、共同海损及船舶保赔业务所发生的争议;(4)船上物料及燃油供应、担保争议,船舶代理、船员劳务、港口作业所发生的争议;(5)海洋资源开发利用、海洋环境污染所发生的争议;(6)货运代理,无船承运,公路,铁路,航空运输,集装箱的运输,拼箱和拆箱,快递,仓储,加工,配送,仓储分拨,物流信息管理,运输工具,搬运装卸工具、仓储设施、物流中心、配送中心的建造、买卖或租赁,物流方案设计与咨询,与物流有关的保险,与物流有关的侵权争议,以及其他与物流有关的争议;(7)渔业生产、捕捞等所发生的争议;(8)双方当事人协议仲裁的其他争议。

(三)仲裁规则

当事人协议将争议提交海仲委或其物流争议解决中心或渔业争议解决中心仲裁的,适用《海仲规则》的规定;渔业争议同时适用《中国海事仲裁委员会仲裁规则关于渔业争议案件的特别规定》。但当事人对仲裁程序另有约定并经海仲委同意的,从其约定。

当事人可以根据案件需要以协议的方式约定缩短或延长《海仲规则》中规定的程序期限或调整相关程序事项;当事人也可以在仲裁程序进行过程中协议要求仲裁委员会或仲裁庭对其予以调整,以适合具体案件的需要;是否准许,由仲裁委员会或仲裁庭决定。船舶碰撞案件,在证据方面有特殊要求的,仲裁委员会或仲裁庭可根据案件需要作必要的调整。

(四)仲裁员名册

海仲委设立仲裁员名册,供当事人选择指定仲裁员。海仲委的仲裁员由中国国际商会从具有航运、保险、物流、法律等方面专业知识和实践经验的中外知名人士中聘任。除了法律专业之外,仲裁员的专业范围涉及海上货物运输、海上保险、船舶租赁、船舶买卖、船舶修理、船舶建造、船舶检验、船舶代理、航海技术、轮机工程、港务监督、港口管理、引航技术、海洋环境保护、船舶碰撞、救助、打捞、拖带、海损理算、物流等领域,为保证公正地审理各种类型的案件奠定了坚实的基础。

中国海事仲裁委员会上海分会与北京总会使用统一的仲裁员名册。现行仲裁员名册中。有来自英国、比利时、荷兰、日本、加拿大、新加坡、意大利、西班牙、德国、瑞士、美国等以及香港和台湾地区的几十位仲裁员。外籍仲裁员的数量和国别逐渐增多,显示出海仲委的国际化程度在不断提高。

鉴于中国是 1958 年《纽约公约》的缔约国,海仲委作出的涉外仲裁裁决可以在世界上一百多个公约的成员国得到承认和执行,为当事人强制执行仲裁裁决提供了保障。海仲委自成立以来的几十年里,坚持以事实为根据、以法律为准绳、参考国际惯例、尊重合同约定、独立公正地解决海事争议的原则,审理了大量的案件,有力地维护了中外当事人的正当权益。其裁决的公正性得到了国内外的肯定,在国内外的航运、保险、贸易、法律等各界赢得了信誉,大大推动了中国与世界其他国家和地区之间的经贸往来及海上事业的迅速发展。[①]

第三节　涉外仲裁协议

▌一、涉外仲裁协议的概念和特征

关于仲裁协议的概念,《纽约公约》第 2 条第 1 款规定:"当事人以书面协议承诺,把其之间关于可仲裁解决事项之特定法律关系,不论是否为契约关系,所已发生的或可能发生的全部或任何争执提交仲裁时,各缔约国应该承认这种协议。"1985 年《国际商事仲裁示范法》(以下简称《示范法》)第 7 条规定:"'仲裁协议'是指当事各方同意将在他们之间确定的不论是契约性或非契约性的法律关系上已经发生或可能发生的一切或某些争议提交仲裁的协议。"

根据公约和示范法对仲裁协议的规定,可知涉外仲裁协议是当事人承允将彼此间所发生或可能发生的具有涉外因素的争议,提交给无直接利害关系的第三者进行裁决的一致意思表示,是仲裁活动的基石和前提。[②] 仲裁协议本质上是一项契约,是当事人各方就其将有关争议交由仲裁解决的一致的意思表示。而涉外仲裁协议是当事人之间达成的旨在通过仲裁方式解决涉外民商事争议的契约或协议。涉外仲裁协议与国内仲裁协议的区别在于解决的争议是否具有涉外性,除此之外两者具有本质的一致性。

涉外仲裁协议的特征表现为:(1)自愿性。仲裁协议是双方当事人共同的意思表示,是他们将争议提交仲裁的共同意愿的体现。即仲裁协议的签订建立在双方当事人自愿、平等和协商一致的基础上。(2)广泛性。在仲裁协议中,双方当事人既可以将他们之间已经发生的争议提交仲裁解决,也可以事先约定将他们之间可能发生的争议提交仲裁解决。(3)独立性。双方当事人在仲裁协议中可以任意选择他们共同认可的仲裁委员会,而不论该仲裁委员会是否与他们双方及其所发生的争议有任何联系。(4)仲裁协议具有要式性。即仲裁协议应以书面形式订立。

▌二、涉外仲裁协议的类型和内容

涉外仲裁协议根据其表现形式的不同,可以分为仲裁条款、仲裁协议书以及其他有关

---

① 顾国伟:《中国海事仲裁发展初探》,载《中国海商法年刊》2009 年第 3 期。

② 康明:《商事仲裁服务研究》,法律出版社 2005 年版,第 57 页。

文件中包含的仲裁协议。

(一)仲裁条款

仲裁条款一般表现为合同中的争议解决条款,即双方当事人在合同中约定,将来一旦发生纠纷,则与合同有关的争议都由特定的仲裁机构来裁决。仲裁条款是仲裁协议最普遍的表现形式,由于是当事人在签订合同时,具体争议发生之前对将来可能发生的争议的一种预先安排,当事人通过仲裁解决争议的意思表示非常明确,因此将来当事人对于仲裁条款的存在与否不会发生争议。

(二)仲裁协议书

仲裁协议书既可以订立于争议发生之前,也可以订立于争议发生之后,其表现形式是独立于主合同,是双方当事人在主合同之外单独订立的表示将他们之间可能发生或已经发生的争议提交仲裁解决的意思表示。仲裁协议书不同于仲裁条款之处在于:首先,仲裁协议书是在主合同之外另外单独订立的协议,而仲裁条款则是包含于主合同之中的;其次,仲裁协议书既可以对已经发生的争议进行约定,也可以对尚未发生的争议进行约定,而仲裁条款则是对尚未发生的争议进行的安排。

(三)其他有关文件中包含的仲裁条款

随着现代通信技术的发展尤其是电子商务的广泛开展,商人们之间的合同以及仲裁条款经常包含于相互之间的电报、电传、传真、电子数据交换以及电子邮件等方式中。还有一些当事人没有直接订立仲裁协议,而是通过引用另一个合同中的仲裁条款作为他们之间将纠纷提交仲裁的依据,从而构成一种通过援引达成的仲裁协议。相对于前两种形式的仲裁协议,这些仲裁条款由于其形式的不规范性在实践中比较容易产生纠纷。

当事人可以自由商定仲裁协议的内容,但是不得违反仲裁地国或其他有关国家的禁止性规定。一般来讲,仲裁协议的主要内容包括:仲裁地点、仲裁组织形式。如双方同意由临时仲裁庭进行仲裁,应在仲裁协议中写明其组成;如双方同意提交某一常设仲裁机构仲裁,应在仲裁协议中写明仲裁机构的名称、提交仲裁的事项、仲裁适用的法律、裁决的效力。一般的仲裁协议都这样规定:"仲裁裁决是终局的,对双方均有约束力。"

[**案例**]日本××株式会社北京代表处与香港××公司签订一份钢材买卖合同,合同中未订明仲裁条款。日本××株式会社北京代表处签订合同后,按合同要求,在合同规定的期限内,将钢材运抵香港。香港××公司收到货物后,就钢材质量问题提出异议。双方就钢材质量问题进行协商,取得一致意见:钢材价格以合同中规定的价格为基数下调15%。香港××公司在同意钢材价格下调15%后,仍不付款。日本××株式会社北京代表处多次催要款项,香港××公司拒不付款。日本××株式会社北京代表处在多次催要未果的情况下,给香港××公司发了一封传真,申明如再不付款,将在北京中国国际经济贸易仲裁委员会提请仲裁。香港××公司接到传真后,复传真称:不管采

取何种方式解决争议,我公司将奉陪到底。日本××株式会社北京代表处在中国国际经济贸易仲裁委员会提请仲裁,香港××公司抗辩,称中国国际贸易仲裁委员会对本案无管辖权,双方合同中没有仲裁条款,纠纷发生后亦未达成仲裁协议。那么该案当事人有没有达成仲裁协议呢?

[解答]本案的特点是仲裁协议存在与否不是仅仅依靠合同中的仲裁条款来判定的,而是通过双方当事人一系列合同、函件往来共同确定仲裁协议的存在,香港××公司的传真回复表明:对仲裁解决纠纷表示同意;对仲裁机构没有表示异议。往来的传真证明了双方当事人有同意提交仲裁的意思,构成了一项仲裁协议。中国国际贸易仲裁委员会对本案具有管辖权。经仲裁庭审理,裁决香港××公司向日本××株式会社交付货款及利息,承担仲裁费用。

三、涉外仲裁协议的法律适用

仲裁协议的法律适用的关键问题是仲裁协议的有效性问题。一项仲裁协议因当事人具有不同的国籍,或其营业地位于不同的国家,或仲裁地在外国等因素而必然要与多个国家发生法律上的联系,不同国家关于仲裁协议有效性尤其是实质有效性的要求不同,同一仲裁协议根据一国的法律是有效的,但根据与仲裁协议有关的另一国的法律可能又是无效的,而作为程序基石的仲裁协议的有效或无效则直接导致仲裁程序能否进行以及仲裁裁决能否被承认与执行。因此,仲裁庭或法院根据哪个国家的法律来确定该仲裁协议的形式和实质有效性、无效以及解释仲裁协议,对以后的仲裁程序意义重大,这是判断涉外仲裁协议的效力时不可避免要遇到的涉外仲裁协议的法律适用问题,具体有以下几种做法。

(一)依"当事人意思自治原则"来确定仲裁协议的准据法

自杜摩兰首倡"意思自治"原则[①]以来,当事人可以自主决定适用于合同的法律已经成为各国国际私法普遍接受的确定合同法律适用的原则,该原则作为合同法律适用的首要原则当然适用于涉外仲裁协议。如瑞典法律规定,如果仲裁协议具有国际联系,仲裁协议应当首先受当事人约定的法律支配。在当事人没有明确约定的情况下,再依据其他规则确定仲裁协议的准据法。1981年《法国民事诉讼法典》第1496条规定:仲裁员应当根据当事人选定的法律规则决定争议。

鉴于当事人根据意思自治原则自主选择适用于其争议的法律已经成为国际私法领域被普遍接受的原则,而仲裁作为政治国家向市民社会妥协的一种产物,其本质属性是契约性和私法自治性,这就要求在仲裁制度中对当事人的意思自治给予充分的尊重和保障,因此一旦当事人约定了适用于仲裁协议的法律,各国法院以及仲裁机构都会予以尊重。但实践中的情形是当事人尽管会对支配主合同的法律作出约定,但对仲裁协议的法律适用

---

① 马德才:《国际私法》,厦门大学出版社2013年版,第35～36页。

进行约定的情况很少发生,因此该理论对于仲裁协议法律适用的意义仅仅是理论上的。

(二)当事人无明示选择时,仲裁庭对仲裁协议准据法的确定

1. 以仲裁地法为仲裁协议的准据法。在当事人未对仲裁协议的准据法作明示法律选择时,国际上比较通行的做法是以仲裁地法作为仲裁协议的准据法。如根据瑞典法律,在缺乏当事人明示法律选择的场合,将根据如下规定确定涉外仲裁协议的准据法:(1)如果瑞典被指定为仲裁地,或虽未被指定为仲裁地,但订立合同时至少有一方为瑞典居民,则仲裁协议的实质有效性应依瑞典法律来确定。(2)如果指明在瑞典境外进行仲裁,或虽未指明是在瑞典境内还是境外仲裁,但双方当事人都居住在瑞典境外,则在审查仲裁协议实质有效性的仲裁裁决已经作出时,按照裁决作出地法;在仲裁裁决尚未作出,而仲裁协议指明某一特定国家为仲裁地时,适用该仲裁地国法。即使仲裁协议未明确规定仲裁地,但如能根据协议以外的情况判定当事人意欲在某国仲裁,也适用该国法律来确定仲裁协议的实质有效性。从上述规定我们可以看出,瑞典倾向于适用仲裁举行地或裁决作出地国法作为仲裁协议的准据法。《欧洲国际商事仲裁公约》第 6 条第 2 款第 2 项也规定缔约国法院在审查一项仲裁协议的效力时,如果当事人没有选择适用于仲裁协议的法律,则应根据裁决地国家的法律来确定。

2. 适用一般法律原则和国际贸易惯例。如同在仲裁程序法方面国际上提出了非本地化或非国内化的观点一样,在仲裁协议的准据法方面,同样有司法判例采用了不具体适用某一国家法律的做法。比如在 Isover Saint Gobain v. Dow Chemical 一案中,仲裁庭就适用了国际贸易惯例和客观标准以及当事人公平合理的期望与当事人所表达出来的共同意愿这一主观标准,作为衡量仲裁协议有效与否的准据法。在最近法国法院审理的 Khoms EL Mergeb v. Dalico 一案中,法官也认为,仲裁条款受当事人共同意愿的支配而没有必要依某一特定国家的法律。[①] 由于这一原则具有较大的不确定性,一些国家的法律和仲裁庭的仲裁规则对此作出了较多的限制。如《联合国国际贸易法委员会仲裁规则》第 33 条规定:"仲裁庭仅在双方明白授权和适用于仲裁程序的法律同意下进行仲裁时,方得运用友好仲裁或按公平和善良的原则进行裁决","无论属于哪一种情况,仲裁庭应按照合同条款进行裁决并应考虑到适用于该具体交易的贸易惯例"。

3. 适用尽量使仲裁协议有效的法律。在当今国际商事仲裁实践中,判定国际商事仲裁协议有效性的准据法主要是当事人选择的法律或仲裁地国法,但有一种趋势是适用倾向于使该仲裁协议有效的法律。这是依据"与其使之无效,不如使之有效"的法律格言,从而在当事人对仲裁协议的准据法未作选择时可适用能使仲裁协议保持效力的国家的法律。瑞士《仲裁法》第 178 条第 2 款规定,如果仲裁协议符合:(1)双方当事人选定的法律;或(2)支配争议主要事项的准据法,特别是支配主合同的准据法;或(3)瑞士法律,仲裁协议即为有效。也就是说,三者之中,只要符合其中的一项规定,即为有效。在国际商会仲裁的实践中,仲裁庭曾在当事人法律选择不明确的情况下,基于保持仲裁协议有效性的考虑,选择了瑞士法适用于仲裁协议,依据是在涉及两个法律体系时,应选择有利于合同有

---

① 高菲:《中国海事仲裁的法律与实践》,中国人民大学出版社 1998 年版,第 99 页。

效的法律,为此仲裁庭推定当事人在起草合同时就意欲适用能使其仲裁协议保持有效的法律——瑞士法。

美国法院对此同样持支持的态度。科罗拉多地区法院指出:"正如美国最高法院所指出,有一种强有力的政策支持法院承认和执行国际商事仲裁协议。另外,如果法院对一项争议是否提交仲裁存有疑虑的话,应当从有利于仲裁的角度来解决这个问题。"这种方法受到了《美国冲突法重述(第二次)》中第 218 条评论的支持。英国的上议院在 21 世纪初的两个判例中适用了该项原则,选择适用了支持仲裁协议有效的仲裁地国家的法律。

(三)当事人无明示选择时,法院对仲裁协议准据法的确定

仲裁协议虽然排除了法院的管辖权,但这并不是绝对的。各国法律及国际公约都允许法院拥有一定的管辖权。除仲裁庭之外,法院也享有认定仲裁协议有效性及其仲裁庭管辖权的权力,而且法院的决定是最终判断标准。例如,我国《仲裁法》第 20 条规定:"当事人对仲裁协议的效力有异议的,可以请求仲裁委员会作出决定或者请求人民法院作出裁定。一方请求仲裁委员会作出决定,另一方请求人民法院作出裁定的,由人民法院裁定。"同样,《示范法》也有类似的规定,如果仲裁庭作为一个初步问题裁定它有管辖权,当事任何一方均可以要求法院对这一问题作出决定。该决定不容上诉。

(四)关于仲裁协议当事人行为能力(缔约能力)可适用的法律

上述几种方法确定的认定仲裁协议有效性应当适用的法律,都不适用于认定仲裁协议当事人行为能力的有无。因为当事人的行为能力相对于仲裁协议的其他方面是一个独立的问题。仲裁协议当事人的行为能力与其主合同中当事人的行为能力问题一样,适用的法律规则也相同。对此各国国际私法上多主张确定当事人是否具备完全行为能力,应根据其属人法,这是国际通行的做法;同时为了保护国际商事交易的稳定与安全,亦可适用缔约地法。在这二者中,通常以能使当事人具有行为能力的法律来作为认定仲裁协议有效性的法律。即如果依据当事人属人法或缔约地法认定当事人有行为能力,则仲裁协议就可能是有效的,从而也体现了尽量使仲裁协议有效的原则和尊重当事人寻求仲裁解决争议的共同意愿。

在我国,《仲裁法解释》第 16 条明确规定:"对涉外仲裁协议的效力审查,适用当事人约定的法律;当事人没有约定适用的法律但约定了仲裁地的,适用仲裁地法律;没有约定适用的法律也没有约定仲裁地或者仲裁地约定不明的,适用法院地法律。"依据我国 2010 年 10 月 28 日颁布且于 2011 年 4 月 1 日正式施行的《中华人民共和国涉外民事关系法律适用法》(以下简称《法律适用法》)第 18 条的规定:"当事人可以协议选择仲裁协议适用的法律。当事人没有选择的,适用仲裁机构所在地法律或者仲裁地法律。"比较这两条规定,可以看出《法律适用法》在仲裁协议法律适用上有了较为显著的突破,仲裁机构所在地法律或者仲裁地法律替代法院地法,成为认定仲裁条款效力的最后准据法。新法将仲裁协议法律适用的最后系属从原先的"法院地法"改变为"仲裁机构所在地法律或者仲裁地法律",这无疑是一个突破。2012 年 12 月 10 日由最高人民法院审判委员会第 1563 次会议通过,并自 2013 年 1 月 7 日起施行的《最高人民法院关于适用〈中华人民共和国涉外民事

关系法律适用法〉若干问题的解释(一)》第 14 条进一步规定:"当事人没有选择涉外仲裁协议适用的法律,也没有约定仲裁机构或者仲裁地,或者约定不明的,人民法院可以适用中华人民共和国法律认定该仲裁协议的效力。"

四、涉外仲裁协议的效力认定

如果当事人针对仲裁协议的效力问题对仲裁庭的管辖权提出完全异议,是由管辖法院裁判还是由仲裁庭本身或仲裁机构裁判? 世界各国法律以及有关国际公约中对于认定仲裁协议效力的权力机关的规定是不一致的,大致有三种:

(一)由仲裁庭认定仲裁协议的效力

就是所谓 Kompetenz-Kompetenz(管辖权—管辖权)原则,即仲裁庭对当事人提出的管辖权异议有管辖权,为目前国际实践中广泛使用。有一些中国学者将其称为"自裁管辖权说",仲裁庭本身有权对仲裁协议的效力和仲裁庭是否有管辖权作出决定。

仲裁庭自己可以决定仲裁协议的有效性和对案件的管辖权,这一原则首先出现在国际商会 1955 年制定和通过的《仲裁规则》中,该规则第 6 条第 2 款规定:"仲裁庭有权对当事人对仲裁庭管辖权提出的异议作出决定。"并且《示范法》第 16 条第 1 款规定:"仲裁庭可以对它自己的管辖权,包括对仲裁协议的存在或效力的任何异议作出决定。"还有一些国家的国内立法作出了仲裁庭有权对其自身管辖权和仲裁协议有效性作出决定的规定。如英国 1996 年《仲裁法》第 30 条、瑞典 1999 年《仲裁法》第 2 条等等。

(二)由仲裁机构认定

这是少数国家采用的认定方法,我国就采取这一做法。我国《仲裁法》第 20 条规定,当事人对仲裁协议有异议的,可以请求仲裁委员会作出决定或请求法院裁定;一方请求仲裁委员会决定,另一方请求法院裁定的,由法院作出裁定。最高人民法院在 1998 年作出了《关于确认仲裁协议效力几个问题的批复》,其中就规定:当事人对仲裁协议的效力有异议,一方当事人申请仲裁机构确认仲裁协议效力,另一方当事人请求人民法院确认仲裁协议无效,如果仲裁机构先于人民法院接受申请并已作出决定,人民法院不予受理;如果仲裁机构接受申请后尚未作出决定,人民法院应予受理,同时通知仲裁机构终止仲裁。[①]

(三)法院的决定权和最终审查权

各国对于法院的决定权和审查权都作了规定,只是法院介入的时间和条件不尽相同而已,仲裁机构或仲裁庭对仲裁协议效力的认定,需要接受司法监督,法院的决定有最终效力,在实践中有三种不同的情况:

第一,在仲裁程序开始之前,法院可依据法律对仲裁协议项下的争议行使管辖权。这是由于按照各国民事诉讼法的规定,提起民事诉讼是每个公民的权利,法院依照其所在国的民事诉讼法的规定,受理有关当事人提起的诉讼,无论当事人之间是否存在着仲裁协

---

① 肖志明:《如何确定仲裁协议的有效性》,载《中国律师》1997 年第 4 期。

议。如果当另一方当事人根据与原告之间订立的仲裁协议到法院抗辩法院的管辖权时，按照 1958 年《纽约公约》第 2 条第 3 款的规定，法院应当裁定终止诉讼程序，令当事人将争议提交仲裁，除非法院认定"仲裁协议无效、失效或不能履行"。西方国家法院审理的许多案件，都是在仲裁开始之前一方当事人率先将争议提交法院，当被告提出管辖权抗辩时，法院裁定令当事人将争议提交仲裁的。

第二，在仲裁程序开始后，当事人就仲裁庭的管辖权提出异议，一方面，仲裁机构或仲裁庭依据应当适用的法律对其管辖权作出决定；另一方面，如果另一方当事人对此不服，仍然可以依法就仲裁协议的有效性及仲裁机构或仲裁庭管辖权的异议向法院起诉。例如依据英国 1996 年《仲裁法》第 30 条的规定，一方面，仲裁庭有权对其管辖权作出裁定；另一方面，"当事人也可以通过必要的上诉、复审程序或依据本部分的规定，对仲裁庭的管辖权提出异议"。当然，此项异议的提出，也应受到法律规定的限制性条件，如提出异议的时间、事项及其他条件等。

第三，即便仲裁庭已经就其对协议项下案件的管辖权作出裁定并作出仲裁裁决后，当事人在特定条件下仍然可以就仲裁协议的有效性及仲裁庭的管辖权问题提出抗辩，请求法院撤销已经作出的仲裁裁决或拒绝承认与执行该裁决。而被请求的国家的法院可依其法律对该仲裁裁决进行司法复审，如果法院认为仲裁裁决是根据无效仲裁协议作出的，仍然可以撤销已经作出的仲裁裁决或拒绝承认与执行该裁决。

法院是国家机器的组成部分，可依法作出最后的决定。例如《示范法》第 8 条也就仲裁协议和向法院提出实质的申诉作了如下规定：(1)向法院提起仲裁协议标的诉讼时，如当事一方在其不迟于其就争议实质提出第一次申述的时候要求仲裁，法院应当让当事各方付诸仲裁，除非法院发现仲裁协议无效、不能实行或不能履行。(2)在本条第 1 款提及的诉讼已经提起时，仍然可以开始继续进行仲裁程序，并可作出裁决，同时等待法院对该问题的判决。并且按照《示范法》第 16 条第 3 款的规定，仲裁庭有权将仲裁案件的管辖权问题作为初步问题作出裁定，如果仲裁庭裁定其有管辖权，任何一方当事人均可在收到裁定通知后 30 天内请求对此有管辖权的法院对此裁定作出决定。该决定不容上诉，在等待对这种要求作出决定的同时，仲裁庭可以继续进行仲裁程序和作出裁决。可以断定，如果法院作出了与仲裁庭相悖的决定，则仲裁庭根据法院认定的无效仲裁协议作出的裁决，在申请执行中就会遇到诸多的障碍。这种裁决在裁决地国无疑不能执行，在裁决地以外的国家申请执行时，被申请人肯定会以相同的理由，请求执行地法院拒绝执行此仲裁裁决。可见，法院对仲裁协议的有效性作出的决定，较仲裁机构或仲裁庭的决定有更大的权威性。

综合上述认定仲裁协议效力的方法，可以得出，目前国际上认定仲裁协议效力的趋势是把"管辖权—管辖权"原则作为认定的基本原则，具体说来就是应该由仲裁庭自己对于仲裁协议的效力作出认定，另外法院的支持和监督也是必不可少的。

在我国，仲裁协议效力异议案件的管辖及程序要求按照我国《仲裁法》的规定，当事人对仲裁协议效力有异议的，可以请求仲裁机构作出决定或者请求法院作出裁定。一方请求仲裁机构作出决定，另一方请求法院作出裁定的，由人民法院裁定。2005 年《仲裁法解释》规定了几种仲裁协议效力认定的情形，具体分析如下：

其一,约定仲裁和诉讼可选择时的仲裁协议。《仲裁法解释》对此类仲裁协议持相对宽松的态度,即原则上认定无效,但有例外。《仲裁法解释》第 7 条规定:当事人约定争议可以向仲裁机构申请仲裁也可以向人民法院起诉的,仲裁协议无效。但一方向仲裁机构申请仲裁,另一方未在《仲裁法》第 20 条第 2 款规定期间内提出异议的除外。

其二,浮动仲裁协议。浮动仲裁协议是指双方当事人在仲裁协议中同时约定两个以上的仲裁机构,包括:(1)当事人在仲裁协议中明确约定争议由两个或者两个以上的仲裁机构进行仲裁;(2)当事人约定争议由某地的仲裁机构进行仲裁,而该地存在两个或者两个以上的仲裁机构的仲裁协议。

针对浮动仲裁协议,我国的涉外仲裁实践中一般认定原则上有效。《仲裁法解释》第 5 条规定:仲裁协议约定两个以上的仲裁机构的,当事人可以协议选择其中一个仲裁机构申请仲裁;当事人不能就仲裁机构选择达成一致的,仲裁协议无效。第 6 条规定:仲裁协议约定由某地仲裁机构仲裁且该地有两个以上仲裁机构的,当事人可以协议选择其中一个仲裁机构申请仲裁;当事人不能就仲裁机构选择达成一致的,仲裁协议无效。

其三,对仲裁机构约定的瑕疵。当事人对仲裁机构的约定存在瑕疵的情形包括:约定的仲裁机构根本不存在;约定的仲裁机构名称不准确;约定了仲裁地点,而没有约定仲裁机构;未约定仲裁机构而仅约定了仲裁应适用的仲裁规则。对于仲裁机构的约定存在瑕疵的各种情形的认定,其认定原则应以当事人是否达成仲裁的一致意愿为立足点,本着支持仲裁的原则,结合仲裁协议的语言通过逻辑推理的方式来判定或推断当事人的真实意思表示,从而认定仲裁协议的效力。

(1)对于约定的仲裁机构根本不存在的情形,我国的仲裁理论和司法实践都对此类仲裁协议持无效的态度。

(2)若仲裁协议约定的仲裁机构名称不准确时应如何认定仲裁协议的效力问题,我国《仲裁法解释》第 3 条规定:仲裁协议约定的仲裁机构名称不准确,但是能够确定具体的仲裁机构的,应当认定选定了仲裁机构。例如,江苏省灌云县建银房地产开发公司、灌云县煤炭工业公司和美国西雅图凡亚投资公司三方所订立的《中外合资经营连云港云卿房地产开发有限公司合同》中订立的仲裁条款中将"中国国际经济贸易仲裁委员会"的名称写成"中国国际贸易仲裁委员会",对此,最高人民法院确认该仲裁协议为有效。

(3)约定了仲裁地点,而没有约定仲裁机构的情况。如果当事人约定的仲裁地点没有仲裁机构的,这种仲裁协议无效;约定的仲裁地点只有一个仲裁机构的,应当认为仲裁机构确定,仲裁协议有效;如果约定的仲裁地点有多个仲裁机构,则使用有关浮动仲裁协议的认定方法。例如,1998 年 7 月 6 日,最高人民法院在给河北省高级人民法院的复函中认为:"合同中虽未写明仲裁委员会的名称,仅约定仲裁机构为'甲方所在地仲裁机关',但鉴于在当地只有一个仲裁委员会,即石家庄仲裁委员会,故该约定应认定是明确的,该仲裁条款合法有效。"

(4)若当事人未约定仲裁机构而仅约定了仲裁应适用的仲裁规则。《仲裁法解释》第 4 条规定:仲裁协议约定纠纷适用的仲裁规则的,视为未约定仲裁机构,但当事人达成补充协议或者按照约定的仲裁规则能够确定仲裁机构的除外。对此类仲裁协议,原则上认定当事人未选择仲裁机构,符合当事人的真实意思表示;允许当事人就仲裁机构达成补充协议,体现了对当事人意思自治的尊重;审查当事人选择的仲裁规则的规定,则不仅符合当事人的真实意思表示,而且体现了对仲裁机构仲裁规则的尊重。

一个有效的仲裁协议还要求仲裁事项具备可仲裁性和书面形式的仲裁协议。但是,随着经济往来活动的快捷化和扩大化,对书面形式的要求已经相对宽松。仲裁事项的可仲裁性是仲裁协议的实质要件,如果根据法律规定,某些不能进行仲裁的事由被当事人约定进行仲裁,那么这类仲裁协议无效,因为它违反了法律的强制性规定。

在国际民商事活动中,涉外仲裁逐步成为当事人青睐的解决纠纷的方式,而当事人仲裁的意思表示准确性的认定事关涉外仲裁这种纠纷解决方式的广泛使用和完善发展,因此对仲裁意思表示的认定包括仲裁协议有效性的认定应当适应国际趋势的发展,使仲裁成为诉讼外解决纠纷的方式之一。

第四节 涉外仲裁程序

涉外仲裁的当事人将其争议提交仲裁后,仲裁机构就会按一定程序进行审理,作出裁决。在涉外仲裁中,中国国际经济贸易仲裁与中国海事仲裁程序基本上是相同的,有关涉外仲裁程序可参照 2012 年《民事诉讼法》第 4 篇第 26 章关于涉外仲裁的规定,还可参照《仲裁法》第 7 章关于涉外仲裁的特别规定以及《贸仲规则》和《海仲规则》的规定。

▌一、申请和受理

仲裁申请是引起仲裁程序开始的前提。但是,当事人提出仲裁申请,并不必然引起仲裁程序的开始,根据我国《仲裁法》以及《贸仲规则》和《海仲规则》的规定,当事人申请仲裁需具备以下条件:

1. 提交仲裁申请书,仲裁申请书应写明:(1)申请人和被申请人的名称和住所(如有邮政编码、电话、电传、传真、电报号码或其他电子通讯方式,也应写明);(2)申请人所依据的仲裁协议;(3)案情和争议要点;(4)申请人的请求及所依据的事实和证据。仲裁申请书应由申请人或申请人授权的代理人签名或盖章。

2. 在提交仲裁申请书时,应附具申请人请求所依据的事实的证明文件。

3. 按照仲裁委员会制定的仲裁费用表的规定预缴仲裁费。

所谓仲裁受理,即涉外仲裁机构对当事人提出的仲裁申请,予以立案审理的行为。实践中,仲裁委员会收到申请人的仲裁申请书及附件后,经过审查,认为申请仲裁的手续不完备的,可以要求申请人予以完善;认为申请仲裁的手续已完备的,应立即向被申请人发出仲裁通知,并将仲裁申请人的仲裁授权书及其附件,连同仲裁委员会的仲裁规则、仲裁员名册和仲裁费用表各一份,一并发送给被申请人,同时也将仲裁通知、仲裁规则、仲裁员名册和仲裁费用表发送给申请人。仲裁委员会向申请人和被申请人发出仲裁通知后,应指定 1 名秘书局的人员负责仲裁案件的程序管理工作。

▌二、仲裁庭的组成

仲裁庭是当事人提请仲裁的争议案件的具体审理者与裁决者,在一般情况下,由当事人自行确定仲裁庭的组成形式以及组成仲裁庭的仲裁员。根据涉外仲裁的规定与实践，仲裁庭一般可以根据当事人的约定采取两种形式，即合议制仲裁庭与独任制仲裁庭。

1. 合议制仲裁庭的组成。如果当事人约定采取合议制仲裁庭的，当事人应当各自在仲裁委员会仲裁员名册中，选定 1 名仲裁员或者委托仲裁委员会主任指定。第三名仲裁员由双方当事人共同选定或者共同委托仲裁委员会主任指定。但是，有时双方当事人就仲裁庭的组成形式不能达成一致意见，为了保证仲裁程序的顺利进行，涉外仲裁规则同时规定，如果双方当事人在被申请人收到仲裁通知之日起 15 天内未能共同选定或者共同委托仲裁委员会主任指定第三名仲裁员的，则由仲裁委员会主任指定。第三名仲裁员担任首席仲裁员。首席仲裁员与被选定或者指定的 2 名仲裁员组成仲裁庭，共同审理案件。

2. 独任制仲裁庭的组成。如果当事人根据争议案件解决的需要，约定采取独任制仲裁庭当事人，双方当事人可以在仲裁委员会名册中共同选定仲裁员或者共同委托仲裁委员会主任指定 1 名仲裁员作为独任仲裁员，成立仲裁庭，单独审理案件。但是，为了保证仲裁程序的正常进行，如果双方当事人约定由 1 名独任仲裁员审理案件，但在被申请人收到仲裁通知书之日起 15 天内未就独任仲裁员的人选达成一致意见的，则由仲裁委员会主任指定。

仲裁案件有两个或者两个以上申请人或被申请人时，申请人之间或被申请人之间应当经过协商，在仲裁委员会仲裁员名册中各自共同选定或者各自共同委托仲裁委员会主任指定 1 名仲裁员。如果申请人之间或被申请人之间未能在收到仲裁通知书之日起 15 天内各自选定或者各自共同委托仲裁委员会主任指定 1 名仲裁员的，则由仲裁委员会主任指定。

三、开庭

根据《贸仲规则》和《海仲规则》的相关规定，如果仲裁庭采取开庭审理的方式对争议案件进行审理，一般应当经过以下阶段：

1. 开庭准备。实行开庭审理的案件，第一次开庭审理的日期，经仲裁庭协商，仲裁委员会秘书局决定后，由秘书局于开庭前 20 天通知双方当事人。当事人有正当理由的，可以请求延期，但应于收到开庭通知后 5 天内提出书面延期申请；是否延期，由仲裁庭决定。但是，如果再次开庭审理的日期及延期后开庭审理日期的通知及其延期申请，不受上述 20 天和 5 天期限的限制。

2. 开庭开始。在开庭开始阶段，首席仲裁员或者独任仲裁员应当宣布开庭，核对双方当事人及其仲裁代理人到庭的情况，再次告知当事人的权利义务及仲裁庭的组成人员，并询问双方当事人是否申请回避。

3. 庭审调查。在开庭审理时，仲裁庭可以按照以下顺序对争议案件的事实与所涉及的证据资料进行调查：(1)双方当事人向仲裁庭进行陈述；(2)证人作证，宣读未到庭证人的证言；(3)出示相关的其他证据；(4)宣读鉴定报告；(5)宣读勘验笔录。

4. 庭审辩论。在仲裁庭对争议案件事实进行调查的基础上，由双方当事人及其仲裁代理人围绕着双方争议的焦点事实与证据资料，按照申请人及其代理人发言、被申请人及其代理人答辩、双方互相进行辩论的顺序展开辩论，这样既可以保障双方辩论权的实现，也有利于仲裁庭全面地查明争议案件事实。

四、裁决

仲裁庭对争议案件经过审理后,应当进行评议并根据评议的结果作出仲裁裁决。仲裁庭评议时实行少数服从多数的原则,即仲裁庭应当依照全体仲裁员或者多数仲裁员的意见作出仲裁裁决,少数仲裁员的意见可以作成记录附卷。但应当注意的是,如果仲裁庭评议案件时无法形成多数人意见,仲裁裁决依首席仲裁员的意见作出。仲裁庭在其作出的仲裁裁决书中,应当写明仲裁请求、争议事实、裁决理由、裁决结果、仲裁费用的负担、裁决的日期和地点。当事人协议不愿写明争议事实和裁决理由的,以及按照双方当事人和解协议的内容作出裁决的,可以不写明争议事实和裁决理由。该仲裁裁决除非是依照首席仲裁员的意见或者独任仲裁员的意见作出,否则仲裁裁决应当由多数仲裁员署名。持有不同意见的仲裁员可以在仲裁裁决书上署名,也可以不署名。仲裁员在签署裁决前应当将裁决书草案提交仲裁委员会。在不影响仲裁员独立作出仲裁裁决的情况下,仲裁委员会可以就裁决书的形式问题提请仲裁员注意。裁决书应当加盖仲裁委员会的印章。由于仲裁实行一裁终局的制度,因此,作出裁决书的日期即为仲裁裁决产生约束力与强制执行力的日期。

五、涉外仲裁的法律适用

(一)仲裁程序的法律适用

仲裁程序法,是指适用于仲裁的程序法律,也就是支配仲裁程序的法律的总称。一般而言,仲裁程序法包含在各国的仲裁法及民事诉讼法等程序法中,有些国家的判例亦成为仲裁程序法的一部分。在国际立法实践中,仲裁程序法的内容繁简不一,但通常都包括了解决仲裁过程所涉及的下列主要问题:如可仲裁事项的范围,仲裁协议效力的认定,仲裁文书的送达,仲裁员的指定、回避与撤销,仲裁庭的权力和责任,仲裁程序中临时性保全措施的采取、证据的收集和使用,仲裁裁决作出的形式及对裁决异议的处理,仲裁裁决的承认与执行等等。

仲裁程序的法律适用问题上有以下几种做法:

1. 当事人协议选择的特定国家的仲裁程序法。仲裁就是以当事人的仲裁协议为基础的,本身具有契约性,因此当事人双方可以就仲裁涉及的事项当然也包括对仲裁程序可适用的法律作出约定和选择。如法国 1981 年《民事诉讼法典》第 1494 条第 1 款规定:"当事人可以直接或通过适用仲裁规则确定审案所需要遵循的程序,也可以确定所要遵循的仲裁程序法。"1987 年《瑞士联邦国际私法法规》第 152 条规定:"当事人可以直接或按照仲裁规则确定仲裁程序,他们也可以按其选择的程序法进行仲裁程序。"

国际公约也有类似的规定,如 1958 年《纽约公约》第 5 条第 4 款和 1975 年《美洲国家间关于国际商事仲裁的公约》(以下简称为《美洲公约》)第 5 条第 1 款第 4 项都规定:"如果仲裁庭的组成或仲裁程序与当事人间的协议不符……被请求承认与执行裁决的国家主管机关可以拒绝承认和执行有关裁决。"《示范法》第 19 条规定:"……当事各方可以自由地就仲裁庭进行仲裁所应遵循的程序达成协议……"

还有一些国际商事仲裁机构的仲裁规则也存在类似的规定,比如 1988 年《斯德哥尔摩商会仲裁院仲裁规则》第 16 条规定:"仲裁庭在决定进行仲裁程序的方式时,应遵循当事人在仲裁协议中的约定以及该规则的规定,并应考虑当事人的意愿。"1985 年《伦敦国际商事仲裁院仲裁规则》第 5 条、1991 年《美国仲裁协会国际仲裁规则》第 1 条、1991 年《新加坡国际仲裁中心仲裁规则》第 16 条等等都规定仲裁庭应首先适用当事人协议选择的仲裁程序法。以上这些足以表明国际商事仲裁应当首先适用当事人协议选择的仲裁程序法,已得到国际社会的广泛认可和接受。

但是当事人选择仲裁程序法不是毫无限制的,也存在一些限制性条款,例如 1998 年《德国民事诉讼法典》第 1042 条第 1 款第 2 项就强制规定:"各当事人应平等对待并应给予每一方充分陈述案件的机会;律师不得被排斥充当授权代理人。"如果仲裁庭适用当事人约定的德国以外的某一特定仲裁法而违反了《德国民事诉讼法》的该两项强制性规定中的某一项,当事人即可提起撤销裁决之诉。又如,我国《民事诉讼法》第 274 条、《仲裁法》第 68 条均规定,临时保全措施的决定权只能由有管辖权的人民法院行使。从而排除了仲裁庭对此项权力的行使。[①]

所以,在国际商事仲裁实践中,当事人选择程序规则的自由并不是绝对的,它要受到各方面因素的制约。一般来讲,当事人所选用的仲裁程序规则不能违背仲裁地国家法律的强制性规定,不能违背仲裁地国家的公共秩序等。否则,仲裁庭所作出的裁决就有可能被仲裁地国家法院宣布为无效,并且得不到仲裁地国家和其他国家的承认和执行。现在,绝对的"契约自由"原则已被抛弃,也不存在绝对的当事人"意思自治"原则,在仲裁领域也是如此。

2. 当事人对仲裁程序法未作选择时,仲裁程序法的确定。具体包括:

(1)由仲裁庭直接确定或援引有关法律或仲裁规则来间接确定。目前有许多国家的立法和一些仲裁机构的仲裁规则都规定由仲裁庭直接确定或援引有关法律或仲裁规则来间接确定仲裁程序法,如法国《民事诉讼法典》第 1494 条规定:"如果协议没有规定,仲裁员应通过直接适用或援引法律或一套仲裁规则来确定所需要的程序规则。"《瑞士联邦国际私法法规》第 152 条规定:"当事人没有确定仲裁程序的,仲裁庭应当根据需要直接地或者按照法律或仲裁规则确定仲裁程序。"《示范法》第 19 条第 2 款规定:"如未达成这种协议,仲裁庭可以在本法的规定限制下,按照它认为适当的方式进行仲裁。"1985 年《伦敦国际仲裁院仲裁规则》第 5 条第 2 款规定:"如果没有当事人达成一致的仲裁规则程序或者本规则中没有规定,仲裁庭将在确保公正、迅速、经济和最终解决争议的法律规定所允许的范围内具有最广泛的自由决定权。"以上之所以如此规定,是因为仲裁庭成立的基础是当事人的仲裁协议,那么就意味着当事人已经通过仲裁协议授权仲裁庭确定仲裁程序法。

(2)直接适用仲裁地国家的仲裁程序法。1958 年《纽约公约》第 5 条第 4 款和 1975 年《美洲公约》第 5 条第 1 款第 4 项规定:"仲裁庭的组成或仲裁程序……与进行仲裁的国

---

① 韩敏、陈燕宁、史威:《国际商事仲裁程序的法律适用》,载《上海市政法管理干部学院学报》2000 年第 2 期。

家的法律不符",其他国家可拒绝承认与执行裁决。1987 年《瑞士联邦国际私法法规》第 178 条第 1 款规定:"本章各条适用于仲裁庭所在地在瑞士……"我国《仲裁法》第 65 条规定:"涉外经济贸易、运输和海事中发生的仲裁适用本章规定,本章没有规定的适用本法其他规定。"《瑞典仲裁法》更是明确规定:"依法在瑞典进行一切商事仲裁,有关程序方面的问题,均受本法的约束。"

目前世界上大多数国家是 1958 年《纽约公约》的缔约国,依据该公约的规定,依仲裁地国家法律作出的仲裁裁决,才会被其他缔约国承认与执行,若在一缔约国境内进行的仲裁,依据的是其他国家的仲裁程序法,那么该裁决将有可能被其他缔约国拒绝承认与执行。所以,在绝大多数实践中,适用仲裁地法是目前大多数国家仲裁实践的普遍做法。

(3)推定当事人未明示的默示选择。在国际商事仲裁当事人未在仲裁协议中就仲裁的程序法有明示选择时,仲裁程序法可按国际私法的一般原则予以确定,即根据有关连接因素推定当事人默示选择的法律。国际商事仲裁实践中对于仲裁程序法的推定通常有以下几种情形:

①大多数情况下,倘若当事人没有选择仲裁程序法而选择了仲裁地,便可以据此推定当事人默示选择了仲裁地法作为仲裁程序法,这在理论上和各国国际商事仲裁实践中均得到了普遍认同。

②如果当事人约定由某一仲裁机构指派首席仲裁员,则该仲裁机构所在地便可作为一个重要的连接因素,借以推定适用该仲裁机构所在地法。

③有时当事人选择的有关解决仲裁争议的实体法所属法律体系也可能作为可适用的仲裁程序法。

④此外,在仲裁员实际选择适用了某特定法律体系的仲裁程序法时,如果仲裁程序已经开始,则可认为当事人已同意选择该仲裁程序法。

当然,除第一种情形外,其他三种推定当事人默示选择仲裁程序法的方法在国际上并不具有普遍意义。

3.“非国内化”法律体系——非仲裁地国家的仲裁程序法或国内法以外的仲裁规则。从 20 世纪 60 年代以来在仲裁程序法律适用上产生了一种“非国内化”理论。该理论认为,仲裁程序不必受仲裁地国家甚至任何特定国家仲裁程序法的支配,应适用当事人自行拟定的规则或选择现成的仲裁程序规则,或仲裁庭确定的仲裁规则。因而,仲裁程序的有效和仲裁裁决的强制执行力,并不必然来自于仲裁地国家的法律,而是来自于当事人共同的意思;进而除执行地国家外,仲裁地国家的法律不应对仲裁程序干预和监督,即使仲裁违反了仲裁地法,仲裁地国家法院也不能对仲裁裁决予以撤销;若仲裁地国家法院作出了撤销决定,其他任何国家也可依据本国法律认定该裁决有效并加以执行。[①]

这一理论已得到有关国际商事仲裁的国内、国际立法和司法以及仲裁实践的承认和肯定,如法国《民事诉讼法典》第 1494 条规定:"当事人有权选择适用于仲裁的仲裁规则或现行的仲裁法,在当事人未作选择时,则仲裁庭可以直接确定仲裁适用的程序法或仲裁规

---

① 聂咏青:《非内国仲裁理论评论》,载《法律适用》2005 年第 9 期。

则。"1987 年《瑞士联邦国际私法法规》第 182 条规定："当事人可直接规定或通过援引仲裁规则的方式决定仲裁程序,他们也可约定使仲裁程序服从于某一程序法,当事人未规定程序的,仲裁员在必要范围内,可直接或通过援引其法律或仲裁规则的方式确定程序。"1961 年《关于国际商事仲裁的欧洲公约》(以下简称为《欧洲公约》)第 4 条第 1 款规定:"在临时仲裁的情况下,仲裁程序应适用当事人自己确定的程序规则或者在特殊情况下,由仲裁庭确定的程序规则,即使在当事人和仲裁庭都未确定程序规则时,由被诉人所在地的商会会长或特别委员会基于当事人的申请,而自行确定仲裁员应当遵循的规则。"以上有代表性的有关国际商事仲裁的国内法、公约和仲裁规则,并未规定应当或必须适用特定国家仲裁程序法,反映了欲使国际商事仲裁摆脱特定国家仲裁程序法支配的非国内化倾向,那么,仲裁庭就有可能依据当事人选定的或仲裁庭确定的非仲裁地法或不属于任何特定国家法律体系的仲裁规则进行仲裁。

总体上,目前只有极少数国家如法国支持"非国内化"仲裁,同时采用"非国内化"理论的国际商事仲裁案例也属个别特例,而且都是在国家为一方当事人的国际商事仲裁中采用。因此,该理论的实践基础极其薄弱,其可行性需进一步接受国际商事仲裁实践的检验。

(二)仲裁实体法的适用

涉外仲裁适用的实体法,是指仲裁庭据以作出裁决的支配仲裁案件争议的实体法律,是确定争议双方当事人权利义务所适用的准据法,是判定争议是非曲直的主要法律依据,对争议的最终裁决结果具有决定性的意义。如何确定和适用仲裁的实体法,是涉外仲裁的核心问题。它直接制约着仲裁的结果,影响着仲裁当事人的切身利益。

1. 当事人通过协议选择仲裁实体法。当事人通过协议选择仲裁实体法,是意思自治原则在仲裁实体法确定中的体现。在仲裁中尊重当事人就实体法所作的选择,首先,允许当事人直接选择解决争议应适用的实体法。被选择的实体法可以是某一特定国家的国内法,也可以是国际条约或国际商事惯例。其次,允许当事人作间接选择,即由其选择可适用的冲突规则,再依据该冲突规则确定解决争议应适用的实体法。世界上有少数国家,如瑞典的仲裁实践就尊重和承认当事人的此种选择。

在立法上,大多数国内立法、国际公约等都对此作了规定。例如,1987 年《瑞士联邦国际私法法规》第 187 条规定:"仲裁庭裁决时依据当事人所选择的法律规则。"英国 1996 年《仲裁法》第 46 条第 1 款第 1 项也规定,仲裁庭应依照当事人所选择的解决实体问题所应适用的法律对争议作出裁决。其他如美国、日本、法国、奥地利、比利时、德国、瑞典、西班牙、意大利、希腊、荷兰等国也肯定仲裁当事人在实体法选择上的意思自治。1976 年《联合国国际贸易法委员会仲裁规则》在其第 33 条第 1 款中规定:"仲裁庭应适用当事人双方预先指定的适用于争端的实体法。"1985 年联合国《示范法》第 28 条第 1 款规定,仲裁庭应依照当事各方选定的适用于争议实体的法律规则对争议作出决定。①

---

① 徐伟功:《论国际商事仲裁实体问题的法律适用》,载《法商研究》2001 年第 1 期。

具体而言,当事人通过意思自治选择仲裁实体法时有以下几点需要加以注意:

(1)当事人选择仲裁实体法的时间。从各国的立法来看,多数国家允许当事人在合同订立之后对原来支配合同的法律进行变更的选择。在仲裁实践中,一般认为,当事人在将争议提交仲裁时或在仲裁过程中就仲裁实体法作出选择,其目的是为了选择支配其相互间关系的法律规则,为仲裁员选择评判是非曲直的准则,那么,仲裁员就应该尊重当事人的选择,即使当事人对原已作出的法律选择作出更改,仲裁庭、仲裁员也都应尊重当事人更改原有选择的意愿。

(2)当事人选择仲裁实体法的方式。当事人选择法律的方式有明示选择和默示选择,明示选择方式已得到各国的普遍接受,但对于默示选择方式,各国的态度却不一致。在国际商事仲裁实践中,仲裁员通过案件的相关情况或合同所使用的语言来判定当事人默示选择法律的情况是非常罕见的,他们大多依据当事人选择的仲裁地来推定当事人意图适用仲裁地国法。

(3)当事人选择仲裁实体法的限制。一般来说,当事人选择仲裁实体法往往要受到三个方面的限制:

其一,公共秩序的限制。即当事人选择仲裁实体法不得违反仲裁地国的公共秩序和强制性法律,当事人的选择只能在特定国家的任意法范围内进行。如《法国民法典》第6条规定:"个人不得以特别的约定违反法国有关公共秩序与善良风俗的法律。"这是各国普遍的做法。

其二,善意与合法的限制。即当事人的选择必须"善意和合法",不得有规避法律和合谋欺诈的意图。这是当事人选择仲裁实体法的一般要求。

其三,与合同有实际联系的限制。就国际合同的法律适用而言,不少国家主张,为了防止当事人规避法律,当事人只能选择与合同有一定联系的国家的法律;如果他们所选择的法律与合同没有联系,就必须如同当事人未选择法律一样来探求合同的准据法。但也有一些国家,如英国、瑞典、荷兰、奥地利等国,允许合同当事人选择与合同无客观联系的法律,只需当事人所选择的法律是善意合法的。在国际商事仲裁中,各国一般对此没有严格的限制,当事人常常选择与争议没有联系的某一国家的法律作为仲裁实体法。[1]

2. 当事人未作选择时涉外仲裁实体问题的法律适用。

具体而言,包括:(1)根据冲突法规则确定仲裁实体法。

从国际商事仲裁实践的角度来看,主要有以下两种做法:

①适用仲裁地国的冲突规则。传统观点认为,在当事人未作法律选择的情况下,仲裁员应当适用仲裁举行地或仲裁庭所在地的国际私法规则。仲裁地国的冲突规则在国际商会、英国、美国、苏联、东欧国家的商事仲裁实践中曾得到广泛适用。这种做法的理论基础是,当事人选择了仲裁地,也就间接地选择了仲裁地的冲突法规则,其优点就在于具有统一性和可预见性,并尊重了当事人的意愿。但在仲裁地难以识别时,这种做法就将面临无法确定可适用的实体法的困难。

---

[1] 张江敏:《国际商事仲裁中的法律适用的若干问题探析》,载《武汉大学学报》(哲学社会科学版)2003年第6期。

②依仲裁庭认为合适的冲突规则确定准据法。大多数学者主张,在当事人未作法律选择的情况下,应赋予仲裁庭广泛的自由裁量权,由仲裁庭选出其认为适当的或可适用的冲突规则来确定仲裁实体法。这是有关仲裁实体法适用方面的一种新的理论和实践。这种做法不要求仲裁庭必须适用仲裁地的冲突规则,而是给予仲裁庭较大的自主权和灵活性,由仲裁庭综合考虑各方面的因素决定可适用的冲突规则。这种做法打破了传统上固定适用某种冲突规范的僵化格局,使仲裁庭(员)可根据案件实际情况更加灵活地选择冲突规范,从而也使最终确定的实体法更加公平合理。

对此,《示范法》第 28 条第 2 款就规定:"如果当事各方没有选择实体法律的任何约定时,仲裁庭应适用它认为可适用的冲突规范所确定的法律。"英国 1996 年《仲裁法》第 46 条第 3 款也规定"如果或进而言之,当事人没有这样的选择或约定,则仲裁庭应依据冲突法规来决定应适用的法律",几乎采用了与《示范法》相同的规定。一些机构仲裁规则也采纳了这种主张,如 1988 年《国际商会仲裁规则》第 13 条第 3 款,1976 年《联合国国际贸易法委员会仲裁规则》第 33 条均有类似的规定。

一般情况下,仲裁庭可适用的冲突规则主要有:

其一,适用仲裁地国的冲突规则。虽然仲裁庭并没有义务适用仲裁地法,但并不排除仲裁庭可根据案件的实际情况认定仲裁地国的冲突规则是可适用的冲突规则。在国际商会的仲裁案件中,仲裁员曾多次适用仲裁地国的冲突规则确定仲裁的实体法。

其二,适用仲裁员本国的冲突规则。一些学者提出,如果当事人未作明示的法律选择时,由于仲裁员对其本国法律较为熟悉,适用其本国的冲突规则对仲裁员来讲是方便的,可以使得仲裁任务简单化,因此可以适用仲裁员本国的冲突规则。

其三,适用裁决执行地的冲突规则。有些学者主张,应当适用承认和执行裁决地国家的冲突规则决定实体争议的准据法。其理由是,若仲裁员适用以其他方式确定的仲裁实体法作出裁决,有可能被申请承认和执行地国的法院拒绝,而仲裁员依裁决执行地国冲突规则确定实体法,可以保证仲裁裁决的可执行性。

其四,适用与争议有最密切联系国家的冲突规则。最密切联系原则[①]是 20 世纪 50 年代逐渐发展、完善的一项国际私法原则,各国均不同程度地接受了该原则,在国际私法中被世界各国普遍认为是用来解决涉外民事争议准据法的最灵活实用的方法。由于在法律(准据法)选择问题上,法官有义务适用本国的冲突规则,不存在冲突规则的选择问题,因此,不可能把"最密切联系"适用于选择冲突规则上。但在国际商事仲裁中,当事人未作法律选择,可以适用与争议有最密切联系国家的冲突规则确定仲裁实体法。

其五,其他冲突规则的适用。除了上述几种主要的冲突规则,仲裁庭还可以适用国际私法公约中的冲突规则、国际私法的一般冲突规则、假设没有仲裁条款情况下对争议拥有管辖权国家的冲突规则,以及综合适用与当事人争议有关的各国的冲突规范。在这几种冲突规则中,国际私法公约中的冲突规则和国际私法的一般冲突规则数量极少,所以用此种方法确定仲裁实体法的案例并不多。

---

① 马德才:《国际私法》,厦门大学出版社 2013 年版,第 187~188 页。

[案例]1997年4月3日,申请人(在中国香港注册的公司)与被申请人(中国公司)签订了购货合同。该合同约定由申请人向被申请人提供用于高尔夫球场的泵站设备,合同总价为82761美元,CIF上海,装运口岸:美国西岸。合同订立后,申请人按约发货,被申请人也支付了合同总价的85%的货款。但在泵站进行调试后,被申请人以调试不合格为由,拒绝签署验收报告,并由此拒绝支付15%的合同余款。申请人与被申请人就剩余的15%货款发生争议,交涉无果,遂向中国国际经济贸易仲裁委员会上海分会提起仲裁。双方在合同中没有约定争议适用的法律。本案仲裁庭应如何适用法律?

[解答]关于本案的法律适用问题,仲裁庭认为:申请人是在中国香港特别行政区注册的公司,被申请人是中国公司,双方在合同中没有约定法律适用问题。因此,根据国际私法的法律适用原则,在当事人未明确约定争议适用的法律时,应当依据仲裁所在地的冲突法规则确定本案应适用的实体法规范。鉴于本案的仲裁地在中国上海,根据合同签订时依然有效的《涉外合同经济法》的规定,考虑到本案讼争合同系在中国上海签订,且申请人在上海履行其合同项下的交货义务等因素,仲裁庭认为,本案应适用中国法律,主要适用《涉外经济合同法》的相关规定。此外,由于本案的讼争合同成立于《合同法》实施之前,但合同的履行跨越《合同法》实施之日,根据最高人民法院的司法解释,本案争议也可适用《合同法》第四章的规定。

(2)直接确定仲裁实体法。最近几十年,在仲裁实践中亦出现了"直接适用国内法实体规则"的方法,即仲裁员不必确定和依靠任何冲突规则,而是根据案情的需要,直接确定应适用的实体法规则。这既可以使仲裁员摆脱确定和适用冲突规则的烦累,又能满足国际商事仲裁自身对仲裁实体法的需要,扩展适用实体规则的范围。而且,约定仲裁的当事人希望程序简化,并且可适用的法律能够具有确定性,从而能够尽快得到有确定法律效力的裁决,而不是期待复杂的重重法律适用的过程,"直接适用实体法规则"恰恰能实现当事人的这一愿望。

直接适用实体法的方法能够适应商事仲裁实践发展的需要,已被许多国家的仲裁立法、仲裁实践、机构仲裁规则以及国际条约所采用,并成为当代国际商事仲裁法律适用理论的发展趋势之一。从仲裁立法和实践发展趋势来看,是进一步扩大仲裁庭的权力,简化选择适用实体法的过程,允许仲裁庭直接选择适用它认为合适的或与仲裁争议事项有密切联系的实体法律规则,从而变传统仲裁实体法选择的"两步走"为"一步到位"。

在国内立法方面,目前,法国、加拿大、瑞士、德国、意大利、荷兰等国法律已放弃了先援引冲突规范再选择实体法的做法,改由仲裁庭(员)直接选定实体法。1981年法国《民事诉讼法典》第5篇第1496条规定,当事人未作法律选择时,仲裁员"应根据他认为适当的规则决定争议"。1986年加拿大《国际商事仲裁法案》第28条第3款则规定:"当事人没有第1款项下的任何指定法律的,仲裁庭应在考虑案件所有情况后适用它认为适当的法律规则。"引人注意的是,1987年瑞士《联邦国际私法法规》第187条第1款规定:"仲裁庭应根据当事人选择的法律规则裁决案件。没有选择时,则依照与案件有最密切联系的法律规则裁决案件。"

在最近颁布的一些著名的商事仲裁机构的仲裁规则上,直接适用仲裁实体法的方法也被普遍引入。如 2000 年 9 月 1 日修改并生效的《美国仲裁协会国际仲裁规则》第 28 条第 1 款规定,在当事人未指定争议的实体法时,"仲裁庭应适用其认为适当的法律或法律规范"。1998 年 1 月 1 日生效的《伦敦国际仲裁院仲裁规则》第 22 条第 3 款规定,如果当事人没有选择争议适用的实体法规则时,仲裁庭应当适用它认为合适的实体法规则。

一些国际公约也对"直接适用实体法"的方法予以充分肯定。例如,1965 年《华盛顿公约》第 42 条第 1 款规定,在当事人未作法律选择时,法庭应适用争议一方缔约国的法律(包括其关于冲突法的规则)以及可适用的国际法的规则。从以上国内立法和有关国际条约的规定可以看出,直接适用实体法的方法,抛弃了传统的繁琐的冲突法方法的适用,适应了国际商事仲裁实践发展的需要。从某种意义上来说,它是对仲裁实体法适用方法的一种革新,因此获得了许多国家立法和有关国际公约以及商事仲裁规则的确认和肯定。

这种方法在仲裁实践中主要是根据最密切联系原则确定可适用的实体法。最密切联系原则能给仲裁庭以充分的自主权,使仲裁庭不必劳神费时地解决冲突规则的冲突问题,并使仲裁庭能够灵活地考虑各种连接因素,诸如合同履行地、合同缔结地、标的物所在地、当事人国籍、住所等,综合考察,直接就仲裁实体法作出选择。依此原则确定的实体法范围非常灵活而广泛,不仅可以是特定国家的国内法,而且可以是非国内法规则,如国际法、一般法律原则和现代商人法等。目前,最密切联系原则在仲裁中得到了普遍采用。例如,我国的涉外仲裁实践即采取此项原则。在我国,根据此项原则适用的法律主要有三种,即合同缔结地法、履行地法和仲裁所在地法。①

第五节　申请撤销和不予执行涉外仲裁裁决

一、申请撤销和不予执行涉外仲裁裁决的理由

对于涉外仲裁裁决的撤销和不予执行的理由,从相关法条的规定来看,跟国内仲裁裁决的撤销和不予执行的理由有相似之处,但也有区别,主要表现在涉外仲裁裁决的撤销和不予执行的理由,只包括程序性事项而不涵盖仲裁裁决的实体内容。我国涉外仲裁裁决的撤销和不予执行的理由,与大多数国家一样均以 1985 年《示范法》第 34 条的规定为蓝本,只是在措辞方面有所变化。我国《仲裁法》第 70 条规定了涉外仲裁裁决撤销的法定情形,该条规定:当事人提出证据证明涉外仲裁裁决有《民事诉讼法》第 260 条(现为第 274 条)第 1 款规定的情形之一的,经人民法院组成合议庭审查核实,裁定撤销。我国《仲裁法》第 71 条规定了涉外仲裁裁决不予执行的法定情形,该条规定:当事人提出证据证明涉外仲裁裁决有《民事诉讼法》第 260 条(现为第 274 条)第 1 款规定的情形之一的,经人民法院组成合议庭审查核实,裁定不予执行。这些情形包括以下几种。

---

① 程德钧:《涉外仲裁与法律》(第一辑),中国人民大学出版社 1992 年版,第 138 页、第 205 页。

(一)当事人在合同中没有订立仲裁条款或者事后没有达成书面仲裁协议

仲裁协议是当事人申请仲裁和仲裁机构受理仲裁申请的前提和基础。合同中的仲裁条款和书面仲裁协议是仲裁协议的两种形式,具备其中之一便可申请仲裁机构对争议进行仲裁。如果当事人在既无仲裁条款又无书面仲裁协议的情况下向仲裁机构申请仲裁,仲裁机构予以受理并作出裁决,则当事人可以以此为由向法院申请撤销或不予执行仲裁裁决。

相较于《纽约公约》和《示范法》及其他外国仲裁法的规定,我国《仲裁法》和《民事诉讼法》有关涉外仲裁裁决撤销和不予执行的理由只涉及仲裁协议不存在的情况,缺少"仲裁协议无效"的情形。"仲裁协议无效"及"没有仲裁协议"是两个完全不同的概念。前者属于法律判断,而后者属于事实判断。针对这一问题,《仲裁法解释》作了扩大解释。该司法解释第 18 条规定:"仲裁法第 58 条第 1 款第 1 项规定的'没有仲裁协议'是指当事人没有达成仲裁协议。仲裁协议被认定无效或者被撤销的,视为没有仲裁协议。"由此可知现行仲裁立法的缺陷在我国是通过司法解释予以弥补的。[①]

(二)被申请人没有得到指定仲裁员或者进行仲裁程序的通知,或者由于其他不属于被申请人负责的原因未能陈述意见

为了保障当事人的权利,确保仲裁的公正性,仲裁委员会和仲裁庭在行使职权时必须严守程序公正或正当程序原则。如果被申请人没有得到指定仲裁员或者进行仲裁程序的通知,或者被剥夺而没有获得陈述意见的机会,则既侵犯了被申请人的权利,也会影响裁决的公正性,被申请人当然有权申请法院予以撤销或不予执行。该项撤销和不予执行理由的内容比较明确,是对当事人仲裁程序性权利的保障,也是《纽约公约》和《示范法》所确立的原则。

(三)仲裁庭的组成或者仲裁的程序与仲裁规则不符

仲裁庭的组成和仲裁程序的确定应贯彻当事人意思自治的原则,尊重当事人的选择。根据我国《仲裁法》第 31 条和第 32 条的规定,组成仲裁庭的仲裁员应当由当事人选定或者委托仲裁委员会主任指定,除非当事人不按仲裁规则之规定选定仲裁员。如果组成仲裁庭的仲裁员不符合当事人的意愿,那就动摇了仲裁制度的基础,理应撤销由此作出的裁决。但是,当事人的意思自治也不能背离仲裁法的强行性规定。仲裁庭的组成应当与独任仲裁制度或合议仲裁制度相符合,如果仲裁庭的组成不符合上述两种形式之一的,所作裁决即无效。仲裁程序的适用虽然可以由当事人在仲裁协议中加以选择,但一般都依仲裁地国家的仲裁法或者仲裁机构的仲裁规则规定的程序进行,而且仲裁程序不得违反正当程序原则。因此,仲裁程序的开始,仲裁文件的送达,证据的取得方式及质证,裁决作出的期限,裁决的形式要件等等,都必须严格遵循《仲裁法》和仲裁机构仲裁规则的规定。如果仲裁庭的组成或者仲裁的程序不符合所确定的仲裁规则的规定,则当事人可以申请撤

---

① 杜焕芳:《中国涉外仲裁裁决撤销制度的若干思考》,载《中国对外贸易》2003 年第 2 期。

销或不予执行仲裁裁决。

(四)仲裁的事项不属于仲裁协议的范围或者仲裁机构无权仲裁的

如果裁决的事项不具有可仲裁性,或者不属于仲裁协议的范围,或者超出当事人请求的范围,则构成仲裁庭越权,法院可根据当事人的申请撤销或不予执行该裁决。从该项规定中可以看出,该项撤销和不予执行理由包括仲裁庭超越权限以及争议事项的不可仲裁性两个方面。虽然这两种情形都是仲裁庭对本不该审理的事项进行了仲裁,但是两者并不相同:(1)前者是指当事人没有授权仲裁庭处理某些争议,而后者则是指仲裁庭违反了国家强行法的规定审理了仲裁机构无权仲裁的争议。如仲裁庭对诸如婚姻、收养、监护、继承等不能仲裁的争议作出了裁决,便会因为违反有关可仲裁性的法律规定而导致裁决的无效。(2)在越权审理的情况下,依照《示范法》及其他一些国家法律的规定,假如裁决的事项可以相互分离,应予以撤销的仅是"超越仲裁协议范围所作出的部分裁决",而并非整个裁决。而在无权审理的情况下,因裁决与强行法相抵触,整个仲裁裁决归于无效,故应撤销整个裁决。

另外,关于仲裁机构无权仲裁的情形,属于争议事项具有不可仲裁性问题,各国法律都规定应由法院来认定之,而非当事人举证证明之事项。我国法律将其列为由当事人举证的情形,似有不妥之处。尽管在实践中当事人也往往提出此项抗辩,但争议的不可仲裁性最终应由法院来认定。①

此外,根据《仲裁法》第70条和第71条以及《民事诉讼法》第274条第2款的规定,人民法院认定该裁决和认定执行该裁决违背社会公共利益的,应当裁定撤销和裁定不予执行。在司法实践中,人民法院也从来没有也不可能放弃在撤销或不予执行涉外仲裁裁决中考虑社会公共利益。对于撤销涉外仲裁裁决案件,最高人民法院规定了逐级上报和程序审查等制度,这些制度设立的初衷在于防止司法权滥用,减少司法干预,以维护仲裁制度的权威性和稳定性,维护我国在国际社会上的良好司法形象。

▌二、申请撤销和不予执行涉外仲裁裁决的程序

(一)当事人申请

仲裁裁决作出后,仲裁当事人的任何一方都可以向仲裁委员会所在地的中级人民法院申请撤销仲裁裁决;如果处于执行程序中,被申请人可以向人民法院申请不予执行仲裁裁决。

《仲裁法》第70条规定,当事人提出证据证明涉外仲裁裁决有《民事诉讼法》第260条(现为第274条)第1款规定的情形之一的,经人民法院组成合议庭审查核实,裁定撤销。第71条规定被申请人提出证据证明涉外仲裁裁决有《民事诉讼法》第260条(现为第274条)第1款规定的情形之一的,经人民法院组成合议庭审查核实,裁定不予执行。

---

① 参见杜焕芳:《中国涉外仲裁裁决撤销制度的若干思考》,载《中国对外贸易》2003年第2期。

(二)管辖法院受理

根据我国《仲裁法》第 58 条规定，"当事人提出证据证明裁决有下列情形之一的，可以向仲裁委员会所在地的中级人民法院申请撤销裁决"，也就是说当事人申请撤销国内裁决的管辖法院是仲裁委员会所在地的中级人民法院。虽然《仲裁法》对当事人申请撤销涉外裁决的管辖法院未作特殊的规定，但是依据该法第 65 条的规定，"涉外经济贸易、运输和海事中发生的纠纷的仲裁，适用本章规定。本章没有规定的，适用本法其他有关规定。"据此，当事人申请撤销涉外仲裁裁决的管辖法院应是仲裁委员会所在地的中级人民法院。

2001 年 12 月 25 日，最高人民法院发布了《关于涉外民商事案件诉讼管辖若干问题的规定》（自 2002 年 3 月 1 日起实施），进一步明确了涉外仲裁裁决撤销案件的管辖法院。根据该规定，再结合《仲裁法》第 58 条，申请撤销涉外仲裁裁决的第一审案件，由省会、自治区首府、直辖市所在地的中级人民法院，经济特区、计划单列市中级人民法院，最高人民法院指定的其他中级人民法院管辖。

由于不予执行仲裁裁决的申请权是相对于申请执行权而设立的一种权利，且须有权利人申请执行的前提，所以，不予执行的申请只能向受理执行裁决申请的法院提出。根据《民事诉讼法》第 224 条的规定，法律规定由人民法院执行的其他法律文书，由被执行人住所地或者被执行的财产所在地人民法院执行。其他的法律文书就包括仲裁裁决书，但是该法没有具体规定由哪一级人民法院执行，《仲裁法解释》有一条补充性规定，即："当事人申请执行仲裁裁决案件，由被执行人住所地或者被执行的财产所在地的中级人民法院管辖。"

(三)依法组成合议庭审查

我国司法审判程序包括一审普通程序、二审程序、再审程序和特别程序等。在司法审查中，法院合议庭按照何种程序进行审查，涉及审查中双方当事人及原仲裁庭的法律地位、各自的权利义务，对司法审查的顺利进行至关重要。《仲裁法》、《民事诉讼法》对法院审理涉外仲裁裁决撤销和不予执行案件的包含上述内容的程序问题没有作明确的规定。《仲裁法解释》第 24 条规定，当事人申请撤销仲裁裁决的案件，人民法院应当组成合议庭审理，并询问当事人。2008 年 4 月 1 日最高人民法院在《民事案件案由规定》中将上述有关仲裁案件的案由纳入了"适用特别程序案件的案由"，这在一定程度上解决了以往在适用审理程序上的矛盾，进一步明确了仲裁案件要适用特别程序进行审理。

(四)在法定期限内作出裁定

人民法院经过审查核实，如果认为不具备撤销或者不予执行仲裁裁决的条件或法定事由，则应裁定驳回当事人的申请。

如果认为仲裁裁决应当被撤销或者不予执行，则必须遵守最高人民法院关于"预先报告"的规定（即《最高人民法院关于人民法院撤销涉外仲裁裁决有关事项的通知》中的规定）。

三、申请撤销涉外仲裁裁决的法律后果

如果人民法院裁定驳回撤销仲裁裁决的申请，则恢复仲裁裁决的执行。如果仲裁裁

决被人民法院依法裁定撤销以后,仲裁机构就当事人之间的纠纷所作的裁决归于无效,仲裁裁决就不再对当事人发生法律效力,当事人就纠纷可以根据双方重新达成的仲裁协议申请仲裁,也可以向人民法院起诉。

(一)裁决撤销后原仲裁协议的效力问题

根据我国《仲裁法》的规定,当事人在裁决被撤销后,如果仍想通过仲裁解决争议,必须订立新的仲裁协议,或者通过诉讼解决。这一规定在实质上排除了原仲裁协议的适用,否定了原仲裁协议的效力。然而,仲裁裁决与仲裁协议的效力之间并不存在绝对的直接关联性,只要裁决被撤销的理由不是原仲裁协议的效力问题所造成的,则原仲裁协议未必无效,因为仲裁协议并未经任何程序被判定无效,仲裁的合意仍然存在,因此,当事人还是具有申请再次仲裁的基础依据。这也是仲裁条款独立性原则的体现。对此,美国的做法值得参考,即《美国联邦仲裁法》第10条第52项规定:"裁决已经撤销,但是仲裁协议规定的裁决期限尚未终了,法院可以斟酌指示仲裁员重新审问。"那么,裁决被撤销后,并不完全否定原仲裁协议的效力,而是尊重当事人的意思自治,如果裁决撤裁的原因不是由于仲裁协议的瑕疵导致的,在仲裁协议的有效期内法院可根据裁量通知仲裁庭重审。

(二)驳回撤销申请裁定一经人民法院作出,便产生法律效力

根据《仲裁法》第60条的规定,法院应在受理撤销裁决申请之日起2个月内作出撤销裁决或者驳回申请的裁定。该裁定一经作出,就立即发生法律效力,并且最高人民法院发布的《关于人民法院裁定撤销仲裁裁决或驳回当事人申请后当事人能否上诉问题的批复》、《关于当事人对人民法院撤销仲裁裁决的裁定不服申请再审人民法院是否受理问题的批复》以及《关于人民检察院对不予撤销仲裁裁决的民事裁定提出抗诉人民法院应否受理问题的批复》中就明确规定,该裁定不能上诉、申请再审和提出抗诉。

(三)撤销涉外仲裁裁决的裁定要经过内部报告程序

对于涉及国际商事仲裁裁决的司法审查,最高人民法院以司法解释的形式设置了内部报告制度,要求对于中级人民法院拟作出针对国际商事仲裁裁决具有否定性的裁定,必须逐级报告至高级人民法院和最高人民法院。最高人民法院首先通过司法解释决定对人民法院受理具有仲裁协议的涉外经济纠纷案、不予执行涉外仲裁裁决以及拒绝承认和执行外国仲裁裁决等问题建立报告制度。

四、申请不予执行涉外仲裁裁决的法律后果

(一)裁定不予执行与报告制度

根据《民事诉讼法》第274条的规定,涉外仲裁的被申请人有证据证明涉外民事仲裁有下列情形之一的,经人民法院组成合议庭审查,可裁定不予执行:(1)当事人在合同中没有订立仲裁条款或者事后没有达成书面仲裁协议的;(2)被申请人没有接到指定仲裁人员或者进行仲裁程序的通知,或者由于其他不属于被申请人负责的原因未能陈述意见的;

(3)仲裁庭的组成或者仲裁的程序与仲裁规则不符；(4)裁决的事项不属于仲裁协议的范围或者仲裁机构无权仲裁的。人民法院认定执行该裁决违背社会公共利益的,裁定不予执行。

一方当事人申请执行裁决,另一方当事人申请撤销裁决的,人民法院应当中止执行,如果人法院经审查认为该裁决应当予以撤销的,在裁定作出前,须报请本辖区所属的高级人民法院进行审查。如果高级人民法院同意撤销裁决,应当在15日内将其审查意见报最高人民法院。待最高人民法院答复后,方可裁定撤销。一方当事人向人民法院申请执行涉外仲裁,如果人民法院认为应裁定不予执行的,在裁定作出之前,必须报辖区所属的高级人民法院进行审查,如果高级人民法院同意不予执行的,应当将其审查意见报最高人民法院,待最高人民法院答复后,方可裁定不予执行。

(二)裁定不予执行的效力

当事人对人民法院作出的不予执行仲裁裁决的裁定,不得上诉。并且根据1996年6月最高人民法院《关于当事人因对不予执行仲裁裁决的裁定不服而申请再审人民法院不予受理的批复》的规定,当事人对涉外仲裁裁决被裁定不予执行不服而申请再审的,没有法律依据,法院不予受理。

(三)当事人的救济

根据《民事诉讼法》第275条的规定,仲裁裁决被人民法院裁定不予执行的,当事人可以根据双方达成的书面仲裁协议重新仲裁,也可以向人民法院起诉。

第六节　涉外仲裁裁决的执行

一、关于承认与执行外国仲裁裁决的国际公约

(一)《国际民事诉讼程序公约》和《日内瓦仲裁条款议定书》

1889年1月11日,乌拉圭、巴西、哥伦比亚、玻利维亚、阿根廷、秘鲁6国在蒙得维的亚订立了《国际民事诉讼程序公约》,该公约第3章以11个条款对判决、仲裁裁决的执行作了较为完备的规定。其对执行外国仲裁裁决的条件作了如下规定:签字国之一作出的民事及商事判决及仲裁裁决,如其符合公约的要求,在其他签字国领土内应具有与在宣布它们的国家内同等的效力:(1)仲裁裁决必须是在国际范围内具有管辖权的仲裁庭作出;(2)仲裁裁决必须是在作出国家属于终审性质的;(3)受到不利裁决当事人,必须曾依仲裁地法被合法传唤,以及曾有代理人出庭或被宣告缺席裁决;(4)仲裁裁决的执行必须不同执行国的公共秩序相抵触。《关于国际民事诉讼程序法的条约》关于执行外国仲裁裁决条件的规定与当今国际社会关于承认与执行外国仲裁裁决条件的规定基本上是一致的。

《国际民事诉讼程序公约》是世界上第一个较为系统地规定了执行外国仲裁裁决条件和程序的多边国际性条约,其历史意义是不能低估的,但它毕竟是一个区域性的国际条

约,而且该条约规定的主要内容是国际民事诉讼程序规则,执行外国仲裁裁决条件和程序的规定在条约中所占比重不是很大,因此,其影响力是有限的。

第一个全球性的以执行仲裁裁决为宗旨的专门性的国际条约是 1923 年的《日内瓦仲裁条款议定书》。该议定书规定了缔约各国相互承认缔约国当事人之间签订的解决现有或者将来争议的协议,同意将由于合同所发生的一切或任何争议,不论是商事问题或者其他可以用仲裁方式解决的问题,提交仲裁,不论仲裁是否在对当事人无管辖权的国家境内进行,各缔约国都承认此项协议为有效,各缔约国承担依本国国内法执行在其领域内作成的仲裁裁决的义务,但该议定书对在其他国家领土内作成的仲裁裁决能否在本国执行没有作出规定。

(二)1958 年《纽约公约》

1958 年《纽约公约》,是联合国经济及社会理事会专门为解决国际裁决的承认和执行问题而制定的,也是至今在世界范围内缔结和加入国家最多的公约之一,到目前为止有 144 个国家加入了了该公约,也是承认和执行外国仲裁裁决最为重要的国际法律文件。其主要内容为:第一,明确公约的适用范围及允许缔约国作保留声明;第二,明确承认和执行的必要条件及法院可以拒绝承认和执行的事由;第三,缔约国相互承认和执行裁决的义务和要求;第四,当事人申请承认和执行的形式要件。该公约成功取代了 1923 年《日内瓦仲裁条款议定书》和 1927 年《日内瓦执行外国仲裁裁决公约》,在国际得到了广泛的采纳和适用。《纽约公约》被认为是"国际仲裁大厦所依赖的最为重要的一根支柱"。在 1986 年 12 月,我国全国人大常委会通过了《关于我国加入〈承认及执行外国仲裁裁决公约〉的决定》。由此,《纽约公约》成为我国承认及执行国际仲裁裁决的重要的国际法渊源。

《纽约公约》全文共有 16 个条文,虽然条文数量较少,但覆盖面很广,兼容了大陆法系和英美法系承认及执行外国仲裁裁决的法律制度,协调了不同的法学流派,文字简约,内容扼要,既有很强的原则性,又便于理解和实施,为外国仲裁裁决的承认和执行提供了便捷、有效的途径,可谓国际立法的典范。

公约第 1 条有 3 个条款。第 1 款开宗明义地阐明了设立公约的宗旨和公约的适用范围,其中设立公约的宗旨是鼓励缔约国承认及执行外国仲裁裁决;第 2 款界定了"公约裁决"的内涵,即"公约裁决"不仅指临时仲裁机构所作裁决,还包括常设仲裁机构所作裁决,"仲裁裁决"不仅包括由为每一个案件选定的仲裁员所作出的裁决,而且也包括由常设仲裁机构经当事人的提请而作出的裁决,"公约裁决"的承认与执行受公约调整;第 3 款规定了缔约国可以对公约提出保留的事项,公约允许缔约国在加入公约时作出互惠保留,以排斥在非缔约国领土上作出的裁决在本国的承认与执行。互惠保留的规定在一定程度上限制了《纽约公约》的适用范围,但随着公约缔约国数量的日益增多,《纽约公约》已成为具有普遍性的全球性公约,互惠保留所起的作用已经很小。并且公约允许缔约国在加入公约时作出商事保留,商事保留同样具有限制公约适用范围的作用。同时,《纽约公约》还规定了商事保留,但没对"商事"的范围进行界定,解释"商事"的权限赋予了各缔约国,而随着社会的发展,各缔约国对"商事"的范畴不断作出扩大解释,使得外国仲裁裁决的可执行范围不断扩大。

公约第 2 条是关于仲裁协议的规定,有 3 个条款。第 1 款规定仲裁协议须以书面形式订立,当事人以书面协定承允彼此间所发生或可能发生之一切或任何争议,如关系到可以仲裁解决事项之确定法律关系,不论为契约性质与否,应提交仲裁时,各缔约国应承认此项协定。第 2 款具体规定了仲裁协议的书面表现形式,但随着社会的发展,仲裁协议的书面表现形式已不再局限在《纽约公约》所表述的契约、函电中仲裁条款或仲裁协定范围内。1985 年《示范法》第 7 条第 2 款将仲裁协议的书面形式扩展为"载于当事各方签字的文件中,或载于往来的书信、电传、电报或提供协议记录的其他电讯手段中,或在申请书和答辩书的交换中当事一方声称有协议而当事他方不否认,即为书面协议"。在合同中援引载有仲裁条款的一项文件即构成仲裁协议,但该合同须是书面的而且这种援引足以使该仲裁条款构成该合同的一部分,《示范法》关于仲裁协议的书面形式的规定是对《纽约公约》的发展,这一发展已为世界绝大多数国家所接受。第 3 款规定了仲裁协议的效力,公约关于仲裁协议效力的规定是强制性的,只要仲裁协议符合公约要求,当事人必须将争议提交仲裁,法院不得对争议行使管辖权。

公约第 3 条规定了承认及执行外国仲裁裁决的程序规则,根据该条规定,缔约国承认及执行仲裁裁决是一项普遍义务,承认及执行"公约裁决"的程序规则依被请求执行地国法律,承认及执行外国仲裁裁决要实行"国民待遇",其执行条件和执行费用不得超过执行本国仲裁裁决。公约第 4 条规定了申请承认及执行外国仲裁裁决需要提交的法律文书及法律文书使用的语言文字。

公约第 5 条是公约的核心内容,规定了承认及执行外国仲裁裁决的条件。公约没有采用肯定的方式规定具备哪些条件可以承认及执行外国仲裁裁决,而是采用否定的方式规定了在何种情形下可以拒绝承认及执行外国仲裁裁决。公约第 5 条有两款,第 1 款规定了由当事人提出并证明的可以拒绝承认及执行外国仲裁裁决的事由,申请人符合程序规则的申请行为本身即初步完成其申请承认执行仲裁裁决之诉的证明责任,不予承认及执行仲裁裁决的举证责任主要由被申请执行的当事人承担。

被请求承认或执行的主管机关只有在作为裁决执行对象的当事人提出有关下列情况的证明的时候,才可以根据该当事人的请求,拒绝承认和执行该项裁决:(1)第 2 条所称协定之当事人依对其适用之法律有某种无行为能力情形者,或该项协定依当事人作为协定准据之法律系属无效,或未指明以何法律为准时,依裁决地所在国法律系属无效者;(2)受裁决援用之一当事人未曾获关于指派仲裁员或仲裁程序之适当通知,或因他故,致未能申辩者;(3)裁决所处理之争议非为交付仲裁之标的或不在其条款之列,或裁决载有关于交付仲裁范围以外事项之决定者,但交付仲裁事项之决定可与未交付仲裁之事项划分时,裁决中关于交付仲裁事项之决定部分得予承认及执行;(4)仲裁机关之组成或仲裁程序与各当事人间之协议不符,或无协议而与仲裁地所在国法律不符者;(5)裁决对各当事人尚无拘束力,或业经裁决地所在国或裁决所依据法律之国家之主管机关撤销或停止执行者。

公约第 5 条第 2 款规定了由法院依职权主动审查的拒绝承认及执行外国仲裁裁决的事由,倘声请承认及执行地所在国之主管机关认定有下列情形之一,亦得拒不承认及执行仲裁裁决:(1)依该国法律,争议事项系不能以仲裁解决者;(2)承认或执行裁决有违该国公共政策者。

《纽约公约》的宗旨是推进仲裁裁决在全球范围内的承认及执行,因此,有学者认为公约第 5 条规定的拒绝承认及执行外国仲裁裁决的事由是穷尽性而非列举性的,除第 5 条规定的情形外,一国法院不得拒绝承认及执行外国仲裁裁决。缔约国法院对申请承认及执行的外国仲裁裁决进行审查时,原则上限于程序审查,不对"公约裁决"实体问题进行审查,即使存在《纽约公约》第 5 条规定的 7 种情形之一,缔约国法院仍有权自由裁量以决定是否拒绝承认执行仲裁裁决。

公约第 6 条是暂缓执行的规定。公约第 7 条有两个条款:第 1 款是"更优惠权利条款",即本公约之规定不影响缔约国间所订关于承认及执行仲裁裁决之多边或双边协定之效力,亦不剥夺任何利害关系人可依援引裁决地所在国之法律或条约所认许之方式,在其许可范围内,援用仲裁裁决之任何权利"更优惠权利条款"赋予当事人在申请强制执行仲裁裁决时,选择适用被请求执行国国内法,或请求执行国与被请求执行国缔结或者加入的双边或多边条约,放弃适用《纽约公约》更优惠权利条款,为根据《纽约公约》无法执行的仲裁裁决提供了执行法律依据,体现出《纽约公约》的宗旨不仅仅是设立一个全球性的仲裁裁决承认及执行法律体系,其追求的最终目的是使外国裁决的执行较易实行。第 2 款阐述了《纽约公约》与 1923 年日内瓦《仲裁条款议定书》及 1927 年日内瓦《执行外国仲裁裁决公约》之间的关系,1923 年日内瓦《仲裁条款议定书》及 1927 年日内瓦《执行外国仲裁裁决公约》在缔约国间,于其受本公约拘束后,在其受拘束之范围内不再生效。

《纽约公约》第 8 条至第 16 条分别规定了公约的签署及批准;公约之加入、声明及通知;公约发生效力之日期;退约及通知;公约存放及作准文本等内容。

《纽约公约》较为全面地规定了承认及执行外国仲裁裁决的程序,但如同任何法律不可能穷尽所有调整事项一样,在具体执行外国仲裁裁决的过程中,还不可避免地会遇到一些《纽约公约》未能规定的程序方面的问题。关于外国仲裁裁决的认定、证据披露、禁止反言、异议放弃、公约裁决的执行时限、裁决利息的计算、对判决的上诉等程序问题,公约还尚未作规定,这些问题需由仲裁裁决执行地的程序法解决。

(三)其他有关国际条约

目前在世界范围内影响较大的有关国际商事仲裁裁决承认和执行的国际公约还有:1927 年《日内瓦执行外国仲裁裁决公约》、1961 年《欧洲国际商事仲裁公约》、1962 年《关于适用欧洲国际商事仲裁公约的协定》、1966 年《规定统一仲裁法的欧洲公约》、1975 年《美洲国家间关于国际商事仲裁的公约》、1979 年《美洲国家间关于外国判决和仲裁裁决域外效力的公约》、1987 年《阿拉伯商事仲裁公约》等。

《纽约公约》第 7 条规定:"(1)本公约的规定不影响缔约国订立的有关承认和执行仲裁裁决的多边或双边协定的效力,也不剥夺任何利害关系人在被请求承认或执行裁决之国家的法律或条约所许可的方式和范围内,援用该仲裁裁决的任何权力。(2)1923 年《日内瓦议定书》及 1927 年《日内瓦公约》,对本公约缔约国受本公约约束后,在其受本公约拘束的范围内失效。"可见,公约缔约国之间或者非缔约国之间,或者公约的缔约国与非缔约国之间,如果存在相互承认与执行仲裁裁决的多边或双边国际条约,可以优先于《纽约公约》适用上述双边或多边条约;如果《日内瓦公约》的缔约国加入了《纽约公约》,则适用《纽约公约》,如未加入,则可以继续适用《日内瓦公约》。因此,以区域性国际公约为代表的多边条约或者两国间的双边条约也是承认和执行外国仲裁裁决的重要法律依据。

二、我国法律关于执行涉外仲裁裁决的规定

(一)法律依据

在国内法渊源上,执行涉外仲裁裁决的法律渊源主要是《仲裁法》、《民事诉讼法》和相关的司法解释及批复。如《仲裁法》第71条规定:"被申请人提出证据证明涉外仲裁裁决有《民事诉讼法》第258条(现为第274条)第1款规定的情形之一的,经人民法院组成合议庭审查核实,裁定不予执行。"《民事诉讼法》第273条规定:"经中华人民共和国涉外仲裁机构作出的裁决,当事人不得向人民法院起诉。一方当事人不履行仲裁裁决的,对方当事人可以向被申请人住所地或者财产所在地的中级人民法院申请执行。"从这些条款可以看出,我国的《仲裁法》本身并未直接对我国涉外仲裁裁决执行的程序、不予执行的条件、管辖的法院等具体内容作出规定。凡是申请执行的,其具体制度适用《民事诉讼法》的规定。

《民事诉讼法》第283条规定,国外仲裁机构的裁决,需要中华人民共和国人民法院承认和执行的,应当由当事人直接向被执行人住所地或者其财产所在地的中级人民法院申请,人民法院应当依照中华人民共和国缔结或者参加的国际条约,或者按照互惠原则办理。

我国1986年加入《纽约公约》,为了执行该公约,我国最高人民法院1987年发出的《关于执行我国加入的〈承认及执行外国仲裁裁决公约〉的通知》(以下简称《执行纽约公约通知》),对适用公约作了具体的规定。因此,我国法院承认和执行该公约其他缔约国境内作出的仲裁裁决的主要法律依据是1958年的《纽约公约》,在具体的执行方式、期限等方面,则由我国《民事诉讼法》的规定进行调整。此外,我国最高人民法院以司法解释的形式,充实了承认与执行外国仲裁裁决的法律制度体系。

(二)承认和执行外国仲裁裁决的适用范围

我国在加入《纽约公约》的时候,作了互惠保留和商事保留声明。互惠保留是指我国仅对在另一缔约国领土内作的仲裁裁决的承认及执行适用公约,该公约与我国《民事诉讼法》有不同规定的,按照公约的规定办理。商事保留是指我国仅对按照我国法律属于契约性和非契约性商事法律关系所引起的争议适用该公约。这里的契约性和非契约性商事法律关系具体是指由于合同、侵权或者根据有关法律规定而产生的经济上的权利义务关系。

(三)承认和执行外国仲裁裁决的条件

我国《民事诉讼法》第283条规定:"国外仲裁机构的裁决,需要中华人民共和国人民法院承认和执行的,应当由当事人直接向被申请人住所地或其财产所在地的中级人民法

院申请,人民法院应当依照中华人民共和国缔结或者参加的国际条约,或者按照互惠原则办理。"

我国1987年《执行纽约公约通知》第3条规定,我国受理承认和执行公约裁决的主管机构为下列地点的中级人民法院:(1)被执行人为自然人的,为其户籍所在地或者居住地;(2)被执行人为法人的,为其主要办事机构所在地;(3)被执行人在我国无住所、居所或者主要办事机构,但有财产在我国境内的,为其财产所在地。第4条明确指出:我国有管辖权的法院在接到一方当事人的申请后,应依照《纽约公约》的规定予以审查。如果,被执行人提供的证据证明裁决具有公约第5条第1款所列情形之一的,或者认定裁决具有第5条第2款情形之一的,我国法院应裁定驳回申请,拒绝承认与执行。经审查,外国仲裁裁决不具有公约第5条所列的应拒绝承认及执行的情形之一的,我国人民法院应作出裁定承认其效力,并按照我国《民事诉讼法》规定的程序进行。第5条规定:申请我国法院承认及执行的仲裁裁决,仅限于1958年《纽约公约》对我国生效后在另一缔约国领土内作出的仲裁裁决。

(四)我国不予执行涉外仲裁裁决的条件

我国《民事诉讼法》第274条规定:"对中华人民共和国涉外仲裁机构作出的裁决,被申请人提出证据证明仲裁裁决有下列情形之一的,经人民法院组成合议庭审查核实,裁定不予执行:(1)当事人在合同中没有订有仲裁条款或者事后没有达成书面仲裁协议的;(2)被申请人没有得到指定仲裁员或者进行仲裁程序的通知,或者由于其他不属于被申请人负责的原则未能陈述意见的;(3)仲裁庭的组成或者仲裁的程序与仲裁规则不符的;(4)裁决的事项不属于仲裁协议的范围或者仲裁机构无权仲裁的。人民法院认定执行该裁决违背社会公共利益的,裁定不予执行。"该条款同《纽约公约》第5条一样,采取否定式的规定方式对不予执行的条件进行了罗列。

(五)我国法院拒绝执行国际商事仲裁裁决的报告制度

我国法院在裁定不予执行中国涉外仲裁机构裁决和拒绝承认与执行外国仲裁裁决时,作出此项裁定的法院必须严格依照我国《民事诉讼法》及缔结或参加的有关国际公约的规定行事,并且自1995年8月28日起,执行最高人民法院规定的报告制度。据此,凡一方当事人向人民法院申请执行外国仲裁机构的裁决,如果人民法院经审理后认为申请承认与执行的外国仲裁裁决不符合我国参加的国际公约的规定或者不符合互惠原则的,在裁定不予执行或者拒绝承认与执行之前,必须报请本辖区所属高级人民法院同意不予执行或者拒绝承认与执行,应将其审查意见报最高人民法院。待最高人民法院答复后,方可裁定不予执行或者拒绝承认与执行。

2000年4月17日,最高人民法院发布《关于审理和执行涉外民商事案件应当注意的几个问题的通知》,其中规定:对涉外仲裁裁决和国外仲裁裁决的审查与执行,要严格依照有关国际公约和《民事诉讼法》、《民事诉讼法意见》、《最高人民法院关于人民法院执行工作若干问题的规定(试行)》中有关涉外执行的规定和最高人民法院发布的相关通知办理。各级人民法院凡拟适用《民事诉讼法》第274条和有关国际公约的规定,不予执行涉外仲裁裁决、撤销涉外仲裁裁决或拒绝承认和执行外国仲裁机构的裁决的,均应按规定逐级呈报最高人民法院审查,在最高人民法院答复前,不得制发裁定。

第七节 我国涉外仲裁中报告制度的主要内容

为准确地适用《纽约公约》,确保仲裁执行案件的质量,最高人民法院于 1995 年 8 月 28 日发布的《最高人民法院关于处理与涉外仲裁及仲裁事项有关问题的通知》(本章以下简称《通知》)起到了十分明显的功效。该《通知》明确,对人民法院受理具有仲裁协议的涉外经济纠纷案,不予执行涉外仲裁裁决以及拒绝承认及执行外国仲裁裁决等问题建立报告制度。最高人民法院确立的"预先报告"制度意在及时发现问题以及纠正错误。1998 年 4 月 23 日,最高人民法院向全国各省、自治区、直辖市高级人民法院、解放军军事法院发布了《关于人民法院撤销涉外仲裁裁决有关事项的通知》,规定了人民法院受理当事人提出的撤销我国涉外仲裁裁决的申请时,如果认为应撤销的话,必须向上一级法院报告,直至最高人民法院。该《通知》并对向上一级法院报告的期限作出了明确的规定。另外,最高人民法院又于 1998 年 10 月 21 日发布了《关于承认和执行外国仲裁裁决收费及审查期限问题的规定》。这三项司法解释构成了我国涉外仲裁报告制度的渊源。根据这三项司法解释,我国涉外仲裁中报告制度的主要内容包括以下几个方面:

一、关于涉外仲裁协议

对涉外及涉港、澳、台纠纷,如果当事人在合同中订有仲裁条款或者事后达成仲裁协议,人民法院认为该仲裁条款或仲裁协议无效、失效或者内容不明确无法执行的,在决定受理一方当事人起诉之前,必须报请本辖区所属高级人民法院进行审查;如果高级人民法院同意受理,应将其审查意见报最高人民法院。在最高人民法院作答复前,可暂不予受理。

二、关于撤销涉外仲裁裁决

凡一方当事人按照《仲裁法》第 70 条的规定向人民法院申请撤销裁决,如果人民法院经审查认为涉外仲裁裁决具有《民事诉讼法》第 260 条(现为第 274 条)第 1 款规定的情形之一的,在裁定撤销裁决或通知仲裁庭重新仲裁之前,须报请本辖区所属高级人民法院进行审查。如果高级人民法院同意撤销裁决或通知仲裁庭重新仲裁,应将其审查意见报最高人民法院。待最高人民法院答复后,方可裁定撤销裁决或通知仲裁庭重新仲裁。受理申请撤销裁决的人民法院如认为应予撤销裁决或通知仲裁庭重新仲裁的,应在受理申请后 30 日内报其所属的高级人民法院,该高级人民法院如同意撤销裁决或通知仲裁庭重新仲裁的,应在 15 日内报最高人民法院。只有等到最高人民法院答复后,才可裁定撤销仲裁裁决或通知仲裁庭重新仲裁。

三、关于不予执行我国涉外仲裁裁决

凡一方当事人向人民法院申请执行涉外仲裁机构的裁决,如果人民法院认为涉外仲裁机构的裁决具有《民事诉讼法》第274条情形之一的,在裁定不予执行之前,必须报请本辖区所属高级人民法院进行审查;如果高级人民法院同意不予执行,应将其审查意见报最高人民法院。只有等到最高人民法院答复后,才可裁定不予执行。

四、关于承认与执行外国仲裁裁决

我国《民事诉讼法》第283条规定,国外仲裁机构的裁决,需要中华人民共和国人民法院承认和执行的,应当由当事人直接向被执行人住所地或者其财产所在地的中级人民法院申请,人民法院应当依照中华人民共和国缔结或者参加的国际条约,或者按照互惠原则办理。该法条中所提及的国际条约最主要的是《纽约公约》。凡一方当事人向人民法院申请承认与执行外国仲裁裁决的,如果人民法院认为申请承认与执行的外国仲裁裁决不符合中国缔结或参加的国际条约的规定或互惠原则的,在裁定拒绝承认与执行之前,必须报请本辖区所属高级人民法院进行审查;如果高级人民法院同意拒绝承认与执行,应将其审查意见报最高人民法院。只有等到最高人民法院答复后,才可裁定拒绝承认与执行。

第八节 "一国两制"下仲裁裁决的相互认可和执行

一、内地与香港仲裁裁决的相互认可和执行

在1997年7月1日以前,内地与香港在相互承认和执行仲裁裁决方面并不存在实质性障碍。由于英国是《纽约公约》的缔约国,1977年1月该公约推广适用于香港,而中国也已加入了《纽约公约》,因此,两地仲裁机构作出的裁决如需在对方申请执行,均可视其裁决为公约裁决,依据该公约规定的条件予以执行。内地仲裁裁决依据《纽约公约》在香港寻求承认和执行几乎不会遇到麻烦。[①] 同时,一些香港裁决也在内地法院得到了承认和执行。可见,在恢复行使主权前,香港和内地之间裁决执行机制简单易行且运行良好。

然而,伴随着对香港行使主权的恢复,内地仲裁裁决如何在已属中国领域范围的香港得以执行的问题便随之出现了。因香港回归后,《纽约公约》在互惠保留的前提下适用于香港,根据《纽约公约》第1条第1款的规定,公约不适用在裁决执行地国作出的裁决,同时,依据中国加入公约所作的互惠保留,只有在另一缔约国领域内作出的仲裁裁决方可根据公约在中国领域内得以承认和执行,因为香港回归后成为中国的一个特别行政区而不再是《纽约公约》的"缔约国",《纽约公约》在香港和内地之间便不再适用,香港特区的仲裁裁决不能以公约裁决的名义在内地得以承认和执行,反之亦然。所有香港裁决只能以国内裁决的名义在内地申请执行,而所有内地裁决既不能以公约的名义也不能以香港本地裁决的名义在香港申请执行,只能以裁决为据在香港法院提起债权诉讼。可见,内地和香港之间仲裁裁决的承认和执行问题已经产生。

最高人民法院和香港特区政府经过反复协商于1999年6月就两地相互承认和执行

---

① Michael J. Moser, China and the Enforcement of Arbitral Awards, *International Arbitration*, No. 5, 1995, p. 135.

仲裁裁决的问题最终达成一致,并共同签订了《最高人民法院关于香港特别行政区和内地相互执行仲裁裁决的安排》(本章以下简称《安排》)。这是中国区际司法协助的一个里程碑性的文献,具有一系列突破性的意义。该《安排》的主要内容包括以下几个方面:

其一,香港法院同意执行内地仲裁机构按《仲裁法》作出的仲裁裁决;内地人民法院同意执行在香港按香港特别行政区《仲裁条例》作出的裁决。这里的内地仲裁机构包括中国国际经济贸易仲裁委员会及其上海与深圳分会、中国海事仲裁委员会,以及按照仲裁法成立的直辖市、省会所在市和其他设区的市的仲裁机构,内地仲裁机构的名单由国务院法制办公室经国务院港澳办公室提供;至于在香港按香港特别行政区《仲裁条例》作出的裁决,目前应为香港国际仲裁中心及临时仲裁庭所作出的裁决。

一方当事人不履行在内地或香港作出的仲裁裁决,另一方当事人可以向被申请人住所地或财产所在地的有关法院申请执行,有关法院,在内地指被申请人住所地或财产所在地的中级人民法院,在香港指高等法院。被申请人的住所地或财产所在地既在内地又在香港的,申请人不能同时分别向两地有关法院提出申请,这时,究竟在何地法院申请执行,申请人有选择权,但如果一地法院执行不足以偿还被申请人的债务时,则可就不足部分向另一地法院申请执行,两地法院先后执行的总额不得超过裁决数额。

其二,申请人向有关法院申请执行在内地或者在香港作出的仲裁裁决,应当提交以下文书:(1)执行申请书;(2)仲裁裁决书;(3)仲裁协议。执行申请书应当以中文文本提出,裁决书或者仲裁协议没有中文文本的,应当提交经正式证明的中文译本。申请人向有关法院申请执行在内地或者在香港作出的仲裁裁决的期限依执行地法院有关时限的规定,按照内地法律,法人申请执行的时限为 6 个月,自然人申请执行的时限为 1 年,依香港法律这种申请期限最长可达 6 年。有关法院接到执行申请后,应当按照执行地法律程序处理和执行,即实现执行行为的程序依执行地法办理,申请人或被申请人不得主张适用执行地以外的程序规则。

其三,内地或者香港作出的仲裁裁决申请执行,被申请人接到通知后,提出证据证明有下列情形之一的,经审查核实,有关法院可裁定不予执行:(1)仲裁协议的当事人依对其适用的法律属于某种无行为能力的情形;或者该项仲裁协议依约定的准据法无效;或者未指明以何种法律为准时,依仲裁裁决地法律是无效的。(2)被申请人未接到指派仲裁员的适当通知,或者因他故而未能陈述意见的。(3)裁决所处理的争议不是交付仲裁的标的或者不在仲裁协议条款之内,或者裁决载有关于交付仲裁范围以外事项的决定的,但交付仲裁事项的决定可与未交付仲裁的事项划分时,裁决中关于交付仲裁事项的决定部分应当予以执行。(4)仲裁庭组成或者仲裁程序与当事人之间的协议不符,或者在有关当事人没有这种协议时与仲裁地的法律不符的。(5)裁决对当事人尚无约束力,或者业经仲裁地的法院按仲裁地的法律撤销或者停止执行的。此外,法院在对仲裁裁决审查时,如果发现有下列两种情况时,无须当事人申请,也可以裁定不予执行:第一,有关法院认定依执行地法律,争议事项不能以仲裁裁决解决的,则可不予执行该裁决;第二,如内地法院决定在内地执行该仲裁裁决违反内地社会公共利益,或者香港法院决定在香港执行该仲裁裁决违反香港的公共政策,则可不予执行该裁决。《安排》的这一规定与 1958 年《纽约公约》的规定不仅在精神上是一致的,而且在逻辑结构形式上也是相同的。

其四,1997 年 7 月 1 日以后申请执行内地或者香港作出的仲裁裁决按本《安排》执行,1997 年 7 月 1 日至《安排》生效之日因故未能向法院申请执行的,如内地申请人为法人或者其他组织,可以在本《安排》生效后 6 个月内提出,若为自然人,可以在 1 年内提出;对于香港或者内地法院在 1997 年 7 月 1 日至本《安排》生效之日拒绝受理或者拒绝执行仲裁裁决的案件,应当允许当事人重新申请执行。

其五,《安排》将在最高人民法院作出司法解释和香港特别行政区完成修改仲裁条例后生效。这两个方面的工作已经完成,根据香港以《宪报》公告指定的日期及最高人民法院 2000 年 1 月 24 的公告,香港《2000 年仲裁(修订)条例》和最高人民法院有关《安排》已于 2000 年 2 月 1 日起在两地正式实施。

二、内地与澳门仲裁裁决的相互认可和执行

中国已于 1999 年 12 月 20 日恢复对澳门行使主权,中国内地与澳门特别行政区尚无相互承认与执行仲裁裁决的先例,两地的法律都未涉及这一问题。澳门地区有关仲裁的法律主要是葡萄牙《民事诉讼法典》的有关规定,澳门地区政府为了发展本地仲裁事业,在参考有关国家的仲裁立法和有关国际条约的规定,并考虑本地区实际的前提下,于 1996 年 9 月 25 日以第 29P96PM 号法令核准通过了澳门本地仲裁法。该法仅仅适用于澳门地区的内部仲裁,并未涉及外国仲裁裁决的承认和执行问题。为了弥补涉外仲裁方面规定的不足,1998 年 11 月 13 日澳门政府又核准通过了《涉外商事仲裁专门制度》(澳门政府第 55P98PM 号法令)。该法令几乎完全参照 1985 年《示范法》制定。

继内地与澳门特区 2001 年签署《关于内地与澳门特别行政区法院就民商事案件相互委托送达司法文书和调取证据的安排》之后,2006 年两地又签署了《内地与澳门特别行政区关于相互认可和执行民商事判决的安排》(以下简称《安排》),《安排》自 2008 年 1 月 1 日起实施。

《安排》共 16 条,内容包括:(1)《安排》的适用范围;(2)受理申请的法院的级别规定;(3)申请认可和执行的申请书的内容及提交的具体文件要求;(4)司法文书的语言要求;(5)认可和执行仲裁裁决的条件;(6)申请执行的期限;(7)财产保全措施规定;(8)《安排》的溯及力;等等。

根据《安排》的规定,澳门特别行政区仲裁机构及仲裁员按照澳门特别行政区仲裁法规在澳门作出的民商事仲裁裁决、内地仲裁机构依据《仲裁法》在内地作出的民商事仲裁裁决,不存在《安排》第 7 条规定情形的,都可以分别在内地和澳门特区得到认可和执行。对于被执行人在内地和澳门特区均有财产可供执行的,当事人可以分别向内地、澳门特区法院提出认可和执行的申请,内地、澳门特区法院都应当依法进行审查。对申请予以认可的,法院就可以采取执行措施,查封、扣押或者冻结被执行人财产。仲裁地法院应当先进行执行清偿。内地、澳门特区法院执行财产的总额,不得超过依据裁决和法律规定所确定的数额。对于一方当事人向一地法院申请执行仲裁裁决,另一方当事人向另一地法院申请撤销该仲裁裁决,被执行人申请中止执行且提供充分担保的,执行法院应当中止执行。

此外,根据《安排》的规定,对于 1999 年 12 月 20 日澳门回归以后至本安排实施前这一段时间作出的仲裁裁决,可以根据《安排》在内地申请执行,当事人向内地申请认可和执

行的期限,自《安排》实施之日起算。《安排》的签署标志着内地与澳门司法协助关系更趋密切,相互协助的范围从民商事文书送达、调查取证、判决的认可和执行方面向更加广泛的领域扩展。

三、祖国大陆与台湾仲裁裁决的相互认可和执行

关于祖国大陆与台湾地区相互承认与执行仲裁裁决问题,由于政治方面的原因,两岸的对立状态一直存在,有关这一问题的解决与港、澳相比更为复杂,况且台湾地区尚未加入 1958 年《纽约公约》,海峡两岸之间相互执行裁决的案例很少。

在涉台仲裁方面,1998 年 5 月 26 日,最高人民法院通过的《关于人民法院认可台湾地区有关法院民事判决的规定》正式公布实施,根据该规定,台湾地区仲裁机构的裁决可适用该规定予以认可并可依照《民事诉讼法》规定的程序办理执行。该规定的主要内容包括:

其一,认可范围。大陆对台湾地区仲裁裁决的认可范围是当事人的住所地、经常居住地或者被执行财产所在地在其他省、自治区、直辖市的台湾地区仲裁机构的仲裁裁决。

其二,管辖法院。大陆认可台湾地区仲裁裁决的管辖法院是申请人住所地、经常居住地或者被执行财产所在地中级人民法院。

其三,申请期限。申请认可台湾地区有关仲裁机构的仲裁裁决的,应当在该法律文书发生效力后 1 年内提出。

其四,申请条件。(1)不得违反“一个中国”的原则。据以申请的法律文书内容不违反“一个中国”原则,不违反国家法律的基本原则,不损害社会公共利益。(2)申请人应提交申请书等相关文件。申请人应向有管辖权的法院提交申请书,并须附有关法律文书正本或经证明无误的副本、证明文件。申请书应记明以下事项:申请人姓名、性别、年龄、职业、身份证件号码、申请时间和住址(申请人为法人或者其他组织的,应记明法人或者其他组织的名称、地址、法定代表人姓名、职务);当事人受传唤和应诉情况及证明文件;请求的理由;其他需要说明的情况。

其五,法院审理和裁定。人民法院收到申请书后,由审判员组成合议庭进行审查。经审查后,认为符合条件的,应当在 7 日内受理;不符合条件的,不予受理,并在 7 日内通知申请人,同时说明不受理的理由。人民法院审查申请后,申请认可的仲裁裁决不具有不予认可的法定情形的,裁定认可其效力。

人民法院在制作受理申请认可通知书和认可或者不予认可的裁定书时,不得在该通知书和裁定书中出现“中华民国”的称谓、纪年等一类的文字。对于当事人申请认可的台湾地区仲裁机构的裁决书,如有“中华民国”的称谓、纪年等与“一个中国”相违背的文字,应当更正或作技术性处理,如将“中华民国”改写为“台湾地区”,将“中华民国八十七年”改写为“公元 1998 年”等。

其六,不予认可的法定理由。台湾地区有关仲裁机构的仲裁裁决具有下列情形之一的,人民法院裁定不予认可:第一,申请认可的仲裁裁决的效力未确定的;第二,申请承认的仲裁裁决,是在被申请人缺席又未经合法通知或在被申请人无完全行为能力又未得到适当代理的情况下作出的;第三,案件系人民法院已作出判决,或者外国、境外地区法院作

出判决或境外仲裁机构作出仲裁裁决已为人民法院所承认的；第四，申请承认的仲裁裁决具有违反国家法律的基本原则，或者损害社会公共利益情形的。① 这一规定为及时、公正地解决相互之间的民事、经济纠纷提供了便捷有效的途径和方式。

[案例]申请人某（海外）置地有限公司法人代表翁某谦与被申请人某（厦门）高尔夫球俱乐部有限公司吴某秀因投资高尔夫球俱乐部发生了债权债务纠纷。该债权债务纠纷案业经台湾地区中华仲裁协会于 2003 年 11 月 4 日作出（2002）仲声仁字第 135 号仲裁裁决，裁决：被申请人应给付申请人 390 万美元及自 1999 年 11 月 29 日起至清偿日止，按年利率 5％计算的利息，并承担 65％的仲裁费。因被申请人可供执行的财产在厦门，申请人于是申请厦门市中级人民法院承认该裁决的法律效力，在 2004 年 7 月 30 日，申请人向厦门市中级人民法院申请执行被申请人的财产。

[解析]厦门市中级人民法院受理该案后，依据最高人民法院《关于人民法院认可台湾地区有关法院民事判决的规定》第 9 条和第 19 条的规定，对台湾地区仲裁协会裁决内容的效力予以审查，认为该裁决的内容没有违反祖国大陆的法律规定，于是裁定对该裁决的内容予以承认，并执行该裁决。这一案例是祖国大陆首例承认和执行台湾地区仲裁机构仲裁裁决案件。

台湾地区方面也作出了一定的努力以解决海峡两岸仲裁裁决的承认和执行问题，1992 年 8 月 7 日，台湾地区颁布了"台湾地区与大陆地区人民关系条例"，以区域冲突法的概念来解决两岸仲裁裁决的承认和执行问题。此后，台湾方面 1998 年颁布的"台湾仲裁法"，对仲裁裁决的承认和执行也有述及，但在实践中存有一定的障碍。中央政府主张本着"一国两制"的方针解决台湾问题，若台湾问题得以解决，在实现两岸统一后，内地与香港特区及澳门特区间相互承认和执行的模式亦可借鉴用于台湾地区。祖国大陆在互惠保留的原则下将《纽约公约》扩展适用于台湾地区，以便外国裁决能在台湾以及台湾裁决能在外国得以执行，祖国大陆与台湾地区间可就仲裁裁决的相互执行问题作出相应安排以相互执行仲裁裁决。并且在 1999 年 7 月台湾仲裁机构"中华民国商务仲裁协会"更名为"中华商务仲裁协会"，这为祖国大陆和台湾商事仲裁裁决相互执行创造了更好的条件。

【思考题】

1. 试析涉外仲裁协议的概念和特征。
2. 如何理解我国涉外仲裁的报告制度？
3. 如何理解涉外仲裁裁决的撤销和不予执行？
4. 我国承认与执行外国仲裁裁决的条件有哪些？

---

① 参见最高人民法院《关于人民法院认可台湾地区有关法院民事判决的规定》（法［1998］54 号）第9 条。

【司法考试真题链接】

1. 下列哪些机构是国际性的常设仲裁机构？（2002 年）

A. 美国仲裁协会

B. 香港国际仲裁中心

C. 国际商会仲裁院

D. 解决投资争端国际中心

2. 中国公司与新加坡公司协议将其货物买卖纠纷提交设在中国某直辖市的仲裁委员会仲裁。经审理，仲裁庭裁决中国公司败诉。中国公司试图通过法院撤销该仲裁裁决。据此，下列选项中哪一项是正确的？（2005 年）

A. 中国公司可以向该市高级人民法院提出撤销仲裁裁决的申请

B. 人民法院可依"裁决所根据的证据不充分"这一理由撤销该裁决

C. 如有权受理该撤销仲裁裁决请求的法院作出了驳回该请求的裁定，中国公司可以对该裁定提起上诉

D. 受理该请求的法院在裁定撤销该仲裁裁决前须报上一级人民法院审查

3. 我国 g 公司与荷兰 h 公司正就签订一项商务合同进行谈判。针对该合同可能产生的争议，h 公司提出，如发生争议应尽量协商调解解决，协商不成再提请仲裁或进行诉讼。在决定如何回应此方案之前，g 公司向其律师请教。该律师关于涉外民商事纠纷调解的下列哪一表述是错误的？（2006 年）

A. 调解是有第三人介入的争议解决方式

B. 当事人双方在调解人的斡旋下达成的和解协议不具有强制执行的效力

C. 在涉外仲裁程序中进行的调解，仲裁庭无须先行确定双方当事人对调解的一致同意即可直接主持调解

D. 在涉外诉讼中，法官也可以对有关纠纷进行调解

4. 关于我国涉外仲裁法律规则，下列哪些表述不符合我国《仲裁法》的规定？（2006 年）

A. 只要是有关当事人可以自由处分的权利的纠纷，就可以通过仲裁解决

B. 如果当事人有协议约定，仲裁案件可以不开庭审理

C. 仲裁庭在中国内地进行仲裁时，无权对当事人就仲裁协议有效性提出的异议作出决定

D. 由三人组成仲裁庭审理的案件，裁决有可能根据一个仲裁员的意见作出

5. 中国 A 公司与德国 B 公司因双方合同中仲裁条款的效力问题在我国涉诉。双方在合同中约定仲裁机构为位于巴黎的国际商会仲裁院，仲裁地为斯德哥尔摩，但对该仲裁条款应适用的法律未作约定。依我国现行的司法解释，我国法院审查该仲裁条款效力时，应适用下列哪国的法律？（2007 年）

A. 瑞典的法律

B. 法国的法律

C. 中国的法律

D. 德国的法律

6. 我国甲公司与瑞士乙公司订立仲裁协议,约定由某地仲裁机构仲裁,但约定的仲裁机构名称不准确。根据最高人民法院关于适用《中华人民共和国仲裁法》的解释,下列哪些选项是正确的?(2007 年)

A. 仲裁机构名称不准确,但能确定具体的仲裁机构的,应认定选定了仲裁机构

B. 如仲裁协议约定的仲裁地仅有一个仲裁机构,该仲裁机构应视为约定的仲裁机构

C. 如仲裁协议约定的仲裁地有两个仲裁机构,成立较早的仲裁机构应视为约定的仲裁机构

D. 仲裁协议仅约定纠纷适用的仲裁规则的,不得视为约定了仲裁机构

7. 关于仲裁裁决的撤销,根据我国现行的法律,下列哪一选项是正确的?(2008 年)

A. 我国法院可根据我国法律撤销一项外国仲裁裁决

B. 我国法院撤销涉外仲裁裁决的法定理由之一是裁决事项超出仲裁协议的范围

C. 撤销涉外仲裁裁决的法定理由和撤销国内仲裁裁决的法定理由相同

D. 对法院作出的不予执行仲裁裁决的裁定,当事人无权上诉

8. 上海甲公司作为卖方和澳门乙公司订立了一项钢材购销合同,约定有关合同的争议在中国内地仲裁。乙公司在内地和澳门均有营业机构。双方发生争议后,仲裁庭裁决乙公司对甲公司进行赔偿。乙公司未在规定的期限内履行仲裁裁决。关于甲公司对此采取的做法,下列哪些选项是正确的?(2008 年)

A. 向内地有管辖权的中级人民法院申请执行该仲裁裁决

B. 向澳门特别行政区中级法院申请执行该仲裁裁决

C. 分别向内地有管辖权的中级人民法院和澳门特别行政区中级法院申请执行仲裁裁决

D. 向澳门特别行政区初级法院申请执行该仲裁裁决

9. 某国甲公司与中国乙公司订立买卖合同,概括性地约定有关争议由"中国贸仲"仲裁,也可以向法院起诉。后双方因违约责任产生争议。关于该争议的解决,依我国相关法律规定,下列哪一选项是正确的?(2009 年)

A. 违约责任不属于可仲裁的范围

B. 应认定合同已确定了仲裁机构

C. 仲裁协议因约定不明而在任何情况下无效

D. 如某国甲公司不服仲裁机构对仲裁协议效力作出的决定,向我国法院申请确认协议效力,我国法院可以受理

10. 中国和甲国均为《承认与执行外国仲裁裁决公约》缔约国。现甲国某申请人向中国法院申请承认和执行在甲国作出的一项仲裁裁决。对此,下列哪一选项是正确的?(2010 年)

A. 我国应对该裁决的承认与执行适用公约,因为该申请人具有公约缔约国国籍

B. 有关中国投资者与甲国政府间投资争端的仲裁裁决不适用公约

C. 中国有义务承认公约缔约国所有仲裁裁决的效力

D. 被执行人为中国法人的,应由该法人营业所所在地法院管辖

11. 澳门甲公司与内地乙公司的合同争议由内地一仲裁机构审理,甲公司最终胜诉。乙公司在广东、上海和澳门均有财产。基于这些事实,下列哪些选项是正确的?(2010年)

A. 甲公司可分别向广东和上海有管辖权的法院申请执行

B. 只有国务院港澳办提供的名单内的仲裁机构作出的裁决才能被澳门法院认可与执行

C. 甲公司分别向内地和澳门法院申请执行的,内地法院应先行执行清偿

D. 两地法院执行财产总额不得超过依裁决和法律规定所确定的数额

12. 中国 A 公司与甲国 B 公司签订货物买卖合同,约定合同争议提交中国 C 仲裁委员会仲裁,仲裁地在中国,但对仲裁条款应适用的法律未作约定。后因货物质量问题双方发生纠纷,中国 A 公司依仲裁条款向 C 仲裁委提起仲裁,但 B 公司主张仲裁条款无效。根据我国相关法律的规定,关于本案仲裁条款的效力审查问题,下列哪些判断是正确的?(2012 年)

A. 对本案仲裁条款的效力,C 仲裁委无权认定,只有中国法院有权审查

B. 对本案仲裁条款的效力,如 A 公司请求 C 仲裁委作出决定,B 公司请求中国法院作出裁定的,由中国法院裁定

C. 对本案仲裁条款效力的审查,应适用中国法

D. 对本案仲裁条款效力的审查,应适用甲国法

13. 法国某公司依 1958 年联合国《承认与执行外国仲裁裁决公约》,请求中国法院承认与执行一项国际商会国际仲裁院的裁决。依据该公约及中国的相关司法解释,下列哪一表述是正确的?(2013 年)

A. 法院应依职权主动审查该仲裁过程中是否存在仲裁程序与仲裁协议不符的情况

B. 该公约第 5 条规定的拒绝承认与执行外国仲裁裁决的理由是穷尽性的

C. 如该裁决内含有对仲裁协议范围以外事项的决定,法院应拒绝承认执行该裁决

D. 如该裁决所解决的争议属于侵权性质,法院应拒绝承认执行该裁决

第十章　仲裁时效和仲裁费用

【引例】

　　1993年,香港振裕染印织造有限公司(以下简称振裕公司)与我国内地广城印染有限公司(以下简称广城公司)签订《承包经营合同》,因发生争议,广城公司提请中国国际经济贸易仲裁委员会深圳分会仲裁,仲裁庭依多数意见于1996年7月1日作出广城公司胜诉的裁决。败诉方振裕公司于1996年8月7日向深圳市中级人民法院提出撤销裁决的申请。其申请的理由之一称:仲裁委员会在申请人(仲裁程序的申请人广城公司——笔者注)未按规定预缴仲裁费的情况下,接受并审理其请求,既违反法律和仲裁规则之规定,亦有失公允。仲裁申请人(即广城公司)在仲裁过程中几经变更和增加仲裁请求,但仲裁委员会秘书处仅在其提起仲裁时预收了人民币785481元,此后并没有要求申请人补缴仲裁费。仲裁庭在手续不完备的情况下审理了申诉人(即广城公司)增加的仲裁请求,并在裁决书中作出了裁决。这种情况违反了《仲裁法》第76条"当事人应当按照规定缴纳仲裁费用"的规定,并违反了《仲裁规则》第14条第4项的规定,即申诉人提出仲裁申请时应"按照仲裁委员会制定的仲裁费用表的规定预缴仲裁费"。

　　深圳市中级人民法院于1996年8月受理了败诉方撤销裁决的申请,经过长达6个多月的审理,直至1997年2月18日作出裁定,采纳了撤销程序之申请人的前述理由,该裁定称:"本院认为,申诉人向深圳分会提出仲裁申请时按请求数额缴纳了仲裁费。此后,申诉人数次变更仲裁请求,并明确增加请求数额共人民币1839.2万元人民币。申诉人对增加的请求并未缴纳仲裁费,仲裁庭亦未责令其缴纳。根据《中华人民共和国仲裁法》、1994年《仲裁规则》以及《仲裁委员会收费办法》的有关规定,仲裁庭对增加的请求依法不予审查,但该案仲裁庭却对此进行了审理并作出了裁决。此行为超出了仲裁申请的范围,申请人据此要求本院撤销该案仲裁裁决,符合法律规定,本院应予支持。根据《中华人民共和国民事诉讼法》第260条第1款第4项、《中华人民共和国仲裁法》第70条的规定,拟裁定如下:撤销中国国际经济贸易仲裁委员会深圳分会[96]深国仲字第54号裁决。"[注:深圳市中级人民法院(1997)深中法经二初字第050号民事裁定书。]根据仲裁费用的性质,你认为法院的裁定有无道理?

　　从仲裁费用及仲裁机构的性质角度来看,本案法院的裁定应当是没有道理的:首先,仲裁费用作为当事人申请仲裁或者提出反请求时依法向仲裁机构缴纳的一定数额费用,其本质是一种服务费用,是当事人提起仲裁时与仲裁机构达成了一项服务合同而向仲裁机构缴纳的服务费,具有较大的合意性;其次,从仲裁费用的收费依据、标准及支配角度看,我国仲裁费用系依据我国《仲裁委员会收费办法》收取,由仲裁机构自行支配,而非由国家财政支配,收费标准也是各仲裁机构根据具体情况在仲裁规则中加以规定的,因此,仲裁费用的收取体现了仲裁机构的一定自主性;最后,从仲裁机构的地位或者性质来看,其本质具有民间性、非司法性,因而在申请人没有足额缴纳申请费且仲裁机构也未要求而对未缴费请求作出裁决时,可视为仲裁机构放弃收取费用的权利,而不能认为是超过仲裁申请范围而无效。

第一节　仲裁时效

■ 一、仲裁时效的概念和特征

(一)仲裁时效的概念

所谓时效,是指一定状态的法定期间持续存在,从而产生与该事实状态相适应的法律效力的法律制度。[①] 仲裁时效是指当事人向仲裁委员会请求仲裁的法定期间,即当事人在法定时效期间内如果不向仲裁委员会请求仲裁,就丧失了通过仲裁方式解决纠纷,保护其合法权益的权利。

我国《仲裁法》第 74 条规定:法律对仲裁时效有规定的,适用该规定;法律对仲裁时效没有规定的,适用对诉讼时效的规定。从国际立法实践情况来看,仲裁大都倾向于和诉讼适用同样的时效制度。如 1978 年《联合国海上运输公约简称》(简称《汉堡规则》)第 20 条第 1 款规定:"按照本公约有关货物运输的任何诉讼,如果在两年内没有提出司法或仲裁程序,即失去时效。"显然,该公约明确规定两年时效适用于诉讼和仲裁。1996 年《英国时效法》第 12 条第 5 项、第 13 条第 1 项规定:"时效法和适用于诉讼程序一样适用于仲裁程序。"《统一提单的若干法律规则的国际公约》(简称《海牙规则》)第 3 条第 6 款规定:"除非从货物交付之日或应付之日起一年内提出诉讼,承运人和船舶在任何情况下都免除对灭失或损害所负的一切责任。"虽未言明此时效是否适应于仲裁,但一般认为此时效也适用于仲裁。[②]

(二)仲裁时效的特征

仲裁时效具有以下三个特征:

1. 仲裁时效期间届满后,义务人拒绝履行义务的,权利人不能通过仲裁程序强制追索。

2. 权利人的实体权利并不因仲裁时效的届满而消灭,亦即仲裁时效期间届满后,义务人自愿履行义务的,权利人仍然有权受领。

3. 超过仲裁时效的,权利人仍可以向仲裁机构申请仲裁,仲裁机构应予以受理,但受理后查明无中止、中断、延长事由的,应驳回权利人的仲裁请求。

---

① 梁慧星:《民法总论》,法律出版社 1996 年版,第 236 页。
② 江伟:《仲裁法》,中国人民大学出版社 2012 年版,第 201 页。

二、仲裁时效的种类

仲裁保护民事权利是有一定时间条件限制的,权利人只有在法律规定的一定期间内请求仲裁机构保护,仲裁机构才依仲裁程序予以保护。超过了一定期间,仲裁机构则不再保护。权利人向仲裁机构请求保护其民事权利的法定期间,就是仲裁时效期间。仲裁时效,根据其期间的长短和适用的不同范围,可分为普通仲裁时效和特殊仲裁时效两大类。

（一）普通仲裁时效

普通仲裁时效,又称为一般仲裁时效,是指一般民事、经济纠纷普遍适用的仲裁时效。适用范围十分广泛,除法律另有规定的情况外,都适用该仲裁时效。仲裁法规定普通仲裁时效适用诉讼时效的规定,根据《民法通则》的规定,一般诉讼时效为 2 年,自知道或者应当知道权利被侵害时起计算。

（二）特殊仲裁时效

特殊仲裁时效,是指法律规定仅适用于某些特定民事法律关系的仲裁时效。这种时效的期间短于或长于普通仲裁时效,按此又分为短期仲裁时效和长期仲裁时效。应当注意的是,在适用效力上特殊仲裁时效应优于普通仲裁时效,也就是说,对于某一法律关系,有特别时效规定的应适用该特别时效,没有特别规定时才适用普通时效。这是特别法优于普通法的原则在时效制度上的体现。根据法律对仲裁时效期间长短不同的规定,特殊仲裁时效在实务中又可以分为以下三种:

1. 短期仲裁时效。根据《民法通则》的规定,下列纠纷适用短期仲裁时效期限为 1 年:(1)身体受到伤害要求赔偿的;(2)出售质量不合格的商品不声明的;(3)延付或者拒付租金的;(4)寄存财物被丢失或者毁损的。这四种情况,都是权利人比较容易发现自己权利被侵害的情况,也是比较容易查清并应及时处理的民事纠纷,所以,短期仲裁时效的期间主要是适用《民法通则》上述规定的 1 年期间。另外我国《拍卖法》第 61 条规定,因拍卖标的存在瑕疵未声明的,请求赔偿的仲裁时效期间为一年。

2. 长期仲裁时效。所谓长期仲裁时效,是指时效期间超过 2 年又不满 20 年的仲裁时效。长期仲裁时效的期间,比一般仲裁时效长(即超过 2 年,不含 2 年),又比最长仲裁时效短(即不满 20 年,不含 20 年)。长期仲裁时效一般只规定在单行法当中,例如,我国《合同法》第 129 条就明确规定:"因国际货物买卖合同和技术进出口合同争议提起诉讼或者申请仲裁的期限为 4 年,自当事人知道或者应当知道其权利受到侵犯之日起计算。"又如,我国《环境保护法》第 66 条规定:"提起环境损害赔偿诉讼的时效期间为三年,从当事人知道或者应当知道受到损害时起计算。"

3. 最长仲裁时效。所谓最长仲裁时效,是指仲裁时效中最长的、期间为 20 年的仲裁时效。根据《民法通则》第 137 条的规定:"从权利被侵害之日起超过 20 年的,人民法院不予保护。有特殊情况的人民法院可以延长诉讼时效期间。"

三、仲裁时效的开始、中止、中断和延长

按照我国《仲裁法》第 74 条的规定,仲裁时效的开始、中止、中断和延长同样适用诉讼

时效的有关规定。

（一）仲裁时效的开始

仲裁时效的开始即仲裁时效的起算时间。仲裁时效的开始意味着当事人可以向仲裁机构申请仲裁,要求义务人履行义务。

一般而言,仲裁时效期间的起算,自当事人知道或应当知道权利被侵害时开始计算,但是从权利被侵害之日起超过20年的不予保护。但有些特殊仲裁时效,其起算时间由专门法作出相应的规定,如我国《海商法》第257条规定,就海上货物运输向承运人要求赔偿的请求权,时效期间为一年,自承运人交付或者应当交付货物之日起计算;第263条规定,有关共同海损分摊的请求权,时效期间为一年,自理算结束之日起计算等。依我国《劳动争议调解仲裁法》第27条的规定,劳动争议申请仲裁的时效期间为一年,仲裁时效期间从当事人知道或者应当知道其权利被侵害之日起计算。依我国《产品质量法》第45条的规定,因产品存在缺陷造成损害要求赔偿的诉讼时效期间为二年,自当事人知道或者应当知道其权益受到损害时起计算。因产品存在缺陷造成损害要求赔偿的请求权,在造成损害的缺陷产品交付最初消费者满十年丧失;但是,尚未超过明示的安全使用期的除外。

（二）仲裁时效的中止

仲裁时效的中止,也称仲裁时效的暂停,是指在仲裁时效进行过程中,因不可抗力或者其他障碍致使权利人不能行使请求权提起仲裁时,暂时停止时效的进行,待中止时效的原因消除后,仲裁时效继续进行。根据我国《民法通则》第130条的规定,引起仲裁时效中止的法定事由有两种:一是不可抗力。即不能预见、不能避免并不能克服的客观情况,如自然灾害,战争和军事行动等。二是其他障碍。如权利人或义务人暂时不能确定,因而不能行使仲裁请求权的情况。另外,依据我国法律的规定,只有在仲裁时效进行的特定期间内所出现的法定事由,才能产生中止仲裁时效的效力:我国《民法通则》第139条及《海商法》第266条均规定,在仲裁时效期间的最后6个月内,当事人因不可抗力或者其他障碍不能行使请求权的,仲裁时效中止。从中止时效的原因消除之日起,仲裁时效期间继续计算。

（三）仲裁时效的中断

仲裁时效的中断,是指在仲裁时效进行过程中,因当事人一方提出要求或者同意履行义务、申请仲裁,致使以前经过的时效期间归于无效,待中断事由结束后,重新计算仲裁时效期间。仲裁时效中断的实质是终止已经经过的时效期间的效力,依据我国《民法通则》的规定,其事由有三种:一是权利人通过一定方式要求义务人履行义务;二是义务人同意履行义务;三是当事人申请仲裁。

从仲裁时效中断时起,仲裁时效期间重新计算。

（四）仲裁时效的延长

仲裁时效的延长,是指仲裁时效已经届满,当事人因特殊情况未能行使权利,仲裁机构可适当延长仲裁时效期间。当事人有特殊情况,在仲裁时效期间没有行使权利,可以请求仲裁委员会延长仲裁时效期间。是否延长,由仲裁委员会决定。

仲裁时效的延长与仲裁时效的中止、中断不同,它只适用于仲裁时效期间已经届满的情形,其实质是仲裁机构视仲裁时效为未满而继续对当事人的正当权利予以保护的一种措施。而且仲裁时效的延长不仅适用于普通仲裁时效和特殊仲裁时效,还应同时适用最长 20 年的保护期限,而仲裁时效的中止、中断只适用于普通仲裁时效和特殊仲裁时效。

第二节　仲裁费用

一、仲裁费用的概念

仲裁费用有广义和狭义之分。狭义上的仲裁费用,是指当事人在仲裁委员会进行仲裁活动及相关活动时,仲裁委员会依法向当事人收取的费用;广义上的仲裁费用除了当事人向仲裁机构和仲裁员支付的费用外,还包括当事人为办理案件而支出的律师费、差旅费等费用。其中律师费是仲裁机构费用以外的重要的和主要的部分。仲裁庭通常会在裁决中对该费用的承担问题作出认定。对于律师要求当事人支付多少费用,当事人如何向当事人支付费用,是律师服务收费规范方面的范畴,本章不作阐述。

仲裁作为一种服务,当事人在享受仲裁服务的时候应当向仲裁机构缴纳一定的费用;仲裁机构又是民间机构,其所有的开支不由国家财政负担,为了维持仲裁机构管理和服务工作的正常运转,仲裁机构就需要在受理案件的时候向当事人收取一定数量的仲裁费用;另外,仲裁机构向当事人收取仲裁费用还有利于防止当事人滥用仲裁权,促使当事人通过自行协商的方式解决纠纷。因此,当事人申请仲裁应缴纳仲裁费用,这也是各国通行的做法。

二、仲裁费用的种类

依据我国《仲裁法》和《仲裁收费办法》和我国的仲裁实践来看,仲裁费用主要包括以下几个方面:

（一）机构费用

1. 申请仲裁费。仲裁机构在其仲裁规则中都规定有申请仲裁费,这是每一个仲裁案件的当事人都必须缴纳的费用。它的计算方式是按照争议金额的不同,适用不同的比率得出当事人应缴的申请仲裁费。一般,争议金额越大,收费比例越小。对于确认之诉或者没有具体金额的,仲裁机构一般都有一个替代的计算方式。在我国地方仲裁机构和贸仲委受理的国内争议仲裁中,申请仲裁费用分为两个部分:即案件受理费和案件处理费。在贸仲委受理的国际或涉外案件中,当事人应缴纳的申请仲裁费除了按费用表计算的费用预缴外,每一案件还要缴纳 1 万元人民币的立案费。这里说的申请仲裁费用对于案件的反请求人同样适用。

需要说明的是,仲裁机构收取的上述费用中实际上包含了两部分内容:仲裁机构的案件管理费用和仲裁员办理案件的报酬。由于我国仲裁机构对仲裁费采取集中收取的办法,仲裁机构不再另行收取仲裁员报酬。仲裁员报酬将由仲裁机构从收取的申请仲裁费中分割出来。

2. 仲裁员实际费用。第1项费用中包括了仲裁员的报酬,但仲裁员的实际费用却不包括在内。所谓的实际费用是指仲裁员为办理仲裁案件而要花费的交通费、差旅费等。该费用在以下两种情况下才会发生:(1)当事人选定的仲裁员的居住地不在仲裁机构的所在地即外地或外籍仲裁员,该仲裁员到仲裁机构开庭、合议等将发生实际费用。(2)当事人选定的仲裁员在仲裁机构所在地,但仲裁案件要到其他地方进行开庭或调查。只有在发生以上两种情形时,仲裁机构才会向当事人收取该项费用。否则就没有该项仲裁费支出。

3. 辅助费用。因为案件审理的需要,在某些情况下会发生一些辅助的办案费用,该部分费用将由当事人承担。这些费用包括:翻译费、记录费用、通信费用、开庭室费用等。翻译费是经常会发生的费用,尤其是在涉外案件中当事人选定了外籍仲裁员或者聘请了外国代理人,那翻译工作就必不可少了。在实践中甚至发生了两个翻译在三种语言间交叉翻译的情形。

在临时仲裁中,记录费、通讯费、租开庭室费等辅助费用是必不可少的。但在机构仲裁中,这些费用的支出通常由机构承担。但如果案件对于辅助事项有特殊要求,金额较大时,仲裁机构也会要求当事人承担这些额外的辅助费用。

4. 调查取证费。仲裁案件坚持谁主张谁举证,但在如当事人请求或者仲裁庭认为确有必要时也会由仲裁庭进行调查取证工作。如《贸仲规则》第39条第1款规定:"当事人应对其申请、答辩和反请求所依据的事实提供证据加以证明,对其主张、辩论及抗辩要点提供依据。"第41条第1款规定:"仲裁庭认为必要时,可以自行调查事实,收集证据。"该规则第42条第1款还规定:"仲裁庭可以就案件中的专门问题向专家咨询或指定鉴定人进行鉴定。专家和鉴定人可以是中国或外国的机构或自然人。"如果仲裁庭进行上述工作,则必然会发生调查取证费,这部分费用应由当事人支付。

实践中,经常发生的调查取证费用有:

(1)检验费。在案件涉及货物品质问题,当事人争执分歧重大时,仲裁庭可能会委托一家独立的品质检验机构对货物进行检验,从而发生检验费。

(2)鉴定费。仲裁中常见的鉴定有:笔迹鉴定、价值鉴定(也可以称为价值评估)等。

(3)审计费。仲裁案件在涉及公司经营、财务账目问题时,通常当事人双方谁也说不清或者一方当事人进行的查账另一方坚决不予认可,这时仲裁庭委托一家会计师或审计师事务所进行查账或审计则很有必要。在中国国际经济贸易仲裁委员会受理的合资纠纷案件中,委托会计师或审计师进行查账是常有的事。

(4)专家费用。仲裁员都是专家,但也并不是对每一个领域都很精通。当案件涉及某些领域的专业问题时,仲裁庭聘请专家就该问题发表专门意见就会对案件的审理有很大的帮助。被聘请的专家可以出具书面的咨询意见,也可以出庭向仲裁庭和当事人陈述其专家意见。

当然,仲裁程序中还可能有更多的类似费用发生,笔者这里不能全部罗列。这些费用有一个共同特点是必须由仲裁庭决定进行，而不是某一方单独进行的。对于该费用，仲裁庭会要求案件当事人双方或多方共同预付，如果某一方拒绝支付时，由其他方代替垫付。仲裁庭会在将来的裁决中对此费用由谁承担作出认定。

（二）当事人的费用

1. 律师费。在仲裁中，当事人委托一位或几位律师来帮助他主张权利是必要的，在实践中也是常见的。几乎每个仲裁案件中都有律师的参与。委托了律师，当事人自然要向律师支付律师费。所以，广义上讲的仲裁费用，律师费是仲裁机构费用以外的重要的和主要的部分。仲裁庭经常会在裁决中对该费用的承担问题作出认定。

对于律师要求当事人支付多少费用，当事人如何向律师支付费用，这是律师规范调整的范畴，本书不加评述。但是在仲裁中，作为广义仲裁费用一部分的律师费，应当把握以下问题。

（1）律师费用应当是因该仲裁案件而发生的。只有律师代理该仲裁案件而产生的律师费才是仲裁庭裁决的范畴。所以，在当事人在仲裁中向对方当事人主张律师费时，必须向仲裁庭表明该费用仅为仲裁案件而发生。

（2）多数意见认为，律师费用以实际发生为原则，当事人应当向仲裁庭提供其与律师订立的委托合同，其向律师支付律师费用的票据以及律师开具的收据。当事人还未向律师支付的费用，由于尚未发生，仲裁庭往往倾向于不支持。

（3）仲裁庭会对律师费的金额进行调整，即在某方当事人完全胜诉的情况下，仲裁庭也不一定会完全按照该当事人提出的律师费金额给予其补偿。仲裁庭通常会考虑：该律师费金额是否合理，该金额在胜诉金额中所占的比例，有无超过一定的限制等。如果一个简单的欠款纠纷，律师仅出了庭，提交了两页代理意见，就要求争议金额百分之几的律师费，显然仲裁庭将予以调整。仲裁庭的这一权力属于自由裁量权，其依据应当是：当事人即使没有任何违约也负有减少损失的义务，而不能滥用其守约方的有利地位。我国法律对仲裁庭的此项权力没有明文规定，但国外有关法律有明确的规定。如英国 1996 年《仲裁法》第 65 条规定：除非当事人另有约定，仲裁庭有权直接将仲裁或者仲裁程序任何一部分发生的补偿费用限定在一定的金额内。

（4）关于"风险代理"律师费

风险代理，可以称为 Conditional Fee Agreements(CFAs)，是指律师与其客户达成协议，约定只有在其代理的案件中该客户胜诉或者满足一定条件时，该律师可以在基本费之外获得额外胜诉律师费。有时也可能没有任何基本费。

风险代理这种法律服务模式在国外有着比较完善的发展。如英国对此有专门的法律进行规范。在英国，风险代理的范围已从最初的仅限于人身伤害、侵犯人权案件等发展到包括所有的民事纠纷。在我国，在 20 世纪 90 年代中期开始出现风险代理，但至今这种服务模式并无很大发展，虽然实践中不乏风险代理的案例，但是理论与立法均未有涉及。具体到仲裁案件中，如果仲裁庭面对着采用风险代理的胜诉方时，是否会支持胜诉方，让败诉方承担该笔风险代理律师费？

根据我国的仲裁实践情况来看，仲裁庭往往对采用这种收费方式比较反感，倾向于不支持。其理由自然很简单：费用金额不确定且尚未实际发生。仲裁庭持这种观点是否合理？笔者以为不尽然。既然风险代理未被法律禁止，当事人自然有权约定适用该模式收费。仲裁庭应当基于诚信相信当事人必然要遵守该协议向律师支付费用，该费用则必然为胜诉方将发生的损失。基于"原罪"的推断认定该协议是用于欺骗仲裁庭的，则在很多情况下不利于对胜诉方即守约方的保护。从国外的实践来看，国外的仲裁员对风险代理持支持态度，但仲裁庭有权对这种收费及其幅度的合理性进行评价。因此，笔者认为，仲裁庭应当尊重当事人约定风险代理的权利，在对该费用的合理性进行全面审查后，支持胜诉方的这类请求。

2. 办案差旅费用。仲裁程序开始后，除非进行书面审理，否则当事人必然会有差旅费的支出。作为当事人办理案件的合理开支，在胜诉的情况下，该费用请求通常会得到仲裁庭的支持，由败诉方补偿给胜诉方。当然，该费用能够得到支持由败诉方补偿给胜诉方必须具备两个条件：一是权利人提出请求，并提供具体金额和证据；二是该花费在一定的合理范围之内。

3. 当事人的其他费用。当事人可能在仲裁中支出的其他费用包括：证人费用、专家咨询费用、调查费、单方进行的鉴定费用等。对于这些费用，只要当事人能证明其发生是必要的和合理的，并且能提供相应的证据，也应当得到仲裁庭的支持，由败诉方承担。

三、仲裁费用的收费标准

（一）案件受理费的标准

根据《仲裁委员会仲裁收费办法》的规定，仲裁案件受理费是仲裁机构根据争议金额的大小，采取分段依不同比例计征的办法收取的。案件受理费的收取标准是：(1)争议金额在 1000 元以下的部分，每件收取 40 元～100 元；(2)超过 1000 元至 50000 元的部分，按 4％～5％交纳；(3)超过 50000 元至 100000 元的部分，按 3％～4％交纳；(4)超过 100000 元至 200000 元的部分，按 2％～3％交纳；(5)超过 200000 元至 500000 元的部分，按 1％～2％交纳；(6)超过 500000 元至 1000000 元的部分，按 0.5％～1％交纳；(7)超过 1000000 元以上的部分，按 0.25％～0.5％交纳。

以上《仲裁委员会仲裁收费办法》只是规定了一个收费幅度，仲裁案件受理费的具体标准由各仲裁委员会在仲裁案件受理费表规定的幅度内确定，并报仲裁委员会所在地的省、自治区、直辖市人民政府物价管理部门核准。仲裁案件受理费表中的争议金额，以申请人请求的数额为准；请求的数额与实际争议金额不一致的，以实际争议金额为准；申请仲裁时争议金额未确定的，由仲裁委员会根据争议所涉及权益的具体情况确定预先收取的案件受理费数额。

（二）案件处理费的标准

依据《仲裁委员会仲裁收费办法》第 8 条的规定，案件处理费的收费标准按照国家有关规定执行；国家没有规定的，按照合同的实际支出收取。大多数仲裁机构的收费办法都作了与该条类似的规定，但中国国际经济贸易仲裁委员会关于国内仲裁案件的收费办法及中国海事仲裁委员会的收费办法明确规定了案件处理费的收费标准。依《中国国际经济贸易仲裁委员会关于国内仲裁案件的收费办法》(2012年5月1日起实行)规定,案件处理费收费标准为(见下表):

争议金额(人民币)	案件处理费(人民币)
20万元以下	最低不少于6000元
20万元至50万元	6000元+争议金额20万元以上部分的2%
50万元至100万元	12000元+争议金额50万元以上部分的1.5%
100万元至200万元	19500元+争议金额100万元以上部分的0.5%
200万元至600万元	24500元+争议金额200万元以上部分的0.45%
600万元至1000万元	42500元+争议金额600万元以上部分的0.4%
1000万元至2000万元	58500元+争议金额1000万元以上部分的0.3%
2000万元至4000万元	88500元+争议金额2000万元以上部分的0.2%
4000万元至10000万元	128500元+争议金额4000万元以上部分的0.15%
10000万元至50000万元	218500元+争议金额10000万元以上部分的0.13%
50000万元以上	738500元+争议金额50000万元以上部分的0.12%

(三)中国国际经济贸易仲裁委员会有关涉外案件、金融争议的收费标准

中国国家经济贸易仲裁委员会的收费办法和收费标准是依案件的性质不同而不同的:国内案件的仲裁费用,与大多数仲裁机构一样,分案件受理费和案件处理费两个部分收取;但涉外案件、金融争议的仲裁费用,则不分案件受理费和案件处理费,而是统称为仲裁费用,按一定比率收取,同时收取固定的立案费。

1. 涉外仲裁案件的收费标准。该仲裁费用的收取标准适用于两类案件:一是国际的或涉外的争议;二是涉及香港、澳门或台湾的争议。具体为(见下表):

争议金额(人民币)	仲裁费用(人民币)
1,000,000元以下	争议金额的4%,最低不少于10,000元
1,000,000元至 2,000,000元	40,000元+争议金额1,000,000元以上部分的3.5%
2,000,000元至 5,000,000元	75,000元+争议金额2,000,000元以上部分的2.5%
5,000,000元至 10,000,000元	150,000元+争议金额5,000,000元以上部分的1.5%
10,000,000元至 50,000,000元	225,000元+争议金额10,000,000元以上部分的1%
50,000,000元至 100,000,000元	625,000元+争议金额50,000,000元以上部分的0.5%

续表

争议金额(人民币)	仲裁费用(人民币)
100,000,000 元至 500,000,000 元	875,000 元＋争议金额 100,000,000 元以上部分的 0.48%
500,000,000 元至 1,000,000,000	2,795,000 元＋争议金额 500,000,000 元以上部分的 0.47%
1,000,000,000 元至 2,000,000,000	5,145,000 元＋争议金额 1,000,000,000 元以上部分的 0.46%
2,000,000,000 元以上	9,745,000 元＋争议金额 2,000,000,000 元以上部分的 0.45%,最高不超过 15,000,000 元

2. 金融争议仲裁费用的收费标准。具体为(见下表)：

争议金额(人民币)	仲裁费用(人民币)
1,000,000 元以下	争议金额的 1%,最低不少于 5000 元
1,000,000 元至 5,000,000 元	10,000 元＋争议金额 1,000,000 元以上部分的 0.8%
5,000,000 元至 50,000,000 元	42,000 元＋争议金额 5,000,000 元以上部分的 0.6%
50,000,000 元以上	312,000 元＋争议金额 50,000,000 元以上部分的 0.5%

3. 立案费的收费标准。中国国际经济贸易仲裁委员会在受理涉外案件、金融争议的仲裁申请时，除按上述标准收取仲裁费用外，每案另收立案费人民币 10,000 元，其中包括审查、立案、输入及使用计算机程序和归档等费用。

四、仲裁费用的预交和分担

(一)仲裁费用的预交

《仲裁委员会仲裁收费办法》第 4 条规定："申请人应当自收到仲裁委员会受理通知书之日起 15 日内，按照仲裁案件受理费表的规定预交案件受理费。被申请人在提出反请求的同时，应当按照仲裁案件受理费表的规定预交案件受理费。"但是在下列两种情形下，仲裁机构不收取案件受理费：(1)人民法院在受理当事人撤销仲裁裁决的申请后认为可以由仲裁庭重新仲裁的，通知仲裁庭在一定期限内重新仲裁，若仲裁庭同意重新仲裁，仲裁机构不得再行收取案件受理费。原因在于重新仲裁所涉的仍然是当事人原来的争议事项，且当事人已经交纳过案件受理费，因此不再另行收费。重新仲裁不另行收费不仅可以减轻当事人的负担，同时也有利于督促仲裁庭提高仲裁质量。(2)仲裁庭作出裁决后，由于裁决书中文字、计算错误或者仲裁庭已经裁决但在裁决书中遗漏的事项，仲裁庭依法作出补正的，不得收费。因为补正裁决是原仲裁审理活动的继续，当事人当然不应再次交纳案件受理费。

[**案例**]2011 年 2 月 5 日甲公司作为供方与乙公司签订一份销售 20 个集装箱芦笋的合同。合同约定:第一批 10 个集装箱到岸卸货期为 2011 年 5 月,第二批 10 个集装箱到岸卸货期为 2011 年 6 月。合同中还规定:凡由本合同引起的或与本合同有关的一切争议由中国国际经济贸易仲裁委员会根据其仲裁规则,在北京仲裁。裁决是终局的,对双方都有约束力。合同签订后,乙公司依约定开出了信用证,甲公司却将应于 5 月到岸卸货的 10 个集装箱只运出 1 个,其余 9 个集装箱的到岸卸货期发生了延误。2013 年 3 月 11 日,乙公司在向甲公司索赔未果的情况下,根据合同中的规定,向中国国际经济贸易仲裁委员会申请仲裁,要求甲公司赔偿延误履行合同所造成的损失。仲裁庭裁决甲公司应赔偿乙公司 13900 美元并承担仲裁费。但是,仲裁庭在裁决书中却将 13900 美元写成 13600 美元。收到裁决书后,乙公司发现此错误并请求仲裁庭予以补正。对此,仲裁庭依法作出补正,但同时要求乙公司交纳相关费用。请问仲裁庭要求乙公司交纳补正费用是否正确?

[**解答**]仲裁庭要求乙公司交纳补正费用不正确。因为,补正裁决是原仲裁审理活动的继续,当事人当然不应再次交纳案件受理费。

关于案件处理费的预交,《仲裁委员会仲裁收费办法》第 7 条第 2 项、第 3 项明确规定,证人、鉴定人、翻译人员等因出庭而支出的食宿费、交通费、误工补贴和咨询、鉴定、勘验、翻译等费用由提出鉴定、翻译等申请的一方当事人预交。至于其他的几项费用包括仲裁员因办理仲裁案件出差、开庭而支出的食宿费、交通费及其他合理费用,复制、送达案件材料、文书的费用及其他应当由当事人承担的合理费用,《仲裁委员会仲裁收费办法》虽未明确规定如何交纳,但一般认为应由提出申请的一方当事人预付。

(二)仲裁费用的分担

仲裁费用总是由一方预交或者由申请人、被申请人各半预付,但在仲裁终结时,该费用由败诉方一方承担或者按比例承担的,这就涉及仲裁费用的分担问题。仲裁费用的分担通常由仲裁庭决定。《仲裁法》第 54 条规定:"裁决书应当写明仲裁请求、争议事实、裁决理由、裁决结果、仲裁费用的负担和裁决日期。当事人协议不愿写明争议事实和裁决理由的,可以不写。裁决书由仲裁员签名,加盖仲裁委员会印章。对裁决持不同意见的仲裁员,可以签名,也可以不签名。"《仲裁委员会仲裁收费办法》第 9 条规定:"仲裁费用原则上由败诉的当事人承担;当事人部分胜诉、部分败诉的,由仲裁庭根据当事人各方责任大小确定其各自应当承担的仲裁费用的比例。当事人自行和解或者经仲裁庭调解结案的,当事人可以协商确定各自承担的仲裁费用的比例,仲裁庭应当在调解书或者裁决书中写明双方当事人最终应当支付的仲裁费用金额。"

在仲裁实务中,确定仲裁费用的分担,有下列四项原则:

1. 由败诉方负担。即在案件仲裁终结时,所有费用由败诉的当事人负担,这是世界各国普遍确定的原则。

2. 按比例分担。这里应当注意的是，按比例分担主要是指当事人部分胜诉、部分败诉的，由仲裁庭根据当事人各方的责任大小确定各自应承担的仲裁费用比例。

3. 当事人协商分担。有些仲裁案件是当事人自行和解或者经仲裁庭调解结案的，在这种情况下，当事人可以协商确定各自承担的仲裁费的比例。

[案例]甲公司与中国某公司有多年良好的业务关系，后来，甲公司中的一位高级职员离开了甲公司，另外成立了乙公司，自任经理。甲公司认为，乙公司的经理利用他在甲公司工作时所掌握的与中方发展业务的诀窍，与中方发展业务，从而抢了甲公司的生意，损坏了甲公司的利益。因此，甲公司在外国法院起诉，控告乙公司，要求其赔偿损失。诉讼进行了一段时间，这两个公司发现所花费用太大，遂协商同意，共同申请中国国际经济贸易仲裁委员会在北京进行调解。调解员指出，甲公司指责乙公司利用甲公司的诀窍抢了甲公司的生意，证据不足，而乙公司也确实从甲公司与中国某公司的良好业务关系中得到了一些好处。因此，双方应互谅互让，解决这次争议，然后互相协调，与中国某公司做更多更好的生意，才是上策。调解员从法律观点和业务观点两个方面向双方说明问题之后，甲公司和乙公司达成和解协议，由甲公司自动放弃一部分业务的要求，即将一部分业务让给乙公司，同时由乙公司支付甲公司一笔合理的款项，而且双方约定各自承担一半的仲裁费，全部解决争议。据此，甲公司撤回在外国法院进行的诉讼案，全案圆满结束。请问本案当事人可否约定各自承担仲裁费的比例？

[解答]当事人可以约定各自承担仲裁费的比例。因为，本案是当事人自行和解结案的，在这种情况下，当事人可以协商确定各自承担的仲裁费的比例。

4. 特殊情况下由申请人负担。在实践中，申请人负担仲裁费用的特殊情况有两种：(1)申请人经书面通知，无正当理由不到庭或者未经仲裁庭许可中途退庭，可以视为撤回仲裁申请，案件受理费和处理费不予退回。此即表明，仲裁费用由申请人承担。(2)申请人撤回仲裁申请或当事人自行达成和解协议并且撤回仲裁申请的，此时，仲裁机构会根据实际情况酌情退回一定数额的案件受理费。显然，未退回的仲裁费用自然就由申请人承担了。

关于律师费等当事人自己支出的费用，仲裁庭裁决的前提是当事人提出请求，没有提出此项请求的，将被视为当事人放弃该请求权，仲裁庭不会予以考虑。当然，当事人提出的律师费等费用请求必须合理（即基于案件的事实和法律问题的复杂度这些费用的发生是否非常必要和有充分理由）且要有具体金额和相应证据，否则，仲裁庭同样不会予以支持。根据《贸仲规则》第50条第2款的规定，仲裁庭在裁定败诉方补偿胜诉方因办理案件而支出的费用是否"合理"时须具体考虑的因素依次是案件的裁决结果、复杂程度、胜诉方当事人及/或代理人的实际工作量及案件争议金额等因素。

五、仲裁费用的缓交和免交

(一)仲裁费用的缓交

《仲裁委员会仲裁收费办法》第6条规定："当事人预交案件受理费确有困难的，由当事人提出申请,经仲裁委员会批准,可以缓交。当事人在本办法第四条第一款规定的期限内不预交案件受理费,又不提出缓交申请的,视为撤回仲裁申请。"这是《仲裁委员会仲裁收费办法》对仲裁费用的缓交所作的明确规定。

缓交仲裁费用的规定有利于保障经济上确有困难的当事人行使正当的仲裁权利,不至于因为交不起仲裁费用而使其合法权益得不到保护。但仲裁费用缓交的前提是当事人确有困难且提出缓交申请并经仲裁机构批准,如果当事人既未在规定的期限内预交案件受理费,也没有提出缓交申请的,视为撤回仲裁申请。而且,允许缓交的仲裁费用仅限于仲裁案件受理费而不包括案件处理费,因为案件处理费随时需要支出,当事人若不预交,就可能影响到仲裁程序的进行。

(二)仲裁费用的免交

由于仲裁机构是民间性机构,其所有开支不由国家财政负担,且仲裁费用的收取只是为维持仲裁机构管理和服务工作的正常运转所需,而非以营利为目的,因此《仲裁委员会仲裁收费办法》及各仲裁机构的仲裁规则和收费办法中均没有免收仲裁费用的规定。尽管实践中也有在个别情况下免收仲裁费用的,但总体上,对于仲裁中是否应实施仲裁费用救助或法律援助,是有争议的。[①]

【思考题】

1. 简述仲裁时效的中止、中断和延长。
2. 简述仲裁时效与诉讼时效的关系。
3. 我国仲裁机构仲裁费用的收取有何需改进之处?

【司法考试真题链接】

1. 吉林市甲公司与长春市乙公司发生服装买卖合同纠纷,由北京仲裁委员会进行仲裁,双方当事人约定并请求仲裁庭在裁决书中不要写明下列事项。对此请求,下列哪些事项仲裁庭可以准许?(2006 年)
   A. 仲裁请求
   B. 争议事实
   C. 裁决理由
   D. 仲裁费用

---

① 黄进等:《仲裁法学》,中国政法大学出版社 2008 年版,第 203 页。

附录一　中华人民共和国仲裁法

（1994 年 8 月 31 日第八届全国人民代表大会常务委员会第九次会议通过　1994 年 8 月 31 日中华人民共和国主席令第三十一号公布　自 1995 年 9 月 1 日起施行）

第一章　总则

第一条　为保证公正、及时地仲裁经济纠纷，保护当事人的合法权益，保障社会主义市场经济健康发展，制定本法。

第二条　平等主体的公民、法人和其他组织之间发生的合同纠纷和其他财产权益纠纷，可以仲裁。

第三条　下列纠纷不能仲裁：

（一）婚姻、收养、监护、扶养、继承纠纷；

（二）依法应当由行政机关处理的行政争议。

第四条　当事人采用仲裁方式解决纠纷，应当双方自愿，达成仲裁协议。没有仲裁协议，一方申请仲裁的，仲裁委员会不予受理。

第五条　当事人达成仲裁协议，一方向人民法院起诉的，人民法院不予受理，但仲裁协议无效的除外。

第六条　仲裁委员会应当由当事人协议选定。

仲裁不实行级别管辖和地域管辖。

第七条　仲裁应当根据事实，符合法律规定，公平合理地解决纠纷。

第八条　仲裁依法独立进行，不受行政机关、社会团体和个人的干涉。

第九条　仲裁实行一裁终局的制度。裁决作出后，当事人就同一纠纷再申请仲裁或者向人民法院起诉的，仲裁委员会或者人民法院不予受理。

裁决被人民法院依法裁定撤销或者不予执行的，当事人就该纠纷可以根据双方重新达成的仲裁协议申请仲裁，也可以向人民法院起诉。

第二章　仲裁委员会和仲裁协会

第十条　仲裁委员会可以在直辖市和省、自治区人民政府所在地的市设立，也可以根据需要在其他设区的市设立，不按行政区划层层设立。

仲裁委员会由前款规定的市的人民政府组织有关部门和商会统一组建。

设立仲裁委员会，应当经省、自治区、直辖市的司法行政部门登记。

第十一条　仲裁委员会应当具备下列条件：

（一）有自己的名称、住所和章程；

（二）有必要的财产；

（三）有该委员会的组成人员；

（四）有聘任的仲裁员。

仲裁委员会的章程应当依照本法制定。

第十二条 仲裁委员会由主任一人、副主任二至四人和委员七至十一人组成。

仲裁委员会的主任、副主任和委员由法律、经济贸易专家和有实际工作经验的人员担任。仲裁委员会的组成人员中，法律、经济贸易专家不得少于三分之二。

第十三条 仲裁委员会应当从公道正派的人员中聘任仲裁员。

仲裁员应当符合下列条件之一：

（一）从事仲裁工作满八年的；

（二）从事律师工作满八年的；

（三）曾任审判员满八年的；

（四）从事法律研究、教学工作并具有高级职称的；

（五）具有法律知识、从事经济贸易等专业工作并具有高级职称或者具有同等专业水平的。

仲裁委员会按照不同专业设仲裁员名册。

第十四条 仲裁委员会独立于行政机关，与行政机关没有隶属关系。仲裁委员会之间也没有隶属关系。

第十五条 中国仲裁协会是社会团体法人。仲裁委员会是中国仲裁协会的会员。中国仲裁协会的章程由全国会员大会制定。

中国仲裁协会是仲裁委员会的自律性组织，根据章程对仲裁委员会及其组成人员、仲裁员的违纪行为进行监督。

中国仲裁协会依照本法和民事诉讼法的有关规定制定仲裁规则。

第三章　仲裁协议

第十六条 仲裁协议包括合同中订立的仲裁条款和以其他书面方式在纠纷发生前或者纠纷发生后达成的请求仲裁的协议。

仲裁协议应当具有下列内容：

（一）请求仲裁的意思表示；

（二）仲裁事项；

（三）选定的仲裁委员会。

第十七条 有下列情形之一的，仲裁协议无效：

（一）约定的仲裁事项超出法律规定的仲裁范围的；

（二）无民事行为能力人或者限制民事行为能力人订立的仲裁协议；

（三）一方采取胁迫手段，迫使对方订立仲裁协议的。

第十八条 仲裁协议对仲裁事项或者仲裁委员会没有约定或者约定不明确的，当事人可以补充协议；达不成补充协议的，仲裁协议无效。

第十九条 仲裁协议独立存在,合同的变更、解除、终止或者无效,不影响仲裁协议的效力。

仲裁庭有权确认合同的效力。

第二十条 当事人对仲裁协议的效力有异议的,可以请求仲裁委员会作出决定或者请求人民法院作出裁定。一方请求仲裁委员会作出决定,另一方请求人民法院作出裁定的,由人民法院裁定。

当事人对仲裁协议的效力有异议,应当在仲裁庭首次开庭前提出。

第四章 仲裁程序

第一节 申请和受理

第二十一条 当事人申请仲裁应当符合下列条件:

(一)有仲裁协议;

(二)有具体的仲裁请求和事实、理由;

(三)属于仲裁委员会的受理范围。

第二十二条 当事人申请仲裁,应当向仲裁委员会递交仲裁协议、仲裁申请书及副本。

第二十三条 仲裁申请书应当载明下列事项:

(一)当事人的姓名、性别、年龄、职业、工作单位和住所,法人或者其他组织的名称、住所和法定代表人或者主要负责人的姓名、职务;

(二)仲裁请求和所根据的事实、理由;

(三)证据和证据来源、证人姓名和住所。

第二十四条 仲裁委员会收到仲裁申请书之日起五日内,认为符合受理条件的,应当受理,并通知当事人;认为不符合受理条件的,应当书面通知当事人不予受理,并说明理由。

第二十五条 仲裁委员会受理仲裁申请后,应当在仲裁规则规定的期限内将仲裁规则和仲裁员名册送达申请人,并将仲裁申请书副本和仲裁规则、仲裁员名册送达被申请人。

被申请人收到仲裁申请书副本后,应当在仲裁规则规定的期限内向仲裁委员会提交答辩书。仲裁委员会收到答辩书后,应当在仲裁规则规定的期限内将答辩书副本送达申请人。被申请人未提交答辩书的,不影响仲裁程序的进行。

第二十六条 当事人达成仲裁协议,一方向人民法院起诉未声明有仲裁协议,人民法院受理后,另一方在首次开庭前提交仲裁协议的,人民法院应当驳回起诉,但仲裁协议无效的除外;另一方在首次开庭前未对人民法院受理该案提出异议的,视为放弃仲裁协议,人民法院应当继续审理。

第二十七条 申请人可以放弃或者变更仲裁请求。被申请人可以承认或者反驳仲裁请求,有权提出反请求。

第二十八条 一方当事人因另一方当事人的行为或者其他原因,可能使裁决不能执行或者难以执行的,可以申请财产保全。

当事人申请财产保全的,仲裁委员会应当将当事人的申请依照民事诉讼法的有关规定提交人民法院。

申请有错误的,申请人应当赔偿被申请人因财产保全所遭受的损失。

第二十九条　当事人、法定代理人可以委托律师和其他代理人进行仲裁活动。委托律师和其他代理人进行仲裁活动的,应当向仲裁委员会提交授权委托书。

第二节　仲裁庭的组成

第三十条　仲裁庭可以由三名仲裁员或者一名仲裁员组成。由三名仲裁员组成的,设首席仲裁员。

第三十一条　当事人约定由三名仲裁员组成仲裁庭的,应当各自选定或者各自委托仲裁委员会主任指定一名仲裁员,第三名仲裁员由当事人共同选定或者共同委托仲裁委员会主任指定。第三名仲裁员是首席仲裁员。

当事人约定由一名仲裁员成立仲裁庭的,应当由当事人共同选定或者共同委托仲裁委员会主任指定仲裁员。

第三十二条　当事人没有在仲裁规则规定的期限内约定仲裁庭的组成方式或者选定仲裁员的,由仲裁委员会主任指定。

第三十三条　仲裁庭组成后,仲裁委员会应当将仲裁庭的组成情况书面通知当事人。

第三十四条　仲裁员有下列情形之一的,必须回避,当事人也有权提出回避申请:

(一)是本案当事人或者当事人、代理人的近亲属;

(二)与本案有利害关系;

(三)与本案当事人、代理人有其他关系,可能影响公正仲裁的;

(四)私自会见当事人、代理人,或者接受当事人、代理人的请客送礼的。

第三十五条　当事人提出回避申请,应当说明理由,在首次开庭前提出。回避事由在首次开庭后知道的,可以在最后一次开庭终结前提出。

第三十六条　仲裁员是否回避,由仲裁委员会主任决定;仲裁委员会主任担任仲裁员时,由仲裁委员会集体决定。

第三十七条　仲裁员因回避或者其他原因不能履行职责的,应当依照本法规定重新选定或者指定仲裁员。

因回避而重新选定或者指定仲裁员后,当事人可以请求已进行的仲裁程序重新进行,是否准许,由仲裁庭决定;仲裁庭也可以自行决定已进行的仲裁程序是否重新进行。

第三十八条　仲裁员有本法第三十四条第四项规定的情形,情节严重的,或者有本法第五十八条第六项规定的情形的,应当依法承担法律责任,仲裁委员会应当将其除名。

第三节　开庭和裁决

第三十九条　仲裁应当开庭进行。当事人协议不开庭的,仲裁庭可以根据仲裁申请书、答辩书以及其他材料作出裁决。

第四十条　仲裁不公开进行。当事人协议公开的,可以公开进行,但涉及国家秘密的除外。

第四十一条 仲裁委员会应当在仲裁规则规定的期限内将开庭日期通知双方当事人。当事人有正当理由的,可以在仲裁规则规定的期限内请求延期开庭。是否延期,由仲裁庭决定。

第四十二条 申请人经书面通知,无正当理由不到庭或者未经仲裁庭许可中途退庭的,可以视为撤回仲裁申请。

被申请人经书面通知,无正当理由不到庭或者未经仲裁庭许可中途退庭的,可以缺席裁决。

第四十三条 当事人应当对自己的主张提供证据。

仲裁庭认为有必要收集的证据,可以自行收集。

第四十四条 仲裁庭对专门性问题认为需要鉴定的,可以交由当事人约定的鉴定部门鉴定,也可以由仲裁庭指定的鉴定部门鉴定。

根据当事人的请求或者仲裁庭的要求,鉴定部门应当派鉴定人参加开庭。当事人经仲裁庭许可,可以向鉴定人提问。

第四十五条 证据应当在开庭时出示,当事人可以质证。

第四十六条 在证据可能灭失或者以后难以取得的情况下,当事人可以申请证据保全。当事人申请证据保全的,仲裁委员会应当将当事人的申请提交证据所在地的基层人民法院。

第四十七条 当事人在仲裁过程中有权进行辩论。辩论终结时,首席仲裁员或者独任仲裁员应当征询当事人的最后意见。

第四十八条 仲裁庭应当将开庭情况记入笔录。当事人和其他仲裁参与人认为对自己陈述的记录有遗漏或者差错的,有权申请补正。如果不予补正,应当记录该申请。

笔录由仲裁员、记录人员、当事人和其他仲裁参与人签名或者盖章。

第四十九条 当事人申请仲裁后,可以自行和解。达成和解协议的,可以请求仲裁庭根据和解协议作出裁决书,也可以撤回仲裁申请。

第五十条 当事人达成和解协议,撤回仲裁申请后反悔的,可以根据仲裁协议申请仲裁。

第五十一条 仲裁庭在作出裁决前,可以先行调解。当事人自愿调解的,仲裁庭应当调解。调解不成的,应当及时作出裁决。

调解达成协议的,仲裁庭应当制作调解书或者根据协议的结果制作裁决书。调解书与裁决书具有同等法律效力。

第五十二条 调解书应当写明仲裁请求和当事人协议的结果。调解书由仲裁员签名,加盖仲裁委员会印章,送达双方当事人。

调解书经双方当事人签收后,即发生法律效力。

在调解书签收前当事人反悔的,仲裁庭应当及时作出裁决。

第五十三条 裁决应当按照多数仲裁员的意见作出,少数仲裁员的不同意见可以记入笔录。仲裁庭不能形成多数意见时,裁决应当按照首席仲裁员的意见作出。

第五十四条 裁决书应当写明仲裁请求、争议事实、裁决理由、裁决结果、仲裁费用的负担和裁决日期。当事人协议不愿写明争议事实和裁决理由的,可以不写。裁决书由仲裁员签名,加盖仲裁委员会印章。对裁决持不同意见的仲裁员,可以签名,也可以不签名。

第五十五条 仲裁庭仲裁纠纷时,其中一部分事实已经清楚,可以就该部分先行裁决。

第五十六条 对裁决书中的文字、计算错误或者仲裁庭已经裁决但在裁决书中遗漏的事项,仲裁庭应当补正;当事人自收到裁决书之日起三十日内,可以请求仲裁庭补正。

第五十七条 裁决书自作出之日起发生法律效力。

第五章 申请撤销裁决

第五十八条 当事人提出证据证明裁决有下列情形之一的,可以向仲裁委员会所在地的中级人民法院申请撤销裁决:

(一)没有仲裁协议的;

(二)裁决的事项不属于仲裁协议的范围或者仲裁委员会无权仲裁的;

(三)仲裁庭的组成或者仲裁的程序违反法定程序的;

(四)裁决所根据的证据是伪造的;

(五)对方当事人隐瞒了足以影响公正裁决的证据的;

(六)仲裁员在仲裁该案时有索贿受贿,徇私舞弊,枉法裁决行为的。

人民法院经组成合议庭审查核实裁决有前款规定情形之一的,应当裁定撤销。

人民法院认定该裁决违背社会公共利益的,应当裁定撤销。

第五十九条 当事人申请撤销裁决的,应当自收到裁决书之日起六个月内提出。

第六十条 人民法院应当在受理撤销裁决申请之日起两个月内作出撤销裁决或者驳回申请的裁定。

第六十一条 人民法院受理撤销裁决的申请后,认为可以由仲裁庭重新仲裁的,通知仲裁庭在一定期限内重新仲裁,并裁定中止撤销程序。仲裁庭拒绝重新仲裁的,人民法院应当裁定恢复撤销程序。

第六章 执行

第六十二条 当事人应当履行裁决。一方当事人不履行的,另一方当事人可以依照民事诉讼法的有关规定向人民法院申请执行。受申请的人民法院应当执行。

第六十三条 被申请人提出证据证明裁决有民事诉讼法第二百一十七条第二款规定的情形之一的,经人民法院组成合议庭审查核实,裁定不予执行。

第六十四条 一方当事人申请执行裁决,另一方当事人申请撤销裁决的,人民法院应当裁定中止执行。

人民法院裁定撤销裁决的,应当裁定终结执行。撤销裁决的申请被裁定驳回的,人民法院应当裁定恢复执行。

第七章 涉外仲裁的特别规定

第六十五条 涉外经济贸易、运输和海事中发生的纠纷的仲裁,适用本章规定。本章没有规定的,适用本法其他有关规定。

第六十六条 涉外仲裁委员会可以由中国国际商会组织设立。

涉外仲裁委员会由主任一人、副主任若干人和委员若干人组成。

涉外仲裁委员会的主任、副主任和委员可以由中国国际商会聘任。

第六十七条 涉外仲裁委员会可以从具有法律、经济贸易、科学技术等专门知识的外籍人士中聘任仲裁员。

第六十八条 涉外仲裁的当事人申请证据保全的,涉外仲裁委员会应当将当事人的申请提交证据所在地的中级人民法院。

第六十九条 涉外仲裁的仲裁庭可以将开庭情况记入笔录,或者作出笔录要点,笔录要点可以由当事人和其他仲裁参与人签字或者盖章。

第七十条 当事人提出证据证明涉外仲裁裁决有民事诉讼法第二百六十条第一款规定的情形之一的,经人民法院组成合议庭审查核实,裁定撤销。

第七十一条 被申请人提出证据证明涉外仲裁裁决有民事诉讼法第二百六十条第一款规定的情形之一的,经人民法院组成合议庭审查核实,裁定不予执行。

第七十二条 涉外仲裁委员会作出的发生法律效力的仲裁裁决,当事人请求执行的,如果被执行人或者其财产不在中华人民共和国领域内,应当由当事人直接向有管辖权的外国法院申请承认和执行。

第七十三条 涉外仲裁规则可以由中国国际商会依照本法和民事诉讼法的有关规定制定。

第八章 附则

第七十四条 法律对仲裁时效有规定的,适用该规定。法律对仲裁时效没有规定的,适用诉讼时效的规定。

第七十五条 中国仲裁协会制定仲裁规则前,仲裁委员会依照本法和民事诉讼法的有关规定可以制定仲裁暂行规则。

第七十六条 当事人应当按照规定交纳仲裁费用。

收取仲裁费用的办法,应当报物价管理部门核准。

第七十七条 劳动争议和农业集体经济组织内部的农业承包合同纠纷的仲裁,另行规定。

第七十八条 本法施行前制定的有关仲裁的规定与本法的规定相抵触的,以本法为准。

第七十九条 本法施行前在直辖市、省、自治区人民政府所在地的市和其他设区的市设立的仲裁机构,应当依照本法的有关规定重新组建;未重新组建的,自本法施行之日起届满一年时终止。

本法施行前设立的不符合本法规定的其他仲裁机构,自本法施行之日起终止。

第八十条 本法自 1995 年 9 月 1 日起施行。

附录二　最高人民法院关于适用
《中华人民共和国仲裁法》若干问题的解释

（2005 年 12 月 26 日最高人民法院审判委员会第 1375 次会议通过）

法释〔2006〕7 号

《最高人民法院关于适用〈中华人民共和国仲裁法〉若干问题的解释》已于 2005 年 12 月 26 日由最高人民法院审判委员会第 1375 次会议通过，现予公布，自 2006 年 9 月 8 日起施行。

2006 年 8 月 23 日

根据《中华人民共和国仲裁法》和《中华人民共和国民事诉讼法》等法律规定，对人民法院审理涉及仲裁案件适用法律的若干问题作如下解释：

第一条　仲裁法第十六条规定的"其他书面形式"的仲裁协议，包括以合同书、信件和数据电文（包括电报、电传、传真、电子数据交换和电子邮件）等形式达成的请求仲裁的协议。

第二条　当事人概括约定仲裁事项为合同争议的，基于合同成立、效力、变更、转让、履行、违约责任、解释、解除等产生的纠纷都可以认定为仲裁事项。

第三条　仲裁协议约定的仲裁机构名称不准确，但能够确定具体的仲裁机构的，应当认定选定了仲裁机构。

第四条　仲裁协议仅约定纠纷适用的仲裁规则的，视为未约定仲裁机构，但当事人达成补充协议或者按照约定的仲裁规则能够确定仲裁机构的除外。

第五条　仲裁协议约定两个以上仲裁机构的，当事人可以协议选择其中的一个仲裁机构申请仲裁；当事人不能就仲裁机构选择达成一致的，仲裁协议无效。

第六条　仲裁协议约定由某地的仲裁机构仲裁且该地仅有一个仲裁机构的，该仲裁机构视为约定的仲裁机构。该地有两个以上仲裁机构的，当事人可以协议选择其中的一个仲裁机构申请仲裁；当事人不能就仲裁机构选择达成一致的，仲裁协议无效。

第七条　当事人约定争议可以向仲裁机构申请仲裁也可以向人民法院起诉的，仲裁协议无效。但一方向仲裁机构申请仲裁，另一方未在仲裁法第二十条第二款规定期间内提出异议的除外。

第八条　当事人订立仲裁协议后合并、分立的，仲裁协议对其权利义务的继受人有效。

当事人订立仲裁协议后死亡的，仲裁协议对承继其仲裁事项中的权利义务的继承人有效。

前两款规定情形,当事人订立仲裁协议时另有约定的除外。

第九条　债权债务全部或者部分转让的,仲裁协议对受让人有效,但当事人另有约定、在受让债权债务时受让人明确反对或者不知有单独仲裁协议的除外。

第十条　合同成立后未生效或者被撤销的,仲裁协议效力的认定适用仲裁法第十九条第一款的规定。

当事人在订立合同时就争议达成仲裁协议的,合同未成立不影响仲裁协议的效力。

第十一条　合同约定解决争议适用其他合同、文件中的有效仲裁条款的,发生合同争议时,当事人应当按照该仲裁条款提请仲裁。

涉外合同应当适用的有关国际条约中有仲裁规定的,发生合同争议时,当事人应当按照国际条约中的仲裁规定提请仲裁。

第十二条　当事人向人民法院申请确认仲裁协议效力的案件,由仲裁协议约定的仲裁机构所在地的中级人民法院管辖;仲裁协议约定的仲裁机构不明确的,由仲裁协议签订地或者被申请人住所地的中级人民法院管辖。

申请确认涉外仲裁协议效力的案件,由仲裁协议约定的仲裁机构所在地、仲裁协议签订地、申请人或者被申请人住所地的中级人民法院管辖。

涉及海事海商纠纷仲裁协议效力的案件,由仲裁协议约定的仲裁机构所在地、仲裁协议签订地、申请人或者被申请人住所地的海事法院管辖;上述地点没有海事法院的,由就近的海事法院管辖。

第十三条　依照仲裁法第二十条第二款的规定,当事人在仲裁庭首次开庭前没有对仲裁协议的效力提出异议,而后向人民法院申请确认仲裁协议无效的,人民法院不予受理。

仲裁机构对仲裁协议的效力作出决定后,当事人向人民法院申请确认仲裁协议效力或者申请撤销仲裁机构的决定的,人民法院不予受理。

第十四条　仲裁法第二十六条规定的"首次开庭"是指答辩期满后人民法院组织的第一次开庭审理,不包括审前程序中的各项活动。

第十五条　人民法院审理仲裁协议效力确认案件,应当组成合议庭进行审查,并询问当事人。

第十六条　对涉外仲裁协议的效力审查,适用当事人约定的法律;当事人没有约定适用的法律但约定了仲裁地的,适用仲裁地法律;没有约定适用的法律也没有约定仲裁地或者仲裁地约定不明的,适用法院地法律。

第十七条　当事人以不属于仲裁法第五十八条或者民事诉讼法第二百六十条规定的事由申请撤销仲裁裁决的,人民法院不予支持。

第十八条　仲裁法第五十八条第一款第一项规定的"没有仲裁协议"是指当事人没有达成仲裁协议。仲裁协议被认定无效或者被撤销的,视为没有仲裁协议。

第十九条　当事人以仲裁裁决事项超出仲裁协议范围为由申请撤销仲裁裁决,经审查属实的,人民法院应当撤销仲裁裁决中的超裁部分。但超裁部分与其他裁决事项不可分的,人民法院应当撤销仲裁裁决。

第二十条 仲裁法第五十八条规定的"违反法定程序",是指违反仲裁法规定的仲裁程序和当事人选择的仲裁规则可能影响案件正确裁决的情形。

第二十一条 当事人申请撤销国内仲裁裁决的案件属于下列情形之一的,人民法院可以依照仲裁法第六十一条的规定通知仲裁庭在一定期限内重新仲裁:

(一)仲裁裁决所根据的证据是伪造的;

(二)对方当事人隐瞒了足以影响公正裁决的证据的。

人民法院应当在通知中说明要求重新仲裁的具体理由。

第二十二条 仲裁庭在人民法院指定的期限内开始重新仲裁的,人民法院应当裁定终结撤销程序;未开始重新仲裁的,人民法院应当裁定恢复撤销程序。

第二十三条 当事人对重新仲裁裁决不服的,可以在重新仲裁裁决书送达之日起六个月内依据仲裁法第五十八条规定向人民法院申请撤销。

第二十四条 当事人申请撤销仲裁裁决的案件,人民法院应当组成合议庭审理,并询问当事人。

第二十五条 人民法院受理当事人撤销仲裁裁决的申请后,另一方当事人申请执行同一仲裁裁决的,受理执行申请的人民法院应当在受理后裁定中止执行。

第二十六条 当事人向人民法院申请撤销仲裁裁决被驳回后,又在执行程序中以相同理由提出不予执行抗辩的,人民法院不予支持。

第二十七条 当事人在仲裁程序中未对仲裁协议的效力提出异议,在仲裁裁决作出后以仲裁协议无效为由主张撤销仲裁裁决或者提出不予执行抗辩的,人民法院不予支持。

当事人在仲裁程序中对仲裁协议的效力提出异议,在仲裁裁决作出后又以此为由主张撤销仲裁裁决或者提出不予执行抗辩,经审查符合仲裁法第五十八条或者民事诉讼法第二百一十七条、第二百六十条规定的,人民法院应予支持。

第二十八条 当事人请求不予执行仲裁调解书或者根据当事人之间的和解协议作出的仲裁裁决书的,人民法院不予支持。

第二十九条 当事人申请执行仲裁裁决案件,由被执行人住所地或者被执行的财产所在地的中级人民法院管辖。

第三十条 根据审理撤销、执行仲裁裁决案件的实际需要,人民法院可以要求仲裁机构作出说明或者向相关仲裁机构调阅仲裁案卷。

人民法院在办理涉及仲裁的案件过程中作出的裁定,可以送相关的仲裁机构。

第三十一条 本解释自公布之日起实施。

本院以前发布的司法解释与本解释不一致的,以本解释为准。

附录三　中华人民共和国民事诉讼法（节选）

（1991 年 4 月 9 日第七届全国人民代表大会第四次会议通过　根据 2007 年 10 月 28 日第十届全国人民代表大会常务委员会第三十次会议《关于修改〈中华人民共和国民事诉讼法〉的决定》第一次修正　根据 2012 年 8 月 31 日第十一届全国人民代表大会常务委员会第二十八次会议《关于修改〈中华人民共和国民事诉讼法〉的决定》第二次修正）

第八十一条　在证据可能灭失或者以后难以取得的情况下，当事人可以在诉讼过程中向人民法院申请保全证据，人民法院也可以主动采取保全措施。

因情况紧急，在证据可能灭失或者以后难以取得的情况下，利害关系人可以在提起诉讼或者申请仲裁前向证据所在地、被申请人住所地或者对案件有管辖权的人民法院申请保全证据。

证据保全的其他程序，参照适用本法第九章保全的有关规定。

第一百零一条　利害关系人因情况紧急，不立即申请保全将会使其合法权益受到难以弥补的损害的，可以在提起诉讼或者申请仲裁前向被保全财产所在地、被申请人住所地或者对案件有管辖权的人民法院申请采取保全措施。申请人应当提供担保，不提供担保的，裁定驳回申请。

人民法院接受申请后，必须在四十八小时内作出裁定；裁定采取保全措施的，应当立即开始执行。

申请人在人民法院采取保全措施后三十日内不依法提起诉讼或者申请仲裁的，人民法院应当解除保全。

第一百零二条　保全限于请求的范围，或者与本案有关的财物。

第一百零三条　财产保全采取查封、扣押、冻结或者法律规定的其他方法。人民法院保全财产后，应当立即通知被保全财产的人。

财产已被查封、冻结的，不得重复查封、冻结。

第一百零四条　财产纠纷案件，被申请人提供担保的，人民法院应当裁定解除保全。

第一百零五条　申请有错误的，申请人应当赔偿被申请人因保全所遭受的损失。

第一百二十四条　人民法院对下列起诉，分别情形，予以处理：

（二）依照法律规定，双方当事人达成书面仲裁协议申请仲裁、不得向人民法院起诉的，告知原告向仲裁机构申请仲裁。

第二百三十七条　对依法设立的仲裁机构的裁决，一方当事人不履行的，对方当事人可以向有管辖权的人民法院申请执行。受申请的人民法院应当执行。

被申请人提出证据证明仲裁裁决有下列情形之一的,经人民法院组成合议庭审查核实,裁定不予执行:

(一)当事人在合同中没有订有仲裁条款或者事后没有达成书面仲裁协议的;

(二)裁决的事项不属于仲裁协议的范围或者仲裁机构无权仲裁的;

(三)仲裁庭的组成或者仲裁的程序违反法定程序的;

(四)裁决所根据的证据是伪造的;

(五)对方当事人向仲裁机构隐瞒了足以影响公正裁决的证据的;

(六)仲裁员在仲裁该案时有贪污受贿,徇私舞弊,枉法裁决行为的。

人民法院认定执行该裁决违背社会公共利益的,裁定不予执行。

裁定书应当送达双方当事人和仲裁机构。

仲裁裁决被人民法院裁定不予执行的,当事人可以根据双方达成的书面仲裁协议重新申请仲裁,也可以向人民法院起诉。

第二百七十一条 涉外经济贸易、运输和海事中发生的纠纷,当事人在合同中订有仲裁条款或者事后达成书面仲裁协议,提交中华人民共和国涉外仲裁机构或者其他仲裁机构仲裁的,当事人不得向人民法院起诉。

当事人在合同中没有订有仲裁条款或者事后没有达成书面仲裁协议的,可以向人民法院起诉。

第二百七十二条 当事人申请采取保全的,中华人民共和国的涉外仲裁机构应当将当事人的申请,提交被申请人住所地或者财产所在地的中级人民法院裁定。

第二百七十三条 经中华人民共和国涉外仲裁机构裁决的,当事人不得向人民法院起诉。一方当事人不履行仲裁裁决的,对方当事人可以向被申请人住所地或者财产所在地的中级人民法院申请执行。

第二百七十四条 对中华人民共和国涉外仲裁机构作出的裁决,被申请人提出证据证明仲裁裁决有下列情形之一的,经人民法院组成合议庭审查核实,裁定不予执行:

(一)当事人在合同中没有订有仲裁条款或者事后没有达成书面仲裁协议的;

(二)被申请人没有得到指定仲裁员或者进行仲裁程序的通知,或者由于其他不属于被申请人负责的原因未能陈述意见的;

(三)仲裁庭的组成或者仲裁的程序与仲裁规则不符的;

(四)裁决的事项不属于仲裁协议的范围或者仲裁机构无权仲裁的。

人民法院认定执行该裁决违背社会公共利益的,裁定不予执行。

第二百七十五条 仲裁裁决被人民法院裁定不予执行的,当事人可以根据双方达成的书面仲裁协议重新申请仲裁,也可以向人民法院起诉。

第二百八十条 第二款 中华人民共和国涉外仲裁机构作出的发生法律效力的仲裁裁决,当事人请求执行的,如果被执行人或者其财产不在中华人民共和国领域内,应当由当事人直接向有管辖权的外国法院申请承认和执行。

第二百八十三条 国外仲裁机构的裁决,需要中华人民共和国人民法院承认和执行的,应当由当事人直接向被执行人住所地或者其财产所在地的中级人民法院申请,人民法院应当依照中华人民共和国缔结或者参加的国际条约,或者按照互惠原则办理。